ZHONGGUO ZHEXUE YU WENHUA LUNJI

中国哲学与文化论集

释大愿 贾海涛◆主编

中国出版集团
世界图书出版公司

图书在版编目（CIP）数据

中国哲学与文化论集 / 释大愿，贾海涛主编. —广州：世界图书出版广东有限公司，2014.10（2025.1重印）
ISBN 978-7-5100-8718-9

Ⅰ. ①中… Ⅱ. ①释… ②贾… Ⅲ. ①哲学—中国—文集②中华文化—文集 Ⅳ. ①B2-53②K203-53

中国版本图书馆CIP数据核字（2014）第226906号

中国哲学与文化论集

策划编辑：卢家彬
责任编辑：程　静
出版发行：世界图书出版广东有限公司
（地址：广州市新港西路大江冲25号　邮编：510300）
联系方式：020-84451969　84453623　84184026
http://www.gdst.com.cn　E-mail：pub@gdst.com.cn
经　　销：各地新华书店
印　　刷：悦读天下（山东）印务有限公司
版　　次：2014年10月第1版
印　　次：2025年1月第4次印刷
开　　本：787mm × 1092mm　1/16
印　　张：20.5
字　　数：310千
ISBN 978-7-5100-8718-9/B·0101
定　　价：98.00元

咨询、投稿：020-84460251　gzlzw@126.com

目　录

中国哲学与文化

佛学理论与中国佛学史

宗教文化与中国民俗和社会

文化与全球化

中国哲学与文化

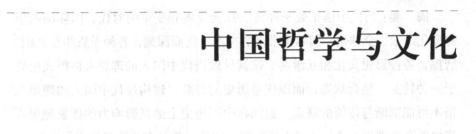

孔子理想人格及其当代价值

曲阜师范大学历史文化学院　成积春

摘　要：当代中国正处于经济、社会发展和变革的时代，国际国内形势变化纷繁，全球化、国际化带来的冲击广泛而深刻，各种矛盾相互交织、磨擦，各种思想文化相互激荡。这就导致当代中国人的理想人格模式也处于一种转变、整合状态，而现代是历史的延续，建构现代中国人的理想人格不可能割断与传统的联系，追溯在中国历史上最具影响力的儒家理想人格之源孔子理想人格，并对它进行现代的诠释就具有其明显的当代价值。

关键词：孔子　君子　当代价值

一、孔子的理想人格及其内涵

儒家思想自汉武帝“罢黜百家、独尊儒术”以来，一直在中国封建社会中占据主流思想的地位，儒家思想作为社会主导的意识形态学说，也一直都是封建统治者进行思想政治教化的工具。《论语》是儒家的经典著作之一，可看作儒学文化形态的逻辑起点，其蕴含着深刻的人文精神和丰厚的文化资源，尤其是其所塑造的理想人格，对中华民族的民族心理、民族道德的形成和发展产生了深远影响。李泽厚曾说：“我至今认为，儒学（当然首先是孔子和《论语》）在塑造、构造汉民族文化心理结构的历史过程中，大概起了无可替代、首屈一指的严重作用。”[①]在《论语》中，孔子以仁为中

① 李泽厚：《论语今读》“前言”。

心，提出了不同层次的人格修养思想，由低到高包括了有恒者、善人、惠人、成人、士、君子、贤人、圣人。这既为当时的士阶层提供了立身行事的准则，也对儒家乃至于中国文化理想人格思想的建构、对中国古代政治文明的延续与发展，都产生了积极而深远的影响。在诸多理想人格中，惟有君子是可以实现而且在道德品位上较高的一种，以“君子”为研究对象，具体探讨孔子理想人格对于现代人个人道德修养的现实价值。

孔子所塑造的理想人格是一种“修己以安人”的“内圣外王”的人格。其包含着两个层面的意义：一方面是圣人，圣人是孔子所追求的人格的终极目标，是一种道德、智力、事功至高无上的完人；另一方面是君子，君子是道德品质高尚，精神境界高雅的全面发展的人。这两个层次中，惟有“君子”是孔子极力倡导、推崇和追求的理想人格的典范，是比较实在的且能够实现和完成的理想人格。“圣人”则是理想中的最高人格，但是，这仅仅是虚悬一格的超现实、难以完成的最理想的人格。因此孔子说：“圣人吾不得而之矣；得见君子者，斯可矣。”[①]在《论语》中，“君子”一词出现过107次，通过对话以及与小人的对比等表现方法，《论语》所勾勒出“君子”这样一种理想人格清晰地呈现在我们面前：君子文质彬彬、君子和而不同、君子不忧不惧、君子乐以忘忧等等君子在仁义礼智信等方面的修养达到了极致，有仁爱的广阔胸怀，有中庸的处事准则，有严谨的礼仪规范，有智明而圣的自觉意识，亦有义以为上的价值取向。总之，孔子所倡导的“君子”的理想人格内外一致、表里如一的人格，其向内体现为道德修养的结果，向外则展示了安人、治国和平天下的事功理想的实现。

首先，君子是一心求道的人。“君子食无求饱，居无求安，敏于事而慎于言，就有道而正焉，可谓好学也已。”[②]通过这句话，孔子表达了他的君子观，即君子是一个不追求物质生活享受，勤勉做事而不断完善自己的好学的人。在这里的好学，我们不可以做一般的热衷学习来理解，孔子所讲的其实是如何一心求道——仁者爱人、忠恕之道，这是儒家思想体系的理论核心，即我们今天讲的追求信仰的问题。好学可以说是基于兴

① 《论语·述而》。
② 《论语·述而》。

趣、基于功利，或者基于自己的人生目的而表现出来的热情，但对于信仰的追求有别于此。后者必须放弃对一切身外之物的在意，锲而不舍地、专心致志地对所信仰的学说进行不断追求。曾子说过："士不可以不弘毅，任重而道远。仁以为己任，不亦重乎？死而后已，不亦远乎？"[①]这是孔子的学生曾子对君子如何求道的一句阐释，他认为君子求道必须要以实现仁德为自己的责任，而且这样的责任非常重大，道路也十分遥远，因此，君子一定要培养坚强的意志和顽强的毅力，并要为此理想奋斗终身，甚至牺牲生命也在所不惜。在孔子的众多的弟子中，颜回是最忠实的儒家之道的践行者。孔子赞美颜回道："贤哉！回也。一箪食，一瓢饮，在陋巷。人不堪其忧，回也不改其乐。贤哉！回也。"[②]这段话的意思是说："颜回多么有修养呀，一竹筐饭，一瓜瓢水，住在小巷子里，别人都受不了那穷苦的忧愁，颜回却不改变他自有的快乐。颜回多么有修养呀！"[③]颜回是孔子最器重的学生，可以视为是孔子学说的优秀继承人，在孔子的心目中，颜回即使再困苦贫穷，只要他安贫守道，以苦为乐，他就是一个真正的君子。

其次，君子是有仁德修养的人。《论语》中所阐述的主导思想就是儒家的仁义道德，这也是孔子学说的核心。做人要讲仁德，这是孔子在做人问题上强调的最多问题之一。在孔子看来，仁德是做人的根本，是处于第一位的事情。在《论语》中很多地方都讲到了君子应当具备的仁德。在儒家传统道德中，"仁"、"智"、"勇"是重要的三个范畴，"知、仁、勇，三者天下之达德也。"[④]这是我们俗称的"三达德"。孔子在给他的学生讲课的时候，曾经很认真地跟他们探讨过君子的问题，他说："君子道者三，我无能焉：仁者不忧，知者不惑，勇者不惧。"[⑤]孔子的这句话告诉我们，一个君子要炼成完美的人格修养，要具有"仁"、"知"、"勇"三点，这三点缺一不可，但孔子很谦虚地说自己做不到这三点，孔子这样说的目的有二：一是自责，二是勉人。什么是"仁者不忧"？就是说一个人有了仁德的大胸怀，他的内

① 《论语·泰伯》。
② 《论语·雍也》。
③ 杨伯峻:《论语译注》，第62页。
④ 《礼记·中庸》。
⑤ 《论语·宪问》。

心无比仁厚、宽厚，所以可以忽略很多的细节而不去不计较。只有这样的人，才能真正做到内心安静、坦然。“知者不惑”则意谓，在当时的社会里，君子会面临贫贱、穷达、义利等许多选择，真正的君子应该明白自己的取舍，没有迷惑也就没有更多烦恼，这就是孔子说的“知者不惑”。“勇者不惧”，是说如果君子的内心足够勇敢，就有了一种勇往无前的力量，什么都不会畏惧。一个君子真正做到了仁、知、勇，从而就少了忧、惑、惧。在孔子看来，作为君子就必须要重视仁德修养，不论在任何条件下都不能离开仁德。“富与贵是人之所欲也，不以其道得之，不处也。贫与贱，是人之所恶也，不以其道得之，不去也。君子去仁，恶乎成名？君子无终食之间违仁，造次必于是，颠沛必于是。”[①]孔子认为，人人都向往富贵，但不用正道去得到这种富贵，真正的君子是不能够接受的。贫贱是人人所厌恶的，但不用正当的方法抛弃它，君子是不能摆脱的。君子的名声是靠仁德来成就的，因此，君子不能离开仁德，哪怕是一顿饭的功夫，即使在在最匆忙的时候或颠沛流离的情况下，也一定要守仁德。接下来的“君子无终食之间违仁，造次必于是，颠沛必于是”这句话就是要求以仁德为生命了，君子终其一生，须臾不可离开仁，要做到这种程度的确非常难。可是在那个剧烈变化的时代，真正的君子还真是这样做的。如孔子的弟子曾子临终前，几乎已处于半昏迷状态，但当自己意识到自己身下的垫子不合礼制时，居然要求坚决更换，结果在换席过程中死去。卫出公十二年，太子劫持了大夫孔悝造反。当时子路为孔悝的宰邑，前往制止。太子派了两个大力士用戈搏杀子路。子路负重伤倒地时帽子掉了。子路说：“君子死，冠不免。”费力将帽子系好，才从容死去。现代人大概觉得这样做未免有点迂了，但是在先秦君子们人生价值观里，对仁的追求是终其一生的事业，与其苟活，不如杀身成仁。在孔子看来，只有仁德的人，才能够依据正确的原则去喜爱某人、厌恶某人。“唯仁者能好人，能恶人。”[②]这里的“仁者”就是指君子，这句话也体现在君子的人际关系。孔子认为，一个有仁德的君子，既不会喜欢所有的人，也不会被所有的人喜欢。有一次，子贡问老师：如果一个人，

① 《论语·里仁》。
② 《论语·里仁》。

村里的人都喜欢他怎么样？孔子说不行。子贡又说：如果村里的人都厌恶他呢？孔子说也不行。最好是村里善良的人都喜欢他，不善良的人都厌恶他。孔子认为君子的人格原则是讲仁德，能分清是非和善恶。

最后，君子是严格要求自己的人。孔子认为修己是成为君子的基本条件。“子路问君子，子曰：‘修己以敬。’曰：‘如斯而已乎？’曰：‘修己以安人’曰：‘如斯而已乎？’曰：‘修己以安百姓’！”[①]在这一则师生之间的三层问对中，子路问老师什么样的人能称之为君子，孔子回答了评判君子的一个标准，那就是“修己”。这三句问对之间是递进的关系：君子只有不断努力提高自己的品德修养，做事才能态度认真，不忘恭敬，君子只有不断地休养自己，才能使周围的人快乐，君子只有不断地修炼自身，才能使所有的百姓安乐。孔子认为，修养自己是君子立身处世和管理政事的关键所在，只有这样做，才可以称得上真正的君子。所以孔子的修身，更重要的在于治国平天下。曾参是孔子另一个出类拔萃的弟子，他说：“吾日三醒吾身：为人谋而不忠乎？为人谋而不忠乎？与朋友交而不信乎？传不习乎？”[②]曾子说：“我每天从三方面反省自己，替人家谋虑是否尽心？和朋友交往是否诚信？老师传授的知识是否复习？”曾子在这里提出了君子道德内修的一个最基本的方法，就是经常性的反躬自省，强调从自身出发修养品德的重要性。孔子认为，君子除了自我修养，还要向他人学习，不断完善自己。“三人行，必有我师焉。择其善者而从之，其不善者而改之。”[③]孔子认为君子一定要有一种极为谦虚的学习态度，不管什么人，只要他有一技之长，一得之见，就应该向他学习，对于他人的缺点和错误，君子也要引以为戒，不要重犯。“见贤思齐焉，见不贤而内自省也。”[④]孔子认为这是一个君子自我修养应有的正确态度。君子看见贤者就一定会自觉地向他看齐，向贤者学习，取“贤”之长补己之短，完善自己的道德人格。见到不贤之人一定会提醒自己、警示自己和反省自己，从中吸取教训，避免自己重蹈“不贤”的覆辙。这句话成了后世儒家修身养德的座右铭。

---

① 《论语·宪问》。
② 《论语·学而》。
③ 《论语·述而》。
④ 《论语·里仁》。

二、孔子理想人格的价值体现

孔子确立的理想人格所追求的价值目标体现在两个方面：个体的发展和社会的进步。因此，从这两个方面，以批判性的态度来探讨现代人如何继承孔子理想人格的当代价值，继承其具有永恒价值的根本精神，剔除其带有时代局限性的糟粕。

从孔子理想人格的个体价值体现方面来看，其积极意义有如下三点：

一是有助于激发人的精神动力。孔子追求的理想人格，主张自强不息、坚韧不拔，赋予了君子“刚健”的品格，《论语》中多次表达了孔子的这一观点。孔子说：“不怨天，不尤人，下学而上达。知我者其天乎！”①孔子说：“三军可夺帅也，匹夫不可夺志也。”②这些都是在积极弘扬人的主动意识、进取意识，将这样一种积极的精神暗示根植于人的思想中，对于激发人的精神动力、主观能动性有着极其重大的作用，能够充分调动人们的积极性和创造性，帮助人们克服前进中的困难和挫折。

二是有助于塑造健全的个体人格。孔子的理想人格，主张对“真善美”的不懈追求，认为君子应在“仁、义、礼、知、信”五个方面来加强自身修养，做到“仁者爱人”，“见利思义”、“见得思义”，做到“非礼勿视、非礼勿听、非礼勿言、非礼勿动”③，做到“知仁”、“知礼”、“知人”，做到“言而有信”，这些都是在促进人的全面发展，塑造健全的人格，提升和改善一个人的品格、品质、思想境界、情操格调等。当今社会，随着各种矛盾的尖锐化，必然会对个体人格带来心理上的困惑，社会成员出现道德意识淡漠、群体意识薄弱、诚信意识缺失、自强意识淡化等问题，怎样使社会成员形成崇高丰富的精神境界，健康良好的心理品质？用“君子”的理想人格作为一种正面的规范是具有十分重要的意义和价值。

三是有助于个体自觉培养道德品德，规范自己的行为。孔子的理想人格，主张“慎独”，无论何时何地，都在审视着自己的一言一行，强调自我约束。现在社会由于具有开放、复杂、多样、变化快的特点，面临众多形

---

① 《论语·宪问》。

② 《论语·子罕》。

③ 《论语·颜渊》。

形色色的诱惑和利益冲突，人们的思想品德行为也呈现出多层性、多样性、多变性的特点，这时，突出强调“君子”理想人格从道德上进行自我约束就十分必要。让人们用心中的道德准则来衡量他们的所作所为，调控自身的品德行为，以引导人们作出正确的抉择。

从孔子的理想人格的社会价值体现方面来看，其积极意义有如下三点：

一是政治价值，它提供了丰富的治国安邦的政治伦理精神。孔子的理想人格一个最重要的特点是“内圣外王”，这么一种积极“入世”的人格，把自身主体心性修养推广到齐家、治国、平天下，实行仁政礼治，行道于天下。“以天下为己任”，体现出浓厚的社会责任感。此外，作为君子，要重视道德的完善和践履，这也对以德治国有一定的借鉴意义。

二是经济价值，有助于构建良好的经济环境。人是经济的主体，作为具有思想意识的人，他们的经济行为、经济生活总要受到一定意识的支配。通过对个体思想意识的引导，间接地对整个经济活动发生作用。当代中国，经济正在飞速增长，然而，经济活动中出现了越来越多不健康、不正常的行为，人们更多的关注一己私欲、唯利是图，目光局限于短期的利益，甚至以牺牲他人、国家、社会的利益为代价，用不正当的手段来达到获得满足自己私欲利益的目的。用“君子”理想人格所蕴含的仁爱思想、义利观、诚实信用等丰富的道德内涵来对社会成员进行教育，促进有利于经济进步和良好的道德环境的形成，最后达到推动经济健康发展的目的。

三是社会价值，有利于推动和谐社会的建设。孔子的理想人格理论是从长期的社会生活实践中体验和孕育而成的哲学思维、伦理原则和人生理想。它的根本发端，在于从个人的反省和与他人的沟通之中，形成对个体的关怀和群体的关怀。君子应行“中庸之道”，为人处事立身行道都必须把握住恰当的分寸和尺度，“无过，无不及”。在处理物我关系时，“君子喻于义”、“见利思义”、“义以为质”；在处理自我与他人的关系时，君子应该“躬自厚而薄责于人”、“矜而不争，群而不党”、“和而不同”。这些无不为协调社会关系提供了宝贵的准则与方法。帮助社会成员形成积极的世界观、人生观和价值观，做到与他人、与社会、与自然和谐相处，从而推动和谐社会的建设。

三、孔子理想人格的当代价值

孔子理想人格虽然是孔子所要追求实现的人格境界，就孔子本人而言，他的一生可以说是为了实现这一人格境界而奋斗的一生，孔子时时刻刻都是以此为标准，进行人格的修养和社会活动。从这一人格的普遍价值上来讲，它不会因为孔子的去世而失去它的价值，结合当代社会的种种现状，我们有理由认为，孔子的理想人格仍具有很明显的当代价值。

第一，建构现代中国人的理想人格是精神文明建设的需要。

在构成人格诸多要素中，其中道德要素是人之所以成为人的一个重要依据和标准，它也是构成当代社会精神文明不断提升的关键因素。现阶段，中国的精神文明呈现出复杂的景观：一方面，按照马克思主义的社会发展的理论，中国建立了社会主义的经济、政治制度，并以马列主义、毛泽东思想、邓小平理论作为意识形态的指导思想，精神文明的价值取向理应是健康的，人们是应该具有理想人格的，特别是社会主义市场经济激活了精神文明的内在动力，社会的公平、正义、人才等新观念得到发展，人们的思维普遍活跃。但另一方面，由于西方先进的技术、科学与思想、意识同时强劲涌入中国，并与中国原有的传统文化的精华与糟粕相融合，对当代中国精神文明建设提出了严峻挑战。在东西方思想文化的碰撞和激荡之下，必然会对社会的每一个人的价值观、理想人格造成选择上的困惑。孔子所追求的"君子"理想人格，在对治当代社会出现的这种困惑具有一定的参考价值。发掘孔子的理想人格思想中的合理因素，以适应建立精神文明建设的需要，也是实现传统与现代结合的必要内容。

第二，建构现代中国人的理想人格是时代的需要。

社会主义市场经济的形成和发展，对现代中国人的理想人格提出了新的要求。现代中国人理想人格的确立和完善，一方面有赖于现实社会的政治、经济、文化等因素的制约和影响，另一方面又需要人们进行自觉的修养，也就是依靠内因的力量。在这个既离不开自我修养，又要借助于一定的理论指导的过程中，我们需要建构新的理想人格理论。但现代中国人的理想人格理论不可能割断与传统的关系，而是首先得弄清中国人的传统人格结构和特质、其不足和缺失何在、由何缘起，从而建构现代中国人的理想人格的坐标及实现途径。这就需要对孔子的人格理论及其在后世的发展和实际落实进行反思，使其具有现实积极意义的因素发扬光大。关于“义利观”问题的争论、关于诚信问题的讨论及儒商现象有出现和反思等等正是在这种情况下出现的。

孔子理想人格所追求的人生理想和价值取向，对建构现代中国人的理想人格具有很强的历史意义和当代价值。生活在现实社会中的人，虽然有现实人格作为行为标准，但仍需要树立理想人格作为自己做人的道德标准和道德修养目标。这是因为，人在满足了个体利益的时候，不仅要注意实现个体的物质与精神价值的结合，更要以社会的道德规范原则指导个体自身利益的实现。这就要求人不能专注于对个人物质利益的追求，而应培养自己崇高的理想人格，为超越现实人格、无限接近理想人格提供可能。

孔子的理想人格把修身做为齐家、治国、平天下的起点，使自我和家、国、天下融为一体，从而实现个人的人生价值。亦即孔子的理想人格把个人和社会责任、社会义务联系起来了，当代中国经济、政治乃至个人的正常和良好地发展的前提应当是个人要协调个人的自由、权力与个人对社会、对国家、对民族、对他人的责任和义务，惟有如此，个人才能够获得人格上的提升，社会才能获得全面的发展。

参考文献

[1]李泽厚. 论语今读[M]. 合肥：安徽文艺出版社，1998.
[2]杨伯峻. 论语译注[M]. 北京：中华书局，1980.

明清时期汉籍伊斯兰哲学思想的阐释

暨南大学中外关系研究所　马建春

明清时期，中国穆斯林思想界在以江苏、云南为中心的南方地区，开展了颇具影响的"以儒诠经"活动。许多学者不仅用儒家思想阐发伊斯兰教义，而且赋予伊斯兰哲学思想以儒、佛、道传统文化概念，著述活动十分活跃。其内容涉及哲学、历史、典礼制度、民风习俗和语言文字等各个方面，出现了大量思想丰富、影响深远的经典著作，向中国社会系统介绍了伊斯兰思想文化，进而形成独具特色的中国伊斯兰教哲学思想体系。

一、汉文伊斯兰著述的思想成就

在中国历史上，儒、释、道著述历来颇丰。至明清之际，随着众多外国传教士的入华，基督教的汉文译著也已刊行达数百种，这无疑从客观上促进并推动了穆斯林学者的伊斯兰教汉文著述活动。江南地区文化发达，穆斯林人口亦不在少数，因而当时在此出现了一些学通中西的学者。他们从宗教的发展出发，逐步认识到，要使中国伊斯兰教摆脱日趋衰微的态势，求得生存，并能进一步立足于中华，惟一可行的出路是，使伊斯兰教义同以儒家为代表的中国传统思想文化相融合。儒家思想重视现实伦理道德的说教，注意协调社会人际关系，这与重视今世生活的伊斯兰教有一定的共同之处，从而提供了两者互相结合、补充，甚至相互附合的可能性。于是，这些回族学者旗帜鲜明地提出了"无论何教，在于以儒律之。近于儒则为正，远于儒则为邪。斯千古不刊之论矣”[①]的口号，并在这一思想指导下，开始了汉文著述活动。

汉文著述活动的主要目的是对早已通用汉语的内地穆斯林宣传教义，以改变以往“教义不彰，教理不讲”的状况，使伊斯兰教在中国进一步扎根，并求得图强。此外，为了扩大教外影响，使更多的中国人了解伊斯兰教，做到“隔教不隔理”，强调伊斯兰教义与儒家学说并行不悖，“大相表里”。因而可以说，这是穆斯林学者发起的一场维护伊斯兰教信仰的宣传运动，“也是中国伊斯兰教史上一场思想文化邻域中的启蒙运动。”[②]

自明末起，在长达二百多年的汉文著述活动中，涌现出不少杰出的穆斯林思想家。自署为“真回老人”的王岱舆（约1570—1660），幼承家学，熟读伊斯兰典籍，成年后读性理之学，阅史籍，博览诸子百家，被誉为“博通四教”（儒、道、佛、伊斯兰教）。他尝以伊斯兰教理与人辩论，使远近来访学者，无不心悦诚服。后专攻伊斯兰教义，以汉文著述，遂开“以儒诠经”之先河。他竭尽数年精力，撰写成《正教真诠》一书，阐述宗教哲学理论与教法学原理，其中大量吸收和运用了儒、佛、道学说，是我国早期用汉文宣传伊斯兰教的重要著作。此外，他还撰有伊斯兰教哲学著作——《清真大学》。王岱舆逝世后，其弟子根据他生前言论记录，又编成《希真正答》一书，此著议论明畅，较前两书更透辟。

王岱舆的著述，把儒家宋明理学思想同伊斯兰教义相调和，彼此印证，相得益彰。在创世论中，他使伊斯兰化的新柏拉图主义“流溢论”与周敦颐的太极图说相结合；在认主学上，他吸收儒家“明德之源”思想和佛教的“佛性”说，丰富了“真赐”的涵义；又用儒家的“体用”、“本来”思想阐发本体论；并通过“三一”（真一、数一、体一）学说把伊斯兰教的创世论、本体论和认识论统一起来，从而创立了中国伊斯兰哲学体系。

号“寒山叟”的苏州人张中（约1584—1670），幼习伊斯兰经典与阿拉伯文，后受教于经师张少山，学成后在江苏各地讲学。后游学于南京，随印度苏非经师阿世格习经三年，精于认主学研究。所著《归真总义》记述

① （清）金天柱，马敬斋等：《清真释疑补辑·唐晋徽叙》，西宁：青海人民出版社，1987年。
② 金宜久：《伊斯兰教概论》，西宁：青海人民出版社，1987年，第362页。

了阿世格讲学的要旨，强调通过自身可以认识真主。又著有《四篇要道》，以传统文化着意阐明伊斯兰教基本知识。

金陵人伍遵契（约1598—1698），幼读儒书，曾为秀才，后无意功名而专攻伊斯兰教经典与教义，曾在苏州讲学。主要著述有《修真蒙引》和《归真要道释义》，后者系由他口译，其兄笔记而成。此书系经堂教育读本之一，作者为波斯人阿布杜拉·阿布·伯克尔，讲述修身、养性和近主之道。伍遵契自称译时“不增己见，不减原文”，只求达意，仅在正文下偶加小注。

署以“指南老人”的马注（1640—1711），曾任南明永历中书、锦衣侍御等职。永历败亡后避隐教读，研读佛书。后专攻伊斯兰教义，学习阿拉伯文，并游历各地，广交名师。曾欲求见巡游中的康熙，并上书请赐穆罕默德表文，相借用政治权利提高伊斯兰教地位，但未获成功。后发奋著书，将《古兰经》用汉文加以注解、阐释，并著成《清真指南》一书。后回滇中故乡，一面讲授“心性之学”，一面继续增补《清真指南》。《清真指南》为马注毕生力作，前后历30年完成。全书10余万言，含伊斯兰教史、教义、哲学、教律、天文、传说等。它不仅材料丰富、翔实，而且对教义有深入研究，见解独到。其中“教条八款”，适时地提出了当时回族社会中存在的具体问题，这是中国伊斯兰教著作中前所未有的。

清初汉文伊斯兰教思想著述的杰出人物，首推号为“一斋”的刘智（1660—1730）。其幼从先父刘汉英习伊斯兰经籍，并研读经史子集和佛道诸书，会通诸家，兼晓阿拉伯文、波斯文。曾负笈远游南北各地。寻师问经。旅途中读书写作，不敢丝毫懈怠，自称“车尘驴背，未尝废吟哦。”晚年归金陵，避居10年，专心治学，埋头著译。自称毕生著译数百卷，“会通诸家而折衷于天方之学”。今传世之作约50卷，有《天方性理》、《天方典礼》、《天方至圣实录》、《真境昭微》、《五功释义》、《天方字母解义》等。刘智的译著，文字典雅，其内容深受宋明理学影响。在《天方性理》中，刘智将伊斯兰教一神论思想与中国儒家性理学说结合起来，集中论证了伊斯兰教关于宇宙起源、天与人、性与理之间的关系，书中以经立图，用图解经，因图立说，以图达义，自成体系。阐明了天人、性命、体用、善恶之义，从而沟通了伊斯兰教和儒家学说两种不同特质的文化。

云南大理人马德新（1794—1874），少承家学，博览经籍，通晓阿拉伯文和波斯文。成年后曾游学甘肃、新疆等地，从名师习经。两次赴麦加朝觐，并至埃及、叙利亚、土耳其、印度、新加坡等地游学侨居，前后近10年。归国后在滇授徒讲经，四方从学者甚众，遂名噪一时。1856年参加滇东南回民起义，降清后，曾署理云贵总督、滇西回回总掌教，后遭巡抚岑毓英杀害。马德新对伊斯兰教理造诣颇深，其译著达30余种，内容涉及伊斯兰教义、教法、天文、历法、地理、阿拉伯语法和杂论等。主要译著有《四典要会》、《大化总归》、《醒世箴言》、《会归要语》、《道行究竟》和《朝觐途记》等。据称最早的《古兰经》汉译本《宝命真经直解》（五卷）也出自其手。《四典要会》说理精辟，文字通俗，"遵中国之礼，引孔孟文章，译出天道、人道之至理，指破生来、死去之关头"，在教内外学界中影响颇大。

以汉文著述的穆斯林族学者，均为当时"中阿兼通"、"学通四教"、"长攻儒者之学"的大师，他们在译著过程中，注意"会同东西"，强调伊斯兰教和中国固有传统文化的相通，大量采用儒家学说，包括佛道两家的概念、语言，汲取其思想。他们的附儒，不是简单袭用，而是通过进一步融化、改造和加工，以阐发伊斯兰教理与哲学。著述家们将"孔圣"与"穆圣"相提并论，主张伊斯兰教义学"与孔孟之言相印证"，使之"并行不悖"、"互为表里"，并大力提倡"用儒文传西学"，"义以穆为主"，"文以礼为用"的思想。

著述家们还用儒家"格物致知"的认识论来阐释伊斯兰教认识事物的目的和方法。认为"夫致知格物，乃万学之先务也"①，"心能格万物之理"②，"明己，则明主矣。是谓认主，先以认己为要也。"③即指出，认识事物的目的，就在于穷理，万物之理，尽付于人，而人心能格万物之理。认识事物的方法在于格物，而格物致知的最终目的是认主，但认主首先要认己，人应当通过格物致知的方法加强自身道德修养，以实现认主的目的。经学大师们还大量吸收了易经、道家和孔孟的许多思想内容，运用了真人、十大

① （清）刘智：《天方典礼》卷3，《识认》，天津：天津古籍出版社，1988年。
② （清）马注：《清真指南》卷3，《格物》，银川：宁夏人民出版社，1988年。
③ （清）刘智：《天方典礼》卷3，《识认》，天津：天津古籍出版社，1988年。

天干、十二地支、乾元、运元、二十八宿、黄道、白道、节气、元、亨、利、真、仁、义、礼、智、信等概念。如源于老子《道德经》的“道”，被穆斯林学者解释为“天理当然之则”，并由此提出了常道、中道、至道、天道、人道、道统、道号、道乘、夫道等中国伊斯兰教新概念。又如，“清真”二字在明朝以前为一普通名词，多用于称道观、道士，也有用于佛寺之名的。这时，回族学者则赋予它较为深层的哲理性注解，即“清”，指真主的超然无染，不拘方位，无所始终；“真”，为真主的永存常在，独一至尊，靡所比拟。因而自明末以来，“清真”这一名称最终成为中国伊斯兰教寺院的专门称谓。

“以儒诠经”活动是中国伊斯兰教与华夏传统文化之间一次有意义的思想文化交流，它有利于中华民族思想文化的交融与统一。其大量产生的汉文伊斯兰著述，“皆发前人所未发，而微言妙义视吾儒为详”。遂被汉族学者视为其“虽以阐发天方，实为光大吾儒”，乃成为祖国思想文化宝库中的重要内容。

二、“真一”与“两世并重”的哲学思想

明清时期汉文伊斯兰哲学思想的阐述，是在坚持伊斯兰教理，摄取儒者之学，特别是宋明理学的基础上逐步确立的。

中国穆斯林哲学的核心范畴是“真一”。刘智曰：“真者，无望之谓也；一者，不二之称也。”马复初亦云：“确实无望之谓真，单另独一之谓一。”在他们看来，真一的“真”，也即真主，非虚假的有，是超时空的实有；真一的“一”，是独一无相，具有至仁、至慈等一切完美无缺的道德属性。真一是本原存在，万物是幻有。也就是说，客观世界和宇宙万物都是存在的，但它们不是本体论意义上的存在，而是由真一外化出来的幻有。按中国穆斯林的宇宙观，真一首先是自然宇宙的开端，宇宙万物，大至日月星辰、天地人类，小到花草树木、昆虫、鱼鸟，无一不由真一而产生。在《天方典礼》中刘智论道：“天地之初，惟一真宰之本然，……实天地人物之本原也。一切理气，皆从此本然而出。”在真一与宇宙万物之间，又有一种特殊的媒介物“数一”，即“第二实在”和“原动精神”，也就是传统哲学中的无

极、太极。“真一”正是通过“数一”这个媒介，流溢出天地万物来。

如此看来，在宇宙的起源和构成问题上，穆斯林学者接受了理学家关于太极说中的万物统一于五行，五行统一于阴阳，阴阳统一于太极，太极本于无极的宇宙生成论观点。但认为天地、万物、人都是由真主所造化。而真主造化一切的程序，亦即宇宙万物生成的序列模式则为：真一（即真主）——数一（无极、太极）——阴阳——天地——四大（土、水、火、气）——人、万物。这样，穆斯林哲学家运用理学的宇宙发生论，既坚持了伊斯兰教义，又汲取了程朱之学，乃形成中国穆斯林独特的创世理论。

此外，世界万物最终又通过“体一”的大彻大悟，经“数一”而复归于“真一”，这叫作大化循环、大化总归。而在这一切中，真一是自有，即自我存在，不以外物为前提，不以外物为根据，也不以外物为原因，它凭借自身内在条件而存在，即“无产，无所产”。但它又是超越时间和空间的存在，即“前无始，后无终”。真一虽存在于天地之间，但它超越人类认识，“无形色可见，无方位可求，人固不可得而见其本然也。”穆斯林哲学中这一“真一”本体论，显然具有承认宇宙的统一性及宇宙规律的不可抗拒性之哲理内涵。

那么，人们应如何认识“真一”呢？为此，穆斯林思想家又用理学中的“明德”之说和佛教中的“佛性”概念，阐明了伊斯兰教的“真赐”论。以为真赐是真一先天赐人的，人皆有之。人正因具有真赐，乃定能体认真一，也即真赐是人类先天固有的，每个人只要“存天理，去人欲”，或向内发掘，就可“明心见性”，体认真一。

伊斯兰教人生哲学的基本内核是两世并重，穆斯林思想家在坚持神本高于人本的基本前提下，肯定人的能力及其自觉性和主体性，并注重人在社会实践中的主体地位。王岱舆在《正教真诠》中云：“真一之次，万物之尊，莫大乎人。”即天地万物因人而有，为人所用，“万物培植其性灵，天地覆载其形体。”人是认识的主体，首先认识自我，也即认识了“真一”这一世界的本原及宇宙的的根本意义。而人如何认识自我呢？王岱舆又讲：“克尽偏私自见，复全明德之源，由无极而体认真主。”即通过内心修养认识自我，进而实现自我，超越自我，以体认真主的存在。马注也为此言道：“人惟认得自己，则触境逢源，头头了悟。”[①]

穆斯林学者两世并重的哲学思想，强调了人类物质生活和精神生活的合一，使人生的一些矛盾得到统一。对穆斯林而言，在享用、追求物质财富时，要谨守正道并体现出正确、公正的人生目标。只要遵循“五功”（念、礼、斋、课、朝）和“五典”（夫爱妇敬之道，父慈子孝之道，君仁臣忠之道，兄弟协义之道，朋友忠信之道），则今世和来世，天国和人间，超然和自然，形上境界和形下境界就会相通，“永恒的生命价值和不朽的精神境界就会在现实的世界、现实的社会、现实的人生中实现。”这表明穆斯林在充分肯定人追求现实社会物质生活的同时，又将它限制在一个合理的范围内，以“防止它无限膨胀以至最终淹没人类各种优秀的精神追求。”这就是世俗和信仰并重，今生和后世共求的穆斯林辩证人生哲学。其意义“在于它使人生理想与现实、信仰和理性、生与死、善与恶、幸与不幸等多种矛盾都在两世并重的人生哲学中得到了统一。”[②]从而使人得以把握人生，追求永恒，通过超越有限的生命而实现其人生的终极价值。

三、“五典”与“二元忠诚”的伦理思想

中国穆斯林伦理思想是伊斯兰文化与儒家文化相融合的产物，其核心内容是“五典”与“二元忠诚”。五典又称“五伦”，是穆斯林吸收儒家“三纲五常”概念，结合《古兰经》、《圣训》思想要义，于君臣、父子、夫妇、兄弟、朋友等五方面应遵循的原则。是“天理当然之则，一定不移之礼”，并将之与伊斯兰教天命五功相提并论，“圣教立五功，以尽天道，又立五典，以尽人道者。天道人道，原相表里，而非二也。盖尽人道而返乎天道，斯天道有以立其基；尽天道而存乎人道，斯人道有以正其本。天道人道尽，而为人之能事毕矣。”[③]这就是说，五功是尽天之道，五典是尽人之道，二者互为表里，互相补充。人们只要依五功和五典行事，就符合为人之道了。

五典是为人之本，其中夫妇为生人之本，是人道之纲，“修此而后家道

① （清）马注：《清真指南》卷2，《体认》，银川：宁夏人民出版社，1988年。

② 杨桂萍：《明清时期中国伊斯兰教汉文译著中的回族哲学思想》，载《回族研究》，1995年4期。

③ （清）刘智：《天方典礼》卷10，《夫道、妇道》，天津：天津古籍出版社，1988年。

正，家道正而乡国正矣。”父子是尊卑之本，“父子定，则乡而长幼，国而君臣，由是而皆定矣。”君臣是治道之本，“道统于君，行于臣。君臣之分定，而于下归于至治矣。”兄弟是亲爱之本，“兄弟者，并蒂之果，同本之支。举世交游，未若兄弟之近切而无嫌也。故圣人教人亲爱，自兄弟始。”朋友是成德之本，“生我者父母，教我者师长，成我者朋友。朋友一伦，能成四伦之功。故圣人教人定交，以成德也。”人为万物之灵的本质，就在于能尽人道，只要按五典的原则处理好人与社会的关系，就可认为尽了人道，完成了人伦之礼。

五典是穆斯林为寻求适应中国传统社会制度的产物，它在当时指导人们的行为规范及协调人与社会的关系方面起了积极作用。其中一些思想的提出，并非一味地附会、迎合儒家观念。如在论述父道时，刘智讲到：“圣人曰：勿以男喜，勿以女忧。惟男暨女，真主所寄命也。”“男女必同育，聪拙必同爱”。这一坚持伊斯兰基本要义的思想阐述，在传统中国社会中是颇为难能可贵的。另在子道中，刘智又云：“圣人曰：孝有三重焉，敬身、爱人、喜近贤学。”这一思想显然亦超越了中国传统意义上“孝”的观念。此外，在论及君道时，五典提出了一系列对封建帝王的行为规范，如将“亲百姓，广仁惠，正法度，烛奸，从谏，日省己私，时察民患”等，作为“君主所以为君”的必要条件。甚至要求帝王“凡听断民事，务依天理，勿纵私欲。私则昏，昏则是非舛错，迷失正路，予且将罪汝矣。”并且指出：“人君之治，先己而后人”；人君治人，“断以治己为先”。在专制时代，这些思想的提出，具有十分积极的意义，也是需要相当勇气的。

穆斯林的“二元忠诚”观，亦即提倡“忠主忠君”、“顺主顺君”的思想。王岱舆在《正教真诠》中言道：“人生在世有三大正事，乃顺主也、顺君也、顺亲也。凡违兹三者，则不忠、不义、不孝矣。”由于君是代主宣化，管理天地万物的最高统治者，是天下子民之父，不忠君就是背主。“夫忠于真主，更忠于君父，方为正道。”[①]对主与君的关系，刘智在《天方典礼》中进一步阐释道：“君者主之影。忠于君即所以忠于主也”，“一时不心于君，即为不

① （明）王岱舆：《正教真诠》卷下，《真忠篇》，银川：宁夏人民出版社，1988年。

贤；一时不合于君，即为不忠。”这是由于“王者，代真主以治世者也。王者体主，非念君也。”这说明忠于君同忠于主是统一的。忠于君，而不忠于主，那不是“真忠”；同样，只忠于主，不忠于君，又不是“正道”。“二元忠诚”思想的提出，解决了在皇权高于一切的中国封建社会，穆斯林如何协调顺主与忠君，即神权与王权的关系问题。这对信奉纯一神教的穆斯林之立足、生存和发展起了至关重要的作用。

四、结语

伊斯兰教自植根、生息、繁衍于中华大地始，即不可避免地深受以儒家思想为主流的中国传统文化影响。明清时期穆斯林学者通过汉文著述开展的以儒诠经活动，丰富和发展了中国伊斯兰教义内容，创立了既不同于一般儒家学说，又异于传统伊斯兰教义学的哲学思想体系，使中国伊斯兰教涂上了传统文化色彩，并使其随之中国化。同时，大量汉文伊斯兰教著述的出现，打破了伊斯兰教与儒、道、佛等意识形态长期隔阂的局面。不少著述论证严密，逻辑性强，含有朴素的辩证法思想，因而丰富了汉文化的思想内容。如穆斯林思想家将孔子的人性论和“天命之谓性，率性之谓道”推进到宗教神学的地位，提出“知性知命，认主之道也”，解决了儒家性理学说的“源头”——何为天，何为命，何为性，何为率问题上的矛盾。穆斯林学者还就性理概念的名义，性理的性质及其关系，性理的品级，以及如何尽性穷理、复命归真进行了系统说明，使伊斯兰教性理观点同儒家性理学说相融合，从而丰富了理学思想，为性理学说增添了新内容，并逐步形成颇具中国特色的伊斯兰教哲学思想体系。

容肇祖先生的哲学与佛学研究述略

——基于《容肇祖全集》的考察

齐鲁书社 刘 强

引言

容肇祖先生为我国近现代著名的古典哲学研究家、民俗学家和历史学家。其生活的轨迹绵延近一个世纪，对于晚清以来的哲学学界和民俗学学界、历史学学界产生了重要的影响，也成为新中国的著名学者。对于这样一位带有传奇色彩而在颠沛流离中仍然不断探索学术真理的学者来说，学界对其成果的关注显得是那么的单薄。

这里面有历史和现实的原因。容先生的生活年代跨越晚清和民国，并在民国时期作出了重要的成就。新中国成立后，集体主义的风行使得除少数个人外，大多数个体的成就都被集体的名义所掩盖。比如新中国成立初期的众多古籍整理成果，其实并未署整理者之姓名，这在今天看来是不可思议的，但在当时那个热火朝天的时代，奉献精神正是通过大量艰辛而默默无闻的劳作体现出来的，如《资治通鉴》和《续资治通鉴》的点校整理工作中，容先生承担了艰巨的任务，《资治通鉴》的主校原由顾颉刚一人充任，后来由于任务艰巨，顾先生之外又加四人，容先生即为其一。点校本《资治通鉴》出版于1956年，是新中国成立后整理出版的第一部大型史书。接着，1957年又整理出版了毕沅的《续资治通鉴》。整理本《续资治通鉴》虽然署名“标点《资治通鉴》小组”，其实该书的标点全部出于容肇祖先生一人之力。事实就是主其事者在书上是罕见标注的。

另一方面，新中国成立后的十七年内，学术研究的理论体系是固守的，导向也是非常明确的，社会科学有“双百”方针指导，高度统一的社会结构使得社会科学处在严密的方针控制下。接下来的十年，就不能谈学术了。再后来环境是改善了，如容先生这样的在新中国成立前在学术界已有一定地位的学者也已经步入晚年了。我们今天梳理这样的学术史的时候，对于社会科学的学术理论体系其实很难找到明晰和系统的着力点。那么，再去谈个人的成就隐而不彰的问题，就不能不注意到当时的大的环境。

容先生的作品，20世纪80年代后期曾经有过遴选结集出版，容先生自己从“所写的有关哲学思想史论文中”挑选了20篇文章，结为《容肇祖集》，交由齐鲁书社出版。后来在有关哲学思想史的丛书或者集录中间或收入部分著作，但一直没有完整地整理过。在国家繁荣文化事业的大背景下，近年来，容先生的故园——东莞市的有关部门如政协文史委和莞城图书馆等开展了大规模的乡贤著作的整理工作。有鉴于容先生著作大量散失、不便阅读和研究的状况，东莞的莞城图书馆牵头，组织专家对容先生的著作开展了大规模的搜集整理工作，在政协文史委等部门的支持和协助下，将散藏在北京大学图书馆、中山大学图书馆以及台湾地区的图书馆和容先生后人手中的手稿和唯一藏本，加以整理排印，连同容先生已经发表面世的著作一起，结为《容肇祖全集》，交由齐鲁书社出版。

本文就是基于《容肇祖全集》对于容肇祖先生学术理路和成果的介绍性作品。如前所述，容先生文史兼通，但主要学术领域为历史学、哲学、民俗学，家学渊源自不必说，而在各领域都属师承有自：文学历史兼采胡适、傅斯年甚至得鲁迅指点，文献学得陈垣指点，民俗学则得顾颉刚亲炙。容先生亦有著作等身的成就。此次《容肇祖全集》整理出容先生著作成果已近四百万字，点校和早期的翻译之作由于并非原著或者搜集未得而脱收。除此之外，难免有漏收之作。

一、容肇祖先生的生平与学术理路[①]

容肇祖（1897—1994），字元胎，广东东莞人。容肇祖之祖父容鹤龄为

---

① 本部分内容的主要依据是容先生的自述《我的家世和幼年》、《容肇祖自传》以及衷尔钜先生的《容肇祖传略》。

同治二年进士，不愿做官，掌教东莞龙溪书院数十年。父容容作恭曾于广雅书院求学，原为清朝拔贡，故家中藏书较多。其父去世后，容肇祖随母到过广州小学念书，辛亥革命后，回家自修，并得舅父邓尔雅指点。1913年春考入东莞中学。1917年秋，因家庭困难，容肇祖选择投考了不收学膳费的广东高等师范学校英文专业。入校以后，在学校所办的《杂志》上发表了一些短文、诗歌和笔记。以后又翻译了莫泊桑的小说《余妻之墓》，在《小说月报》上发表。1921年秋，从广东高等师范学校毕业后，容肇祖到杭州、上海、南通、北京、天津等地参观，后回母校东莞中学任教。半年之后，他和胞兄容庚支持东莞中学校长开始实施“男女同受教育”，但形势不利，校长被县长撤换后，兄弟二人同情校长，辞去中学教席，共同北上求学，容肇祖于1922年秋考入北京大学哲学系。次年5月，容肇祖跟从张竞生教授等为北大研究所国学门组织了风俗调查会，在顾颉刚等先生的带领下，对发出的一些风俗调查表进行整理。此后，他又陆续为北大的《歌谣》周刊、《北大研究所国学门周刊》、《国学季刊》等刊物写过一些文章，是为“和顾颉刚文字结交的开始”。1924年初，容肇祖与顾颉刚、孙伏园、容庚等民俗学爱好者一道，对北京妙峰山的进香活动作了一次社会，容肇祖于此后写了《妙峰山进香者的心理》一文，刊登在《京报副刊》的《妙峰山专号》上。1925年秋，刘半农从法国留学归来后，容肇祖又从刘半农先生学习语言学。

1926年，容肇祖从北大毕业。这年，林语堂受陈嘉庚等委托创办厦门大学国学研究院，约请顾颉刚、沈兼士、鲁迅等前往。9月，顾颉刚先生邀请容肇祖南下任厦大国文系讲师、研究院编辑，担任“先秦诸子”一课。时厦大出有《厦大国学研究院周刊》，容肇祖先生编了全部的三期，并参与兴办风俗调查会，利用授课之余到福州等地采集风俗文艺和作品，且与同在厦门大学任教的鲁迅、张星烺、顾颉刚等先生时有过从。“寒假后，厦大因经济困难，即宣布停办国学研究院”。

1927年2月，容先生回广州，当时鲁迅任中山大学教务长，容先生在厦大时方认识鲁迅先生，并在魏晋思想研究方面得鲁迅之惠。不久，由林语堂写信给鲁迅，顾颉刚也写信给中大文学院长傅斯年，容肇祖得以到中山大学预科教国文兼文学院哲学系的中国哲学史。鲁迅先生赠容先生《汉代文学史》讲义。随后容先生任预科国文教授兼国文科主任，并与任中山大学历史系教授兼系主任的顾颉刚以及钟敬文等人发起成立了中山大学民俗学会。顾颉刚在中大主持创办了三种杂志:《中山大学语言历史学研究所周刊》、《民间文艺周刊》、《中山大学图书馆周刊》，钟敬文与容肇祖主要负责《民间文艺》(后改为《民俗》周刊)，而以容肇祖负责的期数最多，并推动《民俗》进入其繁盛期。1928年，容肇祖先生在继续授课和进行古代哲学史研究的同时，将其主要精力转向民俗学和民间文艺学资料的整理与研究，奠定了民俗学的学术基础和学科传统。期间撰写和发表了《敦煌本明妃传残卷跋》、《占卜的源流》、《德庆龙母传说的演变》等九篇论文。1929年成为容肇祖先生在民俗学和民间文艺学史上最活跃的一年。他继续主编《民俗》杂志，并实际主持民俗学会的大量工作。这年他出版了《迷信与传说》一书，且由于工作勤勉、成绩突出而被推选为中山大学民俗学会主席。他拟了具体的活动计划，向校方申请资金编辑出版民俗学丛书，并积极开展民俗物品的搜集，在容肇祖先生和其他民俗学爱好者的共同努力下，中山大学民俗学会的工作出现了兴盛局面，成为当时全国民俗学和民间文艺学研究的大本营。怎奈守旧势力对此横加阻挠，最终导致民俗学遭遇寒流，同人星散。

顾颉刚先生北上后，《民俗》实际已经难以维持。容肇祖先生也不得不于1930年离开中大，受聘为岭南大学国文系副教授。但他仍笃志于民俗学和民间文艺学的研究，在随后的几年里，他除登台授课外，先后发表了《祝英台故事集序》、《田章故事考补》、《山海经研究的进展》、《冯梦龙生平及其著作》等十多篇文章。1932年秋，岭南大学因经费出现困难，容肇祖先生重新回到了中山大学，初在国文系任副教授，因反对设置读经复古课程，斗争无效，改在历史系任副教授。1933年1月，容肇祖先生受朱希祖之荐，再次担任了中山大学民俗学会主席，并积极从事《民俗》周刊的复刊准备工作，《民俗》得以实现复刊，容先生继续承担编辑工作，并亲自写了大量有关民俗学的评论和研究文章以及《民俗学参考书报介绍》等文。造化弄人，中山大学却又停聘，1933年秋，容先生再回岭南大学任国文系教授，

《民俗》也被迫再次停刊。从此以后，容先生虽然仍有民俗学与民间文艺学的著作，但其学术重点已经发生了转变，已经开始专注于中国古代文学和哲学，而且他认为开展学术研究，就学术资源来说，广州毕竟不如北京，从其与陈垣先生的书信往来看，其已经有北上之心，托援庵先生在北京代觅教职。从此以后，容先生的学术研究和教书育人，除了抗战时期颠沛流离的逃亡生活外，就以北京为基地。

1934年，容肇祖先生受聘于辅仁大学任副教授，并兼北京大学教席，任哲学系讲师，从1934年秋到1937年夏，容先生在教学过程中，学术研究有了重要进展，修改出版了《中国文学史大纲》、《魏晋的自然主义》、《韩非子考证》、《李卓吾评传》等多种专著。还发表了《月令的来源考》、《何心隐及其思想》、《吕留良及其思想》二十余篇论文。

抗日战争爆发以后，容肇祖先生和北大的爱国师生们一起，离开北方，辗转南下。他先在南岳逗留了数月，然后又到云南蒙自授课，在西南联合大学任教。从1937年底到1940年夏，他除了在艰难的条件下坚持授课外，还逐渐关心起国内的政治思想斗争来。1940年暑假，他修改完成了《明代思想史》(开明书店1941年出版)。

1940年秋，容先生送其妻赴香港就医，随入岭南大学国文系任教(广州沦陷后，岭南大学迁往香港)。1942年1月日寇侵占香港后，岭南大学解散，他即率家眷返回东莞，但东莞县城已经沦陷，几经周折，他来到非沦陷区乐昌县坪石镇，第三次入中山大学执教，任历史系教授，过着十分贫困的生活，1944年冬，日寇自湖南窜犯坪石后，容先生两次被日本兵拉作挑夫，但他都冒死而脱逃。以后，他便陷入了避寇逃难的奔波之中。

抗日战争胜利后，容肇祖先生随中山大学迁回广州。后来由于参加“反内战反迫害”运动而遭到当局的迫害，取道香港北上。1946年秋，容先生受聘担任北京大学哲学系教授，并出版了《先秦法家》一书(成都文通书局)。新中国成立后，容先生继续在北京大学任教。1952年调到北京市文教委员会文物组，从事文物古迹的考查、整管和鉴定工作。以后，又在顾颉刚先生的领导下，和其他同志共同标点了《资治通鉴》等古籍，并单独完成标点《续资治通鉴》。

1956年7月后容先生一直在中国科学院哲学研究所（后归中国社会科学院）工作，并曾先后担任过中国社会科学院哲学研究所学术委员会委员、中国民俗学会副理事长、中国民间文艺研究会顾问、国务院古籍整理出版规划小组顾问等职。在此期间，他除指导研究生从事宋、元、明哲学史研究外，著作并点校整理了《李贽年谱》、《何心隐集》、《王安石老子注辑本》、《吴延翰集》等著作。

十年浩劫期间，容先生被"抄家三次"，并先后被下放到河南息县和明港等地劳动。以后虽于1973年调回北京，但他几十年所积累的资料及"专著和散文，特别是未付印的手稿（《李贽传，附李贽著作考》和《清代思想史》等），丧失殆尽"。这对一个学者来说，无疑是难以补偿的损失。浩劫结束后，有关方面曾开展过挽救工作。容先生回忆说："在党落实知识分子的政策后，中国社会科学院哲学研究所领导同志指派专人在各有关单位收藏的旧书刊杂志上舍法收集我的文章，加以复印。"（见《容肇祖集·前言》）容先生也得以重新回到自己的研究岗位，并在年逾八旬、身体不便的情况下，仍坚持学术活动，积极著书立说，对晚辈学者释疑解惑，直至去世。

二、容肇祖先生的哲学与佛学研究举隅

（一）《明代思想史》

容肇祖先生从20世纪30年代开始将学术研究的重点逐渐转移到哲学思想史领域，此后，在半个多世纪的时间里，在中国哲学史研究领域结下了累累硕果。其不朽著作《明代思想史》到新中国成立时已经出到第五版，深受好评。如牟钟鉴的评论：

> 容肇祖先生是位德高望重而又有松龄鹤寿的大学问家，从20世纪30年代起即驰骋于文史哲学坛，成就卓绝，名扬四海。所著《明代思想史》一书，在见识上实超出黄宗羲的《明儒学案》，充满新时代的气息，是里程碑式的作品，向为世人所重。然而容先生质朴内敛，微妙玄通，甘于寂寞，特别在20世纪50～70年代那段政治运动接连不断、学者命运常遭不测的时期，容先生不愿违心趋俗，有意远离热闹场面，隐于学界，埋头治学，清直自

守。……第一次读容先生的《明代思想史》和《焦竑年谱》，即生仰慕之心，惊叹先生的学识和眼界卓立不群而又平易通达，褒贬取舍之间，表现出一种真正的现代意识和思想解放的精神，同时又不流于当时进步学者易于产生的偏激和武断。先生对于明代儒学的流派和演变，作出明畅而深刻的述评，着力弘扬有开拓性有个性的进步思想和人物，批评僵化而独断的陈旧风气和传统，为自由、平等、解放而呐喊，把思想史写活了，使它具有一种蓬勃的生命力，读后令人激奋向上。从此我爱上了容先生笔下那些掀翻天地、自信自强、切实有为的思想家，爱上明代思想史，产生出一种强烈的学术研究冲动：发掘明代思想的优秀传统，结合当代的需要，重建现代中国的民族和个人的主体意识。

……

容先生既具有崭新的眼光，又搜集到黄氏（黄宗羲——笔者注）未见或未注意的资料，在观点和实据上都向前开拓了一大步。可以说《明代思想史》是一部新时期的《明儒学案》，它独领风骚数十年，直到今天还没有产生一部新的明代思想史专著足以取代它，也就是说在总体水平上还没有超过它的。黄氏《明儒学案》以其民主性的精华而在封建社会末期不断放射光辉，给革命者以启蒙和向往，直到辛亥革命和五四时期，仍使进步的思想家读之激奋，其社会生命不可谓不长；容先生的《明代思想史》，继黄氏之后，成为一面新的旗帜，在帝制消失八十余年的今天，人们重新翻阅它，仍然激动不已，感受颇多，毫无过时之感，其时代跨度之大，是令人吃惊的，其原因就在于它已经具有现代思想、现代精神。（《〈明代思想史〉与明代思想研究》，载《涵泳儒学》，中央民族大学出版社，2011年，第425～426页）

容先生是历史上第一个给予颜钧、罗汝芳、何心隐以思想解放者的评价，泰州学派的真正价值也正在这里。（《〈明代思想史〉与明代思想研究》，载《涵泳儒学》，中央民族大学出版社，2011年，第428页）

《明代思想史》亦成为海内外学者研究明代思想史所必不可少的参考文献。日本当代研究中国哲学史的著名学者、京都大学名誉教授岛田虔次，于1981年在北京大学参加一次学术会议时，曾当面向容肇祖先生拜谢，声称自己深受20世纪40年代出版的《明代思想史》等著作的影响。1987年，美国学者马紫梅、日本学者志贺一郎、瑞典学者隆德尔等，都曾分别要求单独向容肇祖问学和交流。1991年，台湾辅仁大学教授刘义胜四次登门造访，问学于容肇祖先生。张学良先生生前曾对人声称，他喜读明史，而且有愿望“能与王崇武、容肇祖、蓢伯赞三氏交换有关明史诸问题之意见”。

（二）《中国中古哲学史引论》

《中国中古哲学史引论》作为容先生的著作，很容易被人忽略，原因可能主要是写于新中国成立前，目前存世不广，连关于容先生的传记和容先生自述类的材料中都很少有提及。但是根据一些线索，这次整理《容肇祖全集》还是找到了这本书，目前藏于广州的一所大学图书馆，征得官方的同意，亦得以收入《容肇祖全集》。

《中国中古哲学史引论》主要对中国汉到唐的哲学和思想进行了研究探讨，涉及儒家、道家和佛家。“六朝至唐，佛教输入，翻译之作，盛极一时，中国思想，此时多少受有印度的染化，由迷信方面的渐染成立北朝的道教，由义理上的陶熏，别产禅宗的一派。推其源流变化的大较，可说的多。但佛典如林，撷采不易，敦煌秘藏，多散国外，综合钩立，亦不易言。”由于这段时期是中国历史上思想潮流非常活跃的时期之一，也是佛教的传入、滥觞、流布，与中原既有的儒家文化和道教文化并列整合、波荡云诡的时期，是以对中国哲学和后来各朝哲学思想的影响就是难以一言而尽的。

容先生探讨了佛学传入中土的过程及对当朝和后来的宋明理学的影响，其中不乏让人彻悟的点睛之笔。

我国人迷信佛教，大约始自汉桓帝时。魏嘉平二年（二五〇）昙摩诃罗始以戒律来，康僧会在吴，始立建初寺，晋桓玄《难王中令书》说道：“晋人略无奉佛，沙门徒众，皆是诸胡。”（《弘明集》）大概当初沙门传布佛教的，俱是从西域而至。从安息到的有安世高，安玄，昙谛，安法钦等；从月支到的有支娄迦谶，支曜，支亮等；从康居到的有康巨，康孟祥等；从天竺到的有竺朔佛，竺大力，昙柯迦罗等，至于阗则有无罗叉，祇多罗，于法兰等，龟兹则有帛延，帛远诸僧。于佛教的输入我国俱有关系。至于在翻译著述，特立宗风，而影响我国最大的，则当推竺佛图澄与鸠摩罗什。竺佛图澄，西域人，以晋怀帝永嘉四年(三一〇)来适洛阳，一时门徒特盛，道安，竺法雅等最著，安与习凿齿游，专阐扬佛教于士大夫间，道安之弟子惠远，开庐山，日夜说法，佛教讲坛，实始于此，开后来净土宗的先河，鸠摩罗什，天竺人，以姚秦弘始三年(四〇一)始入长安，厘正旧译，新翻大乘诸经论，于佛教智识的输入，开一新纪元，故鸠摩罗什始，为佛教思想有系统输入的时期，或可称为大乘兴盛时期。罗什首传三论宗宗义，译《法华经》，又译《成实论》，实为成实宗入中国之始，后此则佛驮跋陀罗译《华严经》，昙无谶译《大涅槃经》等，

这段论述，对于我们认识佛教传入中国的原始和支派有了一个大的宏观的印象，随后分门论述了支遁、道安、慧远、僧肇的思想，并论述了佛教传入中国初期，中国本土的哲学思想家对于佛教的反应，主要以调和论为例，其人物有孙绰、张融、周颙、顾欢、颜之推等。

中国哲学思想延至唐代，容先生认为：

唐代的思想家，在儒家、道家中找不出的什么特出的人才了，而重要的人物，倒在佛教里出现的颇多。宋张方平答王安石“孔子去世，百年生孟子，亚圣后绝无人，何也?”的问，说道：“岂无人，亦有过孔孟者”，并列举“江西马大师，坦然禅师，汾阳无业禅师，雪峰，岩头，丹霞，云门”(见《宗门武库》)。这些人又都是唐代的和尚。盖自六朝以来输入的佛教，到陈隋之间早已成熟，而唐代便冒着花儿。印度西域的东西，到这时完全成为中土的。从前六朝时多靠别处的和尚翻译经论，到这时多出自本国的和尚自己翻译了。至玄奘法师，亲到西域印度等地，采得大乘经

> 论等六百五十七部，从事翻译，使唐代佛典到了大成，而“法相宗”及“俱舍宗”亦因此在中土成立。他如贤首大师成立了华严宗，南山律师道宣成立了四分律宗。又俱是本国的学者。此外如传密教的善无畏三藏，虽此中土人，亦能阐扬家派，自立法门。故唐朝一代，我们可称为佛教盛行的时代。

这样的对中国唐代思想界的论断真是令人耳目一新，却又不得不叹服容先生的宏阔学术视野和绵密的学术思维。随后容先生对唐代新起的几个主要佛教宗派进行了剖析和探讨。如律宗、法相宗、华严宗、真言宗，“以上四宗，为唐代所特创”。尤其对于华严宗的杜顺及宗密有着着重的关注，“华严宗，自杜顺禅师（生陈永定二年，及公历五五八，卒贞观十四年，即公历六四〇）始提义纲，标立宗名。著《华严法界观门》《五教止观》《十选章》等，大畅妙旨，是为开宗初祖。《华严法界观门》，根本思想在立现象界与真如界二者。现象界为色为事。真如界为理。明理事者二者不相离故。这即《华严法界》之约义。又说一切现象界无实体，无无性，全属于空。而真空者，即名妙有。一切现象解无实体无自性，故一切现象平等自差别。平等无差别，故一切现象为真如。他以为现象和真如相一致，持此以破除种种差别心。发挥华严之真理，确能特具见地”。对于禅宗，则认为“禅宗的方法，是要顿悟，开中国教育上的新途径，他的目的是要明心见性，作宋明理学的先锋”。由容先生的启发，我们也就不难连贯唐代与宋明之间哲学思想的脉络，所谓理学，里面又有多少佛教的成分？这类种子又是何时种下的呢？自然是中古的纷扰之世和佛教的酝酿滥觞促成的。

综上所述，容肇祖先生的哲学和佛学研究占据了其学术研究的重要部分，尤其是哲学研究，得益于其深厚的文史功底和早期的心理学教育背景，有着重要的建树和博大精深的成就，成为后学追随的风向标。我们从《明代思想史》、《魏晋的自然主义》、《中国中国哲学史引论》等著作中对于容先生的哲学和佛学研究当可以窥见大概，却又不得不惊叹于容先生的远见卓识！

玉图腾——艺术与哲思

肇庆市文宝斋翡翠博物馆　唐德鑫

图腾(totem)是原始人群体的亲属、祖先、保护神的标志和象征，是人类历史上最早的一种文化现象。在文明的构成要素中，文字、青铜器、城市，是远古文明的三大标志，而在中国，玉器却例外的成为中国上古社会文明形态形成的重要标志，在华夏文明进化史上扮演了重要的文明角色。以玉器为载体，我们可以清晰的还原出一条中国古典思想、艺术、哲学等人文精神嬗变史的脉络，本文从宏观的角度，对玉器历代的形制、雕刻题材等进行探究，借以观察中国古代艺术与哲学思想的流变过程。

一、邈邈神思：上古①玉雕图谱

从北方兴隆洼文化开始(距今约8000年)，即出土了大量的玉玦、玉匕形器等器物，成为中国玉文化的开端，在距今约七千年的南方河姆渡文化中，河姆渡遗址第三、四层出土了部分玉器饰件，品种有璜、玦、管、珠、饼、丸、坠等，这些充分说明了玉器开始融入到华夏先祖的生活中，并进而融进了华夏先祖最早的神话观念，特别是玉璜，这是最早“天人合一”“神权合一”思想的雏形，西周时期形成的《周礼·大宗伯》云：“玉作六器，礼天地四方。”“以苍璧礼天、以黄琮祭地、以青圭祭东方、以赤璋礼南方、以白琥祭西方、以玄璜祭北方。”河姆渡文化的先民们是否用玉璜

① 文章所指的上古史，泛指史前文明到春秋战国时代。

作为祭祀不得而知，但是玉璜的出现，可能寄托了先民们对天地之间的早期神学思想和哲学观念，并直接影响到后世。

以今天的角度而论，河姆渡所出的玉器大多光素平整，无纹饰，种类和数量少，造型简单，做工粗放原始，但它的产生直接影响到马家浜文化及良渚文化玉器的发生及发展，并进而形成了环太湖流域的玉器雕琢中心，和北方的红山文化玉器雕琢中心遥相呼应，相得益彰，共同谱写了新石器时代玉器文化的光辉篇章。这里重点探讨新石器时代的两座玉器文化高峰——北方“红山文化”（距今约5000至6500年）和南方的“良渚文化”（距今约4150至5250年）。

（一）玉雕开创了华夏“龙文化”

红山文化，分布在燕山以北、大凌河与西辽河上游流域，主要集中于西辽河上游的潢水和土河的流域，它是中国新石器时代北方原始文化的代表。红山文化最为突出的便是“C型龙”和“猪玉龙”的发现，出土时的“C形龙”，周身卷曲，吻部高昂，毛发飘举，极富动感，是红山文化玉器的代表作，被誉为“天下第一龙”。而“猪龙形”玉器，身体蜷曲，头部似猪，竖耳圆眼，吻部前突，前端并列双圆鼻孔，口微张。红山文化中大量的各类龙形制的玉器，虽然形制简单，线条简洁，但显示出来的神秘感和幽邃感，令人震撼，显示了古人高超而丰富的想象力。

龙，如今成为中国人耳熟能详的吉祥物，是华夏民族的象征，而这种“民族图腾”的奠定，可以追溯到距今6500年左右的红山文化，关于龙的艺术想象，《论衡》说：“龙之像，马首蛇尾。”宋代的罗愿在《尔雅翼》则有更为详细的描述：“龙者鳞虫之长。王符言其形有九似：头似牛，角似鹿，眼似虾，耳似象，项似蛇，腹似蛇，鳞似鱼，爪似凤，掌似虎，是也。其背有八十一鳞，具九九阳数。其声如戛铜盘。口旁有须髯，颔下有明珠，喉下有逆鳞。头上有博山，又名尺木，龙无尺木不能升天。呵气成云，既能变水，又能变火。”炎黄先祖的这种夸张想象，实质上表达的是一种征服的欲望，是一种超神秘、超自然力量的想象，是一种驾驭大自然的梦想。透过红山文化各种龙的形态，华夏先祖用艺术的夸张手法，寄托了开拓进取、不畏风雨的炎黄精神，激励着整个氏族部落勇往向前，探索进取。

此外，红山文化中，还出土了玉鸟、双龙首玉璜、兽形玉、玉龟、鱼形坠、玉鹗等；几何形玉饰有：勾云形玉佩、马蹄形玉箍；方圆形边似刃的玉璧、双联玉璧、三联玉璧、棒形玉等等。红山文化玉器中的动物造型，风格质朴而豪放，表现手法中的圆雕、浮雕、透雕、两面雕、线刻等已日臻成熟。其艺术感也显得奔放、线条清新、形制粗犷，给人以强烈的质感、凝重感和美的享受。

（二）玉雕开创了“天圆地方”的观念

良渚文化分布的中心地区在太湖流域，而遗址分布最密集的地区则在太湖流域的东北部、东部和东南部。该文化形态出土了大量的玉器，挖掘自墓葬中的玉器包含有璧、琮、钺、璜、冠形器、三叉形玉器、玉镯、玉管、玉珠、玉坠、柱形玉器、锥形玉器、玉带及环等[①]；典型的玉器有玉琮、玉璧、玉钺、三叉形玉器及成串玉项饰等，特别是高深莫测的玉琮和兽面羽人纹的刻画，这两者的出现是中国古代神学观念被固定下来并形成思维模式的一个重要标志。

最早的玉琮见于安徽潜山薛家岗第三期文化，距今约5100年。玉琮是一种内圆外方的筒形玉器，在良渚文化的形制定格以后，玉琮成为我国古代重要的祭祀礼器之一。新石器时代中晚期，广东石峡文化、山西陶寺文化中也大量出现，但都没有超过良渚文化，可以说，良渚文化出土与传世的玉琮数量最多，其文化形态也最为发达。玉琮的形成，根据推测，最早应该是作为部落酋长或巫师手中的法器，是华夏先祖“天圆地方”观念的“图腾化”和“神秘化”，将这种对于宇宙间抽象的神秘观念，进行物质化、现象化呈现，并寄托了一种冥冥之中，想透过巫师力量，以人为的意志来扭转事物形态和发展轨迹的思想。从形制上，玉琮允许有着不同的尺寸和图案标识，如《周礼·考工记·玉人》所释：“大琮十有二寸，射四寸，厚寸。”《白虎通·文质篇》曰：“圆中牙身玄外曰琮。”郑玄补注《周礼》时说：“琮，八方象地。”南唐徐锴释琮时讲：“状若八角而中圆。”

华夏先民关于“天圆地方”的观念很早就形成，春秋战国时期形成《大

---

① 良渚文化引自：百度百科 http://baike.baidu.com/view/1556.htm

戴礼记》、《庄子》、《周髀算经》等著作都有所阐述。《吕氏春秋》说“天道圆，地道方，圣人法之，所以立上下”。并进一步释曰，天道圆，精气上下运行就“圜周复杂，无所稽留”；地道方，“万物殊类殊形，皆有分职”。可见，这不仅仅是简单天地观念，古人认为的“天圆地方”更是一种贯穿宇宙间的隐性运行力量，而玉琮的形状，正是“小宇宙”的象征。而玉琮上面的“兽面羽人纹”，勾勒简洁，线条优雅，而又形神兼俱，显示出了一种深邃而神秘的力量，通过这种象征物，古人认为在巫师心的力量作用下，能够发挥主观意志的作用。在后世的发展过程中，玉琮的观念不断变化，春秋战国时期开始，便成为祭祀礼器，更多的成为一种王权的象征，成为“天子”与“苍天”意志沟通的圣物，成为掌握“合法王权”的神学象征，到了中古魏晋时期以后，更是成为镇墓压邪、敛尸防腐、避凶驱鬼的道具，玉琮的艺术色彩和神学哲思，随着秦汉以后的“学术下移”风气，进一步渗透到市井百姓的日常生活之中。

进入奴隶社会以后，玉器伴随着国家形态的形成而大量渗透到上层社会的生活之中，其艺术风格多样化，其中所渗透的哲学思想，更是涉及古典审美、祭祀神学、礼仪礼制、政治典章、丧葬制度、贵族装饰、生活运用等方面。最突出的是以商代晚期安阳殷墟妇好墓出土玉器为代表，共出玉器755件，按用途可分为礼器、仪仗、工具、生活用具、装饰品和杂器六大类。商代玉匠开始使用和田玉，并且数量较多。商代出现了仿青铜彝器的碧玉簋、青玉簋等实用器皿。动物、人物玉器大大超过几何形玉器，玉龙、玉凤、玉鹦鹉，神态各异，形神毕肖。玉人，或站，或跪，或坐，姿态多样；是主人，还是奴仆、俘虏，难以辨明。商代已出现我国最早的俏色玉器——玉鳖。最令人叹服的是，商代已开始有了大量的圆雕作品。

二、玉以载道：中古[①]玉雕风格

进入春秋战国时期，玉器雕镂的风格、题材和工艺水准，都显示出其高超的一面，与这一时期的青铜器共同成为两大艺术奇葩，成为人类中古

① 此处所指的中古史，泛指春秋战国至唐末。

文化的两大瑰宝。

春秋战国时期是一个“礼崩乐坏”“诸侯坐大”的时代，由于“学术下移”所带来的“百家争鸣”现象，整个社会显示出了一股纵横捭阖、奔腾开放的思想局面，玉雕风格上，伴随着一股自由风气，玉雕艺术既继承了西周玉器，以双线勾勒，一面坡粗线或细阴线镂刻的琢玉技艺，又走出一种形制呆板，过于规矩的条条框框，这说明了玉雕艺术匠人，正在走出西周严格宗法制度、礼俗制度的思想束缚，开始进行全新的艺术想象和融入全新的哲学色彩。

（一）进入“仪礼与教化”的时代

这个时期，一整套完善的玉器思想开始形成，从玉器的祭祀、玉器的佩戴、玉器的内涵等等，都逐渐形成了一套完善的说辞。这里最著名的是《礼记》对于玉器的部分阐述。《礼记·玉藻》云：“君子无故，玉不去身。”另外，又借助孔子的口吻，在《礼记·聘礼》一章，又提出了“玉十一德”，说道：“君子比玉于德焉。仁者，精光内蕴，观其光者，垢灭善生，敬仰之心也；义者，廉而不锐，圆融无碍也；礼者，佩之坠下，自卑而尊人也；知者，缜密如栗，自知者明，已严外宽也；信者，孚伊旁达，触照其身，莫不安乐，不生疑惑也；天者，气如白虹，度量如海也；地者，精神见于山川，自然中自然相，返朴归真也；道者，其质纯洁，犹如雪山，虽入淤泥，清净无染，人所共修也；德者，玉璋特达，规矩方圆，不浮不沉，静而无躁也；忠者，瑕不掩瑜，瑜不掩瑕，表里如一也；乐者，扣之声清悦耳，身心安定也。”在这里，《礼记》透过对玉器的十一种物理特征分析，从道德和教化的层次，赋予了玉器以十一种精神，而其共同的核心指向都是围绕一个“礼”字，而“礼”字，《礼记·正义》则曰：“夫礼者，所以定亲疏、决嫌疑、别同异、明是非也。”这个时期，各类玉佩饰特别发达，能体现时代精神的是大量龙、凤、虎等动物形态的玉佩，造型呈富有动态美的S形，具有浓厚的中国气派和民族特色，饰纹出现了隐起的谷纹，附以镂空技法，地子上施以单阴线勾连纹或双勾阴线叶纹，显得饱和而又和谐。人首蛇身玉饰、鹦鹉首拱形玉饰，反映了春秋诸侯国琢玉水平和佩玉情形。湖北曾侯乙墓出土的多节玉佩，河南辉县固围村出土的大玉璜佩，都用若干节玉片组成一完整玉佩，是战国玉佩中工艺难度最大的。

（二）见证了两汉的神秘与宗教

汉代的玉器继承发挥了战国玉雕的精华，并奠定了中国玉文化的基本格局。按照运用的方向，汉代玉器可分为礼玉、葬玉、饰玉、陈设玉四大类，最能体现汉代玉器特色和雕琢工艺水平的，是葬玉和陈设玉。而按照器物的雕刻题材，又可分为如下四类：人物类（翁仲、玉人等），神兽类（熊、龙、虎、貔貅、饕餮等），植物类（桃、艾蒿等），铭文器物类（万字纹、宝剑、严卯、刚卯、司南佩等）。这个时期，图案不似上古时期那样，充满幽邃而神秘的高古感、诡谲感，而是以写实主义为主，多呈现出艺术的多样化、生活化。而从精神哲学方面，又出现了几类新的形制，比如：心形玉佩、玉刚卯、玉觿、玉辟邪神兽、司南佩、玉翁仲、玉铺首、玉厌胜钱、玉胜等，诠释着新的神学观念，彰显了西汉王朝独特的神秘思想。

特别值得一提的是玉刚卯、玉严卯的出现，笔者在《刚卯严卯与西汉谶纬神学之管窥》[①]一文中，从刚卯严卯出现的神学起源、延续和思想论战等方面，探讨了西汉神秘观念的承袭、"神权合一"思维的发展和对东汉文化系统形成的影响等。刚卯、严卯是汉代出现的一种新器型。形制方面，《后汉书·舆服下》载："佩双卯，长寸二分，方六分，乘舆、诸侯、王公、列侯以白玉，中二千石以下至四百石皆以黑犀，二百石以至私学弟子皆以象牙，上合丝，乘舆以縢贯白珠，赤罽蕤，诸侯王以下以䌰赤丝蕤，縢䌰各如其印质。"这说明了，刚卯严卯是西汉典章制度的重要内容之一，制作材质上也根据身份不同，以白玉、犀牛角、象牙等为次第差别。

对于佩带刚卯的用途，《说文》中有："毅改，大刚卯也，以逐精鬼，从毅声"。这与"蠖刚瘴，莫我敢当"以及"赤疫刚瘴，莫我敢当"的文字一样直接了当告诉人们其驱逐疫鬼，厌胜辟邪的功用。故有学者认为："佩带刚卯、严卯之俗，与汉人于五月五日佩五彩丝绶于璧上，以"辟兵及鬼，令人不病"的礼俗有关。佩刚卯严卯，意在以吉煞凶，祈祝祥和平安。

刚卯、严卯的形成，与上古玉琮有着密切的关系，其中所渗透的谶纬

① 廖锦文，唐德鑫：《刚卯严卯与西汉谶纬神学之管窥》，载《肇庆文博》，2013年第2期。

神学倾向，是笼罩两汉的一种具有浓厚神秘主义色彩的文化思想，对于观察两汉的典章制度、权力模式、人文观念、学术思想、民间民俗等方方面面，有着重大的标本意义，刚卯、严卯是两汉历史和哲学思想的烙印。

（三）走向艺术的多元化

在中国玉器艺术史上，三国魏晋南北朝时期却成为玉器发展的低靡史，当时不爱好琢玉，而盛行“食玉”。在神仙思想和道教炼丹术的影响下，“食玉”达到了疯狂的程度。这个时期，“建安文学”和“邺下文会”的盛况持续不久，西晋的司马集团匆匆结束了鲜花烂漫、璀璨夺目的文艺时代，随之而来的是司马集团的高压政治和杀戮。不久，为了逃避这种人人自危的杀戮之风，一场以玄谈为主的风气开始弥漫，史称“正始之音”，开创者以当时以何晏、王弼为首，以老庄思想糅合儒家经义，史称：“谈玄析理，放达不羁；名士风流，盛于洛下。”所谓“谈玄”，即出自《老子》：“玄之又玄，众妙之门。”魏晋时称《周易》、《老子》、《庄子》为“三玄”，言道幽深微妙之意。后来，“竹林七贤”的加入，把这场“文化清流”运动推到高潮。这是一场以“恬淡虚无”“疏达狂放”来对抗高压政治的精神运动，事实上也寄托了士大夫贵族和高层文人的虚无感、缥缈感和恐惧感，看似放形骸于浪外，实则是自我精神麻痹以图忘怀，这个时期盛行服“五石散”、盛行“狂醉”、盛行“裸身”、盛行“食玉”。

唐朝开创中国中古史上的又一“大一统”的格局，伴随唐王朝的恢弘气象，中国的玉器艺术，无论是风格，还是形制、题材、审美等，都在这个大时代中基本定型，唐代玉器数量虽不多，但所见玉器件件都是珍品，碾琢工艺极佳。这个时期，唐王朝牢牢控制了西北河套地区，保证了西域通道，使得丝绸之路畅达，唐代玉匠从绘画、雕塑及西域艺术中汲取艺术营养，琢磨出具有盛唐风格的玉器。八瓣花纹玉杯，兽首形玛瑙杯，既是唐代玉雕艺术的真实写照，又是中西文化交流的实物见证。

唐朝的玉器艺术和哲学思想开始走向自由，作为典章制度的礼仪玉色彩几乎荡然无存，汉代以丧葬、辟邪玉为主宰的色彩也不再似过去那样浓，唐代的玉器主要表现在玉料的精美化，工用的文玩上，装饰鉴赏化。唐代朝廷玉器有祭祀及礼仪两大系列，前者主要是封禅用玉册，帝王盖棺论定的玉哀册；后者有玉带板，玉步摇等。唐代社会开放，而在民间，长安当时是一国际商业大都会，以长安为核心，凝聚了一大批外国使官、学者、僧侣、商贾与工匠，陆上丝绸之路，海上陶瓷之路，西南茶马互市等十分繁荣，这样一来，国际性的交流显得频繁，西域玉料的输入也使得唐代玉器染上了异域文化的情调。值得注意的是，这个时代，玉器唐朝开始出现佛教元素，如吹箫伎乐纹带板、击钹伎乐纹带銙、击鼓伎乐纹带銙，唐代佛教玉器主要有玉佛和玉飞天两种，多作女性形象，雕镂精致，线条优雅，人物栩栩如生，其形体可与敦煌壁画飞天相媲美。在这种"贞观盛世""开元盛世"之下，玉器出现了大量趣味横生的题材，如："游春"、"出行"、"嬉耍"、"揽镜"等，唐代的妇女地位较高，古玉雕题材上，也开始出现大量妇人作品，并且其艺术形态显得丰硕盛装，高髻美发，轻纱薄罗，彩色柔丽，露肩裸臂，悠闲安然。

三、趣以乐之：近古[①]玉雕韵味

（一）象征着宋代的优雅与贵气

宋代海上丝绸之路开辟成功，陶瓷、丝织、茶叶、工艺品贸易频繁，络绎不绝。随着海外贸易的兴盛，玉雕艺术也呈现了繁荣的一面。

这个时期有几个人值得一提，一个是嗜玉成瘾的宋徽宗赵佶，他本人也是一个出色的艺术家，爱好金石艺术，是著名书法体"瘦金体"的创始人。另一个是北宋学者吕大临，也是著名的文物鉴赏家，他在宫内兼职监管文物。由其编纂的《考古图》10卷，内收青铜器210件，玉器14件。这是古玉见诸文物鉴定和学术研究图录之开端。关于古玉的考辨，应提到画家李公麟的重大贡献。他收藏书法名画，考辨钟鼎古器，"博闻强记，当世无与伦比"，还画圭、璧等旧玉"循名考实，无有差谬。""顷时段义得玉玺来上，众未能辨，公麟先识之，士论莫不叹服。"李公麟博雅好古，考辨钟鼎，鉴识古玉，他既是画家，又是宋代古器物考据家，并奠定了古玉的循名考实的基础。正是这几个人，把玉器艺术推向了高潮。

这个时期，商品经济极度繁荣，从宋人笔记《东京梦华录》中，宋代

① 近古史，泛指两宋至明末。

的社会风气和社会生活、新兴市民阶层的物质文化状况以及玉器的收贮和商行等情况，可见一斑。如书中载汴梁东街北“潘家酒店”，“每日自五更市合，买卖衣物、书画、珍玩、犀玉”。相国寺内殿后资圣门前“万姓交易”，“皆书籍、玩好、图书及诸路罢任官员土物香药之类”。又如育子时的习俗：“至满月则生色及绷绣钱，贵富家金银犀玉为之。”朝野中的用玉显得极其频繁，如朝廷方面，《武林旧事·八·幸学》载：“六玺用玉，玉辂间以玉饰，玉带为带之首，册用珉玉，教仪卫次第有玉靶于田刀”，“上服帽，红上盖，玉束带”，“驾前有执金香座、玉斧、玉拂，及水精珠杖迎驾，高低弄把引行，如龙弄珠也”等等。而民间则开始出现“碾玉作”，于是，如同北宋张择端《清明上河图》所描绘的繁华景象一样，商品经济的发达带动了玉器艺术的繁荣，出现了各类缤纷复杂的玉佩饰、玉器皿、玉文具、玉生肖、玉图案、玉铭刻等。如佩饰用的玉簪、钗、梳、项链、戒指、镯、钏及发冠等；作为器皿用的白玉镂空双鹤佩、白玉镂空孔雀佩、白玉镂空牵牛花佩、青玉镂空凌霄花佩、白玉镂空樱桃佩、青玉鱼佩、白玉镂空竹芝蟠龙佩及白玉瓜坠等；还有大量见诸文献的有玉素盅子、玉花高足盅子、玉枝梗瓜杯、玉瓜杯、玉东西杯、玉橡头碟儿、玉圆临安样碟儿、玉盆儿、玉香鼎以及炉、瓶、盂、碗等等；出土的有玉碗、玉卣；传世的有青玉双耳鹿纹八角杯、玉龙耳杯、青玉龙柄折角长方杯、玛瑙葵花式托杯、白玉夔龙把葵花式碗、青玉兽耳云龙纹炉、白玉云钮圆盒等；文具则已见有笔山、镇纸、砚滴、笔洗、图章等，不胜枚举[①]。

著名玉器鉴定专家吴念亲在《宋代玉器》中说到，宋代玉器的制作工艺有以下特征：

（1）圆雕人物、动物的特点概括性很强，刀法纯熟，造型生动，栩栩如生。

（2）开深层立体镂雕制作之先河，为元明清三朝镂雕工艺提供先例。

（3）阴线刻比唐粗疏，但委婉流畅，用于服饰上使衣袖有飘动感，凤鸟翅羽、鱼类鳍尾以及花叶多用根根挺拔的直阴刻线刻画。

（4）能巧就玉材之色泽，而施以适宜之雕刻，这种工艺称巧雕，玉称

① 杜卫民：《宋代玉器的鉴定》，参考自《收藏家》，2001年第10期。

巧色玉。巧色玉最早出现在商代，汉代也偶尔有见，宋代这种工艺则被广泛运用。

从总体上考究，唐宋两代的玉器受当时的绘画艺术影响甚深，清新雅致、形神兼备，极具文人情趣，毫无粗制滥造。从艺术和哲学思想上，可以清晰地窥探到宋代商品经济的繁庶，进一步从“神”的观念解放，摆脱了政治对玉器创作思想的影响，走向市井化，平民化，文人化。

960年至1234年的274年间，是中国历史上宋、辽、金的对峙分裂时期。辽、金时代的玉器以实用装饰玉为主，女真、契丹的“春水玉”、“秋山玉”是这一时期琢玉水平的代表作。元代玉器承延宋、金时期的艺术风格，采取起突手法，其典型器物是渎山大玉海，随形施艺，海神兽畅游于惊涛骇浪之中，颇具元人雄健豪迈之气魄。

（二）雕琢的是“文人志趣”

明代实行新的匠户制度，即将工匠编入专门的匠籍，不准随便脱离匠籍改业，这样一来，师徒传承有了根本的制度保障，且明代匠户教员带有更大的自由，使工匠有发挥自己聪明才智的机会，因而促进明代的手工业的发展。明代由于程朱理学的泛滥，道教的传播，民俗深入民众，玉雕艺术上，吉祥图案遍地开花，如，戟磬图案代表“吉庆”，桃代表“寿”，鹿代表“禄”、象代表“太平有象”，羊代表“吉祥”，鱼代表“有馀”，雀鹿代表“爵禄”，蝠鹿代表“福禄”，一枝荔枝代表“一本万利”等等。

商品经济的繁荣迎来了艺术雅俗共赏的时代，随着明代“四大奇书”《西游记》、《三国演义》、《水浒传》、《金瓶梅》的出现，一方面是玉雕艺术走向世俗化、商业化。其时民间玉肆十分兴隆，苏州专诸巷是明代的琢玉中心，明末宋应星所著《天工开物》记载：“良玉虽集京师，工巧则推苏郡。”另一方面，明代“前七子”“后七子”“江南四大才子”“明初四大家”等等，出现了大艺术家徐渭、郑板桥、傅山、沈周、戴进、仇英等，在各类文艺豪杰的推动和影响下，明代的玉雕艺术呈现文人化、趣味化，特别是诗、书、画、印的发达，给明代玉器带来了不可低估的影响。由于玉器深受知识阶层的喜爱，尤其是大量的文具，文玩及陈设玉，更能点缀文房，陶冶情操，成为风雅玩物。当时苏州琢玉业受文人画影响很深，在玉器上出现了前所未有的诗、书、画、印艺术，并孕育了一代玉雕大师——陆子冈，创作了融书法、绘画、雕刻、人文于一体的独特的“子冈牌”。

在玉器上雕镂文字，始见于汉唐，多为祭祀或避邪所用，而“子冈牌”却多用留地浅浮雕琢出，能充分显示出书法艺术的笔墨韵致，并且不仅仅是限于辟邪，更多的是呈现文人墨客的玩赏志趣，使得艺术情操与神秘观念结合，取得相得益彰的艺术效果。

四、继承与颠覆：近世[①]玉雕精神

（一）清王朝的凝重与温婉

崇祯十七年（1644年），李自成率军攻克北京，崇祯帝自缢，同年清军入关，努尔哈赤1616年建立的后金政权，开始正式统治这个全新的国度。满清入关以后，经顺治、康熙两朝励精图治，扫清叛乱，发展生产，雍正肃整吏治，繁荣经济，出现了“康乾盛世”。康熙时吴三桂追击南明永历帝入交趾，开通了缅甸翡翠进入中原的路线。乾隆时期在西域用兵，又打通了和田玉内运的通路，使和田玉大量运进内地；另一个新的玉器品种——翡翠，也开始大行其道，云南腾冲一带，通过“茶马互市”的贩运，远从缅甸勐拱开采了大批硬玉，通过精雕细琢，进行到市场流通领域到宫廷侯门；此外，乾隆又开发了痕都斯坦玉器，痕都斯坦位于今印度与巴基斯坦交界的克什米尔地区，是具有阿拉伯风格的莫卧儿王朝玉器，这些措施都促进了玉器工艺的迅速发展，出现了我国古代玉器史上最为昌盛的时代，推动了我国玉文化的第三个高峰。

据《清代艺术史》研究，满清开国以后，特别是“康乾盛世”带动了艺术上的大繁荣。这个时期，出现了对玉雕绘画影响颇大的“清初四僧”：原济（石涛）、朱耷（八大山人）、髡残（石溪）、渐江（弘仁）；出现了西洋传教士画家郎世宁等人融合中西绘画技法的出色作品；这个时期，随着上海、广州等主要通商口岸的繁庶，“扬州画派”、“海上画派”和“岭南画派”崛起，开出画坛各种新风；这个时期，各类诸如陵墓石雕，皇宫、王府、衙

① 近世，泛指清代至民国初。

署、豪邸门前的雕刻装饰，宗教寺庙的大佛、罗汉等雕刻大行其道；书法艺术上，咸、同以来碑学大盛，出现了何绍基、吴昌硕等大家；包世臣著《艺舟双楫》，康有为著《广艺舟双楫》，在理论上加以阐扬，这对于清代玉雕中融合大量书法艺术也起到推波助澜的作用。总之，满清开国以后，玉雕艺术及其所蕴含的哲思，深刻的受到其时的政治、礼仪、风俗、信仰、绘画、雕塑、书法、篆刻、音乐、舞蹈、曲艺、杂技、戏曲、建筑、工艺、娱乐、审美意识、商品经济等几十个门类和领域的影响，创造了中国封建玉雕史上，最为琳琅满目、淋漓酣畅和令人啧啧叹奇、美不胜收的大时代。

在这种大的背景下，清代玉器借鉴绘画、雕刻、工艺的表现手法，汲取传统的阳线、阴线、平凸、隐起、起突、镂空、立体、俏色、烧古等多种琢玉工艺，融合贯通，综合应用，使其作品达到了炉火纯青的艺术境界。这个时期诞生了历史上最为大型的山水玉器作品《大禹治水图》，这个时期，玉器的用途更加广泛，完全深入到老百姓日常生活之中，各类陈设、器皿、佩饰、祭器、偶像、文玩、用具、镶嵌等等，品类齐全。如清宫所藏的即有：鹦鹉玉牌、双兽玉牌、夔龙玉牌、双鱼玉牌、龙纹翠玉牌、翠玉螭纹牌等；仿古玉器种类则有璧、卮、角杯、环、鸠杖首、辟邪、剑饰等；出现较多的则是融合自然景致、亭台、阁楼、园林等的玉器，即玉雕术语中所说的“山子雕”技艺；除此之外，常用以寓意吉祥的海棠、荷花、灵芝、白菜、竹、梅等雕成生活实用器皿、陈设器、文房用具等。

（二）瑰丽的艺术与繁荣的商品经济

通商口岸的开辟，新兴市民阶层的形成，西方文化输入的撞击，在这种大气候下，玉雕在继承和发扬传统的基础上，在好多方面也悄然进行了革新和颠覆。一体现为“取材多样化”，在乾隆、慈禧等的推动下，清代翡翠开始盛行，并大有一掩白玉威风之势。此外，痕都斯坦玉器在乾隆中晚期时大量进入内廷，得到乾隆的喜爱，其风格波及北京、苏州、扬州等玉肆，形成独特的“京作（北京）、苏作（苏州）、番作（西域）”之差异。二体现为“题材开拓性”，这个时期，玉雕完全摆脱笼罩玉雕风格八千年之久的“神秘元素”，神权完全退出玉雕世界的舞台。此外，体现东方帝国势力鼎盛的巨型玉雕《大禹治水图》完成，这巨大的玉雕山子是我国历代玉器宝库中用料最大、运路最长、费时最久、雕琢最精、器型最巨、价值最昂的玉器。三体现为“风格复杂化”，清代玉器受当时社会环境的影响，其艺术风格、文化内涵和审美意趣达到顶峰，反映在艺术手法上，则是其阳刻、阴刻、浮雕、透雕、园雕、俏色、描金镶嵌无所不备，其高超的雕琢技术为历朝历代之最。并进一步奠定了“秀、雅、健、润”的独特艺术风格，侧重于内敛、纯洁、柔美、凝重、精致、华丽辉煌的工艺表现形式。四体现为“理念创新化”，这个时期，玉雕艺术的理念缤纷复杂，有追求精雕细琢到极致的，如玉雕匠人朱宏晋擅长在各种器材上雕镂复杂的花鸟、亭台楼榭；有尝试将各类雕刻艺术互融的，如道光年间琢玉艺人徐鸿用象牙雕成的葫芦河桃实；有将各类珍宝在玉雕上进行融合的，如将壁薄如纸，晶莹细润的痕都斯坦玉，以装饰手法杂以各类镶嵌，嵌金、银丝、贴金箔，而且还嵌有各色宝石和玻璃等，从而使温润的玉器更显得华贵和绚丽多姿。同时器面上的花纹多以饱满丰厚的西番莲为主，多在盘、碗、盒等生活日常用器皿上等。

清王朝所创造的大格局带来了文艺的大繁荣，特别是商品经济的繁荣，海上贸易的频繁，陆上的互市，内地与沿海之间的盐贩、茶贸、各类漕运、马帮，沟通各省份之间的早期票号、钱庄等银行交兑业务，等等，整个王朝呈现一片繁华富庶的太平景象，成为继南宋商品经济诞生以来，最为富饶、开放、太平的时代，在这种大背景、大气候下，文艺上，众星璀璨，名流辈出，市井阡陌，衣冠文物，往来交通，络绎不绝，玉雕文艺上，技巧、艺术、哲思、人文，交相辉映，融为一体，共同推动了玉文化的第三次文化高峰，开创了8000年玉雕史上，饱含哲学思辨、寄托万千气象的最为瑰丽、最为辉煌的艺术时代，既有继承，又有颠覆，进而深刻地影响了后世的玉雕风格和思想精神。

五、结语

“玉图腾”一词，是对中国玉雕艺术与其蕴含的哲学思想的一种形象化，本文试图以“玉图腾”为图像脉络，借以观察整个华夏玉雕艺术嬗变过程，对其体大思精、汪洋博肆的思想体系、人文精神、价值内涵等，作概览性的研究。华夏的玉雕艺术史，是一部雄浑苍劲、饱含智慧的文明进化史，故本文的写作，创造性地将“玉雕、艺术、哲学”三者进行交叉性研究，初略地勾勒出整个玉雕艺术的风格流变过程，并观察华夏8000年来的艺术思想、哲学思维等的流变，进而思考玉雕艺术与华夏民族深层次的人文精神、哲学思想等方面的千丝万缕的关系。

参考文献

[1]叶舒宪. 中国玉器起源的神话学分析——以兴隆洼文化玉玦为例[J]. 民族艺术，2012(3).

[2]郝琳. 温润和婉 华美坚强——从《礼记·玉藻》看中国玉文化[N]. 郑州铁路职业技术学院学报，2011(2).

[3]叶友琛.《周礼》中的玉器贡赋制度[N]. 湖南科技学院学报，2008(7).

[4]何松. 中国清代玉器的主要成就·艺术特征·文化内涵[J]. 超硬材料工程，2006(1).

[5]何松 . 中国唐代玉器的历史贡献与文化艺术特征[J]. 超硬材料工程，2006(6).

[6]许家德. 明清玉文化初探[J]. 美与时代，2004(6).

[7]王世杰. 精美绝仑的清代宫廷玉器[J]. 收藏家，2008(11).

[8]王问海. 玉器鉴赏[M]. 海南文宣阁出版社，2003.

[9]华义武. 中国艺术品收藏鉴赏全集·玉器[M]. 长春：吉林出版集团有限责任公司，2008.

[10]常素霞. 中国玉器发展史[M]. 北京：科学出版社，2009.

[11]中国国家博物馆. 中国国家博物馆馆藏文物研究丛书：玉器卷[M]. 上海古籍出版社，2007.

[12]李红娟，古方. 古玉的器形与纹饰[M]. 北京：文物出版社，2009.

老庄"德"论与道家终极关怀

中国人民大学哲学院博士研究生 张 轩

摘 要：中国古代哲学中包含着众多关于终极关怀的理论，道家亦是如此。具体到老庄哲学，终极关怀的理论大多集中体现在其"德"论之中。一方面，德是道下落于万物上的体现，故而与天地本原有着关联；另一方面，德又是物之性，面向着具体之"在"，是万物本真性生活的基础。所以，"德"也就具有了终极关怀的指导性意义。本文即通过对老庄德论之内涵、德与在之关联，非德化批判及其对我们的启发几个角度进行了阐述。

关键词：老庄 德论 道家 终极关怀 德与在

终极关怀表现为有限的存在者对于无限的一种追求和向往，是对人的生命意义之拷问。只有围绕着"存在"这一基本的问题，终极关怀才具有探讨的意义。简单地说，人"从何而来、为何而在、如何更好地在、最终又当何去"这几个基本问题构成了终极关怀最为核心的思考，总结起来也就是人的"安身立命"问题。在中国传统思想中，"道家"历来对于人的生存状态有着比其他各家更多的关切，且这种关切点不在于宗教般的彼岸追寻，也无意于世俗社会的立功立言，而是着重于打通"心"与"自然"，勾连起万物之始和当下之"在"，以便于回归天地本源。

具体到老庄哲学，"终极关怀"主要体现在其"德"论之中。"德"不仅仅表现为伦理意义上的道德，更具有形而上的色彩，是和"道"紧密相关又面向万物与人之存在的范畴。因此，德既具有通向无限之大道的可能，又现实地与人之本性、人之存在方式、人之价值安放相关联。对“德”之内涵、德与在之关系、何以修德返归于道的探索，可以展现出老庄乃至道家终极关怀的思想图式。本文拟以老庄“德”论为重点进行探讨，为我们当下生存之状况的反思提供些许借鉴。

老庄“德”论的内涵释义《老子》一书又名《道德经》，由“道经”和“德经”两部分组成，由此可见“道”和“德”是老子哲学思想体系的核心范畴。司马迁在《史记·太史公自序》中谈到先秦诸子时也说：“夫阴阳、儒、墨、名、法、道德，此务为治者也”[①]，他用“道德”来指称道家，突出“道”与“德”是其理论区别于其他诸子的标志所在。其实，这两个核心范畴之间也有着紧密的关联，以至于离开了“道”，我们便无法从根本上对于“德”实现全面的了解。“孔德之容，惟道是从”(二十一章)[②]，老子把“德”看做是依从于“道”而动，由道得到自身之规定的所在，二者具有很大的一致性。陈鼓应对此注解道：“道的显现与作用就是德”[③]，他进一步据此把“道”与“德”的关系概括为：“一、‘道’是无形的，它必须作用于物，透过物的媒介，而得以显现他的功能。‘道’所显现于物的功能，称为德。二、一切物都由‘道’所形成，内在于万物的‘道’，在一切事物中表现它的属性，亦即表现它的‘德’。三、形而上的‘道’落实到人生层面时，称之为‘德’。即‘道’本是幽隐而未形的，它的显现，就是‘德’”。[④]陈鼓应先生的这三点归纳起来，不外乎强调“德”是“道”在物上的体现，是具体之“道”，同时德又继承了道之属性并构成了物之本性。这可以视作“德”最本质的内涵。

早在古代，很多思想家就已经对“德”之内涵提出了类似的观点。《庄子·天下》篇中把“德”看做是物得以生的根据，进一步发展了老子的“德”论思想，他讲到“物得以生，谓之德”，“德”是“道”内化于物而使物得以生成的根据。为了说明这一道理，庄子从道之本始状态开始论述了万物生化的大体过程：“泰初有无，无有无名；一之所起，有一而未形。物得以生，

① 司马迁：《史记·太史公自序》，北京：中华书局。

② 陈鼓应：《老子注译及评价》，北京：中华书局，2009年。本文中所引用《道德经》原文皆出自此书，以下只标明章节。

③ 陈鼓应：《老子注译及评价》，北京：中华书局，第145页，2009年。

④ 陈鼓应：《老子注译及评价》，北京：中华书局，第149页，2009年。

谓之德；未形者有分，且然无间，谓之命；留动而生物，物成生理，谓之形；形体保留，各有议则，谓之性”（天地篇）[①]“德”成为了“道”下落贯彻时的状态，成为了联系形而上之“道”与形而下之万物的桥梁，因而是大道的具体化、特殊化，但二者又是同质的。“同于德者，道亦德之”（第二十三章），也是表达的这个意思。王弼注老子时，同样从“得道”的角度来训“德”：“德者，得也。常得而无丧，利而无害，故以德为名焉。何以得德？由乎道也。”[②]在哲学的层面，以“得”训“德”意味着一事物由普遍的存在根据而获得具体的规定，事物之自身特质得以确定。《管子》曰：“德者道之舍，物得以生，生知得以职道之精。故德者，得也；得也者，其谓所得以然也。以无为之谓道，舍之之谓德。故道之与德无间，故言之者不别也。间之理者，谓其所以舍也”。[③]德作为“舍”也就是道在物上的安放处，道以此为舍而居则是说明“德”的内容是和“道”保持一致，甚至由“道”所规定。“大道泛兮，其可左右。万物恃之以生而不辞”（三十四章），“道”是天下万物的根本原因，赋予万物以成为其本身的个性所在，因此得于道的“德”也就是万物之本性的体现。张岱年先生说“德是一物所得于道者‘德是分，道是全’，一物所得于道以成其体者为德，德实即是一物之本性”。[④]徐复观同样也把物之性追溯到“德”上：“性是德在成物以后，依然保持在物的形体以内的种子。”[⑤]道落实到不同的物上便有了不同的“性”，此即万物之“德”。于是，“德”与物性相关，是事物本真性情的所在，是万物从“道”那里分有而来又内在于自身的规定性。唯此，我们才可以理解为什么注重个体之自由自在的庄子在谈到他理想的得道之士时往往用“德”来表达，如“王德之人”、“德人”等等。到这里，我们便可以初步看出“德”与“在”的关系：“德”是“存在者”存在之性、存在之真，保有了我们天生之“德”，才不至于丢失本真、陷于沉沦，才可以更好地实现我们自身的“在”。如此，个体生命色彩与意义的彰显就和“德”实现了某种勾连。

---

① 郭庆藩：《庄子集释》，北京：中华书局，2006年。本文所引用《庄子》原文皆出自此书，以下只注明篇名。

② 楼宇烈：《老子道德经注》，北京：中华书局，2011年。

③ 赵守正：《管子注译·心术上》，南宁：广西人民出版社，1982年。

④ 张岱年：《中国哲学大纲》，北京：中国社会科学出版社，1982年。

⑤ 徐复观：《中国人性论史》，台北：台湾商务印书馆，第373页，1990年。

如此，“德”是物之性，是万物取法于道而自得的部分，也就成为了一物之为该物的本质所在。然而，这样虽然可以对“德”的来源和地位有所了解，但是“德”本身却仍然是一个抽象的、空洞的范畴，无法对于人生终极追求提供更直接的指导和启发。因此，作为本真之性的“德”究竟有什么具体内容仍然应该得到探讨。不同的物会有不同的“德”，所以“德”固然会有多样性。然而，“德”毕竟源于“道”，是万物秉承于“道”而内化于物的，“德”的具体内涵也就直接和“道”相关。可以说，“道”的主要特性就是“德”最为核心的内容。

首先，老庄的“道”是以“无”、“虚”为首要属性。“道冲，而用之或不盈。渊兮，似万物之宗；湛兮，似或存”（第四章）、“天地之间，其犹橐籥乎？虚而不屈，动而愈出。”（第五章），“天下万物生于有，有生于无”（四十章），“无”不是空无所有，而是含藏万有但又不限于具体形象和特性，是一种“大有”。“虚”也不是空虚，而是一种生命力的聚敛，是接纳万物的广阔。这种“道”的空灵特性下落到物上而体现出的“德”相应的特性就是“息虑无为”、“宁静淡泊”。庄子用“心斋”来作为回归于德的方法：“若一志，无听之以耳而听之以心；无听之以心而听之以气。听止于耳，心止于符。气也者，虚而待物者也。唯道集虚。虚者，心斋也”（人间世）。“唯道集虚”，“德”也就有了“虚静”的含义。表现于人，“德之虚静”在于人的寡欲、无为、非功利化，最后回归素、朴。“五色令人目盲；五音令人耳聋；五味令人口爽；驰骋畋猎，令人心发狂；难得之货，令人行妨。是以圣人为腹不为目，故去彼取此。”（十二章）老庄反对过分的欲望，就是因为嗜欲只会让人陷于“欲念”的癫狂，而偏离本性的真实、质朴。因此，“德”就表现在寡欲状态下的本真，是和“虚静”相关联的，表现为心灵的宁静淡泊。“谨修而身。慎守其真，还以物与人，则无所累矣”，（庄子·渔父）“致虚极，守静笃。万物并作，吾以观复。夫物芸芸，各复归其根。归根曰静，静曰复命”（十六章）“我无为而民自化；我好静而民自正；我无事而民自富；我无欲而民自朴”（五十七章）。去除了过分的欲念，平息了动荡的私心，人才会从功利化追求中解放出来，回归一种质朴和自然的生活，真正倾听自身心灵的声音。在终极关怀的视角下看“德”，我们必须要看到老庄对非功利化的一种倡导。“天下有道，却走马以粪。天下无道，戎马生于郊。咎莫大于欲得，祸莫大于不知足。故知足之足，常足矣。”（四十六章）即便在国家层面，统治者功利化的行为和意志也会使得人民遭受不应有的苦难，无法自由而幸福的生存。

其次，“道”具有助使万物生成发展，为万物的繁育提供帮助的属性。老子在《道德经》结尾处就以“天之道，利而不害；圣人之道，为而不争”（八十一章）来总结全篇，可以说精要地概括出了“道”的核心意义。《道德经》一书中反复强调了“道”所具有的这种辅助万物发育流行的特性，“谷神不死，是谓玄牝。玄牝之门，是谓天地根。”（第六章）“上善若水。水善利万物而不争，处众人之所恶，故几于道。”（第八章）。因此，“道”作为天地本原，使得万物得以生、得以成，这种特性也自然是“德”的要义所在。“神人无用于物，而物各自得自用，归功名于群才，与物冥而无迹，故免人间之害，处常美之实”（人间世）。这种“助人”的德性包含着道家一个重要的主张，即要留给万物（主要是指百姓）充足的发展空间，不能任意干涉。“圣人无常心，以百姓心为心……圣人在天下，歙歙焉，为天下浑其心，百姓皆注其耳目，圣人皆孩之。”（四十九章）“我无为而民自化；我好静而民自正；我无事而民自富；我无欲而民自朴。”（五十七章）。“德”是万物之性，而本性的发展不需要外在的干扰，只要循自然而动，自然而然，就可以实现。所以，不去干扰别人的发展，给予别人自我发展的空间就是“德”应有的要求。用儒家的话来说，这就是“己所不欲，勿施于人”。

老子讲：“道法自然”。“自然”可谓是“道”最核心的性质，也是道家价值取向的根本。这一“自然”主要是指顺天生之本性而动，去除人伪的矫饰、造作。其实，这仍然是以“本真”作为人生存之目的，“德”就体现为对本性的保存。进一步来说，这种本性具体是什么，庄子则阐述的更为清晰：“彼民有常性，织而衣，耕而食，是谓同德；一而不党，命曰天放。”（《庄子·马蹄》）、“马，蹄可以践霜雪，毛可以御风寒，龁草饮水，翘足而陆，此马之真性也。虽有义台路寝，无所用之。”（《庄子·马蹄》）。个体生存的自由自在与自性就是天生的本性，就是万物之“德”。虽然强调的是自由，但是其中体现了庄子对人生活于世的种种羁绊、束缚、无奈的一种超越精神，是对人“心”的解锁。在庄子看来，每个个体的本性都是完备自足，浑然天成，无需去羡慕别人、轻薄自己，关键的是让自身的本性充分发挥，并去享受这种自然而然的生活。“彼正正者，不失其性命之情。故合者不为骈，而枝者不为歧；长者不为有余，短者不为不足。是故凫胫虽短，续之则忧；鹤胫虽长，断之则悲。故性长非所断，性短非所续，无所去忧也。”《庄子·骈拇》。在这种思维理路下，通过对本性的保留，人就有可能去实现一种精神领域内的无限自由，达到“逍遥游”的境地。这可以说具有鲜明的终极关怀色彩。

“德”与“在”——“沉沦”亦或“澄明”

如前所述，终极关怀和人之“在”这一基本的事实密切相关。老庄强调“德”，其最终之目的还是回归到人之生存境遇之中，落脚到“在”之去蔽和个体生命之彰显。因此，“德”和“在”必然有着关联。在笔者看来，“德”是存在者合理之“在”的保障，“存德”是“在”的完善和完满化，而“失德”则就导致“在”的异化与偏斜。这其中的标准便在于个体之生命色彩能否得到充分的彰显，个体存有之意义能否得到充分的实现。

海德格尔的《存在与时间》就是从“此在”如何存在的角度对人之生命状态进行了分析，其中的某些观点和老庄乃至道家对人之生存关怀有着契合之处。他把众多迷执于日常共在之生活的人称为“常人”，指出他们是一种丧失了个性、遮 蔽了本真之在的人，“这个常人不是任何确定的人，一切人——却不是作为总和——倒都是这个常人。就是这个常人指定着日常生活的存在方式”[①]“庸庸碌碌，平均状态，平整作用，都是常人的存在方式”[②]。在海德格尔看来，是共在化、习惯化、日常化的生活，遮蔽了“此在”应有的本真、个性，世界展现出的是一幅千篇一律、毫无生机与特点的灰色调。最为根本的还是常人失去了自我的本性，无法过一种本真的生活，成为了“非自立和非本真状态的存在”。对于这种状态，笔者认为可以用“沉沦”一词予以描述，也即将自身的个性与色彩淹没于众人之中：自我被“他者”的集体化存在所消解，“本真”之性的生活方式被习惯化、程式化的

① 海德格尔著，陈嘉映、王庆节译：《存在与时间》，北京：三联书店，1999年，第127页。
② 海德格尔著，陈嘉映、王庆节译：《存在与时间》，北京：三联书店，1999年，第148页。

生存所取代。

其实，这种担忧又岂是今天才发出？庄周作《庄子》同样是出于对人存在之沉沦化的担忧，倡导个体精神的超脱与生活境界的洒脱。对于这种主张，笔者又拟以“澄明”来予以概括，也即让生命之性得以“彰显”、让生命之情得以“奔放”，让生命之真得以“昭明”。因此，道家“终极关怀”的思想就是在于对人生存状态的关注，旨在让人从“沉沦”走向“澄明”。而这一转变的关键就在于“德”。

从来源看，“德”是内化于物之中的“道”，说明了“在”之如何而来的问题。从“在”本身来看，“德”又是物之性，是事物真性之所在。要想保证不“沉沦”为常人，就要通过修德来返归于自然之道，实现与道合一的本真化存有。“性修反德，德至同于初”(庄子·天地)，通过对“德”的修持才可以让自我之在得到“澄明”。这种“修德”的彰明在于两个方面：一是对自身形体、处境等独特情况的安之若素，不抱怨、不因外界而自我轻薄，一是修心、治心、游心，以合于道，实现精神境界的超脱。庄子在《德充符》篇中讲到了子产和申徒嘉的故事，就体现了这种基于个体“在”之实际的“修德”和“成德”，“子产曰：‘子既若是矣，犹与尧争善。计子之德，不足以自反邪?’申徒嘉曰：‘自状其过以不当亡者众；不状其过以不当存者寡。知不可奈何而安之若命，唯有德者能之。游于羿之彀中。中央者，中地也；然而不中者，命也。人以其全足笑吾不全足者多矣，我怫然而怒，而适先生之所，则废然而反。不知先生之洗我以善邪？吾与夫子游十九年矣，而未尝知吾兀者也。今子与我游于形骸之内，而子索我于形骸之外，不亦过乎!”(庄子·德充符)子产笑话申徒嘉是兀者，但申徒嘉却并没有像“常人”一般被“意见”或“他者”的言论所左右，而是对于自身之处境安之若素。因为，申徒嘉追求的乃是“形骸之内”的游心，以此来“澄明”自然本真的存有。“修德”也就在于“心”的一种不羁和潇洒，唯此才可以冲破常人所遭受的各种羁绊，真正让“在”得到一种去蔽。

“非德化”现象之批判

“德”是澄明之所必须，与之对应，“非德化”就必然代表了“在者”的沉沦。老庄对此予以了严厉的批判，其核心指向就在于君主之“非德化”、

"俗人"的"非德化"与社会整体之"非德化"。君主的"非德化"在于以"人伪"而非"无为"去实行统治，偏离了"自然而然"。这种"人伪"体现为各种野心欲念、机巧智谋、权术手腕，导致的结果是民不聊生、生灵涂炭。"民之饥，以其上食税之多，是以饥。民之难治，以其上之有为，是以难治。民之轻死，以其上求生之厚，是以轻死。夫唯无以生为者，是贤于贵生。"(七十五章)、"师之所处，荆棘生焉。大军之后，必有凶年。"(三十章)。人民的苦难来源于统治者的横征暴敛，人民的刁钻其实是效仿君主的"有为"，人民"不怕死"更是在于君主过分重视一己之私的"求生之厚"。老子目睹了战争带来的生灵涂炭、妻离子散，因此在《道德经》中反反复复批判君主"有为"之失，强调君主应有之"德"："是以圣人去甚，去奢，去泰"。老子提倡"无为"乃是因为它是"道"的体现，追求的是回归到"自然"的状态。所以，老子针对统治者"非德化"现象所提出的解决方针就是少私寡欲、见素抱朴："道常无名，朴，虽小，天下莫能臣。侯王若能守之，万物将自宾"(三十二章)。从中，我们就可以看出老子对于百姓生存状况之关切。

俗人的"非德化"乃在于一种异化了的存在，"在"失却了"道"与"德"的在场，仅仅充斥着世俗化、功利化的气息。"众人熙熙，如享太牢，如春登台。我独泊兮，其未兆，如婴儿之未孩，儽儽兮，若无所归。众人皆有余，而我独若遗。我愚人之心也哉，沌沌兮！俗人昭昭，我独昏昏。俗人察察，我独闷闷。澹兮其若海，飂兮若无止。众人皆有以，而我独顽且鄙。我独异于人，而贵食母。"(二十章)俗人以追求现实效用、现实功利为乐，安于其中而不知已经离"大道"渐行渐远。"昭昭"，释德清注解为"谓智巧现于外也"；察察，释德清注解为："即俗谓分星擘两，丝毫不饶人之意"[1]。反思我们自身的生活，包括我们在内的很多人不正是往往对于"昭昭"与"察察"乐之不疲，甚或还为之沾沾自喜？与之相反，老子却自称自己是"愚人"，陈鼓应把"愚"解释为："一种纯朴、真实的状态"[2]。"愚"体现的是智巧的消解和天生之性的保存，因而相比于俗人而言是个体真性情的彰显。

① 释德清：《道德经解》，上海：华东师范大学出版社，2009年。
② 陈鼓应：《老子注译及评价》，北京：中华书局，2009年，第141页。

社会整体同样出现了“非德化”，也即作为整体的社会成员集体的“失德”。“大道废，有仁义；慧智出，有大伪；六亲不和，有孝慈；国家昏乱，有忠臣。”（十八章）当社会整体都汲汲于标榜所谓的“道德”时，社会本身就已经出现了问题。同时，这种标榜不仅无济于事，更有可能会带来人们沽名钓誉的造作。同时，社会集体的“失德”还表现为下至人民上至君王都偏离“道”而行：使我介然有知，行于大道，唯施是畏。大道甚夷，而民好径。朝甚除，田甚芜，仓甚虚；服文彩，带利剑，厌饮食，财货有余。是为盗夸。非道也哉！（五十三章）。人们所关心的是文采、利剑、声色，所行走的是小路而非大道，这本身就意味着社会整体风气的沦落。所以，老子才会发出人们不明白自己苦心的慨叹：“吾言甚易知，甚易行。天下莫能知，莫能行。言有宗，事有君。夫唯无知，是以不我知。知我者稀，则我者贵。是以圣人被褐而怀玉。”（七十章）

从君主到俗人到社会，三者的“非德化”存在使得人们无法回归一种本真化的存在。取而代之的是一种完全现实性、功利性、世俗性的生存乱象。对乱象的担忧，对本真化生存的倡导，就构成了道家终极关怀的根本。

传统智慧与当代之思：我们究竟需要什么

进入到21世纪，人类的经济、科技、文化等诸多方面都得到了迅猛发展，但是人类的生存境遇反而出现了比以往任何时候都数量更多、程度更深的冲突、矛盾与危机。随着全球化所带来的资源整合和经济发展，都市人群，尤其在发展中国家，面临着前所未有的工作压力。以中国为例，生活在北京、上海的上班族中有很大一部分比例的人必须每天早出晚归，忙碌奔波于工作。物质性的生存成为了他们的全部目标，以至于生命个性的彰显、心灵自由的实现渐渐被人们所遗忘。借用海德格尔的话说就是“存在可以被遮蔽得如此之深远，乃至存在被遗忘了，存在及其意义的问题也无人问津”[①]。

工具理性的极大发展及其所带来的工具性崇拜、实用性心理更是极大消解了人类生存之个性化意义。在工具理性的冲击下，人们活动的中心不

① 海德格尔著，陈嘉映、王庆节译：《存在与时间》，北京：三联书店，1999年，第42页。

再是最求生命的逍遥与洒脱而是努力填补不断增长的欲望，一切活动都以价值创造的数量为尺度，以至于人类自身也沦为了工具。可以说，工具化的“人”是有生命而没有生活的“存在者”，这样一种样态的“在”完全被遮蔽了其本真。另一方面，科技的发展也让人与自然之间的关系愈发紧张。尽管“人与自然和谐”的理论已经被人们所接受，但是这是在环境污染、生态破坏、人类丧失理想栖居地的代价基础上的悔思。“在”之意义的彰显必须被放置于人、物的“共在”视域之下才能得以完全实现，而如今连最基本的生存环境都令人担忧，我们又何以奢谈人类生存的“澄明”？因此，在我们为这个时代经济、科技的发展引以为豪之时，我们很有必要考问一下我们究竟需要什么？我们究竟想过一种什么样的生活？

道家用它独有的智慧为我们提供了一种参考，那就是保有一份宁静、淡泊、自然与素朴，依顺自由的本性，彰显个性的光辉。“德”乃道之下落，又是物之本性，具体到我们有意识的人来说，这个“德”之寓所就在于具有知觉灵明的“心”。因此，“修德”关键在于“修心”。社会快节奏的脚步虽然难以减慢，但是并不一定会影响到我们的“心灵”。同质化的经济发展模式虽然必须置于经济规律的制约下，但是并非一定要让我们的个体也沦为“同质化”。保留住自然之德，修持好生命之性就是道家对于我们最为现实又最为终极的关怀。

道德理性与知识理性之平等观探析

广东外语外贸大学　毛国民　李冬梅

摘　要：先秦思想家大多认为“人生来平等”，而古希腊思想家中有些认为“人生来平等”、有些认为人生来“不平等”。就“平等”而言，中方讲的是“自然平等”，即描述性的平等，而西方讲的是“价值平等”，即评价性的平等。这些差异导致了中西方对教育和世袭制的不同看法。

关键词：平等　自然平等　价值平等

徐复观先生曾经这样说：“在中国文化史上，由孔子而发现了普遍地人间，亦即是打破了一切人与人的不合理的封域，而承认只要是人，便是同类的，便是平等的理念。…….不仅在古代希腊文化中，乃至在其他许多古代文明中，除了释迦、耶稣，提供了普遍而平等的人间理念之外，都是以自己所属的阶级、种族了决定人的差等；即在现代，在美国，依然闹着有色人种的问题；而由人性不平等的观念所形成的独裁统治，依然流毒与世界各地。”[①] 他已经明显地提出了：在中西文化史上，关于平等的观念是不同的。对此我进一步加以推敲，加深了对中西哲学中关于人的平等概念的了解，并有了一些体会。在先秦时代，中国哲学家更加关注人的自然平等，而西方早期哲学家对人生来是否平等没有一致的看法，即使有些人赞成人的平等，他们中的多数也只是关注人的价值平等。所谓人的自然平等，这

① 徐复观著，利瓦伊武编：《徐复观文集》第三卷，武汉：湖北人民出版社，2002年，第9页。

是一个描述性的术语，它指一切人与生俱来的共同属性或者性质；而人的价值平等是一个评价性的术语，它指一切人都具有相同的“价值”，应当受到同等的待遇、享受同等的权利。[①]中国人只关注与生俱来的那种自然平等，对现实中是否应当具有同种权利，则深受中国传统文化的影响，其中儒家思想影响最大，它虽然主张人的自然平等，反对世袭制度，可是它主张等级制。这种思想一直至今都影响着中国人，因而对现代意义上的民主和平等的意识非常地淡漠。为了更加清楚地了解中西方对人的平等的看法，让我们首先来了解一下先秦与古希腊哲学家们对平等的态度。

一、先秦诸子关于人的平等的看法

首先，中国先秦诸子对人的先天自然平等有着一致的看法，儒、道、墨、法四家都不例外。

儒家著作清楚的表明：一切人生来平等地被赋予能够评价物体、活动、地位或事件的天然差异，是非或合适与否的评价之心，同时他们对相同的状况(如恐惧、欺骗、饥饿、亲情)也会作出相同的反映，因此他们是自然平等的。孟子说：“圣人先得我心之同然耳”[②]也就是说：圣人也和我们一样，他只不过是早先得知了我们内心相同的东西。荀子说：“凡人有所一同，饥而欲食，寒而欲暖，劳而欲息。好利而恶害，是人之所生而有也，是无待而然也。”[③]所有的人都会对寒暖、利害作出同样的反应，因为他们生来都是自然平等的。另外，孔子曰：“已所不欲，勿施于人。”[④]这反映了人们都爱周围的一切人，表现出对一切人的关心，人自己的这种情感是对他人的最好向导。因为人的自然平等，所以儒家认为出身不应是获得显赫地位、特殊权力的唯一标准，唯一标准应是人的“德”、人的评价之心是否得以实现。如孟子曰：“尧舜与人同耳。”[⑤]尧舜这些圣人最初与常人是相同的、平等的，

---

① [美]蒙罗著，庄国雄、陶黎铭译：《早期中国“人”的观念》，上海：上海古籍出版社，1994年，第2页。本文是在阅读此书后所作，我很多观点都受到了蒙罗的启发，在此深表感谢。

② 《孟子·告子上》。

③ 《荀子·荣辱》。

④ 《论语·卫灵公》。

⑤ 《孟子·离娄》。

没有什么天生的差别。荀子也说："贤能不待次而举，罢不能不待须而废，无恶不待教而诛，中庸民不待政而化。分未定也则有昭缪。虽王公士大夫之子孙也，不能属于礼义，则归之庶人。虽庶人之子孙也，积文学，正身行，能属于礼义，则归之卿相士大夫。"①意思是说：品德高尚有才能的人要破格任用，无德无能的人要随时罢免。即使是王公士大夫的子孙，不能符合礼义的规范，就把他们当作平民百姓。因此"德"是儒家评价人的唯一标准。

在道家思想中，一切人，包括君主，都应当效法"道"。因为从"道"的观点来看，一切事物都是相同的，一切人都应当看作是平等的，人没有贵贱之分。"道生一，一生二，二生三，三生万物。"②"无名，万物之始也；有名，万物之母也。"③万物（包括人）都是由"道"而生，都是遵"道"而出，所以人是自然平等的。再如庄子说："万物皆种也，以不同形相禅，始卒若环，莫得其伦，是谓天均。"④也就是相对于轮子的轴，轮缘上的每一点都是等距离的，这个事实象征了万事万物的自然平等，事物不能离开它们在轮子上的特定位置，轮子的运转再现了变化的法则，即离开了永恒的"道"。

在墨家思想中，人的自然平等观念也十分明显。如："古者圣王之为政，列德而尚贤。虽在农与工肆，有能则举之。"⑤这与儒家思想十分相似，表达了他们反对世袭特权，承认人的自然平等，人应当依据个人德性授予职位与奖励，农夫与贵族只要有才能就能同等地被"举"用。

在法家思想中，我们同样可以看到儒家的信念：人生来是自然平等的，没有人能把特权当作生而有之的权利。在法家看来，法律面前人人平等。法律作为推行平等原则的手段和武器。韩非说："法分明，则贤不得夺不肖，强不得侵弱，众不得暴托天下于尧之法，则贞十不失分，奸不缴幸。"⑥韩非又说："法不阿贵，绳不挠曲。法之所加，智者弗能辞勇者弗敢争。刑过不避大臣，赏善不遗匹夫。"⑦这是说：法律不偏爱，它对贵者、贱者都同等

① 《荀子·王制》。
② 《老子》第42章。
③ 《老子》第1章。
④ 《庄子·庚桑楚》。
⑤ 《墨子·尚贤上》。
⑥ 《韩非子·守道》。
⑦ 《韩非子·有度》。

地起作用。另一位法家的代表人物商鞅也说："自卿相将军以至大夫庶人，有不从王令，犯国禁，乱上制者，罪死不赦。"[①]

总之，先秦诸子都各自从自己所要强调的内容、角度着手，阐述其人的自然平等思想。他们有的从任何人都有一种与生俱来的评价之心出发；有的从"道"出发，阐述"道"存在于万物之中；有的从法律的角度入手等等。显然，自然平等的观念在中国早已有之。

其次，先秦诸子对人后天是否平等的看法不一致。

其中，儒家认为人后天是可以不平等的，因为社会等级是自然的，它并不与自然平等观念相矛盾。人们虽然都平等地拥有"评价之心"，但运用评价之心所表现出的程度不同，则显示出等级差别。那些能够应用评价之心指导先天的社会倾向的人，并能够作出具体表现之人才应当得到特权。为何会出现应用上的差异呢？这主要是由"修养"程度所不同而导致的。儒家的修养包括内省和楷模仿效。如果一个人能够通过自身修养，培养出"义"总是高于其他一切的态度；又因为他的与生俱来的评价之心总是能够判断一个行为的"义"，他就会在任何情况下自发地行正义之事。这时他不会有其他物的诱惑和情的迷惑所困扰，他便成为一名"君子"。"君子"不是用社会地位、金钱多少来衡量的，而是用"德性"的多少来确定的。如论语中说："君子去仁，恶乎成名？"[②]孟子说："君子之守，修其身而天下平。"[③]儒家认为君子属上层阶级，之所以能获得特权和地位，一是因为他们道德高尚；二是因为他们可为人民作一楷模，为天下人仿效而修身。圣王是修养最完善之人，得到了道德的顶峰，当然有很少人能够达到。

由此可见，儒家是以品德为标准来划分社会等级，承认因修养程度不同，在拥有平等的评价之心的基础上有着后天地位、等级上的不平等。

然而道家却是走着另一条道路，他们否认儒家的道德观念、自然等级的观念和社会特权的观念。道家坚持这样一个理论，即平等不仅存在于人之初，而且存在于所有成人之间。因为道家认为"道"是一个统一体，但又存在于世界上每一具体事物之中。某一事物产生之后，其中的"道"便

① 《商君书·修权》。
② 《论语·里仁》。
③ 《孟子·尽心下》。

成为它的“德”，而“德”决定了该事物是什么，将如何生长和死亡。人也是如此，即使后天有所变化，但相对于道和德而言，它不过是短暂的，微不足道的，最终还是循“道”而生，循“道”而动。因为人也必须遵守“内在之道”这样一个永恒的法则，所以，成人之间也是平等的。

也就是说，儒家以品德作为标准，相信人在长成之后便不平等了；而道家反驳此观点，认为一切人都应受平等的赏罚，一切都应被宽容，没有人因被“道”偏爱而有特权。应该对人一视同仁，黄金与废渣同价，刚强与软弱无异。要想成为真实的“圣人”，只有彻底抛弃儒家所说的“评价之心”。因为在道家看来，“评价之心”恰是阻碍“得道”的重要障碍，“道”即“无”即“空”，人们只有消除“评价之心”，返朴归真，才能达到理想的境界。正如《道德经》十九章所说的一样：“绝圣弃智，而民利百倍，绝仁弃义，而民复孝慈。”同样《道德经》第十八章也有类似的记载：“故大道废，素有仁义。智慧出，案有大伪。六亲不和，案有孝慈。邦家昏乱，案有贞臣。”这些都是道家反对儒家以“仁义”为标准，以“评价之心”来判断人的绝好证明。

二、西方早期思想家对人的平等的看法

在西方，以柏拉图、亚里斯多德为代表的哲学家主张“人生来就不平等”，而早期基督教、智者学派、斯多葛学派等则主张人是平等的。柏拉图在《理想国》里，把灵魂分为三个等级，“神”用金、银、铜造出三种不同的人，他们分别充当统治者、辅助统治的人和从事劳动的人。三种灵魂分别同人的理性、意志和欲望呈现等级制的对应。而且这种有优劣的灵魂将永远延续其自身的一条线。这是一种彻底的生来不平等的观点。人一出身就有了尊贵，有了不同的职位，如果他们不安于职守，那么世界便没了正义；只有三个层次相互协调，各司其职，才算是“正义”。亚里斯多德虽然说到人的平等，但只是雅典人之间的平等，并不是普通意义上的平等，他甚至认为奴隶和野兽一样都不具备自由意志。正如黑格尔指出的那样：“希腊人不仅蓄奴，……而且他们自己的自由既局限于狭隘的范围，同时也局限于人的……残酷状态。”[①]根据亚里斯多德的观念，不可能给予奴隶以

① 黑格尔著，王造时译：《历史哲学》，上海：上海书店出版社，1999年，第18页。

真正的平等。他认为人性参差不齐，大部分人就其本性而言是奴隶。他从“公民”中不仅排除了本来意义上的奴隶，而且排除了技工、商人、农民、妇女和留居的外来者。正如他所说的那样：“在那些愚笨的人之中，有一些生来就没有推理能力，只能凭借感觉，正如远方的蛮人种族那样，是兽性的。”[①]这样他们在政治事务中不宜担任重要的角色。

与柏拉图和亚里斯多德的古典传统的对平等的看法不同，犹太教和早期基督教具有明显的平等主义思想。在希伯来人看来，万物（包括人类在内）都为上帝所造。如果人类谨遵上帝的指引和规范，他们就能在伊甸园安享快乐生活。所以，所有的人将同享尊荣。耶稣则走一条“救赎”之路。他强调对上帝和对邻人双重的爱。所谓“邻人”即包括：劳动伙伴、亲戚、族人，甚至包括敌人。一切人都是平等的，都应该享受爱。他也反对性别歧视，是一个“男女平等主义者”。对此，某些古代著作家声称耶稣的男女平等思想正是他被钉十字架的主要原因之一。总之，对基督徒（和犹太人）而言，他们的目标是要实现人的平等，建立一个既爱上帝又爱邻人的社会。

古希腊的智者派也有自然平等的信念，如安蒂劳认为希腊人与野蛮人在自然天赋方面是相似的，因此应当给予同等对待。智者艾尔西德摩也认为：神把自然给予一切人，自然也就没有把任何人造就成奴隶。这种思想非常接近中国传统思想上关于人的自然平等德观念 。另外，斯多葛学派也有类似的陈述。他们认为，理性与神是同一的，理性内在于一切事物之中由于一切人都拥有内在于自身的，作为神情之活动的理性，因而一切人都是自然平等的。不过，我们应该看到，智者学派与斯多葛学派的平等观在西方历史上的影响不是太大。在这方面，它无法与柏拉图和亚里斯多德的不平等观相比，也无法与基督教的平等观相比。

基督教对平等的看法是否与中国人对平等的看法一样呢？下面将讨论这一问题。

三、中西关于人的平等观念的异同

我们已分别叙述了中国古代先秦诸子有关人的平等思想，以及西方早

① 亚里士多德著，苗力田主编：《亚里士多德全集》，北京：中国人民大学出版社，1992年，第148页。

期思想家们关于这个问题的态度。由于他们各自生长于不同的历史土壤，发端于不同的文明类型，体现着不同的民族精神，因而对人的平等观念有不同的看法。现比较如下：

（一）西方所说的“人生来平等”是从不同层次上所讲的平等

先秦诸子所说的“人的平等”是一种自然平等或描述性的平等。而西方早期基督教的思想家们所讲的“人生来平等”是从“价值平等”意义上来讲的。蒙罗（Munro）指出：“犹太教和早期基督教中的平等主义基本上是评价性的。犹太教说，人在上帝的面前是平等的；基督教说，对上帝而言，他的所有孩子都是等价的。圣保罗对加拉太人说：‘在耶稣基督那里你们是完全一样的，没有什么犹太人或希腊人、奴隶或自由人、男人或女人。’他以此说明，要做上帝的孩子不必遵行圣日、行割礼及信奉犹太法律，而只需信仰上帝并接受上帝的指引，不管一个人的性别、身份如何都能做这一点。但这种平等并不是自然平等，上帝认为他的所有孩子都是等价的——基于这一信仰的平等并不意味着所有人生来即具有相同的、经验性的特性。”[①]也就是说，人都具有相同的“价值”，或应受到相同的对待。

总之，中西方在“平等”概念上所指不同：中国的描述意义上的“自然平等”，不具有西方人总是具有同等价值的含义；不具有别人要统治他时必须追究“契约”的含义；也不具有他们一直应该被平等对待并被看作具有平等权力的含义。

（二）西方早期思想家与先秦诸子关于人是否平等的评价尺度不同

儒家关注“德性”，关注人的评价之心，认为判断人是否自然平等，不是看他的出生、地位和生理条件，而是根据他是否具有道德理性和社会倾向，即人人皆有的“评价之心”。儒家还认为只是有自然生命的人并非真正的人，一个生理上成熟的人并非意味着成人。孔子有“成人”之说：“子路问成人。子曰：‘若臧武仲之智，公倬之不欲，卞庄子之不勇，冉求之艺，文之以礼乐，可以为成人矣。’曰：‘今之成人者何必然，见利思义，见危授命，久要不忘平生之言，可以成人矣。”[②]可见成人关键要有一个道德的标准

① 蒙罗著，庄国雄、陶黎铭译：《早期中国“人”的观念》，上海：上海古籍出版社，1994年，第19页。
② 《论语·宪问》。

即“评价之心”。与此相反，西方传统文化则认为真正的人在于他的理性，如：亚里斯多德用先天理性能力的差异来证明自然不平等的原则，而斯多葛学派则以该种能力存在一切人之中来证明自然平等，由此可见古希腊思想家们是以“理性”作为标准来衡量人是否平等的。

（三）中西方哲学家对人是否生来平等的不同看法，导致中西方教育理念的不同

由于中国古代思想家坚信人的自然平等，坚信人的可塑性，因为没有什么人存在先天的缺陷，因此，人的道德发展的方向主要取决于教育。也正是由于这种自然平等的思想，中国人把教育技术的变化当作解决紧迫的社会问题和政治问题的锁钥。如在中国历朝历代的改革（宋朝范仲俺的改革、胡适的教育改革、毛泽东的文化大革命）中，教育改革占着至关重要的一项，这些改革家们希望通过教育手段来达到他们的目的，哪怕结果是失败的。《论语》有云：“性相近也，习相远也”[①]，这表明儒家强调后天的培养作用。孟子也云：“圣人之于民，亦类也”[②]，这是说圣人最初与平民是自然平等的，只是后天的修身养性和受环境影响的不同导致他们的差异。这种思想深深地影响着中国人，使中国人觉得环境因素与后天教育的作用是不可估量的。认为只要经济条件和教育条件充分具备的话，“人人皆可为尧舜”[③]的论点就会有助于创立一种中国特有的文化制度，为其政治、经济服务。而古希腊的一些思想家认为，人天生是不平等的。“对柏拉图来说，由于灵魂的转变有赖于数学和天文学的训练，因此转变的道路限于向高级智力的灵魂，即最神圣的金的灵魂开放。这里不存在中国那样的假设：一切人都能从训练中同等获益（如果能够平等地接受训练的话）”[④]。亚里斯多德认为，先天的不平等是后天无法弥补的，也是不可改变的事实。因此，西方人对教育的改造作用没有中国人设想的那样有力。早期基督教所说的人生来平等也只是价值平等，因此他们只关注人人应该享有平等的教育权。

① 《论语·阳货》。
② 《孟子·公孙丑上》。
③ 《孟子·告子下》。
④ 蒙罗著，庄国雄、陶黎铭译：《早期中国“人”的观念》，上海：上海古籍出版社，1994年，第53页。

如在《独立宣言》中写道:“造物主赋予人们以某些不可转让的权利,其中包括生活、自由和追求幸福的权利。”上帝面前人人平等,每个人都有自己不可转让的权利,任何人不能侵犯。他们有权享有平等的权利,但不是说每个人享受了平等的教育就能达到同等的水平。

(四)早期儒家和柏拉图主义者对人生来平等的看法不一致,故对待世袭制的看法也不相同

虽然他们双方都赞同以“功德”为基础的贵族政治,但他们分别建立在人的自然平等与不平等的基础之上,因此中国古代思想家们反对世袭制度,而古希腊的思想家们却坚守世袭制。早期儒家,坚信人生来平等,没有贵贱,后天的等级分化是根据“功德”为标准来划分的。某些人的“政治特权和经济特权”,是不可能世袭的。荀子说:“虽王公士大夫之子孙也,不能属于礼义则归之庶人。虽庶人之子孙也,积文学,正身行,能属于礼义,则归之卿相士大夫。”[①]孟子也说:“人皆可为尧舜”。[②]他们所说的等级制、贵族政治是建立在“道德质量”基础之上的。把人可分为君子和小人、圣人、贤人和百姓、为善之人和为恶之人等等,这与西方不同。柏拉图主义者相信人生来的不平等,明确把奴隶排斥在正常人之外,认为他们只不过是一些“会说话的工具”,明确地把人分为统治者与被统治者、主人与奴隶。主人的子孙仍然是主人,奴隶的子孙仍然是奴隶,这种世袭制的观念存在于柏拉图、亚里斯多德等人的思想中,并成为西方文化的一种传统。

总之,古中国思想家基本上是“道德本性论”者,认为人是道德的,人的自然平等也是建立在“道德理性”和抽象的“道”的基础之上;古西方思想家基本上是“理性本性论”,人是有思想的人,人是否平等是建立在“知识理性”的基础上的。古中国所说的人的自然平等是一种描述性的平等,而古西方所说的人的平等是评价性的平等。古中西方对待平等的观念不同,所以中西方对教育与世袭观念的态度也不尽相同。由此可知,中国早期思想家就已经具有了人生来平等的思想,这是十分宝贵的。

① 《荀子·王制》。
② 《孟子·告子下》。

从文化行为发生看儒学的政治功用

暨南大学社会科学部　龚红月

摘　要：本文从一个独特的角度——文化行为发生谈儒学的政治功用。依照文化行为产生的背后推动力，设计出“文化行为发生的层次结构”，并由此推论儒学属于“文化自觉”行为。进一步对儒学在政治目标理念的确立、政治系统设计和政治生态位，进行文化行为意义上的分析和诠释，并与现代国家管理和政治行为进行比较，以此证明儒学的政治功用及对现代社会的有益启示。

关键词：文化行为发生　文化身份　传统儒学　双向制约　权力道德

任何学说，能够延绵不绝，历经千百年，一直发展到今天，必有两个条件：一是必有其发展的能量，一是必有其发展的理由。中国多元文化融合，成为儒学千古不衰谢的能量，这已是尽人皆知的事实。那么，儒学能够发展至今的理由是什么？笔者认为是儒学之于人类文化行为得以进化的内在价值及其价值的外在体现，是儒学本身具有其他学说无法置换的文化功用。对于儒学的文化功用，不少文章做了很精辟的探讨，本文则从文化行为发生这样一个相对狭窄的角度，谈谈儒学的政治功用。

一、儒学的政治目标理念：超越宗教

文化行为，是在文化领域中表现出来的群体或民族的行为和心理活动。国际上开始对文化行为进行深度研究，是发生在西方现代文化从后现代主义转向文化研究这一哲学化历程之际。就目前而言，对文化行为的研究尚未完全成熟，然而，已经有学者对文化与社会行为之间的关系进行探讨，提出的问题很广泛，包括群体或民族的价值观、社会理论如何反映更深层次的文化特点，民族文化环境对所属的群体及其工作场所如何进行无形的限制和制约，文化功能如何在国家或群体管理行为（目标理念或最高价值的确定、行为激励及矫正、关系模式和协调、群体内角色影响……）即政治行为中得到开发和利用，等等。本文讨论的主题，正属于该研究所涉及的文化行为发生的动机及其影响这一范围。

由于文化不是天赋而成，是人类的群体创造，因此，群体或个人文化行为的发生，既带有地域情境性的特点，又带有个人对文化的领悟。个人接受某种文化或文化质素，有着不同的行为动力，具有层级的区别。（见图1）

一般而言，人类文化行为的发生，最低层次的动力是文化习惯，这种习惯仅仅是基于群体的压力和影响，主体被动地接受习惯，甚至在文化意识尚缺乏的情况下，行为就已经固化了。

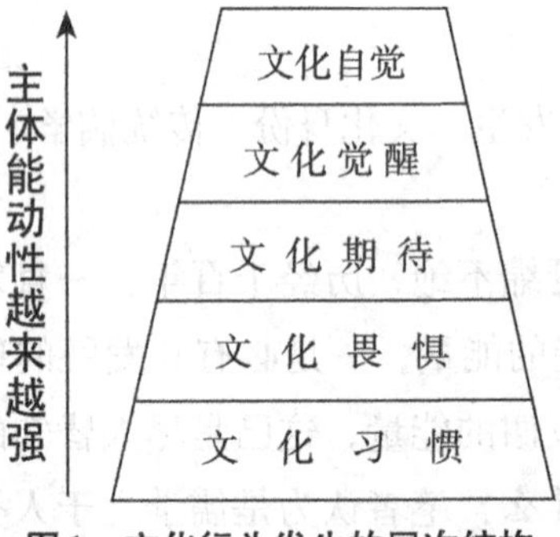

图1　文化行为发生的层次结构

比文化习惯高一级层次的是文化畏惧，畏惧未知的力量，畏惧社会的制约，甚至畏惧习惯而成的行为。因为畏惧，就有了探寻和追求，也有了把握和依赖，由此产生的文化行为都是在一定的文化意识的驱使下完成的。

比较而言，文化畏惧是一种负强化行为，即文化行为发生的动力，来自避开某种令人不快的因素：不断地祈福，是为了避免不能预见的灾祸；不断地审视过去，是为了消除不能期望未来的焦虑。与文化畏惧仅一板之隔的文化期望，却通过需要和兴趣，为主体行为提供正强化动力，或者说，需要和兴趣促使行为主体为接近某个假定的目标，不断重复某种行为，比方，对自然关系不断地进行思考，是为了参透人的社会关系。因此，从文化行为发生的主体能动性来看，文化期望具有比文化畏惧更高级的动力形式。一般说来，拥有一定社会实践经验和参悟能力的“而立之人”，其文化行为往往更多地是来自正强化动力。

人们反复在存在和精神层面进行磨合和领悟，逐渐发展出更高的认识能力，可以凭借理性的批判意识，主动运用大量积累的综合知识和思维训练成果，对各种文化因素进行比较、评估和筛选，所谓“不惑”，即不再盲目地相信和接受。这种独立认识、自主意识更强的文化行为发生，本文估且称之为“文化觉醒”。

文化行为发生的最高形式是“文化自觉”。我国著名社会学家费孝通先生认为，文化自觉是生活在一定文化中的人对其文化有“自知之明”，明白它的来历，它的形成过程，所具的特色和发展趋向，以加强文化转型的自主能力，取得决定适应新环境、新时代的文化选择的自主地位。①如果说，“我思故我在”（笛卡尔语）是一种文化觉醒，那么，在文化自觉那里，“我思”（区别于动物：自主“思”）的外延已扩展至“我所思”（个体间比较：“我思”与“他思”的差异），更进一步扩展至“我们所思”（群体间联系：在异思中寻找关系）。这时，文化行为的抉择更加成熟，抉择的对象和方法更加复杂，但其结果也更易为全社会多数成员所熟悉和认同。

上述所说的五种文化行为，各有不同的行为动力的推动。“文化习惯”和“文化畏惧”属于“接受行为”，其背后的文化动力也是低层次的，因此，行为的发生往往比较被动，用现在网络流行的语言来说，就叫做“被动力”。随着文化动力逐层上升，主体行为的能动性越来越强，接受行为逐渐升华为自主行为，因此，“文化觉醒”和“文化自觉”已是一种高层次的文化形式。

此外，笔者将五种文化行为安排在一个下宽上窄的梯形格里，是想向读者展示一种现象：动力层次越低的文化行为，受众越多；动力层次越高

---

① 费孝通：《费孝通文集》第14卷，北京：群言出版社。

的文化行为，受众相应越少。换句话说，接受文化习惯的人在群体中往往占绝对多数，相反，只有很少的“知天命”之人拥有文化自觉。同时，笔者还想说明，伴随人类思维水平在年龄上的发展，文化行为的发生，一般也是先从低层次逐级向高层次发展的。

从对政治目标的思考和期望来看，儒学的文化行为发生属于上述层次结构的上层，已经超越了宗教：

其一，儒学重良知的自主获得，不将对先知性批判的敬畏强加于人。

宗教，无论是自发宗教还是人为宗教，在文化行为发生的层次结构里，属于文化畏惧；在现代对宗教普遍化意义的改造过程中，宗教行为里的文化期待的色彩也越来越浓。人在畏惧和期待之中，就有了谨慎，就有了祈望超社会的意志施予恩典的某种需求。因此，宗教是一种提供他律的力量，一般人会仰慕这种力量，从而自觉自愿地受其制约。中国化多神崇拜的大乘佛教以及在中国土生土长的人为宗教道教，便是努力让人们从畏惧和期望中得到不同层次的心理满足。为此，出于世俗的理解，追捧二者的受众并不少。与宗教不同，儒学观天察地，并不是要建立一种让人敬畏的先知性的批判体系，而只是让人的社会有所依从，“以顺性命之理”。早期儒学曾提出“三道”：“立天之道，曰阴与阳；立地之道，曰柔与刚；立人之道，曰仁与义。”（《易传·说卦》）“三道”之中，“人道”区别于“立天之道”、“立地之道”，独立成为一个立人立行立言的体系。儒学“立人之道”的命题，使儒学具备了很高的精神品位，将哲学对“我是谁”的思考引向更深层次的“我们所思”。儒学倡明至此，依靠文化畏惧和文化期望，已不足以领悟其真谛。因此，认识或坚持儒学，是一种文化自觉，并不是一种简单的追求和信奉。

其二，儒学对“彼岸”的认识，为“道济天下”的文化行为提供目标动力。

作为一种文化畏惧或文化期望，所有人为宗教都带有一种“恩典形式”(form of grace)，以便在“畏惧”与“期望”之间搭建桥梁，化解现实社会的冲突，超越存在和精神之间全部的相互作用和相互对立，或通过“预期”，将可感知性与非客观性联结起来。[①] 然而，真正意义上的儒学不具备这种

① 参见保罗·蒂里希著，徐钧尧译：《政治期望》，成都：四川人民出版社，1989年，第43～46页。

先知批判性的恩典形式[①]及其功能。在孔子的心目中，也有预期理想的“彼岸”，但他从来没有想过，也没有这个权力和神力，去建立和支配“恩典”这座“桥梁”。

在孔子寻找通向“彼岸”途径的过程中，一句“朝闻道，夕死可矣”(《论语·里仁》)的千古长叹，让我们看到孔子及其后来儒家的文化自觉。正是凭着文化自觉，儒家的文化行为具备了能动性和修正性的特征；正是凭着文化自觉，儒家的文化思考具备了唤醒民众意识的功能，而思考的目的，就是要寻找达到彼岸世界的可行性途径，尽力循“道”而行。

与宗教不同，儒学没有把依赖或报答先知“恩典”看成是文化发生的动力，而是充分发挥人的自觉意识，从人的角度出发，设置“全人”(用我们现在的话说)目标，以目标认同作为激励文化行为发生的最重要手段。当然，要让目标认同成为一种文化动力，目标必须同时具有挑战性和具体性，这是一项很难做的工作，但我们看到儒家学者尽力去做，最终找到立人立行的目标设置，这就是《易传》中的元、亨、利、贞：“元者，善之长也，亨者，嘉之会也，利者，义之和也，贞者，事之干也。君子体仁，足以长人；嘉会，足以合礼；利物，足以和义；贞固，足以干事。”(《易传·文言·释乾》)依照儒家的理解，在践履“全人”目标的过程中，个人同样可以获得内在奖励，从而不断地重复自己的文化行为：“君子黄中通理，正位居体，美在其中，而畅于四支，发于事业，美之至也。”(《易传·文言·释坤》)

其三，儒学的政治目标理念已经超越宗教的精神层面，是特定的文化身份的反映。

一方面，儒学的最高价值更倾向于已经存在的社会组织的稳定性，它的主要意识形态不是宗教性的，而是以社会与天地和谐的理论来表达的。马克斯·韦伯认为“儒学是极端的合理主义，因为它没有什么形而上的东西，也没有什么宗教的痕迹……但同时它却比任何其他思想体系更现实，因为它缺少并排除一切非实用的标准。”[②]因此，把儒学宗教化，实则是将

① 本文特别强调“先知批判性的恩典”，是避免读者将之与儒家的“忠孝”观混为一谈。二者的区别，笔者将于其他文章详叙。

② 拉里A·萨默瓦、理查德E·波特主编，麻争旗等译：《文化模式与传播方式：跨文化交流文集》，北京广播学院出版社，2003年，第8页。

儒学的原有的人文原则抽离，而附之非其本质的神文色彩，这等于降低其文化身份，必将导致其衰落。这里的道理很简单，当我们试图将儒学全民宗教化（如作为“公民宗教”）时，人们便对其教义充满畏惧，力图寻找其谶讳之义，用来展示某种神示，满足某种心理需求，这时，人们便不会再去关注儒学之于族群与族群、人与人、人与社会的宏大叙事和精义。

另一方面，儒家的“彼岸”是选择在现实世界中，可以通过努力践履而达到。孔子最初对“彼岸”的认识，源于他所能理解的西周社会。西周是一个家国同构、用血缘关系管理国家的社会，一切文化行为都尽可能地被“规范化”和“标准化”。孔子生长的鲁国，曾经有过严谨规范的礼仪制度，所谓“周礼尽在鲁矣”。孔子也曾经对西周的制度——“礼法”有过很高的期望，希望建立这些制度与规范，为理想的“彼岸”带来次序、和平与和谐。但当他在周游列国而每每感到“道穷”时，便开始另辟蹊径，而他的学术研究与思想也进入到了另一个高峰期，并逐渐形成了成熟的体系，那就是以“德”与“仁”为核心的较为完整的理论体系。

在《易传》的撰写和领悟里，儒家对“德”和“仁”的理解，就有了更加明确的自身修为与社会行为的解释：一是“德”与“仁”，都是从发现规律、认识规律开始，并循之而行的行为方式，即“与天地相似，故不违；知周乎万物，而道济天下，故不过；旁行而不流，乐天知命，故不忧；安土敦乎仁，故能爱。”（《易传·系辞上》）二是以“德”为自身的内心修为，以“仁”为外在的行为方式。儒家不仅崇德，更看重将德付诸实践，在《周礼·地官》注里，对“德”与实践之间的关系，有过这样的解释：“德行，内外之称，在心为德，施之为行。”德外化为人的行为，并不是一种空洞的假设，为此，儒学做出具体的规定，让人们行有可依，其中的表现，可以四字来概括，那就是“学问宽仁”，四字中，“仁”是核心：“君子学以聚之，问以辩之，宽以居之，仁以行之；”（《易传·文言·释乾》）“直其正也，方其义也；君子敬以直内，义以方外，敬义立，而德不孤；‘直，方，大，不习无不利’；则不疑其所行也。”（《易传·文言·释坤》）三是“君子体仁，足以长人”，即只要以“仁”作为行为方式，就可以发展壮大自己。

如果说，孔子的“仁学”尚重在“君子”个人修为的话，到了左丘明著述《左传》的时候，就已向社会文化、政治文明的意义扩展了。左丘明曾借王孙满的话说："昔夏之方有德也，远方图物，贡金九牧，铸鼎象物，百物而为之备，使民知神奸。桀有昏德，鼎迁于商；商纣暴虐，鼎迁于周。"（《左传·宣公三年》）由此道出一个真理：是否具备"德"与"仁"，是政权易手的重要原因，也是检验一切人际关系、群际关系乃至国际关系的试金石。①

在孟子那里，儒学不仅发展成一种国家学说，更成为一种典制规范："彼夺其民时，使不得耕耨以养其父母。父母冻饿，兄弟妻子离散。彼陷溺其民，王往而征之，夫谁与王敌？故曰：'仁者无敌。'"（《孟子·梁惠王上》）"民为贵，社稷次之，君为轻。"（《孟子·尽心下》）至此，儒家的仁学，已不单指的是个人修为，更已扩展到整个社会的政治文明、国家文明，是一种体系完善的"人文主义"。

二、儒学的政治行为原则：合适的组织系统关系

"一切思想皆为行动而存在。"② 欧洲文艺复兴时期发展起来的人文主义，最终演变成以个体主义价值取向作为文化行为发生的前提。中国的人文主义则是吸取商朝"敬鬼神不敬人"却最终覆亡的教训，从周初萌芽的"人德"中发展起来的、以儒学为主流的国家学说，这就决定了中国的人文主义先天性地带有集体取向的色彩。对于个体主义和集体主义的含义，国内外的学者有不同的看法。文化行为学创始人之一、荷兰马斯特里赫特大学教授基特·霍夫斯泰德（Geert Hofstede）把个体主义定义为"个体的人对于群体、组织或其他团体的情感独立。"其他文化行为主义学者则认为"自我取向还是集体取向，这是决定人的行为的五个基本模式变量之一。自我取向就是一个人在一定环境下把个人私利置于优先地位，而不考虑某个集体的利益或价值观。"集体取向则与之相反，"在采取行动之前直接考虑集体利益和价值观。"但是，即使是外国人都感到困惑：似乎这样一种对"集体主义"、"集体取向"的定义，用于中国并不准确。在本文笔者看来，还是

① 参见鲁思·本尼迪克特著，吕万和、熊达云、王智新译：《菊与刀》，北京：商务印书馆，1996年，第8页。
② R·G·柯林伍德著，赵本义、朱宁嘉译：《精神境像或知识地图》，桂林：广西师范大学出版社，2006年。

美国人尤姆(June Ock Yum)的理解比较贴切，中国的集体主义“是合适的社会关系而不是抽象的一般的集体机构。”①

“合适的社会关系”，确实是中国文化行为赖以存在的理性基础，也是儒学以及中国传统文化之于人类文化的主要贡献。究竟社会关系如何建立，如何进行社会关系的技术考量，社会关系达到什么程度才是合适的？儒学，尤其是传统儒学(特指先秦至唐代儒学)一直没有停止过自觉的思考，并逐渐构想出一个于古代社会来说已经是比较合适的“社会关系”——以阴阳五行观为基础的社会系统关系。由于文章篇幅的问题，“社会系统关系”中的方法思考，笔者将放在下一篇文章中去讨论，本文只是想试着做管中窥豹，从文化行为发生的角度，看儒学的政治行为原则，即“合适的”国家组织系统关系的推演。

有效的国家政治管理一般都会确定一个管理的战略目标，以此作为国家发展的基本依据。这类目标通常有两个，一个是国家富强，另一个是民有依归。理论上说，这两个目标之间存在着强相关关系：国家富强了，民便有所依归；相反，民无所依归，便会削弱国家发展的基础，最终损害的是国家本身。在古代国家里，君主常常成为“国家”的象征，国家战事频仍，民众是直接的牺牲者，而国家强盛，也只是提高了君主的威势，民众往往不能从中获得更多的利益。尽管中国自秦汉开始，就建立起在整个古代世界独一无二的国家“行政”(具备各级执行职能的)官僚管理机构，但多数朝廷，特别是宋代以后的古代统治者仍然在不断地强化君势王权，使君民关系势成水火。这种国家政治管理“两张皮”的现象，模糊了国家发展的方向，造成从上至下管理序列的“断层”，这也是中国古代具有早熟的官僚体制，却在行政执行上难以摆脱“人治”② 阴影的主要原因。

然而，对于君主与臣民之间系统关系的发生，在古代的一些有识之士和英明的帝王那里，也并非是全无认识和实践的。西周时，国家管理建立

① 拉里A·萨默瓦、理查德E·波特主编，麻争旗等译：《文化模式与传播方式：跨文化交流文集》，北京广播学院出版社，2003年，第84页。

② 用《礼记·中庸》的一句话来解释“人治”：“其人存，则其政举；其人亡，则其政息。”换言之，在“人治”的组织形式里，当政者就是管理的“权威”，一切政律法规都以其意志为先。这区别于政律法规先于当政者存在，当政者本身也受到政律法规约束的“法治”。

在血缘关系的基础之上，一方面，“溥天之下莫非王土”，君主得以利用控制国家的土地资源来行使对国家的管理权力；另一方面，君主又借助全国最大宗族的当然“族长”的身份，将国家置于家族管理的经验之上。[①]因此，“以天下为家，以家人治之，”（朱权：《神奇秘谱》下卷）成为西周国家的组织结构。这本是一个简单、原始的国家管理结构，却启发了早期儒家对权力角色和责任的思考，于是，“父子”关系很自然地成为涉及君主臣民关系的理想的行为原则，即在君主臣民之间构建类似“父慈子孝”的“仁爱”关系，以“父子”相对的家庭式责任——“礼典”（《周礼·天官冢宰第一》），即“君君臣臣”、“父父子子”作为沟通“君德”和“民忠”的媒介。

理论上说，“父子”关系强调管理组织中权威与非权威之间的双向依存，这是一种结构性的关系形式，但由于忽略了结构中的双向制约，这种组织关系并非强相关的关系。再者，出于孔子“克己复礼”的理想追求，在君民关系中，更强调作为臣和民的道德修为与责任境界，反而不太看重“权力道德”（即在政治权力中建立道德规范），这实际上冲淡了君民之间的“父子”式依存，从制约权威行为的角度来看，其社会实践的意义并不大。

战国以降，儒家学者又提出君民关系的“舟水”结构，即“君者，舟也；庶人者，水也。水则载舟，水则覆舟。”（《荀子·王制》）“夫君者舟也，人者水也。水可载舟，亦可覆舟。君以此思危，则可知也。”（范晔：《后汉书·皇甫规传》，注引“孔子家语”）“舟水”关系的重点，在于强调君主与臣民、权威与非权威是相互依存和相互制约的，民众会依从和扶助君主，同时也是一股制约君主的潜在力量，以此给予历代统治者一个警示。至此，在君民之间建立系统制约关系的思想已初见端倪。然而，“舟水”关系只提供了一个框架结构，其中的内容是什么，并没有多做解释。

比较接近现代国家政治管理行为的思想，可能就是将“父子”的双向依存关系与“舟水”的双向制约关系结合起来，并将其发展为一种“民本”的思想了。早在先秦及其以前，“民本”就被提出来了，《尚书·五子之歌》就有“民为邦本，本固邦宁”。很显然，这种“民本”仅仅是古代管理职责

① 龚红月，王培林，何君宜，杨俊华：《智圆行方的世界：中国传统文化概论》，广州：暨南大学出版社，2008年，第28页。

的宏观表述，即“为民做主”，其内容与现代意义的“民主监督”、“民权制约”（即人民有权利对政治权力进行制约）概念相去甚远。即使是在孔子、孟子和荀子那里，“民本”也只是作为一种“重民”、“贵民”的主张，表达君主理应“亲民”、“敬民”、“养民”的愿望。由于先秦“民本”理念缺乏法理上的支持，不具备实质上的可操作性，因此，在现实中未能被君主重视和采纳，更不可能上升为一种执政理念。直到唐朝时，儒学的“民本”理念被贞观政治所实践，民本式的国家管理行为才初步具备了实质性的内容。（详见图2）我们可从唐代的“德主刑辅”结构，即“民本”思想的实现是以君民之间的内在关系为主旨，辅以国家管理的“法治”关系，来加以说明。

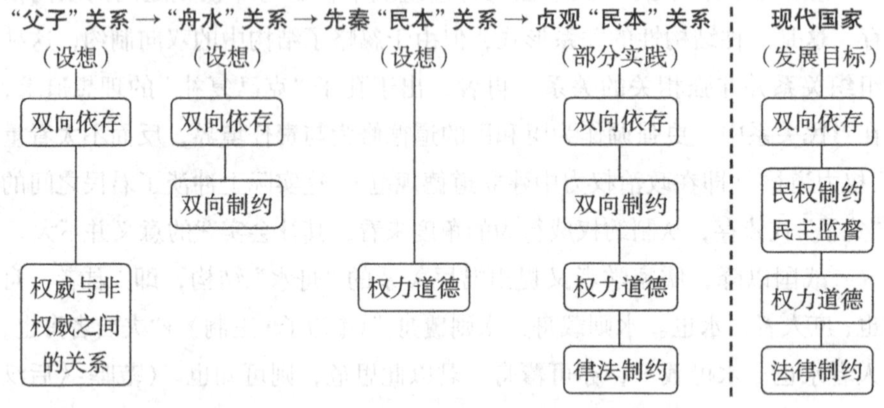

图2 国家管理行为的系统关系认识及比较

（八百年断层）[①]

从内在关系来看，开辟贞观之治的唐太宗李世民，在建立国家管理秩序时，提出以“先存百姓”为原则，以“安人宁国”为基本方针，通过“以民为先”来确定国家管理的行为目标和职责。有这样一个例子：唐初李渊做皇帝时，曾广封诸侯。李世民继位后，认为自己作为“天子”，职责在于“养百姓也”，而“岂可劳百姓以养己之宗族乎！”于是，“降宗室郡王皆为县公，惟有功者数人不降。”（司马光：《资治通鉴·高祖武德九年》）这实际上

① “八百年断层”，是指宋明清三代儒学，尤其是宋明理学。文章仅从管理者与被管理者之间“相互补充、相互依赖、相互制约”的系统概念，来看三代儒学对古代政治管理体制的实际影响和功用。

也是告诉我们，为官为君者应该有所畏惧，才不至于将管理职责视为儿戏或“刻民奉君”、公器私用。也正是这种对民的敬畏，客观上实现了儒家及其中国古代系统观的“舟水”思想，加强了“君—臣—民”之间的关系结构，这显然要比中世纪欧洲对神的畏惧，更具现实意义。

当然，以上所说的内在关系，只是强调了君和臣的职责自觉和道德注意，如果没有外在法理的支持，“民本”仍然会流于形式而无实质性的内容。李世民注意到了这一点，在组织官员制定国家律法时，他要求继承《汉律》“德主刑辅”的基本思想，以“法治”(从先秦“以法治国”演绎而来)支持“民本”思想，从而提高其可操作性。

正因为唐贞观律法是在“民本”的基础上制定，因此，在内容上作出了比“父子”关系和“舟水”关系更具体的规定：其一，对民“宽简”适度，使避免过度伤民扰民的思想得以成为贞观律法的主要原则；其二，“民宽官严”，对民“宽仁”，但对官僚机构及其官员却有很严格的要求——唐《贞观律》以其大部分的条文，规范了官僚体制的运作及官吏的行为操守和准则；其三，建立“从谏”制度和“兼听则明、偏信则暗”的集体商议决策机制，以此保证低层权力向上流动，并对最高权力的泛化进行有效制约。作为一个古代国家，贞观管理组织最难能可贵之处，是皇帝自己也被纳入这个“约束体制”之中。唐代的贞观律法表现出的“民宽官严”的法治理念，影响了后来整个唐朝法律思想及其制订工作，唐玄宗时的《唐六律》，就是一部关于中央与地方官制的法规大全，而整部《唐律》中，完全以制约官吏为对象或涉及官吏管理行为的条款，同样占了很高的比例。

唐朝曾经出现过的“民本”实践，将权力道德纳入国家管理行为(见图2)。此举虽说未能也不可能实现民对君的完全制约，但即使是在今天，“权力道德”也仍然是需要进行研究的重要课题。

三、儒学的政治生态理念：社会共生策略

从上述对儒学的政治行为原则的讨论中，我们同样可以看到儒学对于政治组织与社会共生的认识和理想化解释，笔者姑且称之为“政治生态理念”。这种对政治组织的认识，即使是在现代也是很有启示作用的，因为

其包含两个特点：一是将组织放在一个动态的过程里，研究的重点不在国家管理组织中的明确分工，而在于政治组织与其他社会群体之间相互依存相互制约的关系，如上文所说的官与民、君与臣之间的“舟水”关系；二是区分政治组织与其他社会群体之间的关系功能和社会生态价值，以便建立趋向共生平衡的社会关系。

儒学政治生态理念的形成，实际上充满了中国传统思维方式的特征和中国传统文化致思的结果，也让我们从中领悟：要建立共生平衡的社会体系，离不开最少三个条件。

第一个条件：“和而不同”(《论语·子路》)。用现在的话说，社会本身是一个共相似体系，同时体系内存复杂的自相似关系。没有共相似，社会缺乏凝聚性，国家极易崩溃，这也是儒家忧患意识的缘起，反映儒家“天下为公”(《礼记·礼运》)的文化自觉。同样，没有自相似，所谓“同而不和”，国家将失去存在的基础。

第二个条件：“君子素其位而行，不愿乎其外。素富贵行乎富贵，素贫贱行乎贫贱，素夷狄行乎夷狄，素患难行乎患难，君子无人而不自得焉。在上位，不陵下；在下位，不援上。”(《礼记·中庸》)由此引申儒学的管理思维，似乎更在意政治组织及其他社会群体的功能位置，即“雷以动之，风以散之，雨以润之，日以烜之，艮以止之，兑以说之，乾以君之，坤以藏之，”(《易传·说卦》以便确定各个群体在国家管理体系中扮演什么角色，能够做什么、如何发挥自己的擅长。比较而言，现代管理行为学反而会更多地去研究国家管理的共相识行为，以便对自相似行为，包括政治组织和其他社会群体，进行特征归类，达到管理个体或群体的目地。

第三个条件：“乾道变化，各正性命，保合大和，乃利贞。”(《易传·彖·释乾》)事实上，因为信息不对称、力量不均衡等等的客观存在，任何事物难以真正做到公平正义，平等相待。因此，在自然界中，每一物种都有自己的生态位，依照生态位法则去做，即“鸢飞戾天，鱼跃于渊”(《中庸》)。同样，在国家管理中，政治组织与其他社会群体，虽则强弱共生，但都有自己的独创性和充分的价值，都有自己的功能和角色位置，因此，只有“各正性命”，各自在自己合适的位置上发挥作用，各自遵循生态位法则寻找生机，才可能避免角色冲突，有益国家。为此，笔者将“各正性命，保合大和”看成是政治组织与其他社会群体在国家管理行为中的“共生策略”。

由此可见，在所谓的“竞争”领域，西方传统文化重胜王败寇的竞争，儒学乃至整个中国传统文化则重两强共存、强弱共生的竞争策略，更准确地说，是重共生策略。

重竞争，使实践者将大部分精力放在矛盾双方的力量对比、特质差异、信息选择和均势攻略之上；矛盾统一的方法多用于应付“已然”，是典型的“危机处理”。重共生策略，使政治管理者将注意力放在矛盾双方的社会或文化生态位确定和关系处理上；矛盾统一的方法多用于应付“未然”，是典型的“预警机制”。

传统儒学的政治功能，是在中国传统思维的背景上，探索国家体系、群际体系和人际体系中的“合适的关系”，其思考的层次已不可能再纠缠于诸如“唯女子与小人难养”这样低端问题的解释。即使是儒学的个人修为理念，也被视为建立社会政治程序的一部分，或者说，修为的最终目的是“平天下”，当然，能“平天下”，没有个人修为这一步也是不可能的。传统儒学正是希望“在实践中证明自己思维的真理性，即自己思维的现实性和力量，亦即自己思维的此岸性。”①

参考文献

[1]费孝通. 费孝通文集. 第14卷[M]. 北京：群言出版社.

[2][美]保罗·蒂里希. 政治期望[M]. 徐钧尧，译. 成都：四川人民出版社，1989.

[3][美]鲁思·本尼迪克特. 菊与刀[M]. 吕万和，熊达云，王智新，译. 北京：商务印书馆，1996.

[4][英]R·G·柯林伍德. 精神境像或知识地图[M]. 赵本义，朱宁嘉，译. 桂林：广西师范大学出版社，2006.

① 《马克思恩格斯选集》第1卷，北京：人民出版社，1972年，第16页。

[5][美]拉里A·萨默瓦，理查德E·波特. 文化模式与传播方式：跨文化交流文集[M]. 麻争旗，等译. 北京广播学院出版社，2003.

[6]龚红月，王培林，何君宜，杨俊华著. 智圆行方的世界：中国传统文化概论[M]. 广州：暨南大学出版社，2008.

[7]龚红月，罗吉平. 贞观政治体系中行为管理原则的现代价值[J]. 学术交流. 2008(12).

[8]马克思恩格斯选集[M]. 第1卷. 北京：人民出版社，1972.

中医与中庸之道
——体会平衡之美

逄蓬　陈孝银

摘　要：儒家“中庸之道”的本质在于追求事物的平衡与和谐，不偏不倚，无过无不及。中医所追求的健康亦是一种无过无不及的平衡状态。这种以平衡为中心的观点与中庸思想一脉相承，体现在中医诊断、治疗、养生等各个方面，在中医文化中展现着自己独特的魅力。

关键词：中医　中庸　平衡　阴阳

儒家哲学的“中庸之道”历来为人们所推崇，奉为为人处世的圭臬。中庸的本质就在于追求事物的平衡与和谐，无过无不及。作为与中国文化伴生的中国传统医学，亦体现了平衡之美。《备急千金要方》中说“阴胜则阳病，阳胜则阴病，阴阳调和，人则平安”。整体观念反映了人体整体的阴阳平衡，天人相应主要反映和人与自然界的阴阳平衡，辨证论治就是辨别人体阴阳平衡失调的位置，扶正祛邪则是恢复人体阴阳平衡的治疗原则。

一、中庸与平衡

（一）中庸的提出

早在《论语·雍也》就提出了“中庸之为德也，其至矣乎”的观点，孔子认为“中庸”是“至德”，也就是最高的德行。《中庸》对其的理解是：中也者，天下之大本也；和也者，天下之达道也。致中和，天地位焉，万物育焉。“中庸”即是“中和”，也就是中国哲学中的“中和思维”。中和思维发源于《周易》一书，医易同源，中医中的阴阳平衡也是中和思维的一种体现。

（二）中庸的含义

那么“中庸”的具体含义是什么呢？《说文解字》中，“中”，内也。从口。上下通。《易经》中吸收了“中”的概念，用以指称二、五爻位。二、五爻位是原八卦中的中爻，《易·系辞下》曰：“若夫杂物撰德，辩是与非，则非其中爻不备”，标示着最佳的时空条件。由此，“中”引申为不偏不倚，适中。有上下贯通，左右兼顾之意，可以理解为适度、中和。《说文解字》认为：庸，用也，亦有调整之意。

宋代程颐认为“不偏之谓中，不易之谓庸”，中庸可以理解为不偏不倚，保持平衡的意思。仲尼曰：“君子中庸，小人反中庸。君子之中庸也，君子而时中。”他认为君于之所以能做到中庸，是因为君子随时做到适中，无过无不及。所以儒家的“中庸”就是不偏不倚，无过无不及的一种平衡状态。

（三）中庸的本质是保持事物的平衡度

《论语·先进》一篇，子贡问：“师与商也孰贤？”子曰：“师也过，商也不及。”曰：“然则师愈与？”子曰：“过犹不及。”在孔子的眼里，子张的过与子夏的不及是一样的。因为中庸的核心内容是掌握不偏不倚、适度适中的智慧，它的本质是保持事物的平衡度。

《周易·丰》曰：“日中则昃，月盈则食。”月满则亏，水盈则溢，盛极必衰，一如辛弃疾曾说的“物无美恶，过则为灾”。凡事都不可过度，否则就是走向衰败的开始。《菜根谭》有言：“花看半开，酒饮微醉，此中大有佳趣”，花半开酒微醉才是最惬意的享受。花开繁盛之后即是凋零之期，酒过三巡大醉也失了其中逍遥自在的意味。所谓最好，就是刚刚好。

（四）中庸的平衡观与中国人文

中庸是中国人性格中的重要特点，是一种世界观、人生观、价值观的具体体现。细数历史，无论是布衣耕者，还是名臣良将，甚至历代帝王，都明白平衡的重要性。《老子》曰：持而盈之，不如其已。揣而锐之，不可长保。金玉满堂，莫之能守。富贵而骄，自遗其咎。功成身退，天之道也。“中庸”讲求的便是适度平衡的智慧，懂得无过无不及的人才能享受人生，而不成为生活的奴隶。

于百姓而言，可以不通文墨，不懂诗书，但是必须要知道何种耕作方式才能获得更好的收成。北魏的《齐民要术》中“谷田必须岁易”、“麻欲得良田，不用故墟”，已经提出了采用“轮作”的方式来保持和提高地力。旱地多采用禾谷类作物、经济作物与豆类、绿肥作物轮换，稻田采用水稻与旱作物轮换。这种作物轮载的方法能够平衡土壤中养分的消耗，既能够恢复土壤的肥力，又能提高土地的利用率。没读过书的耕者们或许并不懂得何为平衡，但他们却怀着最简单的愿望，实践了天地间最广阔的法则。他们平衡着对自然的取和予，不过分使用土地，给予其恢复生命力的机会。

于朝臣而言，平衡是保命的锦囊。范蠡离开越国之前曾给文种写信言道：“飞鸟尽，良弓藏。狡兔死，走狗烹。越王为人长颈鸟嘴，可与共患难不可与共乐，子何不去？”范蠡深谙中庸之道，懂得过犹不及的道理，在烈火烹油、鲜花着锦之时选择了归隐，而不肯放下功名利禄的文种，最终还是死在了越王手上。范蠡、张良、孙武，能在站在权利与荣耀的顶端之时，不被浮华迷了眼，急流勇退，只因他们懂得中庸的平衡之道。过犹不及，在烈火烹油、鲜花着锦的背后，潜伏的是巨大的危机。太多名臣懂得用他们的聪明立功或者猜测帝王的心思，却不懂得用智慧避祸，如韩信，如杨修，如李斯，机关算尽，反误了卿卿性命。

而历代君主或许才是懂得平衡之道的，因为帝王之术即在于“制衡”。朝堂上，风云诡谲，处处机锋。官员之间的党派之争，单纯地打压或者某一方都会让朝廷更加动荡。所以皇帝们最喜欢做的就是，“锄强扶弱”，看到谁出彩了就打压一下，看到谁落败了就提拔一下，不会令任何一方坐大，让他们在无休止的争斗中平衡势力，从而维护帝王的专制统治。大臣们尚且如此，更遑论太子与众皇子之间的储位角力了，让他们终日想着如何击败对手，就没有人会直接盯住那惑人的皇位了。除此以外，还有官员贪墨，难道英明如乾隆真的看不到和珅贪墨了多少雪花银？只不过看在他尚有少许栋梁之才，才为儿子存着这座金库。这是皇帝在官员的才干和贪婪之间，斟酌的一个平衡。

二、中庸与中医

儒家的“中庸”指的即是不偏不倚，无过无不及的一种平衡状态。而传统医学与中国文化伴生，亦是与中庸文化有着隔不断的牵绊。王履的《医经溯洄集》中提到“窃意阴阳之在人，均则宁，偏则病。无过不及之谓均，过与不及之谓偏。盛则过矣，虚则不及矣。”在中医文化中，阴阳平衡才是均，才是宁，过与不及，阴阳偏盛偏衰都是不良的状态。这种以平衡为中心的观点与中庸思想一脉相承，体现在中医诊断、治疗、养生等各个方面，在中医文化中展现着自己独特的魅力。

（一）中庸在中医诊断中的应用

《素问·阴阳应象大论》中“以我知彼，以表知里，以观过与不及之理，见微得过，用之不殆”明确提出“观过与不及之理”才是中医诊断的关键所在。例如中医望诊中的五色诊法。望诊是中医文化中的一大瑰宝，望色更是能让医者在接触病人的第一时间有一个基本的了解。平人因基础体质不同，面色分有五种：赤如白裹朱，白如鹅羽，青如苍璧之泽，黄如罗裹雄黄，黑如重漆色。中国人最健康的肤色是红黄隐隐，明润而含蓄的，不是如鸡冠、豕膏、翠玉一般的鲜妍灼目的色彩，亦不是如衃血、枯骨、草兹一般灰黯而毫无活力的颜色。艳丽为过，晦暗不及，阴阳偏盛偏衰都是病色，明润含蓄，阴阳平衡的才是适度适中的健康肤色。

“有诸内必形诸外”，内在的健康状况可以反映在外在上。我国人民属于黄色人种，一般肤色都呈微黄，所以古人以微黄为正色。就以面色黄为例，红黄隐隐为色之正者，明润含蓄为正常光泽度，是为健康的肤色。而黄色又主湿证、虚证。脾虚失运，水谷精微不得化生气血，致使肌肤失于充养，则见萎黄。面色淡黄憔悴，多属脾胃气虚。湿盛之时，脾失健运，湿邪内停，湿热熏蒸可致肤色黄而鲜明如橘皮色者，属阳黄；寒湿郁阻可致肤色黄而晦暗如烟熏者，属阴黄。过与不及皆是病态，适度适中方为平人。

（二）中庸在中医治疗中的应用

阴阳是维持生命活动的基础，平衡是维持生命的手段，恢复机体的平衡是治疗疾病的根本目的。

《素问·调经论》:“阴阳均平，以充其形，九候若一，命曰平人。”健康人，即“平人”的机体应是阴阳平衡的，处于阴阳彼此消长的动态过程中相对平衡的高度和谐的状态。《素问·生气通天论》提到“阴平阳秘，精神乃治”、“阴阳乖戾，疾病乃起”、“阴阳离决，精气乃绝”。阴阳平衡是人体健康的标志，一旦阴阳动态平衡的协调状态被打破，脏腑气血就会出现功能障碍，就会引起不适、疾病甚至死亡。

《素问至真要大论》说：“谨察阴阳所在而调之，以平为期。”明言中医诊断疾病就是要看阴阳是在何处失调的，以把阴阳调节到平衡为目的。《黄帝内经》中说:阴胜则阳病，阳胜则阴病;阳胜则热，阴胜则寒;阴虚则阳亢，阳虚则阴盛。阴阳偏盛为过，阴阳偏虚为不及，过与不及都偏离了平衡的健康状态，疾病乃生。中医治疗疾病的目的就是为了维持和恢复机体的阴阳平衡。“寒者热之，热者寒之，虚则补之，实则泻之”。例如阳明气分热盛，阳热炽盛伤及阴津，证见壮热面赤，烦渴引饮，汗出恶热，脉洪大有力或滑数。主方用白虎汤清热生津。君药用辛甘大寒的石膏，臣药用苦寒质润的知母，二者相须为用，清热滋阴，恢复其阴阳寒热虚实之平衡，使其无过无不及，以平为期。

（三）中庸在中医养生中的应用

一日有昼夜阴阳，一年有四时春秋，养生之道依阴阳消长而异。《黄帝内经·上古天真论》中认为懂得养生之道的人能够“法于阴阳，和于术数，食饮有节，起居有常，不妄作劳”，可以“尽终其天年，度百岁乃去”。

春夏养阳，秋冬养阴。张志聪从阴阳盛虚之论出发，认为:春夏之时，阳盛于外而虚于内;秋冬之时，阴盛于外而虚于内。在春夏的时候是阳长阴消的阶段，要注重养内虚之阳。而秋冬是阴长阳消的时候，宜养其人内虚之阴。这样的养生之法可以使体内的阴阳平衡，随四季的变化春生、夏长、秋收、冬藏而养生保健，使精神调摄，身体康健。

日出而作，日落而息。我们睡眠的目的在于通过调整阴阳平衡，来维持身体的健康。如张志聪云:平旦至日中，阳气正隆。日中至黄昏，阳气始衰。鸡鸣至平旦，阳气始生。天人相应，人体阴阳之气的变化与天地阴阳之气的消长是同步的，阳出于阴则寤，阳入于阴则寐。上午阳气渐盛，阳卫于外，阴守于内。下午阳气渐衰，直至夜晚，阳气内敛，阴盛于外。若人体的阴阳之气与昼夜阴阳相应和，作息有时，使阴阳平衡，自然可以在白日精神抖擞，晚间一夜好眠。

《黄帝内经》将养生的中庸平衡之道贯彻到了生活的方方面面。饮食有节，调和五味，不偏食不挑食。如所说：五谷为养，五果为助，五畜为益，五菜为充。饮食均衡，营养平衡。食不过量，饮不过多，味无偏嗜，方可调养身体，健康长寿。劳作有时，劳逸结合。内经中提到"久视伤血，久卧伤气，久坐伤肉，久立伤骨，久行伤筋"，过犹不及。一张一弛，文武之道。调适情绪，心理平衡。"喜伤心，怒伤肝，忧伤肺，思伤脾，恐伤肾。"心情愉悦安静，恬淡虚无才能颐养真气，却病增寿。

幽幽的药香萦绕千年，与中国传统文化携手而来，国人的"中庸"思想流淌在血脉之中，也渗透到了传统医学里。平衡是万事万物互依互存的法则，中庸则是这一法则的贯彻者，如程颐所说"中者，天下之正道，庸者，天下之定理"。平衡是中庸精神所追求的本质内容：不偏不倚，无过无不及。而平衡法则渗透到中医学就可以理解为：阴阳调和，人则平安；阴阳失衡，百病由生。这便是中医的"中庸之道"。

诗 哲学 语言

暨南大学中印比较研究所 贾海涛

思想、情感人人皆有，但如若不表达出来，别人怎能知晓？思想、情感的表达、交流主要是借助于语言进行的。语言本身可以说是思想、情感的载体，也是思想、情感得以流通的最基本、最主要的方式。即便是在表达手段高度发达的今天，尚未发现有哪一种新的表达形式能对语言在思想、情感的表达方面所具有的绝对优势形成挑战。甚至，新的表达手段也要借助于语言的帮助或以语言为基础才能达到应有的效果或才能有比较完整的表达。语言应该说是自古及今人类所拥有的第一表达手段，也是最能酣畅、完全地表达表达者思想、情感的最佳方式。不过，用语言完全、彻底地表达思想、情感以及这种表达的顺畅流通却是件可望不可求的事。可以说，要把自己的感受付诸言辞，准确地表达出来绝非易事，尤其是那些高深的思想和复杂的、深层的情感。人们发现自己的语言库存常常捉襟见肘。纵使最杰出的语言大师也会有拙于表达或词不达意的时候。实际上，要想百分之百地表达自己几乎是不可能的。这不是表达者无能，而是因为语词是有限的，而表达者的思想、情感却是无限的。有限的语词怎能容纳得下无限的思想与情感呢？还有，思想、情感虽被赋予了可供交流的语言形式，但能否为他人接受嵋或接受多少却很难确定。表达不能被人理解或接受，那么思想、情感仍处于被遮蔽状态，很难流通。可以说，对于任何思想家、文学家来说，都存在着层度不同的表达困难以及因表达不畅而给读者或听者带来的理解困难。这种状况就是语言的遮蔽——对表达者思想、情感的遮蔽。

几乎每个人都有过“只可意会不可言传”的感受。古今中外，对表达困难的理解已差不多形成了一种共识，发出“不可言说”、“不可道”的叹息者何至一人。无可奈何之下，反倒把“沉默”、“不言”奉为表达的极至和智者的象征。不过，任何人都不会满足于“不可言说”或“不可道”的状态的，除非他不想让人了解自己的想法或看法而甘愿当哑巴。思想家或文学家更是以表达自己作为人生的头等任务和终生目标。可以说，思想、情感的表达是一个艰辛的创造过程。认真的表达无不需要表达者殚精竭虑，找出最适合表达自己的语词。对于思想家和诗人来说，突破日常语言的藩篱是不可避免的，创造新的词汇也是必需的。他们在向世人奉献自己珍贵的思想、情感的同时，也在创造、丰富着语言。可以说，思想家和诗人是语言发展的领头人。

创造性地使用语言的方法不外乎两种：一是赋予日常词汇以新意或某种象征，所谓推陈出新；二是干脆发明新的词汇，为自己抽象的思维或复杂的情感建立新的逻辑流通符号。前者体现了一种化腐朽为神奇的诗人天才，而后者干脆是一种无可奈何之下的断然革命。当然，后一种手法是不常常采用的。否则用这种语言表达的思想、情感可能会是无人能懂的天书。

诗人是惯用第一种手法的高手，堪称语言的魔术师。他们有点石墨为钻石的奇能。寻常词汇和句子经他们的手加以组合之后，仿佛注入了神奇的魔力，其含义和效果和原来已不可同日而语。

诗歌语言的特征是整体给人以流动的活的感觉。诗人不愿自己所表达的内容固定在僵死的概念上，其语言往往含义多重。从日常语言的角度去理解，一首诗可能平淡无奇，但如若换换角度，完全相同的词句就会敞开其崭新的含义，具有意想不到的震撼力。这正是诗歌的魅力所在。如果把诗歌纳入逻辑的框架，许多句子可能会被分析哲学家斥为“无意义”或“讲不通”。然而，逻辑并非解读语言的唯一途径。在诗人看来，把语词当作完全固定不变的逻辑符号去使用是对语词的宰杀。他们是不愿用语词的僵尸来表达自己的。他们的天才在于保存了语言的鲜活。在日常语言的具体表达之时，语言概念往往也是含义比较固定的。但如若遵守常规，那么诗人也就不叫诗人了。

由于不能从日常语言或逻辑分析的角度去理解诗歌，这就产生了理解的困难。实际上，许多人很少问津诗歌。诗意对他们处于朦胧的遮蔽状态。当然，诗人决不会为照顾他们而使自己的语言降低到孩童水平或日常语言的层度。只讲大白话的人绝不能成为诗人。诗人的创造就在于标新立异，不落别人的窠臼。模仿、雷同是诗歌创作的大敌。读者的任务就是解除朦胧，突破遮蔽，抓住诗歌表达的本意。在诗歌朦胧的面纱之下，可能是清新质朴。一旦心领神会，人们会对诗意的表达便习以为常，并沉醉在感受的新天地里。

当然，为了刻意追求诗意的朦胧而故意设置语言障碍，增加别人理解的困难，甚至仅仅为了玩语言的游戏，而又无甚真情实感可表达，那么朦胧的结果只能是遮蔽作者自己。诗意决不能朦胧到伸不进任何理解的触角。解禁之后的朦胧诗有许多现在读来是相当直白的。它们当初之所以给人以朦胧费解的感觉，主要是因为作者们当时由于政治气候、时代背景和具体场合等因素的限制，无法直抒胸臆。某种朦胧甚至是迫不得已的。很多政治诗、爱情诗都是如此。古今诗坛，可谓屡见不鲜。

哲学著作往往也被人认为是不好懂的。对于一般读者来说，许多哲学概念完全是陌生的，与日常语言无缘。有的哲学专著里面抽象概念是如此之多，如此让人感到陌生，以至于专业学者读来也十分费解。比如康德和海德格尔的著作。他们的“物自体”、“亲在”什么的可不是让人一看就明白的。老子的“道”、“无”、“有”等概念的含义不是已被争论了两千多年了吗？这不是哲学家故意同读者过不去，而是由于他们表达的内容太复杂，太难懂了。他们表达的本来就是常人很难涉足的抽象思辨的东西，属于深刻的思想，常人对此往往缺乏相同的感受或认识，而哲学家又要使用为常人不熟悉的概念，一些全新的思想更是无所凭借，需要表达者自创新词。这样就更使读者读来如同猜谜了。

可以说哲学思想的表达困难与语言遮蔽现象最为严重。由此产生的理解困难或误解是不可避免的。对这个问题老子早在两在多年前就有深刻的体会。他在五千言《道德经》里曾再三暗示：一、他所思想的“道”什么的只可意会，难以言说；二、勉强说出来的东西不一定符合他的本意；三、读者理解他所讲的东西时切不可拘泥于文字的表面。

作为反传统的思想家尼采，声称要打碎一切旧体系、旧法则，但语言的法则和体系他却无法打破，难以摆脱。当他为自己的新思想所灼烧，要一吐为快时，也遇到了表达的麻烦。语言给他出了大难题：许多表达历史、文化和价值体系的日常语词的含义和他自己理解的意思相左，或者说，他认为那些名词、概念全是空洞虚假的，是骗人的东西。不过，这些词语的含义已根深蒂固、深入人心，令他难以改变。他不能弃之不用。否则连起码的表达都成为不可能。虽然他的诗人天才使其哲学摆脱了抽象、枯燥以及体系、逻辑的缠绕，在表达上极为成功，但其哲学里仍有一些概念，包括那些主要的、诗意象征的范畴仍未能逃脱被人歧解的命运——他的哲学也照样存在着语言的遮蔽。实际上，对他的最基本的概念都存在着惊人的误解。

总而言之，哲学家或诗人在表达思想感情之时，往往说着与常人不同的语言，这就造成了理解困难和沟通的尴尬。并不是所有的人都能突破这词语外壳的遮蔽而抓住其实质内涵的。这不能怪哲学家或诗人，也不能怪语言。深刻、复杂的思想、情感本身是很难大众化、通俗化的；情感有时也是难以沟通的。这就造成了表达者与接受者之间的鸿沟。这种鸿沟的存在是不可避免的。其实，语词首先对那些对哲学家或诗人的思想情感格格不入的人完全遮蔽。在真正的同类和相知之间，可能存在着无需表达而心领神会的境界。

诗歌与中国传统文化

暨南大学中印比较研究所　贾海涛

在我看来，诗在中国传统文化中的地位是非常独特的，甚至是独一无二的。在中国悠久的历史文化传统中，最好的精神创造在诗，最雄厚的积淀也在诗；中国最伟大的文化传承或继承（遗产？）是诗歌（或许还有诗学），而不是哲学。中国史学的地位也很重要，几乎可以比肩中国诗歌或诗学，但仍地位略微次之。从文化的传统和文化的精神气质而言，中国人算得上是诗的民族，中国文化堪称诗性文化或诗的文化。中国文化和中国人的精神具有浓郁的诗的气质和特征。古代文化中国首先是一个诗的王国，也主要是一个诗人的国度。作为诗和诗人的国度，古代中国在世界上独一无二，令人自豪，也至今令人心驰神往！

中国文化传统，乃至于中国的传统，最有价值的是对诗的追求、创造和重视。诗在中国古人的文化形式和精神生活中，应该列首位。诗是中国人的首要文化形式，也是首要的文学、艺术形式。如果说中国人有高级的宗教形式的话，诗就是中国文人的第一宗教信仰。在中国历史上，诗的文化功能是非常独特、无与伦比的，在诗歌的理论与创作方面水平都是非常高的。中国文化的精髓和高级形式保存在庙堂或朝堂，但也在民间，以家庭为核心——在平民百姓家生根发芽，得以传承。“书香门第”、“书香世家”，在中国古代是最高贵的，也是最受人敬仰的。

中国古代不重贵族的血统和世袭的权力，甚至也并不崇尚军功和经商致富。读书重教是中国数千年流传不辍的传统，比国体的延续还要顽强、恒久。但是，书香门第及教育本身读什么书呢？四书与八股文章那是后来的事情，也是官学垄断导致的畸形变态的结果，但也并不是全部。长期以来，读书重教、“书香世家”和“书香门第”的信念和传统中最具典型代表意义的是“诗书传家”。“诗书传家”是中国最重要的、最高尚的传统。此说的变种还有“诗礼传家”、“诗剑传家”和“诗礼一体”、“诗乐一家”之类。但这些总是少不了诗，颇有些诗歌挂帅的味道。可以说，古代中国所有的高级文化生活都离不开诗。还可以说，中国传统文化（古典文化？）的最强支脉（最强主干）、最大成就就是诗歌。诗歌是中国最丰厚的文化遗产，是中华文化最丰硕的成果，也是最强大的传统。总之，古代中国是真正的诗歌王国，文化上是诗的国度。

今天，我们不知不觉地忘掉了这些，一提中国文化和中国传统就说是儒家传统。这显得非常笼统，不着边际。当然，将儒家文化传统看做传统文化的代表也无不可，但却忽视了最实际、最本质、最实在和最具体的内容。我看，提诗书传家或诗礼传家的传统蛮好的。

中国最早流传并保留下来的经典中，《诗》、《书》、《礼》、《乐》、《易》、《春秋》等六经都非常重要，也是古代教育或教学的重要内容和教材。这些奠定了中国文化的基本形式、中国学术的基本体系和中国教育的基本科目和内容。《易经》跃升为中国群经之首是后来的事，或者说是后来的说法，还略微有些夸张。但从普及、实用、影响力和喜爱程度上来说，《诗经》似乎应该排在首位。“不学诗无以言”是孔子说的。这应该是对《诗经》和诗的地位的最好的注解。从习惯上来说，《诗经》在六经中似乎一直是排第一的。这个习惯可能就是从孔子及其门徒开始的。诗的传统在孔子及后世儒生那里得到了发扬光大。纵观中国历史，从帝王将相到普通文人，哪个不读诗，哪个不写诗，哪个不会写诗？到了唐宋，这一传统达到了极致和顶峰。这两个朝代也标志着中国诗歌文化和诗歌创作的巅峰。唐代是个神奇的时代，无论是政治、经济、商业、军事、外交，还是文化、文学、艺术和技术，都达到了极高的水平。更重要的是，唐代中国所达到的诗的高度恐怕是古今中外任何一个时代都难以企及的。从各方面来说，唐代都是一个诗的时代，是一个富有诗意的时代。不过，总的来说，中国历史上大部分时期诗歌传统都得到了很好的保持和发扬。中国文化中最出色的是诗的文化。中文也是最适合诗歌创作的，典型的诗的语言。中国人的思维方式很大程度上也是诗性的，突出的是非逻辑、非分析的特征，但也不是综合的。而古希腊的方法则是哲学的、分析的、逻辑的。总之，中国文化的精神首先是诗性的，诗学的，诗意的；中国人关于情感表达和美学的思维与成就是相当丰富和发达的；中国人是乐观而高尚的，是富于美好情感和审美能力的，既有着极高的创作水平，又有系统的美学与诗学。其他一些较为发达、成熟的古文明很少能达到古代中国的高度和深度。

中国古代诗歌超越了文学的范围，其重要历史地位和文化价值或多或少地被忽视了。它与中国哲学、史学、信仰及其他文学艺术形式的关系是非常密切的，甚至，它本身具有这些文化形式或学科门类的功能。在中国古代，诗与史关系是非常密切的，与哲学的关系也是如此。甚至，诗歌在古代中国起到了别的文化中宗教信仰的作用。

就文化体系的特征而言，中国文化总的来讲诗歌与史学最为发达，最为繁荣。从文化水平、文化成就和美学价值的角度而言，古典诗歌是最高的，最具有超越性和美学价值，同时也最好地记录了中国的历史，尤其是心史。中国诗歌的史学价值也是非常高的。

中国的史与诗是相关联的，诗史同源，开头的诗就是史，但并非史诗的模式或形式。但基本而言，中国诗歌的价值取向与史吻合。中国古诗是对中国人内心世界和美好情感的延续不断的记录，但也记录或反映了古代中国所形成的政治理性、核心价值、道德信仰、历史意志和社会发展目标。孔子云：“诗言志。”就是要求诗表达胸中高尚、超越的东西，包括人生目标和人的动机之类的大话题、大志向、大追求、大道德以及相关的情绪、情感，更不乏政治与道德理念。他还有一个诗歌审美或创作的重要标准，就是“思无邪”。这一理念遭到了今人的批判。其实他的意思是说诗歌首先要表达的是崇高、理想、壮美、优雅。这是符合美学标准的，有何不妥？说“思无邪”没错。中国的诗占主导地位的历来不是小诗，一直有一个真正的“史诗”或“诗史”传统。《诗经》本来就具有极大的史料和史学价值，但随后屈原的以《离骚》为代表的作品虽然是大家的个人的创作，写的是个性化、个体化的诗，与《诗经》有很大的不同，但却具有整体的历史意识，书写的是历史主体和意志，对中国的历史脉络、历史人物、历史人格、群体的谱系、历史过程的演变有系统的探究、记录、讴歌与评价。这是一部真正的“史诗”，比那些其他文化中的大部头的史诗更好，凝练、深刻而完整，同时又具有极强的思想性和艺术性。屈原的作品是一部有韵的《史记》，就像鲁迅说《史记》是“无韵之《离骚》”一样，是诗家的史唱。“诗言志”、“思无邪”似乎与当代诗歌的诗学标准不尽相符，显得很片面，限制了诗歌的功能，甚或超出了诗歌的任务，但证之历史，却发现它们是必须的纲领。

总的来说，中国诗歌和诗学，还有历史是中国文化的主干性成果，内容是最丰富的，也最能代表中国文化、中国学术传统和中国人的精神创造，同时也最好地反映了中国人的历史人格、心灵轨迹和内心世界。可以说，历史上中国人用诗与史一统人的精神领域和精神境界。

可以认为中国的历史记录和史学一直是深刻而理性的，是一种对历史理性的记录和描述，是对政治理性的展现和追求，同时又以一种理性、理念的方式反过来影响中国人的内心世界、政治价值、政治实践与历史发展。中国人的政治理念、政治制度、社会现实与政治实践受历史影响是非常大的，甚至可以说是最大的。史书的一行字，历史上的一件事，都会在现实中得到回应和响应，落实为一种一成不变的固定模式，成为传统。史书是中国人的圣经。这似乎又显得很感性，似乎历史的理性又体现或蕴藏在感性的体验、理解与自我表述中；历史的诠释与意义的发掘也是一个动态而主观的过程。中国的历史和历史学感性的东西是较多的。从积极或正面的角度而言，可以说中国人的历史观是充满感情的，也是充满人性和人道主义的，同时也是诗学和诗意的。而中国诗歌本身也浓缩了中国人最高的政治理念、最高价值、最高信仰和历史理性。还可以说，中国人最健全、最全面、最丰富、最完美的历史人格就保存在中国诗歌和诗学里。认识和解读中国历史，诗与史要互证，缺一不可。离开诗歌的史学是残缺的，也是没有情感与灵魂的。同理，离开史学，或是缺乏对完整历史背景的了解，阅读中国的诗歌可能会很失败，对其内涵和意义的理解就会不完整的，其历史价值也就会因此大打折扣。

古诗中传达、承载的历史信息其实是相当丰富的，甚至是最多的。中国诗歌用最简洁的笔法，为我们描述了一幅幅历史的鲜活的画卷，使古代的山川地貌、人文景观、事件和人物、战争与和平、帝王与百姓、文人和武士，一幕幕展现在我们面前，历历在目，再现了历史的辉煌与悲壮、艰辛与疾苦、灾难与惨烈、优雅与风流、安乐与喜庆，如此等等，不一而足，可谓包罗万象，极其全面。

中国重史、重实的传统可能也制约了小说的发展。因为小说的创作是建立在虚构基础之上的。史学传统使中国人反感虚构。这大约也是中国小说到了元明之交才铸就辉煌的原因吧。不过，有了诗歌的替代，中国人也有了一个很好的情感发泄口和理想的想象方式，似乎就够了。诗歌有着无限的想象空间，而且没有任何约束，可以尽享自由与艺术创造之美。反过来，诗歌的想象又会制约了宗教的发展。毕竟，诗歌的想象与神话和神学的幻想是不同的。中国诗歌在古代极为发达的原因恐怕也是因为中国人想象的空间和才能都集中在诗歌王国经营和诗歌的创造里去了。这也不难理解中国人为何对诗歌寄托了那么多的情感以及它具有复杂的功能的原因了。

这也不难理解为何宗教在中国不发达的文化原因了。宗教不发达首先是中国独有的政治文化造成的，但也应该与中国文化和文学的传统有关。中国独有的文化和文学传统可能对宗教本身也有制约和改造作用。从某种程度上来说，诗歌就是中国古代文人的宗教，史书是中国古代帝王和政治家的圣经。这些都是有宗教意义的。

佛教的传入成为中国人的主体宗教。但佛教在下层流传最广，影响最大，在上层始终没有取代儒学和中国本土自身的学术和文化传统。也就是说中国的高文化(high culture)始终是中国人自己的创造。中国文人信仰佛教也对佛教进行了极大改造，使之中国化到了几乎与其印度佛教的原貌完全不同的地步了。其中，禅宗是最典型的中国化佛教，与印度佛教大不相同。禅宗就很好地体现了中国诗学的精神，也非常充分地吸纳和继承了中国文化的精髓。中国很多诗人写禅诗，而很多佛教高僧是诗人，都不是偶然的。禅意与诗意是相通的，都是对人生、世间和宇宙的奥秘和大道理的探求和体验，都是对宇宙万物和人生最本真内涵的发现。禅不仅仅是修炼，也是发现，是发现之旅和发现的过程。通过禅修，求得觉悟。觉悟是悟到大真相、大道理、大意义、大奥秘。诗也是如此。因此，禅宗是诗意哲学，是诗化宗教。诗歌可以入佛教，它本身也是具有信仰价值和意义的。

中国人重史，重事实或史实，不擅长(反感?)虚构，文化中神话、神学、形而上学的东西少些，小说的产生晚些。中国诗歌的基本精神与史学精神也是一致的，但它反映的是中国人情感的真实、心灵的历程和精神的追求。中国人喜欢记录史实和真实，并非缺乏哲学深度、美学高度和终极关怀。诗歌是关乎情感和精神的真实，但又超越了真实与事实范畴本身。中国诗歌不仅仅具有哲学和精神意义上的超越性特点，还具有灵魂拯救、心灵慰藉、终极关怀和精神寄托的功能。从这个意义上来说，诗歌是中国的人的宗教，是中国文人的精神家园和追求终极关怀的途径，或许也是一种救赎方式。也就是说，诗歌营造了古代中国文人的精神家园和堪称精神慰藉和终极追求的审美的天国。中国人没有强烈的宗教情绪和传统并不等于文化低劣；中国文化重视现实并不意味着缺乏超脱与超越性。诗歌与史学在中国文化中取代了宗教的作用，等于终极关怀、心灵慰藉和生命超越的替代品，而且是现实的、长期的、世俗的、道德的、高尚的、审美的。中国人也非常重视精神慰藉、灵魂拯救和现实生活的超越。这是一种诗意人生或审美人生。在作为精神慰藉、心灵拯救、人生超越和终极追求目标的设定方面，中国诗歌的作用恐怕要大于史学，但二者是不可分割的。中国的史学也是诗学的，是富于诗意的。说中国诗歌和诗学永远在居于中国文化成果的首席地位，也可以从这个角度来理解。

当然，中国史学本身所具有的哲学分量是很重的，甚至有着极其丰富的不是宗教胜似宗教的关乎信仰的内容。中国哲学从本质上是人本主义的，但更是一种历史哲学，形成了一个历史本体论传统。在中国人的历史观里，历史与现实成为相互印证、相互作用、相互推动的两个有机统一的世界。中国人的历史哲学具有中国人的最高价值理念和道德形而上学。一方面，历史成了现实社会超越的对象，但另一方面，又是现实社会的终极归宿。反过来，历史为现实提供参照、参考，堪称现实模仿的蓝本，同时又为现实总结经验教训，提供理性指导。中国历史或历史哲学的主线是人本主义、人道主义的历史理性，其核心是道德伦理体系与政治理性的体现。从这个意义上来说，历史对现实的影响是积极的，而不是一种反动或倒退。当然，中国历史哲学的观念也有不少消极的东西，但总的来说是积极的、进步的和理性主义的。很大程度上，这种历史理性在中国文化中起到了国外宗教的作用。中国人以走进历史为荣，以“青史留名”为不朽，以书写历史而伟大，以历史审判或评判(盖棺定论)为终极目标、终极审判和人生价值的实现。在价值与信仰的超越性、根本性、彻底性和终极目标、终极归宿和终极审判的理解方面，中国的历史哲学是非常丰富、相当系统、极其深刻的，不比一些宗教神学差。对于宗教所涉及的生命的价值和意义、生命的目的和归宿、生活的苦难与慰藉等根本问题和终极问题，中国的历史哲学都有着系统而高超的解释。这里，没有上帝与天国，但的确涉及彼岸与救赎、永恒和不朽、目的和意义、超越与解脱、终极关怀和灵魂慰藉，也有着关于终极审判的内容。

诗学在信仰和教育(教化)的层面，还在于对中国传统核心价值和政治理性(政治理念)的坚守和传承。儒家强调“不学诗无以言”。这一方面是说诗歌在育人、教化方面具有重要作用，另一方面也强调诗歌和诗学训练对于合格的政治家和政治人具有决定性的意义。一个高雅、高贵而合乎道德标准的文人和政治家要饱受诗歌熏陶。不懂诗歌，不是真正的有道德的仁人君子，也等于没有接受系统而完备的文化训练和政治理性(政治理念与政治理论)的学习，因而不配统治，不配做官，不配谈论政治与文化。古代的政治家和文化人一直从诗歌和历史中汲取政治和道德营养，当然还有宗教情怀和信仰的坚定，以及美学的享受。

中国诗歌或诗学在价值论和本体论上也是与中国史学是相通的，也以中国的历史哲学为基础，但更具超越性和美学价值。它将中国历史哲学和以人为本的价值理念发扬光大到了极致。中国古代的所有重大哲学命题都在中国诗歌和诗学里里有极美的展现或表达。与一些较为系统的宗教神学体系相比，中国的历史哲学和诗学所体现的精神和内容更为积极、健康、向上，更能给人以动力或力量，同时也能提供真正的关怀和慰藉。如果一个根本性、本源性的价值或“存在”不能给人以力量，其体现出的关怀和慰藉成为一种约束和枷锁，缺乏人性和自由精神，那么这个本源性的价值或“存在”是可疑的，将其人格化为神或“上帝”也未必具有真正的神圣性，最终能否被真正接受也会是个问题。中国本土形成的信仰体系不具备宗教特征，没有将核心价值人格化为神或上帝，也没有营造出一个虚幻的彼岸世界或来世，但这是一种优势而非劣势。它所起到的作用不比宗教差，而且富于感情色彩、人道主义、自由精神和美学价值。这在中国的史学和诗歌里有着集中的体现。不过，尽管我们说中国的诗歌（诗学）和历史（史学）从很大程度上起到了替代宗教的作用，但也主要在读书人或社会精英中间，对于普通大众，其影响可能是非常微弱的。在老百姓那里，起作用的可能还是各种类型的宗教。毕竟，古代中国教育并不普及，高雅文化形式，如诗歌、哲学、史学，很难走进寻常百姓家，那些高深的价值理念和信仰，也不太为他们所知，所信。

顺便说一句，说中国没有宗教是不对的，说中国人不信宗教也是不对的。中国古代只是宗教的组织化程度以及宗教在政治与社会领域的总体影响力不大而已，没有获得足够的权力和控制力。这显得各种宗教的力量相对较弱，以至于外国人看不到它们的存在。这其实是一种正常的现象。从很大程度上来说，中国的道德伦理主要不以宗教的形式体现，也主要不靠宗教信仰来建立。但中国有着系统而高深的道德伦理体系，更有世俗的但具有超越性的人道主义的高明而深刻的价值体系和信仰。中国的礼乐文化，史文化（历史哲学），诗文化，以《易》为代表的形而上学，还有孔孟之道、老庄申韩等诸子百家，都为这一体系的形成和发展起到了极大的作用。中国一直以礼仪之邦著称，不仅懂文明、有道德，不仅有文化、知荣辱，不仅有敬畏、明禁忌，而且高雅、高深、浪漫、尊重人、爱惜生命。《诗》、《书》、《礼》、《乐》、《易》早就教会了中国人如何超越宗教，同时又赋予中国人以高级而超越的信仰。在古代，中国在道德伦理、文明程度和高雅、高尚方面，不比任何国家差，其他方面也绝不落后。

有了丰厚的诗歌遗产和成果，有了诗人的气质和诗歌的内涵，中国人足以笑傲世界之林，中国古代文化比古印度、古希腊、古罗马一点不差。我们在诗歌方面的成就是别的文化不可比拟的。在我看来，直至今日，中国古代的诗歌成仍未被今人超越；世界上其他国家、其他文化的现代诗歌成就也很难说达到了中国古代诗歌的水平。这与中国古代大部分其他的学术、文化、文学和艺术形式的现代命运与当代发展状况截然不同。现当代，西方学术、教育、文化、文学与艺术处于全方位的领先水平，中国人仍处于追赶、模仿和“现代化”的进程中。甚至，当代中国人在这些领域对西方的模仿也早已超越了古人的水平。然而，在诗歌领域，当代国人敢对中国古人夸口吗？甚至，当今有哪个国度在诗歌成就方面胆敢说超过了唐朝？

总之，诗歌曾经是中国最重要的文化符号，也是最重要的文化传统；写诗是最重要的文人标志，也是最重要的文人成就，同时还是文人最常见的文化表现形式之一。除了书法，没有任何文化形式可以与之相提并论。但书法的价值和重要性没法与诗歌比。诗歌曾经是中国文人必修的功课。也就是说，写诗曾经是中国文人必备的能力。“不学诗无以言”。不学诗、不写诗何以配当文人？或许今天不少文人、学者也拥有足够的知识储备或学术训练，但的确告别了诗歌。除了搞文学的或专注于诗学或诗歌的人，还有多少人去欣赏诗或是写诗。

曾几何时，诗歌离开了中国人的生活，也离开了文人的生活。甚至，专业诗人都销声匿迹了。20世纪80年代诗歌昙花一现的黄金时代、鼎盛时期似乎一去不复返了。随着现代教育的发展与普及，大众的教育水平大大提高了，更重要的是，我们处于长期的和平时期，人们的生活水平也大大提高，然而，我们却与诗歌渐行渐远。这究竟是怎么回事啊？

整体而言，我们似乎进入了一个缺乏诗意的时代，或是忽视诗意、忽视诗歌的时代，不仅仅是生活的内容和人生的目标高度物质主义或物质化（其实是庸俗化），不仅仅是生活状态、生活环境的巨大改变，包括环境的恶化、生态的危机、乡村的消失与田园风光的改变，主要是文化内容的贫乏、理想主义的消失和缺乏对真正诗意的追求。的确，这是一个诗歌传统断裂——不仅仅是告别过去，新的传统也没有建立，乃至于不再有诗和诗意的状态。这是真正的遗憾。于是，生活状态不再有诗意，生活环境不再有诗意，人生目标和价值也不再有诗意。乡村及传统社会结构的消失也使生活的环境、内容失去了诗歌展现的惯常的背景。诗歌的内容与过去固然没必要对接，但完全的断裂却是一种极大的灾难。

中国数千年的诗文化的传承难道就要断绝了吗？在这个物质相对比较繁盛的时代，难道诗意或诗歌反而没有生存的空间了吗？中国人不再要诗了吗？

诗有那么重要吗？诗对于今日中国人意味着什么呢？我们还需要诗歌吗？

当今文化的衰落首先在诗，表现在诗的衰落，表现在诗歌与诗意的学术、文化与社会功能的丧失。目前，在文化中诗和诗意是缺位的；在社会和生活中，诗与诗意消失了；在教育与学术中也是如此。诗人作为一个群体也正在销声匿迹。正如前文所述，诗歌是中国文化的大雅，诗歌体现了中华文化真正的高尚与高贵。诗的衰落让中华文化失去神韵、缺乏内涵，也是中华民族精神气质衰落的表现。这是真正的悲剧和悲哀所在。当代中国人如果不能创造新的高雅文化和深刻的思想与价值，至少能够留住古人传下来的的那份高雅、高尚与高贵的文化遗产与精神气质，做到起码的继承和维护吧。非得糟蹋得干干净净不成？

谁来传承古韵？谁来续写大雅？谁来维系中华文明高雅文化的余韵与余脉，确保弦歌不辍？谁来维护、培植中华文化的高尚与高贵，捍卫中华民族的骄傲与体面？

这当然不是职业诗人的责任，甚至不只是文人的事业。中华文化的衰落和诗文化的凋零不仅仅是文人或诗人的能力不济或水平下降所致，而是整个社会的责任。当然，当代职业文人、专业学者的文字水平、文化水平不高，乃至承载的文化不多，也是事实。有的所谓文人、学者其实是文化和学术的破坏者。现在的学术界、文化界伪大师、冒牌货盛行，充斥着南郭先生和开发商类型的投机者。文化与学术成了权力与利益的角力场，成了生意场和名利场。当文化与学术沦落为权力的游戏和商业的竞争之后，真正的文人、学者怎么是权贵和有钱人的对手。不过，虽然中国文化不能说毁在职业文人手中，但至少那些御用文人起到了极大的破坏和帮凶作用。在这种围剿之下，创造力怎能产生？创造者又怎能存在？权力的介入与利益的驱使必然使文化和学术变形、异化、衰落乃至消亡；权力化的管制和商业化的管理也必然使真正的文人和学者受难或落难。事实上，真人和文化，包括诗歌与学术被放逐了，被彻底边缘化了。中国微弱的文化传统或许在民间，并不一定在大学和研究所，更不一定在类似于衙门的专业机构或组织，比如说文联、作协什么的。

不过，以我个人的经历，我觉得这个民间的圈子在缩小。我们常常习惯说寄希望于民间，"民间自有真人在"什么的。然而，民间又在哪儿？民间，也与民间艺术家和民间诗人群体一样面临着真正的生存危机。但的确有人并非出于功利目的和职业需要而从事着诗歌和其他文化的创造或创作。他们在守护着正在消失的艺术天地和诗歌天国。民间或许有真正的文化传承者，有高人。他们不为功利所左右，完全出于爱好、为本性所驱动，进行文化创造、从事文学或诗歌的创作。甚或这完全是纯粹的内在的展现。

文化：莫把垃圾当快餐

暨南大学中印比较研究所 贾海涛

一、从文学失去轰动效应到消遣文化的勃兴

从1977年到1987年的大约十年间，文学的社会影响和社会意义曾经是巨大的。它曾扮演过文化发展领头羊的角色，堪称文化大家庭的龙头老大。它为时代的进步起到了巨大的推动作用，堪称民众情绪的晴雨表，反映了民众的心声、愿望，同时发挥了良好的启蒙、教育作用。民众曾为它欢呼为它狂，为它痴迷为它醉，曾将它视为感情的寄托和献身的对象。当时，随便一个短篇小说都能引起巨大的轰动和反响——这就是所谓的“文学的轰动效应”。那时，街头巷尾到处充斥着文学爱好者，中国人似乎全部都在谈文学、搞文学。许多人都做着作家梦。作家被视为人类灵魂的工程师。他们就是最惹眼的明星。从伤痕文学作家到朦胧诗人，从知青文学作家到大墙文学作家，从乡土文学作家到军旅文学作家，从寻根文学家到报告文学家，都挺风光的。然而，文学的好日子很快就过去了。现在它早已失去了“轰动效应”。人们似乎只拿它当消遣。它似乎也早已沦为了一个只会看风使舵、看人眼色的奴仆。你说它还有什么地位？而许多耐不住寂寞的作家也不再自命不凡、自命清高，赶快以商人的面目出现，积极迎合读者，为把文学变成纯粹的消遣而劳作着。

不过，文学失去“轰动效应”和消遣文学的盛行是很正常的，似乎也是好事，是社会进步和文化生活变得丰富多彩的标志。现在，中国人的文

化水平应该是大大提高了。就文学而言，读者的欣赏水平和口味也提高了。

文学失去“轰动效应”或许是因为缺乏好的作品问世。然而，当初引起轰动的作品真的就那么好吗？比如《醒来吧，弟弟！》《爱情的位置》《大墙下的红玉兰》《乔厂长上任记》《牧马人》《这是一片神奇的土地》之类，也谈不上有多深刻的思想性和高超的艺术性，相反显得相当拙陋，缺乏基本的文学性，现在已经不能勾起读者的阅读欲望。

当初，文学几乎是人们寄托情感和愿望，以及发泄和渲泄的唯一途径和手段，也是主要的、几乎唯一的消遣方式。人们对它有特殊的感情。从文化的角度而言，它的功能几乎是全能的，也是无可替代的。实际上，当时的文学已经超出了文学的范围，有了许多非文学的因素，美学的含量不一定很高。现在，文学的功能和任务已经减少了，有了许多别的文化形式或途径替代或取代了它原来的任务和功能，当今文化的形式也更加丰富多彩了。人们把热情和目光转向了别的文化形式。所以，文学失去“轰动效应”是文化成熟、发达的标记。

现在各种文化形式百花齐放，并非文学一支独秀。相比较，作为一种文化形式，文学显得很土，很原始。现在，消遣有了更好的方式，比如电视、电影等音像作品，琳琅满目，相当丰富。总之，现在是社会生活丰富多彩的时代，文化生活也丰富多彩，消遣形式也丰富多彩，可供消遣或满足精神消费的文化形式也都丰富多彩，从阅读、消遣和创作参与的角度而言，人们没必要在文学这棵树上吊死。

文学受到冷落还有更深层的社会背景。

改革开放之前，社会限制较多，个人发展和赚钱的机会都很少，大家都很闲，业余时间没事可干，只好“务虚”，读哲学、谈文学什么的。说得尖刻一点，不少人是附庸风雅，冒充高雅，打发无聊；而且，即便是消遣或消闲也没有别的方式，而爱好文学是最佳途径。况且，文学是充满情感、充满美感的给人以极大享受的精神食品，是令人愉悦的精神食粮。干吗不爱好呢？它的魅力难以低档，鲜有堪与之相匹者。对于有才能的人来说，从事文学创作又是改变自身社会地位的为数不多的合法有效的手段和捷径。那时，文学爱好者很多是不难理解的。那是时代的特征。

时代的进步导致世风的转变。文坛冷落并不意味着社会的没落与文化的落后和颓废。这主要是因为，人们变得忙碌起来：有事可干了，有钱可赚了。除了上班之外，大多数人其他时间也不再闲了。人们不再大谈哲学、大谈文学——不再把时间花在文学之类不能产生实际好处或经济效益的事情上了。人们，尤其是一般民众，有“实”可务了。大家“下海”做生意，跑买卖，交流信息，甚至投机专营。哪怕说是奔钱而去，总比闲着没事非得充当文学青年或附庸风雅地冒充什么文学爱好者强。

人们有效率、有利可图地忙起来总是好事。

“务实”而忙碌的人们不再跟着作家走，不再围着文坛转，反倒转而对文坛指手画脚并影响、左右文坛的发展方向了。忙碌的人们似乎更需要消遣。对包括文学在内的整个文化的消遣方面的要求就高了起来。人们似乎没有那么多的痛苦和要求要表达，没有那么多的愿望和愤怒要呐喊，不需要太多的震撼、共鸣和思索，也不需要重温太多的伤感和伤痕。大家只想放松、愉悦。所以，电视剧、消遣小说成了主要的文化消遣产品。在这种情况下，文学还怎么能居高临下？

文坛受到冷落之后不禁发生了一些变化。通俗文学便粉墨登场，唱起了主角。这让人困惑、迷惑和震惊，因为这颠覆了人们的价值观和以往的阅读喜好。这与海外，特别是港台的消遣文学和影视作品的大量涌入有着直接的关系。一些人心里泛酸之后，争相效尤，也弄起消遣文学来。于是，文学逐渐变得以消遣为主了；其他形式的消遣文化也日渐繁荣。

实事求是地说，中国的消遣文学和消遣文化是国外和港台作品的译介、涌入带动起来的，也顺应了时代消费和消遣的需要。毕竟，电视机、影碟机、录音机之类的播放器及相关音像作品也早已大量倾销中国。

文化或文学显得不再神圣或许是好事。然而，通俗文化和通俗文学却永远只能是低层次的文化形式，文学大师或文化导师不可能产生于通俗文学作家中间。但是，目前我们的文化界和文学界却存在着这种僭越：文化匠人主导文化，文痞或文丐充当文坛“大腕”。他们呼朋引类，兴风布雨，把持文坛，利用文化或文学打家劫舍。文坛好像变成了江湖凶汉分赃逞威的“聚义庭”。文化越来越不像文化或不是文化，文学正以非文学的形式操作进行着，文人大都以商人的身份从事着文化活动。或者说商人也将自己装扮成文人，干起了劫人越货的勾当。这是让人忧心的事情，极其不正常，必须拨乱反正。

二、文化匠人与文化作坊

大陆的消遣文学与消遣文化是受港台和西方的影响而发展起来的。先是金庸、梁羽生的武打小说、邓丽君的歌带，还有琼瑶等的言情小说，后来又加上古龙等人的作品，还有日本和西方的电影、电视剧、小说、歌曲等。我们内地的消遣文学与消遣文化只是在模仿港台。从金庸到琼瑶，从邓丽君到当今的“四大天王”，一直如此。大陆的文化消费市场甚至一度是港台的消费文化产品或消遣文学占主导地位。除电视剧外，大陆消遣文学似乎还没有成气候的大家，还没有品牌。我们主要还是看金庸、古龙、琼瑶来消遣、解闷儿。甚至，这些人只要卖名字就能赚钱。80年代的时候，曾出现了一批冒金庸、古龙之名的武打小说。比如当时曾冒出两个名叫全庸和金童的武打小说作家。这两个名字用草书印在封面上，让人乍一看还以为是金庸呢。不仔细分辨根本识不破这类奸计。此二人的名字就属于欺诈。

看到港台涌来的消遣文学这样赚钱，很多内地作家目瞪口呆但又不以为然、不屑一顾。说实话，对于港台消遣文学的水平，大陆的作家和批评家是嗤之以鼻的。即便对包括金庸在内的大家，恐怕也是颇有微辞、心中不服的，更何况像琼瑶、梁风仪等。而岑凯伦、卧龙生之流等更是等而下之。然而，有幡然醒悟的机灵鬼。他们马上改弦易辙模仿港台消遣文学作家的做法走上了一条快速致富的捷径，后来又摇身一变由作家成为书商或文化商人。

80年代初，消遣文学刚刚复苏，这类写作还略微有些正规，也不太敢粗制滥造。比如小说《夜幕下的哈尔滨》: 水平很一般，故事、立意仍属传统传奇故事的范围，构思、描写都属于鼓书艺人的创作水平，但通过王刚高水平的电视演播，弄得家喻户晓，因而很畅销。后来谢文放的《台湾黑猫旅社》也着实火了一把，赚了些钱。这部书港台消遣小说的特征就比较明显了。最显著的特点的就是脱离小说所描写的社会环境和具体场景的起码真实而信手乱编。而后的名为“雪米莉”的作者就是对港台小说家或港台写法的彻头彻尾的模仿，而且“青出于蓝而胜于蓝”。“雪米莉”本为一个非常滑稽的名字或代号，不伦不类，听起来庸俗浅薄，根本不像个人名，反倒像是随意的玩笑或弱智者力不从心的发明。然而，这名字不但不讨人厌，反而吸引了大批读者。好像这个名字是最有诗意、最浪漫、最温情、最温馨、最暧昧、最时髦、最富有传奇色彩的象征了。雪米莉从写法到包装都是模仿港台作家的做法。好像港台作家就是会写，水平就是高。这正好抓住了读者媚俗、崇拜港台的心理。结果竟大获成功，大获全胜。其实他们是靠贩卖庸俗，靠欺诈起的家，但却美其名曰“包装”。雪米莉的作品纯粹是包装的庸俗与庸俗的包装相结合的产物。其实这“雪米莉”是两个男性诗人作家。他们的创作堪称中国文学创作的一次“革命”并最终引发了一场真正的创作“革命”。因为他们的做法引导或指导了一大批作家，产生了一大批追随着和仿效者。据说“雪米莉”们写东西就一遍稿：只写一遍，绝不修改；随便写，最后组合在一起就行了，没有一个字舍得浪费。还据说他们是轮番上阵，谁累了就休息，由另一个接着来。他们早已成为为数不多的作家富翁或富翁作家。虽然从事消遣文学创作的人尽管水平在作家队伍中可能属于三流四流，甚至是末流或不入流，但先走这一步者几乎全都暴发了，比中国最有才华的作家靠写作赚到的钱要多得多。雪米莉等就是典型。

雪米莉等的玩法和发财是对中国读者的挖苦和愚弄，是对文化界和出版界的讽刺和挑战，是中国文化和文学的悲剧和笑柄。

接下来便天下大乱。

以后不仅仅是消遣小说乱来，就连其他类型的书籍，不论散文、杂文、诗歌、学术著作都这样搞。最典型的是当初一本名为《周洪说话》的不伦不类的册子。这本书没有什么内在逻辑，也无统一主题。就是大家施展京油子的本事，胡侃一通。据作者宣称，他们厌烦别人谈大道理，因而他们要通过此书谈些“小道理”。然而，里面的乱七八糟的短文似乎没显出任何道理的味道来。那些东西连世俗的琐碎、微小的道理也不是，毫无真知灼见，全是蠢话、废话，无聊话，很难让人产生共鸣，简直就是一批狗屁不懂或鼠目寸光的庸俗无聊之辈在那里信口胡扯。但他们的宣传攻势搞得很成功。大张旗鼓的炒作使他们成了读者关注的焦点。当时，像《中国青年报》为他们发了许多吹捧文章。以后他们的路就走顺了，又出了“周洪系列”。当然，这些书现在全成了废品或卖不出去的“死货”。他们也黔驴计穷，“江郎才尽”了——尽管他们根本就不是“江郎”。因为他们再也没有什么靠文字或“思想”骗钱的高招了。不过他们可能已不再需要自己辛苦爬格子了，而摇身一变成为书商，靠剥削别人或抄别人的稿子致富赚钱了。比如“雪米莉”成员的主将四川作家田先生就是如此。他最近大作不断，非常高产，一年数部，甚至十余部长篇小说问世。但这些小说都是与别人“合作”的结果。虽然他的名字排在第一，但明眼人一眼就能看穿这里面的把戏。很明显，他已经开了个文学作坊，当上了“田家铺子”的老板。

其实，像“田家铺子”这类作坊也是仿效港台的做法。港台有些作家，天天忙于应酬，还一本本地出书，著作多达几十本、上百本，怎么可能？像琼瑶、岑凯伦、亦舒、卫理斯或倪匡什么的，可能很勤奋（虽然这种勤奋对于读者来讲意味着灾难），但他们中也有人在出了点名气之后根本不再亲自动笔搞创作，而是雇一批“抢手”或捉刀代笔。古龙、金庸等人的才能是高的，作品具有非凡的魅力。但其他某些作家，思维和文笔，加上编故事的手段，不过属于大陆中学生的作文水平，但却能颠倒芸芸众生。这岂非咄咄怪事！而读者虽然知道他们的东西是别人代笔，竟然照爱不误！噫嘻！是不是太盲目了?!

这些港台与大陆的创作作坊在日夜开工，出产着毫无营养价值的文学或文化快餐。这些快餐是垃圾！这些人的勤奋是中国读者的灾难，是出版界的灾难，是文化的灾难。

三、文坛：垃圾加工厂？

就我们的状况而言，不仅仅是文学、文化和学术的创作属于作坊式机械加工，而且还有更恶劣的，比如对著作权和版权的藐视，疯狂地盗版、抄袭等。这类现象是港台所没有的，甚至在全世界也独一无二。现今，文坛、文化界、学术界、出版界似乎成了无法无天、没有规矩的古代“江湖”，那里劫匪横行、骗子猖獗，如入无人之境。这使得我们的包括出版业在内的文化产业在操作上比港台更糟糕，更不合理。

中国目前版权、著作权的保护非常困难，曾经流行过明目张胆的盗版。后来盗版技巧更有提高，如假冒名作家之名贩卖次货的手段。前文提到的金童、全庸的伎俩便是典型。像贾平凹、张贤亮、梁晓声等人之名也曾被盗用或冒充过。不过，现在这类手段很容易被读者识破而产生抵制，所以效果变差。一些书商便另辟蹊径。

我的一位熟人，在南开大学攻读历史学博士学位时，一次在天津街头看到一则有趣的招聘广告。广告说是某文化公司急需创作文员若干，高中文化水平就行，待遇是底薪一小时60块钱。这些条件和待遇打动了她。当时，在天津一小时60块钱的工到哪儿找去？这比在外边讲课的课酬高多了。她自忖自己是博士研究生，或许有一定的竞争优势，但又担心这等美差竞争过于激烈，而自己又没有搞过创作，说不定人家看不上。她抱着试试看的态度上前应聘。谁知面试非常简单。人家根本没问她学历和创作成果什么的，而是二话没说就让她填表上岗。她觉得有些奇怪，同时觉得不让对方了解到自己是个博士研究生不足以显示自己的价值和实力，便问雇主他们在学历上是否有什么要求。对方一听，马上用宽慰的口气对她说：没有高中学历也没问题，只要会写字、会打字就行。她听了这话不禁起疑，怀疑招聘者是伙骗子，也就没有亮出博士生的身份。当她被领到工作地点时，她不禁被眼前所见惊呆了：在一个大套间里，桌子上，地板上，到处推满了各种封面花花绿绿的期刊、小说之类，一批人手忙脚乱地从里面找寻章节、段落，在几台电脑上抄录、组合着。

原来这伙人是在写小说！这伙写手都是招聘来的，临时组成一个团队，一个写作班子，各自负责自己的选题，各写各的。不，各抄各的！这是一个小说创作的作坊！

这位博士要做的跟他们一样，就是在从这些小说里挑选一些有色情描写的段落，然后快速录入电脑，不会打字手抄也行。确切地讲，这种“创作”只要识字并会写字就行，会打字更好。他们所完成的初级“创作”再由一两个略微懂点文学创作常识的“高手”设计几个人物，设计一个故事，把那些乱七八糟的情节串起来，使之像一部完整的长篇小说或纪实文学之类。

在这个作坊里，老板就是导演，负责制定选题，也负责监督，当工头，管进度。至于质量，只有鬼知道了。他们只需要数量，恐怕也只管数量。

这类作品在90年代曾大量充斥各类街头小书店和租书店。

当然，这位女博士断然拒绝了这份美差。不过她也算大开了眼界，了解到了当代中国文坛的一些内幕和创作的“高招”。

中国现在许多文学作品就是这么制作出来的。比如一本描写陈希同私生活的畅销书就是从女作家徐小斌的几部长篇小说里抄录并改编出来的。还比如“多产作家”殷岸的《达豪集中营》等，都是这样制作出笼的。他们在书的封面或封底上会信誓旦旦地宣称他们的书是根据第一手材料呕心沥血创作的纪实作品或是翻译的国外某著名作家的最新作品，其实全是抄来的；而外国作家及其作品压根儿就是子虚乌有。这些人几乎成了全能作家，一会儿以小说家的身份写色情小说，一会儿以专家学者的身份写纪实文学、历史类作品，一会儿以翻译家的身份出现，成为国外某部著作的翻译者。

这伙人无法无天，也忘乎所以，根本拿法度和公众不当回事，甚至敢公然调戏读者。有些作者的名字本身就含有一种戏谑欺世的成分。比如那位笔名为“殷岸”的作家让人联想到“阴暗”，作家“隋意”让人联想到“随意”。他们会不会是同一作者？或者作品出自同一作坊？此公还真会调侃！真够“阴暗”、“随意”的。这又是一个“雪米莉式”的奇迹。这些人及其作坊根本就是用欺诈手段制造假冒伪劣产品。不得不说，他们“制作”的这些书没有任何阅读价值，全是文化垃圾，跟文学毫不沾边。

正视文学的消遣功能是正确的。文学应该有严肃的、真诚的、高雅的本质，但不一定或应该一直太沉重，也没必要肩负太多的任务和使命。那样就会使之成为一种枷锁。太多的使命会使它变形、走样，成为工具，产生不了伟大的作品。我们的文学曾经显得过于愁眉苦脸，过于一本正经或假正经，过于刻板乏味，过于假大空。文学除了带给人们以思考之外，还应带给人们以快乐和轻松、美感或愉悦。恢复消遣功能，是使文学恢复了正常身份和功能，也标志着社会发展的成熟和文化内容的丰富和健全。社会有此需要，文化和文学也会因消费的需要和消费的刺激而更加兴旺。历史上，小说的产生就是源自民众消遣的需要和消费、娱乐的需要。

缺乏消遣功能和消费需要的小说和其他文学与文化形式是没有发展前途的，甚至没有读者和受众。所以，正视消遣文学、消遣文化或消费文化是必要的。然而，这并不是说消遣文学就是文学或文化的一切。注重文学或文化的消遣功能并不是说消遣功能就是一切，就得讨好读者或一切让市场说了算。好作品不是作者揣摩读者心思或是完全根据市场的需要写出来的。消遣、通俗并不是一切。消遣并不意味着使文学失去美感或使文化失去高雅华贵；通俗并不意味着庸俗、低俗。而且，通俗并不一定就能达到消遣目的，高雅的精品不一定不具备消遣性。文学和文化作品的价值和魅力主要在于其自身具有的思想性、艺术性和美学价值。而且，作者刻意揣摩读者需要、考虑市场因素并不意味着一定能够掌控市场或掌控读者的口味。中国的市场很大，读者群很大；不同的人有不同的需要，不同的作品会有不同的市场。作者和出版商不能将某一类人的需要看做所有人的需要，不能把一个市场看做所有市场。他们在阅读市场行情、把握读者心理方面其实很弱智呢，根本不是什么行家里手。

实际上，文学或文化精品的美学含量要高得多，给人的享受也多得多，更具备消遣价值。从长远来看，文学或文化精品的市场价值更大。有些作品是流芳百世的，你能说它没市场，不受读者欢迎？所以，在文坛，那些通俗文学并不一定要唱主角，通俗文学作家不一定就能唱主角，市场规律并非主导文化和文学发展的铁律。即便是发展消遣文学或文化，导演身份、领导权也应该归还给或让位于文学或文化大师。文化或文学必须注重创造，体现一种创造，体现人文精神、历史责任和时代召唤，更要有较高的审美意趣和艺术质量。消遣文化和消遣文学也不能与此相悖。而现在，文化市场却在扼杀创造，洗劫社会的人文精神和大众的历史责任感。我们的文化和文学目的是什么？现在只剩下一个：赚钱。这样势必会斯文扫地，文化必然失去其雍容华贵和高雅美好的内涵和气质，文化中的文化味儿就会丧失殆尽，只剩下一个徒有其表的躯壳或形式。文化和文学会因此会变成一种市侩文化（文学）、纯商业文化（文学）、娼妓文化（文学）。文化和文学就会完全彻底底没落、腐朽下去。

现在，文化、文学舞台上唱主角的可能是三流、四流的文人，还有一些有权有钱的人，甚至还有一些莫名其妙的人或身份不明的人。或者说，在文坛、文化圈，甚至是学术圈，干脆是一些化了妆的商人或戏子在唱主角，在导演几乎一切。他们以老板的身份使文化与学术变成了自己的自留地或工厂、作坊。现在文坛、学术圈和文化圈充斥了太多的这些作坊或工厂生产的垃圾，而且这些垃圾大多包装精美，深受喜爱。而一些作坊主、小业主或文化匠人竟妄称大师，一副不可一世的样子。他们导演着、引导着人们对这种垃圾的喜爱，诱导着人们将垃圾当文化，当精神快餐，当精神大餐和主餐。

这一局面何时了？这种闹剧何时休？

四、文化界的脑体倒挂：暴发户、投机家侵蚀出版界

曾几何时，作家是个很神圣的字眼，当作家是很体面、很受人尊敬和羡慕的职业，曾是大部分有一定文化的人的人生奋斗目标。作家也的确社会地位不低。仗着作家头衔，能获得一大堆特权和便利。作家差不多成了最体面的职业之一。他们被崇敬他们的文学青年们环绕包围着，意气风发地行走在各色舞台上，神气十足地现身于各类讲坛上或各种交际场合；文学青年或文学中年们聆听着他们的的高谈阔论，在各种场合感受着他们的风雅、风趣和风流，欣赏他们的慷慨激昂、歇斯底里、故作高深、卖弄风情。然而，不曾想今天作家的社会地位有点一落千丈的味道，普通作家或写家靠写作已很难获得名利和尊敬。只有大款作家、带“长”的作家，名作家（大多是浪得虚名、欺世盗名或名不副实者）才算作家。当初，作家一夜成名是很容易的。靠一首小诗，一个短篇小说就能跻身著名作家的行列；现在则很难了。一者，文学已沦落到了一个不太惹人瞩目的项目，文坛受到了冷落，一夜成名的奇迹没有了，靠实力说话、扎扎实实地创造可能只是在做无用功；二者，文坛时兴占山为王的把戏，只允许原先已经抢占山头的人独霸文坛，而不欢迎新人登台亮相——文坛被文坛元老们和掌握出版资源、发表阵地的人看作自己的自留地或私家花园什么的。文坛的活动以作戏为主而不是创造——哗众取宠、只会取悦读者的戏子主宰了文坛，诚实

认真的创造者被挤到了边角、被挤下了舞台。

不过，从另一个角度来看，在中国，当作家又越来越容易了，似乎什么人都可以当，而创作也越来越像体力劳动。好像谁都能写书赚钱，谁都在搞策划。其实都是在哗众取宠，在迎合媚俗，在自以为是地制造热点或凑热闹。比如《坐台小姐的自述》、《绝对隐私》、《一个妓女的警世告白》、《中国十大奸臣》、《中国十大美女》之类的书就是如此。其策划和写作没有什么高明之处和可取之处，但其经济效益可能是可观的。名噪一时的《中国可以说不》从写作到策划大约也可归为此类。中国当然可以说“不”，也应该说“不”，但不是那种说法，也不是那些内容，那种水平。那本书也只是《周洪说话》的档次。

现在许多中国人或许还记得《曼哈顿的中国女人》、《北京人在纽约》。这两本书刚刚告别我们不到几年。当初是家喻户晓，极其畅销。而《北京人在纽约》还被拍成了电视连续剧，促销宣传搞得很大。然而这些书现在却没人看了，估计电视剧也照样没人看了。原因就是它们没什么内容，文学水平不高，因而生命力弱。当初这类书之所以引发洛阳纸贵，主要是广告效应及读者对此类题材还有新鲜感。还有，许多人简直是拿周励等人的书当出国指南。他们也做着出国梦，对周励等人可能是羡慕、眼红的，现在权且借看别人出国的故事过过自己的出国瘾，感受一下美国。这类书及电视剧的畅销、热门的确利用了大众的心理。

即便不把周励等人的书当小说看，那么周励等人在美国的“成功”又有什么价值呢？而且，他们的那点微不足道的经历算得上成功吗？他们的故事有什么特别的吗？似乎没有，只是一些平庸、无聊的个人故事。有什么值得炫耀的？值得如此卖力气地兜售？现在一些“星”字辈的名人所出的书也具有这类特点。

有些书的畅销与读者感兴趣有着直接的关系，但也与一些媒体的吹捧、炒作有着必然的联系。那些把持文坛的文化商人及其合伙人利用媒体误导、诱导读者——用他们的次货、假货骗钱。这种情况必然导致大众真假莫辩、丧失正确的判断力。所以我们看报纸时对那些文学评论或文坛消息千万要留神。因为那些评论者很多都是书商或作者的“托儿”或雇来的吹鼓手。《曼哈顿的中国女人》、《北京人在纽约》当初在报纸上就被反复炒作，做足了文章，给人以“文坛巨星诞生了”的感觉。他们还再接再励推出了此两本书的续篇《我还是我》、《绿卡》之类。其实这些人都是莫名其妙的人物，因为历史的一点误会，他们捞到了一次登台亮相的机会。他们成为作家真是太容易、太奇怪了。但他们下台也快，可能永远都不会再有上台的机会了。

现在的一些编辑水平也差，不注重提高业务，反而只考虑利用自身工作的优势或身份特权剥削作者，敲诈作者。他们以书商自居，忘掉了自己最基本的职责和道德。他们利用自己的权力搞交易，在文化市场搞破坏性开发，通过诈骗手段骗取读者的钱财。这样不可能产生高质量的文化产品，即使有好的选题也会弄砸锅。他们的有些策划只能显示出编辑与策划者，乃至出版社的低水平。比如《征战亚细亚》这本书，给人的第一直感就是一本唱赞歌的书，标题显示出作者或编者的马屁精的心态。按说该书只能是歌颂自己人的。然而，翻开之后，你会发现内容是反映日本鬼子二战期间侵略蹂躏别国的历史的。这就让人纳闷儿了。按说这种题目应该是日本人(而且只能是右翼分子)定的，这种提法在日本可能也会遭到批判并且很难出笼。为什么中国人在替日本抖精神呢？这些瘪三！还有什么《日本王牌部队》的策划、出笼也是如此奇怪。中国人怎么了？不，应该说中国的编辑怎么了？中国的文化人怎么了？有人可能会说里面内容并没有替日本鬼子翻案或歌颂其侵略的内容，只是历史知识的客观介绍，配此书名只是为了吸引读者，为了好销。然而，配这类题目真的能吸引读者并且好销吗？中国人真的喜欢这类题目？果真如此，中国人的麻烦可就大了。

实际上，只是那帮书商和编辑喜欢这类题目。他们诱导读者也去喜欢，去学他们。大部分读者也是蒙查查，是东西莫辨、香臭不分的。这帮精似鬼的出版商，没多少文化，只会从自身搓些汗泥，弄了一锅洗脚水，撒上蒙汗药，一脸坏笑地端给读者，真够毒辣的，也挺恶心的。然而，他们这是在破坏文化，也是在毁人不倦啊！

还有，有些出版社和编辑为了私利，违反职业道德，违法常识，搞张冠李戴、偷梁换柱的把戏，比如为一些书乱配照片，把历史照片随意为其所用。还有一些反映中国土匪的书也乱配照片，把日本鬼子在中国烧杀抢掠和侮辱中国妇女的照片印在上面，以显示中国土匪的残暴。这种做法是无耻而愚蠢的。

前一段，《拉贝日记》和《东史郎日记》的出版曾为出版界和媒体传播的盛事，对于全体中国人来说也是件大事。然而，我感觉这后一本书的编辑却最后使这本书砸了锅。为了赚钱，出版社搞了精心包装，出了精装本。可以看出编辑作了大量所谓“编辑工作”，出版社也花了本钱。然而，正是这些精心的包装和过度编辑的“匠心”使该书的出版成为失败。这部书首先具有史料价值，因而不应该定位为畅销书，更不应该靠它赚钱，包装不能太过，更不能破坏原貌、原文。忠实应该是第一位的；越原始、越真实，史料价值也就越高。然而，这种编辑工作“太出色”，因而留下的编辑的主观色彩也就太浓了。原文不可能是那个样子。有没有删改和译者、编者的“个人创造”让人也不能保证。这样做看起来是为了读者阅读方便，其实是为了销路。这就是商人说了算的结果。历史学家和懂行的人绝不会这样处理。让这些人掌握文化发展的工具，什么好东西、有价值的东西也会被糟践了。他们对真的价值熟视无睹，对好的东西是活活糟蹋。

中国文化界、文学界脑体倒挂现象非常严重。钱都让书商、出版社赚去了，作家、作者稿费太低，只是打工的小伙计。大家为了那点稿费不可能拼命或全力以赴。大家都只想投机。再加上批评的缺席，对真正的坏书和不良行为缺乏揭发和监督，更缺少严肃的批评。这样，文坛的掠食者使得文化市场变得规则丧失。文坛成了官僚、资源把持者与垄断者、投机商人、骗子、末流作家在合谋分利的名利场或赌场。

还有一个现象也非常值得关注，那就是文坛也引进了舞台作风，在制造明星。这很可笑。商业化的操作和宣传使得个别明星作家或文人独霸文坛或独霸了所谓的“话语权”，好像中国只剩下几个文人有思想或会写东西了。其实有些文化名人只是媚俗的主儿，并不高雅、深刻。虚情、矫情的戏子作风或做派是一些文化名人的取胜之道。他们要么靠此成名，要么成名之后很快养成这种习惯。文化风气受此影响非常大。在这种情况下，文化的标准或水平要提高非常困难。

无论是文化市场的规划和控制，还是创造和创作，要让真正的文化人和学者唱主角，要让市场说了算。这样才会有良性的竞争，最后优胜劣汰，让好作品、好作家、好的创造者唱主角。最终，那些真正的权威才会说了算，也能产生积极的正面影响，进而提高中国的文化水平并改善中国人的阅读习惯。还有，要让他们获得文化市场的最高利润和最大份额，而不是让他们充当打工仔儿或小卒子，报酬还得靠人施舍。这样他们才能有尊严，才能投入真正的创造活动之中，而文化才能获得尊严并上水平、上档次。当然，读者的欣赏水平也会提高，也会获得更多的收益和享受。这种文化界“体力劳动者”主宰局面的状况应该早日结束。

关于爱国主义理论的几个问题

暨南大学中印比较研究所 贾海涛
暨南大学历史系研究生 叶敏君

爱国主义本身本是一种自发的情感，本不应该有太多的讲究和问题。它应该是无条件的，人人皆有的，不应该出现一个“为什么”的疑问，更不应该有分歧。没有那么多概念的纠缠，它倒显得纯朴自然。而一旦“理性”分析研究起来，大作理论文章，正是它出了问题、存在危机之时。正是人们对它有了疑问乃至怀疑，才出现了理论的分歧和迷雾。然而，这不意味着不需要理论或深层的理性思考，而是相反。愈是理论上出现分歧和迷雾，愈是需要正本清源，愈需要加强理论的探讨，给出一个符合现代需要的理论体系，以坚定我们爱国主义信仰。

对于爱国主义的宣传，我们历来是重视的。爱国主义教育及爱国主义本身历来是我们这个民族，我们这个文化大力提倡并引以自豪的。但是，各种反面的现象和形势也不能令人太乐观。就近些年来说，不是就有人以反爱国主义为荣或把爱国主义视为改革开放的大敌吗？有人这样做的出发点是显而易见的。他们并不是为国为民。他们主张的是让中国沦为“三百年殖民地”。你还跟他们谈什么爱国主义！但他们的这套洋奴哲学竟能博得某些人的喝彩，并也以一种“爱国理论”的面目欺世盗名。这不能不令人忧虑并深思。怀疑爱国主义，反爱国主义，这是一种什么样的时代精神？爱国主义信念的动摇是文化的真正危机。我们决不能等闲视之。不过，我们对爱国主义理论及宣传也要有一个比较冷静的反思。以上提到的令人忧虑的现象说明我们的爱国主义理论从根本上的确需加强建设。

我们的爱国主义或对爱国主义的理解或许真的有些失之“感性”而缺乏某种“理性”深度。实际上，目前就爱国主义这一概念本身就很难说有一个比较理想的解释。可以说，我们的爱国主义概念几乎一直缺乏一种理论解释，如若有一些不太完整的解释也穿插了一些过时的、难以令人信服的成分。这样就造成各种爱国主义说相互打架，甚至出现了对爱国主义表示怀疑乃至表示拒绝的局面。的确，我们需要对爱国主义理论从根本上统一认识。这是营造一个真正的爱国主义大厦的基础。

对于爱国主义理论建设来说，爱国主义的内涵及其出发点是首先应该研究并廓清的。这可以说是爱国主义理论中最重要的问题或概念。而关于它们却一直认识模糊。爱国主义的出发点是爱国主义理论中最基本的东西，可以理解为爱国主义的“理论基础”。那么，这一出发点或“理论基础”应该是什么呢？要回答这个问题首先要搞清楚爱国主义的内涵。

什么是爱国主义？爱国主义主要是民族自尊、自爱、自信、自我凝聚力的表现，是一种集体自尊的升华。

爱国主义应该是一种自发的、不容置疑、不容游移、最自然不过的感情。它应该是不用唤醒、不需外力特别加强的。当爱国主义的呼声、呼唤高涨之时，也正意味着它的缺乏或出现了危机。同时，当有人对爱国主义或爱国主义理论发出“为什么”的疑问时，也表明我们在爱国主义理论方面存在某种过时的解释或解释得不到位、不全面、不合适。我们认为，目前出现的对爱国主义的争议和疑问与理论解释的混乱或落后不无关系。其中，对于爱国主义的出发点或“理论基础”的理解有误或解释不当是主要原因。对这方面的问题，实际上一直认识模糊，或者说一直缺乏理论的探讨。我认为，爱国主义的出发点或“理论基础”就是集体的自尊，舍此无他。

这种解释似乎过于简单。但是，最基本的东西往往是“简单的”、“感性的”。其实，把爱国主义与个人自尊作一比较答案就明显了。对于理性社会的任何个人来说，没有什么比个人尊严更重要、更值得捍卫了。从理论上来说，对个人尊严的维护是无条件的。能说某人因能力、外表、地位、财产、信仰等原因就该比他人少些尊严，而他自己也因此就该对自己的尊严漠不关心吗？个人的自尊是无条件的，是自发的，甚至可以说是本能的。而一个群体对外也要讲尊严。国家和民族的尊严就是集体的尊严。这种尊严可以说就是个人自尊的放大，在理论出发点上或理论基础上与个人自尊是一样的或一致的。当然，个人自尊是个人的事，而集体的自尊乃至一个民族、一个国家的自尊却不是那么简单了，但二者在最根本处却没什么差别。

当然，如果有人反驳说，对于一个人来说，生存或与生存有关的直接因素更重要，为此可以牺牲尊严、权利，因而个人尊严等不是第一重要，甚至根本不重要，我也不能不同意。我相信，在人类历史的大部分阶段，人类社会一直处于这么一种状态。对于大多数人来说，尊严和基本权利是不予考虑或讨论的事情。但是，这不意味着它们就应该一直是可有可无的东西，不代表现代人不能把它们看得第一重要。而且，如若一个社会糟糕到连个人的基本尊严和权利都谈不上，那么还有什么爱国主义可谈呢？如此社会是注定要被淘汰的，没有讨论真正的爱国主义的资格。这正是中国古代的专制制度不能产生持久的、真正的爱国主义根本原因，也是爱国主义屡屡出现危机或无法体现的根本原因。

其实，没有个人的尊严就没有集体的自尊。这绝对是累积相加的关系。如果个人尊严无从谈起、无法保障，大家势必缺乏亲情、缺乏认同，如此便无凝聚力，便无真正的爱国主义。从这个意义上来说，爱国主义更是个人自尊的放大。

前面说过，对于爱国主义来说，它应该体现出一种认同、一种亲情，一种向心力、凝聚力。亲情、认同感、凝聚力是爱国主义的关键。没有亲情和认同感就没有凝聚力，集体主义就无法体现，如此，集体的力量和尊严也就无从提起，爱国主义就会成为一个空洞的概念。如何体现亲情、认同感、凝聚力？如何体现集体的尊严或自尊？如果个人自尊心的简单相加就产生爱国主义，那么爱国主义的产生也就会显得太简单、太容易了。这种相加能产生凝聚力和认同感，但更重要的是，这种相加本身事先就需要认同感和亲情。也就是说，认同感和亲情是相加的前提和基础；没有亲情和认同就没有相加，就没有爱国主义。认同和亲情是怎样产生的？

爱国主义决不以牺牲个人自尊和个人权利为前提和代价，而是要保护个人权利和自尊。这才是集体主义和认同感的关键，也是爱国主义的关键。牺牲个人权利和尊严，必然导致个体在情感上的背离。这种背离的数量愈多和程度愈甚，群体的亲情和认同感就愈淡，爱国主义就会名存实亡。所以，爱国主义产生于现实，也立足于现实，它有历史的继承，但主要是现实的儿子，而不是一种遗产。

我们在进行爱国主义教育时，最喜欢用地大物博、历史悠久、文化灿烂等作为爱国主义教育的理论支撑和论据。这样就似乎是说"地大物博"、"历史悠久"等是我们爱国的理由，甚至是爱国主义的主要出发点。这种"理论基础"是值得商榷的。

"历史悠久"、"文化灿烂"、"地大物博"固然应该是爱国主义的理论支撑的重要部分。但是，如果现在假设我们没有悠久的历史和灿烂的历史文化，我们就不爱国了，就没有资格谈爱国主义了？而那些历史短暂、文化创造有限并一致遭受奴役和压迫的民族和国家，比如越南，就不该奢谈爱国了？或者他们的爱国主义就变得廉价了？其实，爱国主义是无条件的，不取决于一个国家和民族的历史如何、现状怎样。反而是，愈是历史充满屈辱、现实危机四伏，愈需要爱国主义，爱国主义的情绪愈高涨。无论历史与现实如何，爱国主义都是无条件的。历史不能成为爱国主义的出发点或理论基础，更不能成为爱国主义的主要对象。否则这种爱国主义就会变得与现实社会的人无关：即与尊严无关，也于社会发展无关，而好像只与古人有关了。这种爱国主义往往容易陷入狭隘偏激而成为恋古癖和复古主义的最后庇护所。

爱国主义当然应当包括对历史的尊重，包括对祖先的热爱和崇敬。忘记历史、忘记祖宗等于丢掉了根—— 血缘和文化的根没有了，还谈什么爱国。没有血缘和文化的认同就没有民族，也就没有民族主义和爱国主义。这样实际上也是对自己的否定。不要祖宗就是不要自己，否定祖宗和历史就是对自己的否定，如此，就像来历不明的私生子一样，尊严从何谈起？总之，首先，我们不能忘记和抛弃历史和祖宗，而且割舍也割舍不掉；其次，我们不是为历史、为古人活着。古人已没法捍卫我们的尊严了，反倒是需要我们来维护他们的尊严。当然，古人更无权干涉我们的活法。历史、现实、未来，我们的价值取向和历史选择应该是非常容易的，也是非常自然的。

另外，爱国主义是讲血缘的，是讲历史、种族的认同和归依的。不过，就现代爱国主义来说，其认同、归依的凝聚力不光出自血缘关系或出自血亲。对于现代民族、国家来说，价值信仰产生的凝聚力似乎显得更为重要。也就是说，在现代社会，从国家、民族的角度来讲，价值认同比血缘认同更重要。对此，我们绝对不能不予重视。

中国古代是讲爱国主义的。从屈原、岳飞、文天祥到林则徐、关天培，他们都是伟大的爱国者，都是我们民族精神的象征和文化的最重要的体现。他们给我们留下了丰厚的历史遗产，是爱国主义的榜样。我们无论如何也不该对他们有丝毫的不敬，也不应该对他们有丝毫的怀疑。无视中国古代社会的爱国主义和爱国精神是不对的。这是历史虚无主义的表现，也是对历史的背叛和对祖宗的不公。但是，对中国古代的爱国主义的总的“层次”和存在的问题我们是不能忽视的。我们只需指出一个简单的历史事实就足以证明中国古代的爱国主义和爱国精神是何等的萎靡，存在着何等严重的危机。这一历史现象就是：尽管中国历史上爱国者和民族英雄层出不穷，有着数不尽的可歌可泣的爱国行为，但是，叛国和卖国行为与之同在；而且卖国贼、叛徒的数量要大大超过民族英雄的数量。无论如何，我们至少可以说，卖国贼的数量是惊人的。而且，这还是单就民族危机出现、外敌入侵之际的情况而言。就平时而言，即便是所谓太平盛世，也是奸人当道的局面。当权者不是在《庄子》一书中被称为盗贼吗？他们就是一群真正的卖国者。国家和人民是他们的私家财产。他们之间拿国家和人民互相买卖，也可以卖给外敌。从总体上来说，中国古代的真正的爱国主义是一直受到压制的或难以体现的，而且，当时提倡的所谓“爱国主义”其主流与当时的爱国精神或现代爱国主义是相对抗的。因而，我们可以说，中国古代社会是爱国主义严重匮乏的时代，是窒息爱国精神的时代。

中国古代的专制制度和等级制度以及由此造成的社会不公和不人道是爱国主义的大敌。专制主义前提下的爱国主义首先意味着爱最高统治者、服从最高统治者和统治集团。所谓“忠君爱国”，把最高统治者放在国家的前面。这里，最高统治者比国家还重要，他们不仅仅是国家的体现和象征，而且就是国家本身。诚如路易十四所宣称的，“朕即国家”。所以，在专制制度条件下的爱国主义所指的“国家”概念与今大不相同。这一“国家”是最高统治者或专制集团的私有财产或工具，几乎不对普通百姓承担什么责任。它不以保护普通百姓的利益为目标，更不能赋予普通百姓以尊严和权利，而是百姓的枷锁。因而，在专制社会里，普通百姓对国家是缺乏感情的，有的只是恐惧。服从是因为恐惧，所以谈不上多少爱国主义。可能士大夫和知识阶层对国家有认同，有感情。爱国主义也因此主要成了某种人的“专利”了。而且维系这种“爱国主义”的基础相当薄弱，很容易灰飞烟灭。由于不人道的等级制度和专制制度的存在，人与人之间在各方面都存在极大的差异，大多数人连基本的尊严和权利无法保证。所以人与人之间缺乏认同，对统治者和政权也缺乏认同，如此，整个国家的人民的认同感和亲情难以凝聚和产生，还谈什么爱国主义？相反，这种制度是与爱国主义为敌的，是窒息爱国主义的根本原因？这也正是中国古代社会国力没法凝聚，爱国精神没法体现的原因。中国古代的真正的爱国者往往都是悲剧人物，爱国往往就意味着悲剧。这是因为真正的爱国或爱国主义与专制集团和最高统治者的愿望和利益是不一致的或有冲突，而最大的卖国者就是最高统治者和统治集团。

如此就引出爱国主义的对象问题了。这也是爱国主义理论中比较模糊的问题之一。前面已说过，爱国主义就是集体的自尊，其出发点就是自尊。那么，爱国主义的对象只能是一个群体、一个民族，因此，其对象只能是——人民。这要求国家与人民必须是一体的。因而只有在民主政权的前提下才能达到这种情况。不过，即便是在专制制度下，在国家意味着统治者手中的工具或者就是统治集团的情况下，对于当时的真正的爱国主义，我们也应该把它的对象理解为大多数，即——人民。我想，屈原、岳飞的爱国主义主要是出于对与他们所属群体、种族的感情和责任，而不是仅仅出于对最高统治者的利益负责。他们在后人心目中永生也是因为后人在感情上的认同。不能说专制制度的古代没有爱国主义。民间自有真情在。只是真正的爱国主义与专制主义的爱国主义是不一致的。可以说爱国主义的对象问题仍是爱国主义的出发点问题的引申。

这里我们不能不把爱国主义与民族主义或国家主义放在一起进行讨论。爱国主义与民族主义和国家主义应该是三个不同的概念。由于这三者往往纠缠在一起，使爱国主义理论显得有些混乱。不过，这又是三个联系非常紧密的概念。对这三个概念作一比较，分析其联系和差别有助于我们加深对爱国主义的出发点和对象的认识。

应该说，在正常情况下，国家主义、民族主义与爱国主义一样，都是积极的因素，是一个国家和民族不可或缺的。它们三者是互相体现的，甚至是一致的。国家主义和民族主义也应该属于爱国主义的内容或者说体现了爱国主义的不同层面。不过，国家就权力的形式上来说是统治的工具，如若这种工具是专制的、不人道的，那么，这种国家主义就是有害的，与真正的爱国主义或现代意义上的爱国主义是相悖的。当然，国家主义对外也可以成为压迫其他国家民族的破坏力量。而专制主义前提下的爱国主义或我们传统的爱国主义的主导成分往往是这种国家主义。这也是为什么近来有些人反爱国主义也有市场的原因。其实，这完全是望文生义所致。殊不知此“爱国”与彼“爱国”已有了实质不同。此“国”指的是人民，是民主政体，而彼“国”指的是的专制的国家机器，是最高统治者或统治集团。无论如何，现代意义的爱国或爱国主义的对象主要指人民，而非个别代言人。甚至可以说现代爱国主义对象中国家机器或国家组织的成分已相对淡化，而主要以人民为主要对象甚至唯一对象。如此，民族主义倒显得与现代爱国主义最契合一致了。国家是临时的，国家机器、国家制度都是不断发展变化的，可以改变的；民族，由于血缘与文化的凝聚，却是不那么容易消散的。因为凝聚它的力量最基本、最广泛。因而，爱国主义的主要成分应该可以理解为民族主义。或许把爱国主义理解为民族主义有些狭隘了。不过，只要不把“民族”这一概念理解得太狭隘，那么这种民族主义就不会显得狭隘，就不致成为一种民族利己主义或民族沙文主义。比如，就当代中国所提倡的民族主义而言，其所讲的民族绝对不只是指汉族，而是指五十六个民族的共同体，即中华民族。实际上，民族主义准确地体现了集体的自尊。当然，如若把“民族”概念理解得过于狭隘，或把民族主义膨胀为一种民族嚣张情绪或扩张征服欲望，那么这种民族主义已大大超过民族自尊、自爱的范围，最终必将带来民族的灾难，自取其祸、自取其辱。那么，这种民族主义与真正的爱国主义也是相悖的。无论如何，在当今时代，抛弃民族主义是不行的。从某种程度上来说，民族主义是爱国主义的灵魂，但不能走火入魔。有人反对民族主义，认为民族主义不利于改革开放，这是有道理的。但良性的民族主义怎会与改革开放为敌？改革开放是为了民族与国家的前途，是民族主义的具体体现或落实，二者并不矛盾。民族主义与保守主义不能划等号。其实，改革开放与民族主义应当是一致的。在一个民族发展比较落后，处处需要向人学习之际，由其需要念念不忘民族的尊严。为什么不能讲民族主义？不要民族主义难道要投降主义吗？当然，现今表现在网络上的狭隘的民族主义的确让人担忧。它产生于对局势的误判，对信息了解不全和缺乏理性引导的基础之上的盲目的情绪发泄。我们在这个关头，应该提倡民族自尊、自爱、自强，但不能误导民众盲目仇外、排外。

爱国主义、民族自尊绝对没有过时，而且，它们是国家发展、民族强盛的动力和保障。我们必须坚定这种认识，同时高扬爱国主义的大旗。不过，爱国主义绝不能仅仅意味着一种口号或标签。宣传教育要有理论的发展并使之成为时代价值观的核心。国家、民族价值观或意识形态的分歧是情感认同的大敌，也是爱国主义和民族主义的大敌。因此，爱国主义作为一种价值观必须领先于时代，成为进步价值观的集中体现。

佛学理论与中国佛学史

净土信仰与南宋白莲教

杭州师范大学国学院　范立舟

白莲教与佛教净土信仰的关系最为密切。白莲教自南宋绍兴三年(1133)创立的那天起，[①] 其教义便与佛教净土信仰交融在一起。中国佛教之净土信仰，有弥勒净土、弥陀净土、药师佛净土、阿閦佛净土、文殊菩萨净土等多种，但以前两种最为显赫。弥勒净土礼念弥勒佛，弥陀净土礼念阿弥陀佛(即无量寿佛)。各自相信存在一个绝对完美、祥和的彼岸世界，此即“净土”之本意。弥勒净土向望的彼岸世界是弥勒所在的兜率天，弥陀净土则指阿弥陀佛所在的西方极乐世界为理想境地。两种信仰都有本门之经典。[②] 弥陀净土信仰提出的极乐往生和念佛往生两说，体现了净土宗思想的基本理念与特质，隋唐之际，蔚为大国，占据净土信仰主流；宋代以后，再而成为中国佛教信仰的基本旨趣。本章之主旨并不在于考察净土宗的渊源及其存、住、坏、灭之全过程，亦非注重于对净土宗之宗教教理特质之

① 最早记载茅子元创教事迹的是宗鉴的《释门正统》卷四《斥伪志》：“所谓白莲教者，绍兴初吴郡延祥院沙门茅子元曾学于北禅梵法主会下，依仿天台出《圆融四土图》、《晨朝礼忏文》，偈歌四句，佛念五声，劝诸男女同修净业，称白莲导师。其徒号白莲菜人，亦曰茹茅阇黎菜。”(见杨讷编《元代白莲教资料汇编》，中华书局，1989年，第280页)。

② 参见汤用彤《汉魏两晋南北朝佛教史》，中华书局，1983年，第575～577页。一般而言，弥勒信仰的经典就是“弥勒六部经”：《观弥勒上生经》、《弥勒下生经》、《 弥勒来时经》、《观弥勒菩萨下生经》、《弥勒下生成佛经》、《弥勒大成佛经》。净土宗的主要经典是：《佛说无量寿经》、《佛说阿弥陀经》、《佛说观无量寿经》和《往生论》，合称“三经一论”。这“三经一论”建构起了阿弥陀佛西方极乐世界的终极目标，并且对西方极乐世界的环境面貌、人文世相、精神样式等作了形象的描绘。

深入剖析，而是关注于净土信仰思想演变之轨辙与诸种说法及禅净、台净合流和民间佛教结社对于南宋白莲教产生之影响及其特质铸造之间的内在关系。质言之，就是注重净土思潮的演变与归趣和白莲教诞生的关系的探讨。我们的问题是：南宋前净土信仰的演变与旨趣对民间佛教信仰风气的培育究竟如何？这类民间佛教信仰与民间佛教结社是否是催生南宋白莲教这类宗教团体的直接原因？净土信仰在漫长的发展历程中吸纳了什么元素充实了自己，并且对佛教世俗化提供了什么样的启示？对于上列问题，我们均试图从宗教社会学的角度，给出自己的解答。①

一、南宋前净土信仰之嬗变与教理之开拓

"净土"（梵文buddhaksetra），意为"佛国土"，是佛教典籍中所描绘的极度美妙、幸福，脱离一切烦恼、污垢的极乐世界。净土信仰渊源于原始佛教时期的念佛与生天的思想。佛陀教导弟子们皈依"三宝"（佛、法、僧），这就需要三念，即念佛、念法、念僧；加上念戒、念施、忆持而不忘与念天，成为六念，以适应众生的机宜，教以不同的解脱之法。由于三念中有念佛，六念中有念天，由而演变为往生的思想，形成念佛往生净土的意念。到大乘佛教时期，净土思想流行开来，出现了种种的净土观念，阿弥陀佛的极乐净土在后世成为净土思想的中心。一般而言，净土思想在印度波及

① 关于中国净土宗的研究，佛教史学界和历史学界积累的成果的确不少，大体上说，以下的论著是值得关注的：陈扬炯的《中国净土宗通史》（江苏古籍出版社，2000年），此书乃"中国佛教宗派史丛书"之一，论净土宗之酝酿、生发、成熟和衰落，首尾相贯，条脉分明，系统完备。刘长东的《晋唐弥陀净土信仰研究》（巴蜀书社，2000年）也是一部全面考察中国中古时期弥陀信仰的学术著作。其中对弥陀净土信仰的社会表现的阐发，特别地具有一种社会文化史层面的意味。（美）肯尼斯·K·田中（Kenneth K.Tanaka）的中国净土思想的黎明：净影慧远的《观经义疏》（冯焕珍、宋婕译，上海古籍出版社，2008年）论述了净土思想在印度和中国前慧远时期的开展以及慧远的独特贡献。杨明芬（觉旻）的《唐代西方净土礼忏法研究：以敦煌莫高窟西方净土信仰为中心》（民族出版社，2007年）则是围绕唐代敦煌莫高窟的石窟图像，结合文献资料，对净土信仰的忏悔思想和礼忏行仪进行研讨。释根通名誉主编、温金玉执行主编的《中国净土宗研究》（宗教文化出版社，2008年）是两届净土宗研讨会的学术论文集，对净土宗的各项课题也有所开拓。此外，必须要讲到的是，日本学者对净土宗的研究绝对处于第一线的第一流境地。如，塚本善隆：《唐中期の净土教》，东方文化学院京都研究所，1933年。望月信亨：《中国净土教理史》，法藏馆，1942年。小笠原宣秀：《中国净土教家の研究》，平乐寺书店，1951年。至于汤用彤、任继愈、郭朋等人的佛教史研究著作中，也多少涉及到净土宗与当时社会的研究。中国大陆和台湾的硕士、博士学位论文以净土宗为主题的情况也非个别现象。国内专题论文更是擢发难数。

之面向与社会之影响均不如在中国那样广泛及深入。在中国，净土经典的传入及翻译造成净土信仰被人们认识、接受和发展的基础。[①]中国的净土宗之旨义是以修持者的称名念佛为内缘，以阿弥陀佛的愿力为外缘，内外相应，祈求死后往生西方极乐世界。

东晋时期，提倡弥勒净土念佛的是道安(312—385)，提倡弥陀净土念佛的是慧远(334—416)，两派并驾齐驱，难分轩轾。[②] 此后，随着弥勒经典的译出和广泛传播，弥勒净土信仰在上层社会和民间迅速传播，高僧大德多发愿往生兜率净土，在北朝，弥勒信仰之影响压过弥陀信仰。弥勒佛则成为仅次于释迦牟尼而先于阿弥陀佛的民间崇拜偶象。[③]弥勒净土信仰原本与底层社会叛乱运动毫无关系，但现实世界中苦难的人们，由于极度的愤懑和对未来绝端美好的世界的迫切期待，以致于误解弥勒经典，借弥勒下生号召民众，改造苦难世界。所以，政府对付反叛的弥勒信众的手法极其残酷，政府的这种严厉态度，导致了弥勒信仰的式微。就在弥勒信仰式微的同时，弥陀净土信仰则趋于鼎盛，东晋慧远倡之于前，北魏昙鸾(476—542)，陈隋之际智顗(538—597)，隋唐之际道绰(562—645)，唐代善导(613—681)弘之于后，加之弥陀净土信仰义理浅近，修行简便，更容易为信众所接受。

弥陀净土信仰自汉魏之际传入中国后，主要经典《无量寿经》即由安世高译出(其后由康僧铠重译)。以《无量寿经》为代表的弥陀净土信仰的主旨即在于超拔人生，往生西方佛回净土。西方净土被描绘成“清净庄严”的“无量妙土”，无量寿佛(阿弥陀佛)则是光被四维，化生万物的巨神[④]：

尔时佛告长老舍利弗，从是西方，过十万亿佛土，有世界名

① 据汤用彤《汉魏两晋南北朝佛教史》(北京大学出版社，1997年)所述论，隋代以前净土经典之传译大略有两端，即弥勒净土与阿弥陀净土，前者被译出15种，后者则被译出22种。参见该书第576～578页。关于弥陀经典的早期翻译与流传情形，又可见普慧:《略论弥勒、弥陀净土信仰之兴起》，载《中国文化研究》，2006年冬之卷。

② 参见杨讷《元代的白莲教》，载《元史论坛》(第二辑)，中华书局，1983年。在中国学者中，杨讷的白莲教研究成就最具原创性，对具体问题的阐发最为深入，且具系统性。

③ 详见侯旭东:《五、六世纪北方民众佛教信仰》，中国社会科学出版社，1998年。

④ 无量寿佛的称号有13种之多，如无量光佛、无边光佛、无碍光佛、无对光佛、炎王光佛、清净光佛、欢喜光佛、智慧光佛、不断光佛、难思光佛、无称光佛、超明光佛。

曰极乐，其土有佛，号阿弥陀，今现在说法。舍利佛，彼土何故名为极乐？其国众生，无有众苦，但受诸乐，故名极乐。又舍利弗，极乐同土，七重栏楯，七重罗网，七重行树，皆是四宝周匝围绕，是故彼国名为极乐。又舍利弗，极乐国土，有七宝池，八功德水，充满其中，池底纯以金沙布地，四边阶道，金、银、琉璃、玻璃合成。上有楼阁，亦以金、银、琉璃、玻璃、砗磲、赤珠、玛瑙而严饰之。池中莲华，大如车轮，青色青光，黄色黄光，赤色赤光，白色白光，微妙香洁。舍利弗，极乐国土，成就如是功德庄严！又舍利弗，彼佛同土，常作天乐，黄金为地，昼夜六时，天雨曼陀罗华，其土众生，常以清旦，各以衣裓，盛众妙华，供养他方十万亿佛。……极乐国土成就如是功德庄严！……彼佛国土，微风吹动诸宝行树，及宝罗网，出微妙音，譬如百千种乐同时俱作。闻是音者，自然皆生念佛、念法、念僧之心。舍利弗，其佛国土成就如是功德庄严！……彼佛何故号阿弥陀？舍利弗，彼佛光明无量，照十方国，无所障碍，是故号为阿弥陀。……[1]

《观无量寿经》则告知达到情景国土的途径，它记述释迦牟尼佛因王舍大城韦提希王后心之所念，在目连尊者和阿难尊者随侍下，为韦提希王后与五百宫女演说佛法。释迦牟尼佛之说法：

未来世一切凡夫，欲修净业者，得生西方极乐国土。欲生彼国者，当修三福。一者，孝养父母，奉侍师长，慈心不杀，修十善业；二者，受持三皈，具足众戒，不犯威仪；三者，发菩提心，深信因果，读诵大乘，劝进行者。如此三事，名为净业。[2]

释迦牟尼强调，此三净业，“乃是过去、未来、现在三世诸佛净业正果。”[3]在此因地上，再修持十六观想，其中包括观想无量寿佛身像光明，观

① 《阿弥陀经》，鸠摩罗什译，《中华大藏经》(汉文部分)，中华书局，1994年，第18册，第676页。弥陀净土信仰所渲染的这种光芒照烁，清净庄严的世界，对净土宗及白莲教乃至宋元下层社会反叛运动之关系极为密切。

② (南朝宋)畺良耶舍译：《佛说观无量寿经》，载《大正新修大藏经》，第12册，第341页下。

③ (南朝宋)畺良耶舍译：《佛说观无量寿经》，载《大正新修大藏经》，第12册，第341页下。

想观世音菩萨真实色身相，观想大势至菩萨色身相，倘如此，则除无量劫生死之罪，即可如愿得阿弥陀佛、观世音菩萨、大势至菩萨接引，往生西方极乐世界。

弥陀净土信仰给人们展示了一幅无比美好的理想国度的蓝图，且往生净土之方法又极为简便，只要口念阿弥陀佛名号，死后便可往生净土。[①]弥陀净土信仰之所以能获众多信徒之原由，即在于此。依据“三经一论”，中国净土宗提出了极乐往生和念佛往生两说，体现了该宗思想的基本理念与特质。极乐往生说勾勒出众生离开现实世界后往生于阿弥陀佛净土的情形。极乐净土是离开迷妄世界的无生灭变化的世界，阿弥陀佛是极乐世界的主持者。往生于西方极乐世界，能享受到诸多愉悦，摆脱一切烦扰与痛苦，是最高理想境界。念佛往生说指明了往生西方极乐世界的修行方法，通过念佛的名号，就能成功往生。《阿弥陀经》称，若人一心系念一佛的名号，观想佛的三十二相、八十种好，念念相续，就能在定持中见佛，并往生佛国。净土宗更以念阿弥陀佛为修行最利之法门，提倡专诚持念阿弥陀佛的名号，若能坚持不懈，则可望于临终时，阿弥陀佛与诸圣现在其前，其人即得往生西方极乐世界。在净土宗那里，念佛，就是忆念所皈依的佛，所指有三项：一是忆念，以阿弥陀佛为忆念对象。若能尊崇、称颂、皈依阿弥陀佛，就会与阿弥陀佛交互感应，众生由此而觉悟；二是持名，颂念阿弥陀佛名号，使修持者意志专诚，除却诸颠倒妄想，达到一心不乱、欢愉安定的境地，不劳观想，不必参究，方便简捷；三是念佛法门与祈求往生合而为一。是诚易简功夫，方便法门，于是阿弥陀佛成为古代中国佛教信徒普遍的仰慕对象，西方极乐净土成为民间信仰的普遍归趣。

慧远对弥陀净土信仰的定型与发展有着不同凡响的作用。是他首先在庐山结社念佛，礼崇阿弥陀佛。其撰《念佛三昧诗集序》中表示：“临津济物，与九流而同往。”[②]意为临到往生弥陀净土之时，济度众生，当与众生

① 见《无量寿经》卷上，鸠摩罗什译，《中华大藏经》(汉文部分)，第9册，第592页。有阿弥陀佛四十八愿，第十八愿谓：“设我得佛，十方众生至心信乐，欲生我国，乃至十念，若不生者，不取正觉。唯除五逆、诽谤正法。”

② (唐)道宣编：《广弘明集》卷第三十《念佛三昧诗集序》，四部备要本；又见石峻、楼宇烈、方立天等编：《中国佛教思想资料选编》，中华书局，1981年，第1卷，第98页。

同往。与慧远一道发誓同往净土者有123人，其中有姓名者7人。[①]慧远便是佛教净土宗之初祖。是时，谢灵运为慧远凿池东林寺，植以白莲，故而后世净土宗亦被称为白莲宗。[②]慧远对净土宗之贡献，在于它的念佛方法。慧远的观想念佛，观想佛的美好形相和功德威神，以及净土的庄严美妙。他的念佛，与般若学及禅法是结合在一起的，是所谓的禅净双修。慧远修持的念佛三昧，首先是"心念"，他说："夫称三昧者何？专思寂想之谓也。思专则志一不分，想寂则气虚神朗。气虚则智恬其照，神朗则无幽不彻。斯二乃是自然之玄符，会一而致用也。是故靖恭闲宇，而感物通灵。御心唯正，动必入微。此假修以凝神，积习以移性，犹或若兹。况夫尸居坐忘，冥怀至极，智落宇宙，而闇蹈大方者哉！"[③]精神专注于一境，意识处于寂灭状态，气虚空而神清朗。气虚是智慧运作的前提，神朗是洞察一切的条件。此二者自然地会合在一起，就是观想念佛。慧远的《念佛三昧诗集序》，具有明显的玄学元素，语味和思想来自《庄子》。接着，"故令入斯定者，昧然忘知，即所缘以成鉴。鉴明则内照交映，而万像生焉。非耳目之所暨，而闻见行焉。于是睹夫渊凝虚镜之体，则悟灵相湛一，清明自然。察夫玄音之叩心听，则尘累每消，滞情融朗。非天下之至妙，孰能与于此哉？"[④]也就是说，慧远的"念佛"，不是"口念"的持名念佛，而是"心念"的观想念佛，这与后世世俗化了的民间佛教净土信仰所持的持名念佛的径路有所歧异。慧远的学识修养与性格志趣是他选择观想念佛的主要原因，对禅法的探求一直也十分地热切。同时，慧远的观想念佛是基于"无常观与三世因果报应的教义。"[⑤]汤用彤所论"远公既持精灵不灭之说，又深怵生

① 参见陈扬炯：《中国净土宗通史》，第98～100页。

② 佛教史家向有十八高贤立莲宗之说。依此之说，慧远在庐山邀集僧俗十八人，立"白莲社"，倡弥陀净土，是为净土宗正始。但据近人汤用彤、任继愈、方立天等学者考订，十八高贤立莲宗之说不能成立。参见陈扬炯：《中国净土宗通史》，第103～107页。孙昌武：《慧远与"莲社"传说》(载《五台山研究》，2000年第3期)也有相同的看法。慧远结社是所谓"高贤"的结社，开创了文人佛教信仰实践的一种新形式，形成莲社传说，此种传说，反过来推动民间佛教结社形式的延续和发展。

③ (唐)道宣编：《广弘明集》卷第三十《念佛三昧诗集序》；又见石峻、楼宇烈、方立天等编：《中国佛教思想资料选编》，中华书局，1981年，第1卷，第98页。

④ (唐)道宣编：《广弘明集》卷第三十《念佛三昧诗集序》；又见石峻、楼宇烈、方立天等编：《中国佛教思想资料选编》，第1卷，第98页。

⑤ [日]塚本善隆：《中国初期佛教史上における慧远》，载[日]木村英一编：《〈慧远研究〉研究篇》，创文社，1962年，第61页。

死报应之威。故发弘愿，期生净土”[①]则是净土宗及净土信仰所影响的民间佛教团体如白莲教的共同的宗教基因。不过，慧远对净土宗的最大思想辐射，还不是在他所持的那种“念佛”的印记上，慧远的庐山结社及相关的传说，反映了净土信仰在中土的发展和兴盛；他结社宣扬净土，反过来也极大地扩展了净土信仰的传播。一种新的净土观念产生了。“它足以说服以慧远所代表的对人类世界产生绝望的、和以鸠摩罗什所代表的认识到自己“业障”的、在当时战乱频繁的时代背景下倍受煎熬，忍受着自身烦恼而活着的人们。在内外两种绝望达到极点时，“净土观”就启示人们把希望寄托于‘来世’。”[②]后人将他的信仰方式与结社活动联系到一起，崇奉其为净土宗的“初祖”。

昙鸾（476—542），北魏高僧，号为神鸾，入南朝梁境，与梁武帝对谈，萧衍心悦诚服，尊之为“肉身菩萨”。昙鸾的净土宗教理，判弥陀净土为一个真实的、独立存在于三界之外的庄严世界，它对世间一切人同等开放。而往生净土的方法则至为简便，即称念阿弥陀佛的名号。这类说法，突出了弥陀净土的真实性、开放性和可操作性。他为净土宗奠定基本的理论框架。[③]首先，昙鸾肯定弥陀净土的确定性，在《往生论注》中，他提出净土对于往生者的主要价值就是在于它会满足往生者所有愿望中最深刻、最重要、最为彻底的一项，即修菩萨行，寻求佛果。实现往生，来到弥陀净土的众生会与留在秽土的同类形成天壤之别，造成这种不同的根源就是阿弥陀佛成就的净土世界：

> 佛所得法，名为阿耨多罗三藐三菩提。以得此菩提，故名为佛。今言“速得阿耨多罗三藐三菩提”，是得早作佛也。……问曰：“有何因缘，言速得成就阿耨多罗三藐三菩提？答曰：“……核求其本，阿弥陀如来为增上缘，……凡是生彼净土，及彼菩萨、人

① 汤用彤：《汉魏两晋南北朝佛教史》，北京大学出版社，1997年，第256页。

② ［日］梅原猛：《开创“中国净土教”体系的慧远、昙鸾》，温茂林译，载《五台山研究》，2002年第2期。

③ 南宋宗晓的《乐邦文类》和志磐《佛祖统纪》都推尊慧远为净土初祖，但是，慧远净土思想的主要传播区域是南部中国，且方法是观想念佛，与后来净土宗念佛之主流方式持名念佛大相径庭。善导之后的净土信仰者尊奉持名念佛为净土修行的最主要方法，故立昙鸾为初祖。是说虽然不能完全确立，但也表明昙鸾在中国净土宗史上之地位。

天所起诸行，皆缘阿弥陀如来本愿力故。[①]

增上缘是一种加持力。昙鸾认为，阿弥陀的增上缘的功效是对“生彼净土及彼菩萨、人天所起诸行”进行加持，从而达成“速得成就阿耨多罗三藐三菩提”。因此，净土是由不可思议的佛法力建构和维持的，弥陀净土是法性土，是一种实相义的存在，它必然可以同化来到的众生。

昙鸾的弥陀净土信仰的到达途径可归结为“二道二力说”。“二道”指的是“难行道”，和“易行道”；“二力”指的是“自力”和“他力”。依“自力”难以达到正定聚，是谓“难行道”；反之，只要信仰阿弥陀佛，以此因缘愿生弥陀净土，便可依阿弥陀佛愿力，死后被接引到弥陀净土，达到正定聚，是为依“他力”而“易行道”。大乘佛教把修行成佛的道路由低到高分成十个阶梯，称为十住，达到十住的阶位，修取正果，是为最高的境界。但是，修行会退转，所以不退转成为修行者必须克服的一个难题。不退转在梵文中音读“ 阿毗跋致”。昙鸾认为，在五浊恶世成就正果，不但要对阿弥陀佛怀有坚定的信心和具有往生西方的强烈愿望，还要凭借佛的愿力，往生西方净土极乐世界，达到了“阿毗跋致”境界。“欲生阿弥陀佛国者，是诸人等，皆不退转于阿耨多罗三藐三菩提。”[②] 昙鸳说，只要称名念佛，不断地诵念阿弥陀佛的名号，修行者就能得到阿弥陀佛愿力摄受和加持，往生西方极乐净土世界。称念阿弥陀佛名号能阻止一切恶，众生的恶行都是因妄想而生，阿弥陀佛发大慈悲心，将名号让渡给众生称念，让众生能心止一处，妄念不生。还有，称念阿弥陀佛名号能使心境平和，如同把摩尼宝珠投入浊水，浊水立刻清净。再者，阿弥陀佛具有无量的不可思议的神秘力量，称念它就能满足众生往生西方净土的宏愿。大乘佛教中修菩萨行要依“十地”等阶位循序渐进，经无量劫后，方能成佛。昙鸾却认为，“十地”的阶位是释迦牟尼佛针对阎浮提秽土的说法，阎浮提恶浊，故成佛艰难。一旦发愿到达弥陀净土，就会受到阿弥陀佛不可思议的愿力的加持，从而立地成佛。总之，昙鸾对净土宗的贡献即在于将原本简单的修行方法更加

---

① （北魏）昙鸾注解：《无量寿经优婆提舍愿生偈注》卷下，《大正新修大藏经》，第40册，第843页下。

② （后秦）鸠摩罗什译：《佛说阿弥陀经》，《大正新修大藏经》，第12册，第348页上。

简约化了，只主张口称念佛，念阿弥陀佛名号，愿生安乐，死后便可进西方极乐世界。梅原猛非常准确地说出了昙鸾的价值，“昙鸾大师所开创的净土教的本质就是要通过观想‘极乐净土’，从长年的‘业’的黑暗中解脱出来。从这个意义上看，昙鸾确确实实是一位净土教的建设者。‘净土思想’特征的关键就是生动地再现了昙鸾大师的‘乌托邦思想’，昙鸾称它为‘正依二报’。”[①]南宋白莲教的修为方式，主要就是持名念佛，显然是受到昙鸾对净土宗的理解的影响。“极乐净土”的理想也真正成为了大众的信仰。

入隋之后，净土宗又得到大师智顗、道绰等的弘扬。二人说法各异，但有一共同点，即扬弥陀而抑弥勒，弥陀净土优于弥勒净土，[②]智顗依据昙鸾的“二道二力说”，宣称依靠自力求取阿鞞跋致为难行道，而念佛三昧，愿生净土，乘弥陀愿力，往生西方极乐世界，为易行道。往生净土，便可以做到不退转：

> 得生彼国，有五因缘不退。云何为五？一者，阿弥陀佛大悲愿力摄持，故得不退；二者，佛光常照，故菩提心常增进不退；三者，水鸟树林，风声乐响，皆说苦空，闻者常起念佛、念法、念僧之心，故不退；四者，彼国纯诸菩萨以为良友，无恶缘境。外无神鬼魔邪，内无三毒等，烦恼毕竟不起，故不退；五者，生彼国即寿命永劫，共菩萨、佛齐等，故不退也。在此恶世，日月短促，经阿僧祇劫，复不起烦恼，长时修道，云何不得无生忍也。此理显然，不须疑也。[③]

众生往生净土，阿弥陀佛本愿力光明力对念佛众生摄取不舍，众生只须念佛名，机感相应，必定往生。且阿弥陀佛净土内有水鸟树林风声乐响演奏苦空，众生闻者生发念佛菩提心，伏灭烦恼，又有菩萨以为良友，烦恼恶业皆不复起，自然可达无生之位。

智顗重点回答了如何得生西方这个最常见、最普通，也最为困扰众生

① ［日］梅原猛：《开创“中国净土教”体系的慧远、昙鸾》，温茂林译，载《五台山研究》，2002年第2期。

② 参见陈扬炯：《中国禅宗通史》，第231～240页；第279～284页。

③ （隋）智顗：《净土十疑论》，《大正新修大藏经》，第47册，第79页中。

的问题。他提出了“动念即是生净土时”的说法。这与他“一念三千”的观点是相互契合的。一念即具三千，三千不过是一念心的产物。所以，阿弥陀佛净土尽管有十万亿佛刹之遥，然而，一念发动处，便是生净土之时。智顗还特别界定了净土的性质。在他看来，净土有四种说法：(1)凡圣同居土，(2)方便有余土，(3)实报无障碍土，(4)常寂光土。[①]这四种净土中，后三种都与凡夫俗子无缘，凡夫能进入之净土，只能是第一种类的凡圣同居土，这是阿弥陀佛净土的最低层级之净土。

隋唐之际道绰(562—645)又创“圣道净土二门”之说。于娑婆世界凭自力，断惑证理，入圣得果之法，名为圣道门。以称念佛名，乘佛本愿，往生净土入圣得果的教门，则为净土门。唯有净土一门可通西方世界。道绰将称名念佛的功夫发挥到极致。他经常面向西方而端坐，每日念佛超过7万遍。他还劝说信众用豆子来作为念佛次数的计算工具，多者终其一生可得90石。世人称之为“小豆念佛”。[②]道绰内心始终有一种挥之不去的紧张感和焦虑感，他认为当时是五浊恶世、末法之际，惟有忏悔修福、称佛名号，才能让教法与时机相应合，成为末世五浊机缘浅薄的众生获得解脱的惟一法门：

> 一切众生，莫不厌苦求乐，畏缚求解，皆欲早证无上菩提者。先须发菩提心为首，此心难识难起，纵令发得此心，依经终须修十种行，谓信、进、念、戒、定、慧、舍、护法、发愿、回向，进诣菩提。然修道之身相续不绝，迳(经)一万劫，始证不退位。……若能明信佛经，愿生净土，随寿长短，一形即至位阶不退，与此修道一万劫齐功。[③]

所以，进路就是在于“收摄诸根，心不驰散，专念一佛，不舍是缘。”[④]发菩提心，要修得“十种行”，但要经过一万劫，方能不退转，因而只能选择修净土法门。他借鉴昙鸾的“二道二力说”，按照难行、易行，立圣道门

① 参见(隋)智顗:《佛说观无量寿佛经疏》,《大正新修大藏经》，第37册，第188页中、下。
② 参见(唐)迦才:《净土论》卷下《道绰法师传》,《大正新修大藏经》，第47册，第98页中。
③ (唐)道绰:《安乐集》卷下,《大正新修大藏经》，第47册，第16页中、下。
④ (唐)道绰:《安乐集》卷下,《大正新修大藏经》，第47册，第14页下。

和净土门：

> 一谓圣道，二谓往生净土。其圣道一种，今时难证，一由去大圣遥远，一由理深解微。是故《大集月藏经》云："我末法时中，亿亿众生起行修道，未有一人得者。"当今末法，现是五浊恶世，唯有净土一门，可通入路。是故《大经》云："若有众生，纵令一生造恶，临命终时，十念相续，称我名字，若不生者，不取正觉。"……纵使一形造恶，但能系意专精，常能念佛，一切诸障，自然消除，定得往生。何不思量，都无去心也。①

道绰顺带解决了大乘佛教"心外无法"与净土信仰的矛盾问题。"若摄缘从本，即是心外无法；若分二谛明义，净土无妨是心外法也。"②这是说，从法由心生，心净土净这个意义说，心外无法，土由心生；如果从真俗二谛而言，净土是心外之实报土。真谛之后仍有俗谛，由真化俗，真谛随世间名相而作方便，故而真谛若无俗谛，不依名相，则无法开物成务，化导众生。所以从中道入手，净土即报土，往生是真实的。再而，依俗谛修为，就是念佛三昧和称名念佛。念佛三昧是要求观想阿弥陀佛庄严相，收摄诸根，心不驰散，远离颠倒，得佛接引，往生净土。称名念佛，是口念阿弥陀佛号，认为只要临终虔诚地口念佛号，即可得到阿弥陀佛的愿力而往生西方净土。为什么口念佛号就能得到往生净土佛国？道绰认为，是因为口念佛号的念力和阿弥陀佛的愿力。道绰在说："一切众生，但能积念不断，业道成辨也。问曰：'计一切众生念佛之功，亦应一切可知，何因一念之力，能断一切诸障……？'答曰：'依诸部大乘，显念佛三昧功德不可思议也。……若人菩提心中行念佛三昧者，一切烦恼，一切诸障，悉皆断灭。'"③他引大乘经论为证，说明一念之力，即可断除一切烦恼，一切诸障。那么，无恶不作的人，怎能一念而断诸障？道绰以为，这也是没有问题的，"譬如千岁暗室，光若暂至，即便明朗，岂可得言暗在室千岁而不去也。是故《遗

① （唐）道绰：《安乐集》卷上，《大正新修大藏经》，第47册，第13页下。
② （唐）道绰：《安乐集》卷上，《大正新修大藏经》，第47册，第9页上。
③ （唐）道绰：《安乐集》卷上，《大正新修大藏经》，第47册，第3页中、下。

日摩尼宝经》云：‘佛告迦叶菩萨，众生虽复数千巨亿万劫，在爱欲中，为罪所覆，若闻佛经，一反念善，罪即消除也。’”[①]临终时一念善即可倾倒一生恶业，得净土解脱，而人临终诚信一念善，即是发菩提心。“在此起心立行，愿生净土，此是自力；临命终时，阿弥陀佛如来光台迎接，遂得往生，即为他力。”[②]无比美妙的崭新世界，美满极乐的国土，等待着众生的到来：

> 一生彼国者，行则金莲捧足，坐则宝座承躯，出则帝释在前，入则梵王从后。一切圣众与我亲朋，阿弥陀佛为我大师。宝树宝林之下，任意翱翔，八德池中，游神濯足。形则身同金色，寿则命与佛齐，学则众门并进，止则二谛虚融。十方济运，则乘大神通；宴安暂时，则坐三空门；游则入八正之路，至则到大涅槃。[③]

道绰的弟子善导（613—681）集净土宗各派之说与行仪轨制之大全，使净土宗具备完整的教派形态，从而风行天下。[④]“有唐一代，净土之教深入民间，且染及士大夫阶层，盖当时士大夫根本之所以信佛者，即在作来生之计，净土之发达以至几独占中华之释氏信仰者盖在于此。”[⑤]是为确论。

善导认为阿弥陀佛愿力广大，众生就是凭借这种他力本愿才得以往生西方净土。但是，这种愿力却不会自动地降临于众生，众生先要有往生的愿望，也就是要具备“三心”，“三心”是众生往生净土的正因。何谓“三心”？曰：诚心、深心、回向发愿心。第一是“诚心”，诚心就是真心。“一切众生身口意业所修解行，必须真实心中作。不得外现贤善精进之相，内怀虚假，贪嗔邪伪，奸诈百端，恶性难侵，事同蛇蝎。虽起三业，名为杂毒之善，亦名虚假之行，不名真实业也。”[⑥]心口如一，表里俱澄，是修行的第一要义。第二是“深心”，深心就是深信不疑之心，净土法门以“信”、

① （唐）道绰：《安乐集》卷上，《大正新修大藏经》，第47册，第10页下～11页上。
② （唐）道绰：《安乐集》卷上，《大正新修大藏经》，第47册，第12页下。
③ （唐）道绰：《安乐集》卷上，《大正新修大藏经》，第47册，第17页中、下。
④ 善导破除了世间一切人往生弥陀净土的全部阻碍，如“善恶凡夫同沾九品”，“五逆谤法俱得往生”等提法，最大限度地展示了弥陀净土的魅力。善导净土宗贡献参见陈扬炯《中国净土宗通史》，第303～356页。
⑤ 汤用彤《隋唐佛教史稿》，中华书局，1982年，第193～194页。
⑥ （唐）善导：《观无量寿佛经疏》之《观经正宗分散善义》卷四，《大正新修大藏经》，第37册，第270页下～271页上。

“愿”、“行”为往生修行的三要素。就信而言，善导以为又有“就人立信”与“就行立信”之别。前者要人“一者决定深信自身现是罪恶生死凡夫，旷劫已来常没常流转，无有出离之缘；二者决定深信彼阿弥陀佛四十八愿摄受众生，无疑无虑，乘彼愿力定得往生。”[①]善导教人尽早认识并承认自身根机的低劣，靠自力无法解脱，于是放弃一切异见邪想，一心指望阿弥陀佛的慈悲愿力。后者要人秉持“正行”，“正行者，专依往生经行行者，是名正行。何者是也？一心专读诵此《观经》、《弥陀经》、《无量寿经》等，一心专注思想、观察、忆念彼国二报庄严，若礼即一心专礼彼佛，若口称即一心专称彼佛，若赞叹供养即一心专赞叹供养，是名为正。”[②]善导强调，正行之中的称名念佛是“正定之业”，其余的正行，都不过是“助业”。善导特别突出称名念佛的效力，认为这是往生西方的最佳路径。第三是“回向发愿心”，“言回向发愿心者，过去及以今生身口意业所修世出世善根，及随喜他一切凡圣身口意业所修世出世善根，以此自他所修善根，悉皆真实深信心中回向愿生彼国，故名回向发愿心也。”[③]“回”是回转的意思，“向”是趋向的意思，回向发愿，指愿将自己过去今生所修所做的身、口、意三业功德，以及随喜一切凡圣所修的身、口、意三业功德，皆发自于真实深信的心中，愿意往生阿弥陀佛净土，故称“回向发愿心”。所以，“诚心”，“深心”和“回向发愿心”是一个三维复合的逻辑安排。

善导进一步确定了称名念佛的地位，他说“念佛三昧”重要的是在“念”，众生通过念阿弥陀佛，达到与佛相互感应，凭借佛的愿力往生西方，所彰显的还是一种“他力”。“具足十念，称南无阿弥陀佛，称佛名故，于念念中，除八十亿劫生死之罪，命终之时，见金莲华，犹如日轮，住其人前如一念顷，即得往生极乐世界。”[④]尤为独特的是，善导认为根缺之人与女人也都可以往生净土。一旦往生净土，就富乐康寿，不再是恶人和女人，这对底层社会的感召力是极为惊人的。至此，弥陀净土理念是中国佛教终极关怀的共同基础，中国佛教各宗派也一向重视念佛法门，和持名念佛往

① （唐）善导：《观无量寿佛经疏》之《观经正宗分散善义》卷四，《大正新修大藏经》，第37册，第271页上、中。
② （唐）善导：《观无量寿佛经疏》之《观经正宗分散善义》卷四，《大正新修大藏经》，第37册，第272页中。
③ （唐）善导：《观无量寿佛经疏》之《观经正宗分散善义》卷四，《大正新修大藏经》，第37册，第272页下。
④ （南朝宋）畺良耶舍译：《佛说观无量寿佛经》，《大正新修大藏经》，第12册，第346页上。

生净土的思想也深度契合。净土宗的特别之处在于它的修持成道方法与诸宗大异。诸宗主张自力往生净土，净土宗则主张以阿弥陀佛的救度为成佛之道，是他力以成道的鼓吹者。这就为一种伟大力量的人间拯救的思路铺平了道路，它与弥勒信仰者之间除了上生与下生的通道歧义外，在需要拯救者这一项上却是有内在路径可以相通的。

二、宋代的民间宗教结社与净土信仰

在宋代，若按佛教各宗派崇信的人数而论，净土宗毫无疑问地压倒包括禅宗在内的其他佛教宗派而雄居首位。原因其实很简单，净土信仰给人们展示了一幅无比美好的理想国度的蓝图，且往生净土之方法又极为简便，只要口念阿弥陀佛名号，死后便可往生净土。净土信仰之所能获众多信徒之原由，即在于此。宋代净土宗的广泛传播，使得信徒结社念佛之风盛行。省常（959—1020）于北宋太宗淳化年间（990—994）在杭州昭庆寺创立净行社，其名称源自《大方广佛华严经·净行品》，[①]后时贤觉得与东晋庐山慧远白莲社相似，故改称西湖白莲社。士大夫闻风而动，踊跃加入。“朝贤高其谊，海内籍其名，由是宰衡名卿邦伯牧长又闻公之风而悦之。”[②]名臣孙何在《白莲社记》中激动地宣称白莲社非常容易地就吸纳了不少的精英：“宥密近臣，文昌名卿，玉署内相，琐闼夕拜，谏垣大夫，纶闼舍人，卿寺少列，郎曹应宿，仙馆和铅，曲台礼乐之司，延阁著述之士，殿省之俊，幕府县道之英，凡若干人。”[③]“士夫予会者皆称净行社弟子，而王文正公（旦）且为之社首。一时公卿伯牧，三十余年预此社者，至一百二十三人。”[④]丁谓景德三年（1006）作的《西湖结社诗序》说：“三公四辅，宥密禁林，西垣之词人，东观之史官，泊台省素有望之士，咸寄诗以为入社之盟文。”[⑤]天

① （高丽）义天：《圆宗文类》卷二十二宋白《大宋杭州西湖昭庆寺结社碑铭并序》，《卍续藏经》，第103册，第852页下～853页下。

② （宋）宗晓：《乐邦文类》卷三智圆《钱唐白莲社主碑》，《大正新修大藏经》，第47册，第184页上。

③ （宋）孙何：《白莲社记》，载《全宋文》卷一百八十六，上海辞书出版社，2006年，第5册，第186页。

④ （宋）志磐：《佛祖统纪》卷二十六《净土立教志》第十二之一，《大正新修大藏经》，第49册，第265页上。

⑤ （高丽）义天：《圆宗文类》卷二十二丁谓《西湖结社诗序》，《卍续藏经》，第103册，第852页下。祝尚书在《宋初西湖白莲社考论》（载《文献》，1995年第3期）中阐发了西湖白莲社的意义和影响，他认为这种佛教结社改变了原有的单一的宗教性质，在一定程度上成为文学结社，对宋代的诗文革命起到了重要影响。我们则重点在于考察并分析这类宗教结社的宗教社会学意义，它的出现，改变了宗教生存的形式，加深了对社会的渗透和控制。

台宗大师知礼弟子本如（982—1051）居明州，“慕庐山之风，与丞相章郇公（章得象）诸贤结白莲社。”① 宋仁宗曾亲自封赠本如为“神照”，赐以“白莲”匾额。宋代的结社念佛之风由名僧倡导，士大夫推波助澜，加之帝王钦许，故而风行大江南北。哲宗绍圣元年（1094），元照说：“近世宗师公心无党者，率用此法（结社念佛）诲诱其徒，由是在处立殿造像，结社建会，无贫贱，无少长，莫不归诚净土。”② 四朝元老文彦博与净严法师集10万人为净土会，苏轼亦曾建眉山水陆会，恭拜阿弥陀佛。这种情形在南宋时仍很普遍，张抡在杭州“凿池种莲，仿慧远结社之遗意，日率妻子课诵万过，而又岁以春秋之季月谓良日，即乌戍普静之精舍，与信道者共之。于是见闻随喜，云集川至，倡佛之声，如潮汐之腾江也。”③ 高宗亲书“莲社”二字以为题匾。两宋之际，宋金构兵，天下大乱，面对无法摆脱的现实苦难，民众只能加深对彼岸世界的向往，只能用“万人共念西方极乐世界阿弥陀佛尊号”④ 来对抗兵火交作，横尸堕首的人间惨剧。南宋晚期曾任明州学谕的昝定国“结西归社以劝人”。建净土院，日常邀集僧俗在那里观经念佛。⑤

两宋净土宗发展的一种显著特征是，净土宗实际上已不是一个专门的佛教宗派，而是佛教各派的共宗，净土信仰在宋代俨然已成为各佛教宗派的共同信仰。如禅门法眼宗主延寿，奉诏住持杭州永明寺，每临日暮，即去别处念佛。⑥ 天台宗的知礼，结社万人，“心心系念，日日要期”，“唯勤念佛”。⑦ 另一位天台高僧遵式则立《晨朝十念法》，清晨一意念佛，“尽一气为一念，如是十气，名为十念。随气长短，不限佛数，惟长惟久，气极为度。”⑧ 如此念佛，遵式要求一辈子不得有一日暂废。事实上，天台宗是提倡、融会净土信仰的主要宗派，《佛祖统纪》卷二十七所载《净土立教志》有75位

---

① （宋）志磐：《佛祖统记》卷十二《诸师列传》第六之二，《大正新修大藏经》，第49册，第214页中。

② （宋）宗晓：《乐邦文类》卷三元照《无量院造弥陀像记》，《大正新修大藏经》，第47册，第187页中。

③ （宋）宗晓：《乐邦文类》卷三张抡《高宗皇帝御书莲社记》，大正新修大藏经，第47卷，第188页上、中。

④ （宋）宗晓：《乐邦文类》卷三法忠《南岳山弥陀塔纪》，《大正新修大藏经》，第47册，第188页下

⑤ （宋）志磐：《佛祖统记》卷二十八《净土立教志》第十二之三，《大正新修大藏经》，第49册，第284页下。关于宋代结社会佛之风盛行的状况，可参见［日］铃木中正：《宋代佛教结社的研究》，载《史学杂志》，第52期，1941年；马西沙、韩秉方：《中国民间宗教史》，上海人民出版社，1993年，第120～126页。

⑥ 参见（宋）宗晓：《乐邦文类》卷三《大宋永明智觉禅师传》，《大正新修大藏经》，第47册，第195页上、中。

⑦ （宋）宗晓：《乐邦文类》卷四智礼《延庆募众念佛疏》，《大正新修大藏经》，第47册，第203页下。

⑧ （宋）宗晓：《乐邦文类》卷四遵式《晨朝十念法》，《大正新修大藏经》，第47册，第210页中。

宋代高僧往生净土，其中多为天台僧人。两部重要的净土宗文献《乐邦文类》(五卷)和《乐邦遗稿》(二卷)均出自天台宗宗晓之手，个中原由，耐人寻味。他们多从天台宗教义出发来理解西方净土，台宗有"一念三千"观，认为众生一刹那的心中，便具宇宙万相，当下生起的一念，必属十种法界中之一界，同时也就具百界、三百界以至三千界。一刹那动念处，便是宇宙全体，西方净土本来就是"一念"之产物，就在心中，"一念心遍，一尘亦遍，十万亿刹，咫步之间，岂在心外?"[①] 既然如此，栖心净土，简易稳妥，不必再穷究经论，只要诚心念佛名号，死后自然被佛接引往生西方净土，永享极乐。净土宗在宋代的盛行，也表明隋唐佛教理论的探索高潮过去之后，两宋各佛教宗派都进入了信仰的时期，修行者再不必证得涅槃，只需口念佛号，便可往生净土。这显然更为简捷，更为方便，支持修行者努力的因素只剩下一个"信"字。

宋代净土宗的代表人物是省常和宗赜。省常(959—1020)，浙江钱唐人，7岁出家，17岁受具足戒，先习天台止观法门，通《大乘起信论》。后效东晋慧远"莲社故事"，于太宗淳化年间(990—994)住持杭州昭庆寺期间，于寺内结"净行社"，专修净业，以宰相王旦为社首，士大夫预其会者百余人，信众千人。省常自刺指血写《华严经·净行品》，每写一字，三拜，三绕，三称阿弥陀佛名。抄写毕，刊印千卷，分赠千人。省常殁后，智圆为其撰碑，称"其化成也如是，有以见西湖之社嗣于庐山者，无惭德矣。"[②] 宗赜生平稍后于省常，湖北襄阳人。29岁出家为僧，先皈禅门，后依净土。哲宗元祐年间(1086—1100)，住持真州(今江苏仪征)长芦寺，建"莲花胜会"，凡预会日，无论僧俗，同念阿弥陀佛名号，日至千万声。所著《苇江集》，内有劝孝文章一百余篇，多为教人规劝父母同修净土，表现出一种援儒入净的思想倾向。宗赜教人在口念佛号的同时，时刻保持两种心情，一是对现实世界的"厌"，一是对极乐世界的"忻"。现实世界，充满着秽恶苦难，故而应"厌"，极乐世界则"黄金为地，行树参空，楼耸七珍，"[③] 如此一个

① (宋)宗晓:《乐邦文类》卷五遵式《依修多罗立往生正信偈》,《大正新修大藏经》，第47册，第216页下。
② (宋)宗晓:《乐邦文类》卷三智圆《钱唐白莲社主碑》,《大正新修大藏经》，第47册，第184页中。
③ (宋)宗晓:《乐邦文类》卷二宗赜《莲花胜会录文》,《大正新修大藏经》，第47册，第177页下。

美好的理想国度，自然会激发起人们的忻慕的情感。净土信仰之所以引发中国佛教各宗派的一直追奉，热衷于往生弥陀净土信仰，原因有三项：其一，对现实世界都作出了负面的、否定性的判断和论定，认为是秽土、是恶世；其二，对理想世界都作出了美妙、崇高而神圣的预设；其三，弥陀净土信仰较之其他各佛教宗派而言，进入理想世界的途径更为简单、便捷。或许就如陈荣富所论："宋以后，佛教各宗之所以都以净土念佛法门为指归，出现台净一致，禅净一致，律净一致，其重要原因就是这些宗派需要净土宗所提供的具体的、形象的、尽美尽善的西方极乐世界这种终极关怀，否则，它们就难以存在和发展。所以，净土指归是宗教发展的必然。"[①]

三、佛教世俗化之进展与南宋白莲教的产生

南宋白莲教产生之过程是受到佛教世俗化推动与模铸的典型事例。芮沃寿就曾经指出，宋代及其以后的社会中，佛教被本土传统挪用，逐渐衰落。高涨的新儒学运动不知不觉挪用了佛教思想中那些有持续吸引力的元素，为精英阶层提供哲学和思想形态。在民间，佛教元素渗透在民间宗教、文学和生活中的各个层面中，最初的佛教特征渐渐湮没，不为人所辨。精英人士试图影响并改造民众的精神信仰，但是，"没有使农民大众像社会上层人士一样变得安静而有理性。他们也许贫困，但并不逊色于上层人士。狂热的造反运动，无数的地方宗教组织，秘密会社的仪式，对灵媒、巫觋的不断资助，对无数神祇的偶像崇拜，见证了贯穿这个漫长时期的高涨宗教热情。早期的佛教以不同的形式在中国社会的两个阶层中形成了共同的联结。而如今与此相反，在精英的理性伦理和农民的宗教风气之间有着显著的裂痕。一位敏锐的观察家提出这两个阶层可视为亚社会，上层是潘乃德（Ruth Benedict）命名的'阿波罗神的'，下层是'酒神的'。"[②]李四龙则将宋代之后民俗佛教的展开看作是营造生活的秩序空间的落实，与宋代之前学理佛教探索生活的意义空间相对应。李四龙认为，在五代北宋之际中国佛教经历了一次嬗变，在此之前主要是学理型佛教通过"格义"与"判教"

① 陈荣富：《净土旨归探源》，载《浙江学刊》，2002年第4期。
② ［美］芮沃寿（Arthur F.Wright）：《中国历史中的佛教》，常蕾译，北京大学出版社，2009年，第97～98页。

创宗立说，是民俗佛教在民间社会孕育生根的时期，在此之后主要是民俗型佛教蓬勃展开的时期。[①]就社会中实际存在的佛教活动而言，上层社会的崇佛活动总是带有一定的政治目的，而下层社会对佛教的追奉则更多地是出于对自身利益的考量，他们面对现实世界的忧愁和困苦，使得他们在精神上增进了对佛祖和僧人的感情寄托，他们对佛教的动力，源自对切身利益的功利主义的目的，他们日常生活中的佛教活动和宗教意识，是他们现实关怀和迫切愿望的反映，表现出浓重的实用主义特征，充满着世俗化的氛围。南宋立国伊始，在动荡的社会生活中孤立无援的人们，精神上惶恐不安的士大夫，渴求建立一种新的社会联系。这种精神渴望和残酷战争造成的极度苦难的现实生活是结社念佛之风盛行的社会背景，白莲教的诞生，因应了这种社会氛围，迎合了人们的精神需求，世俗领袖和平民的大批参加，集体礼拜，简化仪式，白莲教与其他净业社团一样，崇拜阿弥陀佛，以往生净土为修行之终极目的。将原来就很简便的修行工夫“十念”改为念佛五声，宣扬“念念弥陀出世，处处极乐现前”。[②]在茅子元这里，凭“自信、自行、自修、自度”便可做到往生净土，他继承了净土宗的基本信仰，将修行方式更加简约化了，这样做的一个直接后果，就是争取到大量的“在家清信之士”。至此，李四龙所归纳的民俗佛教的特征便凸显出来了。尤其是相对于学理佛教拥有深邃的意义空间，民俗佛教营造了生活的秩序空间，利用神灵的权威，具体承担了宗教的社会功能。人类社会存在的前提是要替自身营建具有意义与秩序的世界。因此，社会个体始终无法逃脱这种营建世界的职责和义务。在这过程中宗教扮演着其他文化现象难以替代的社会功能，因为宗教始终能以“神圣”的名义规范约束个人的选择。佛教把探索意义与确立秩序的两种功能分别赋予学理佛教和民俗佛教，这是佛教有别于其他宗教的奇特之处。[③]我们可以这么说，白莲教在南宋的出现本身就是佛教世俗化的产物，它的发展及变异也同样受到佛教世俗化的推动，因为，南宋后期至元代的白莲教受到了被世俗化佛教所铸造的弥勒信

① 参见李四龙：《民俗佛教的形成与特征》，载《北京大学学报》，1996年第4期。

② （元）普度：《庐山莲宗宝鉴》卷二《离相三昧无住法门》，杨讷编《元代白莲教资料汇编》，中华书局，1989年，第35页。

③ 参见李四龙：《民俗佛教的形成与特征》，载《北京大学学报》，1996年第4期。

仰的改造和规范，受到了被世俗化佛教所铸造的明教的改造和规范，到元代中后期，白莲教、弥勒信仰和明教混合在一起，他们各自的特征被完全泯灭，这个新的信仰形态，本身也是佛教世俗化的产物。[①]

戴玄之论白莲教性质时说："白莲教乃假宗教迷信，以达其聚众敛钱、夺取政权之目的，实为革命集团，而非宗教集团。其宗旨在反抗政府，夺取政权。不论政府为何族所建，皆在被夺取之列，决无同族异族之分，华夏夷狄之别。"[②]我们认为，南宋的白莲教既不是一个纯粹的叛乱或革命的集团，它出现后，长期地存在于一种酝酿于民间、活动于民间的反政府、反权威与反正统意识形态的民间宗教的氛围中，于此被重铸；也并非一个内涵有叛乱或革命的基因的宗教团体，为最终的被改造早早地写下伏笔。白莲教的出现，是五代北宋之后佛教对社会形成深层穿透和附系能力后的自然结果，是下层社会共同构筑的精神家园。佛教净土信仰，给人们提供了一个永远脱离现实世界的幻想，成为一种奇特的乌托邦理念。在净土信仰描绘的世界里，人不能摆脱它的有限性，但人能够不断地超越它的有限性；人充分展示了他走向终极完美，走向本质的可能性。从形而上学的本质上讲，净土信仰有着乌托邦理想的种种特性。乌托邦是一种没有时间、没有空间、没有在场的终极完美状态。"乌托邦表现了人的本质、人生存的深层目的，它显示了人本质上所是的那种东西。每一个乌托邦都表现了人作为深层目的所具有的一切和作为一个人为了自己将来的实现而必须具有的一切。"[③]乌托邦是人的本质状态，是人的终极完美状态，是对人的无限自由、

① 戴玄之在《白莲教的源流》(载《中国学志》，第五本，"道教专号"，泰山文物社，1968年)中就曾讲过，白莲教、吃菜事魔和摩尼教都受到佛教世俗化的影响。日本学者矢野仁一在《关于白莲教之乱》(杨铁夫译，载《人文》，第6卷第1期、第2期，1935年1月、1935年3月)中，主要讨论的是清朝嘉庆年间横行鄂、豫、陕、川、甘五省之白莲教叛乱。在分析造成此悲剧之原因时，矢野氏以为，是固然与清代政治贪腐与社会黑暗有直接关联，但同样也有其历史及文化之深层根源，如自元代起就奉弥勒佛为本尊，各时代不安分之歹民，煽惑诱导人民，陆续叛乱，此乃社会组织有深层痼疾存在。由白莲教以天下大乱弥勒佛转世之思想，为一般人所认为已达劫运之时的意识，根深蒂固，推其所自，宗教世俗化之影响也。

② 戴玄之:《白莲教的本质》，载《台湾师范大学学报》，第12期，1967年。戴氏于此处认定白莲教为一"革命集团"，而黄清连在《元初江南的叛乱：1276—1294》(载《中央研究院历史语言研究所集刊》，第49本，第1分，1978年)中却将此类"革命集团"归列为"叛乱"。黄清连解释了"叛乱"与"革命"的差别，认为前者是人民在要求改善生活时，致力于使用武力，通常没有成功，结果是破坏性的；后者则尽管也倾向于使用武力，但通常有政治理想，建设性大于破坏性。元代的白莲教，无疑应该属于前者。

③ [美]保罗·蒂里希(Paul Tillish):《政治期望》，徐钧尧译，四川人民出版社，1989年，第214页。

对人的超越一切不可超越性能力的绝对确认。同样，乌托邦的精神在于它不满足于现实，拒绝现实，也就是拒绝人的存在状态，超越人的存在状态，所以马尔库塞又赋予乌托邦的原则为“伟大的拒绝”。①因此，乌托邦体现了人超越自我局限而臻于终极完美状态，最终实现人的本质的愿望。克利杉·库玛一方面说“宗教与乌托邦之间有原则上根本的矛盾。”因为“宗教典型地具有来世的关怀，而乌托邦的兴趣则在现世。”②但是在中国文化里，宗教与乌托邦互相迭和在一起。在中国传统里，乌托邦观念“几乎总是联系着和佛教的弥勒佛有关的救世观念和千年纪的期待。”③不仅如此，在佛教净土信仰和南宋白莲教那里，同样给我们展示了一幅关于人生未来的动人的画卷，即便在元代白莲教强调“叛乱的权力”，④将一种和平的世俗化的佛教加入暴力的原子改造成“武器的批判”，净土，这幅美丽新世界的景象也会时刻浮现在运用武器进行批判的大众的头脑中，成为他们对抗暴政的精神支柱。

涂尔干反对宗教是人们想象出来的幻境的说法，宗教也不是来自人类在宇宙面前的卑微感和渺小感。他反驳道：“恰好相反，宗教完全是由一种截然相反的情感激发出来的。甚至可以说，正是那种最高尚、最理想的情感才具有确保人类与各种事物相抗争的作用：宗教告诉人们，信仰本身就能够‘移山填海’，能够支配自然力量。如果这种信念源自软弱无能的感觉，那么它如何得以产生呢？”⑤净土信仰，那种优雅的、士大夫清心养性般的平和宗教情怀，一遇上合适的土壤，就会掀起“移山填海”似的能量，它的嬗变过程，重松俊章早就说得非常明白：“白莲教的发生，在南宋之初。

---

① 参见[美]赫伯特·马尔库塞(Herbert Marcus)：《爱欲与文明：对弗洛伊德思想的哲学探讨》，黄勇、薛民译，上海译文出版社，1987年，第101～114页。

② Krishan Kumar, *Utopia and Anti -U topia in M odern Times*, Basil Blackwell, 1987, p.10.

③ Krishan Kumar, *Utopianism*, University of Minnesota Press, 1991, p.34. 张隆溪在《乌托邦：世俗理念与中国传统》(载《山东社会科学》，2008年第9期)分析了儒家政治理念制控下的中国乌托邦理念的特性和在中国政治中的作用，同时也分析了中国古典文学想象中的乌托邦世界，但就是没有涉及宗教尤其是佛教对美好世界的展望。

④ “叛乱的权力”这个概念，来自德裔美国历史学家魏特夫(Karl August Wittfogel)，在他的《东方专制主义》(徐式谷等译，邹如山校订，中国社会科学出版社，1989年)讲到当人民受到集权政府的迫害时，人民面对苛虐的法律，有权进行反叛。因为中国的儒家传统中也不乏这类的思想资源，参见该书第99～100页。

⑤ [法]爱弥儿·涂尔干(Emile Durkheim)：《宗教生活的基本形式》，渠东、汲喆译，上海人民出版社，2006年，第81页。

发生的时候的宗门和明清时代的宗门，内容(教义)、形式(仪式)都大有差异，但异端总不免秘密经会的性质。这个宗门在发生的当初，是根据天台的识法及弥陀的念佛而成的禁欲主义的净业团体，由教团的性质来看，是半僧半俗的一种优婆塞宗门。等到他们遇着了官僚教敌的激烈迫害，勾结社会里不平分子，他们的教理及行法便有变改的必要，所以和发生当时的教义行法面目显异了。”[①]无论是白莲教的起始还是它的变异，社会始终是它的本质。就如涂尔干所认为的，社会具有强制个人的威慑力量，正是这种巨大威慑力量的存在，使社会成员感觉到，社会不但是一个令人敬畏的统帅，而且具有某种神圣的属性。面对着社会，我们必须尊重它，并且崇拜它。涂尔干的这种观点，说明了宗教与社会的“嵌入”关系，社会创造宗教，宗教是社会力量或社会自身的再现形式，同样适合于白莲教从缘起到变异的全部历程。反过来，宗教能将人们一切社会性的活动置于一种神圣的意义体系中，在这一神圣的虚拟氛围中，社会的价值观念和基本规范涂上了神灵的光彩，社会成员必须敬重、信仰和服从。这同样适用于我们对白莲教的理解。宗教在任何情况下，都能给宗教信徒提供来世生活的幸福蓝图和忍受痛苦、生存下去的根据，给信徒以极大的“安慰感和依赖感”，这无论在北宋的净业社团里还是在南宋白莲教的团体里，都是一个样式的。

四、最后的审思

南宋的白莲教既不是一个叛乱或革命的集团，也不含有叛乱或革命的基因，它是一个相对单纯的佛教结社。就如芮沃寿所说的，“佛教在中国的历史证明了中国人狂热献身于一种观念或生活方式的能力。”但是，这种献身又是“理性的、人文的”。[②]它与一般意义上的“邪教”有天堑鸿沟般的差异。在宗教社会学那里，邪教和膜拜团体，是一个小规模的宗教群体，它们过于怪诞，是由一位克里斯玛式的领袖所领导的宗教群体；邪教也惯于洗脑，人们认为邪教有种种神秘能力，有完善的“意识控制”手段：控制、支配、哄骗、劝诱、勾引、诳诈、施压、催迫，等等；邪教还鼓动自己的

---

① ［日］重松俊章作、陶希圣抄译：《初期的白莲教会》，载《食货》，第1卷第4期，1935年1月，第27页。

② ［美］芮沃寿（Arthur F. Wright）：《中国历史中的佛教》，常蕾译，第126页。

成员从事非法、犯罪和谋杀活动；最后，邪教显得特别的“怪异”，它的活动和想法都与众不同。[①]用这个标准去与净土信仰或南宋白莲教相对照，两者均完全不符合所谓的邪教的标准。在宋代的大部分时间的大部分区域里，净土信仰者和白莲教徒组成的团体，是和平的佛教信奉者，他们的活动，和杨庆堃的分散性宗教所表现的特征相契合。“在中国历史上，多数时间里没有强大的、高度组织性的宗教，也没有教会与国家之间长期无休止的斗争。”[②]制度性宗教（inst itutional religion）和分散性宗教（diffused religion）是杨庆堃宗教社会学理论当中最具原创性，也是最重要的一对概念，他揭示了中国宗教的精神实质，也揭示了唐宋之后佛教存在的实际情形和信仰方式。在这种分散性佛教样式存在的过程中，中国社会的历史时代特征被深深地镶嵌进了宗教意识和活动目的与方式之中，它向人提供了存在最为迫切需要的东西，如信仰、希望、爱和理解、关怀。它同时也向人们提供一种“超越”的价值选项，这种价值寻求超越一切功利的个人、家庭、国家的边界，而指向宇宙的大同，超越本身也蕴涵着完美无缺，它提供了个体价值所能达到的最高程度。

---

① 参见［美］菲尔·朱克曼（Phil Zuckerman）：《宗教社会学的邀请》，曹义昆译，北京大学出版社，2012年，第74～80页。

② ［美］杨庆堃（C. K. Yang）：《中国社会中的宗教》，范丽珠等译，上海人民出版社，2007年，第21页。

试析决定佛教发展演变的基本要素和内在逻辑

——试构考量佛教发展演变的双向坐标参照图

广东省社会科学院　罗少华

摘　要：分析决定佛教发展演变的社会需要和内在逻辑两个系列因素，在此基础上将能够决定佛教发展演变的社会需要及四大要素与佛法演变的内在逻辑及三阶段论结合起来，形成世俗和宗教双重标准系列，构建考察佛教发展演变的双向坐标参照图。

关键词：社会需要　四大要素　内在逻辑　三阶段论　双向坐标参照图

一、决定佛教发展演变的基本要素

影响佛教发展的因素很多，但对佛教发展能够起到主要决定作用的则是当时的社会需要。这一社会需要又主要是通过佛法、僧尼、普通信众和国家佛教政策等四大要素体现出来。

（一）决定佛教发展的社会需要

社会需要决定社会发展的方向和心理力度，这是人类社会发展的基本原则之一。它对任何宗教在世间的发展变化也是非常适用的。佛教如同其他宗教及其他社会意识形态一样，在世间的生存和发展在根本上是由当时的各种社会需要决定的。

历史表明，佛教在古印度社会的产生、发展、变化和消亡，都是由古代印度社会历史变迁过程中的各种不同社会心理、政治、经济和文化等方面的需要所决定的。公元前7—前5世纪，古代印度社会为了反对婆罗门教姓制度需要而产生了许多沙门思想，佛教就是当时诸多沙门派系中的最优秀者。公元前3世纪时，阿育王为了巩固对刚统一的全印度的统治，需要佛教思想来支持，于是大力在全印度推广佛教，印度佛教也就进入了它最辉煌的时代。

佛教之所以能够顺利传入中国，并在中国生根、开花、结果，这也与中国社会对佛教的种种需要密切相关。佛教不仅弥补了中国宗教文化的不足，也能在总体上与中国传统文化，特别是道教和儒学思想相辅相成，并在相互交流和融合过程中促成了中国整体文化水平的提升。佛教的道德教化功能则更为中国历代统治阶级和中国人民所青睐，这是佛教能在中国生根、开花、结果的最重要原因。

（二）决定佛教发展的四大要素

佛法、僧尼、一般信众和国家佛教政策等四大要素是我们考量佛教发展状况的四大标尺。同时，这四大要素也是佛教本身生存和发展的基本因素或基本条件，对佛教的生存和发展也起着决定性的作用。

1. 佛法

佛法以出离烦恼、证得涅槃为宗旨，是佛陀思想智慧的结晶和佛陀法身的体现。虽然佛法内容浩如烟海，摄八万四千法门，但都可归结为戒定慧三无漏学。佛法作为有着高度智慧和严密体系的宗教思想，是僧尼和信众的指路明灯，在佛教发展和演变过程中起着至关重要的决定作用。

2. 僧尼

僧尼是佛法继承和传播的主要承担者，他们的心理素质和修为境界直接影响和决定着佛法继承、传播和作用发挥的质量。这些质量状况不仅决定了佛法能否正确延续下去，也深入地影响着群众特别是信众对佛教的感觉和态度，甚至还严重地影响到国家对佛教的政策和法律（中国历史上先后上演的的四次佛教“法难”[①]就是最好的证明）。所以，僧尼在佛教的发展

① “法难”，这是佛教史上对三武一宗之厄的说法。中国历史上曾先后出现了北魏太武帝、北周武帝、唐武宗、五代周世宗等四位皇帝排斥打击佛教的事情，这些事情的发生也与当时佛教界僧尼的作风问题有关。

中处于中枢地位。

3. 普通信众

普通信众是寺院和僧尼的主要施主和供养者，是佛法生存和发展的土壤。中国佛教事业近三十多年的发展，从根本上是得力于中国广大信教群众的大力支持。无论是修建寺庙、佛僧尼日常生活所需、寺庙慈善捐助等，所需的巨额资金都主要是来自普通信众的捐赠和出资。信众平常到寺庙烧香拜佛，一般都要向寺庙捐点钱，少则几元，多则几百元。遇到寺庙做慈善公益事业，例如修建寺庙、印制佛经、扶贫救灾等，信众捐助就更多了，一般信众都能捐款百元以上，有的信众则能捐上千元、万元乃至几十元万。僧尼为在家信众做经忏等法事，信众也乐于出资参加，从几百元、上千元乃至上万元不等。可见，普通信众的支持也是佛教在世间生存和发展的决定性因素。

4. 国家的佛教政策

国家对佛教的政策集中反映了统治阶级对佛教的基本态度，它对佛教的发展也能起到至关重要的作用。佛教不像其他宗教，它不主张抗争和暴力革命，所以基本上都是以顺应当时统治阶级意志的方式而存在和发展。如果能够得到统治阶级容纳、肯定和支持，佛教就能顺利发展起来；如果得不到统治阶级容纳、肯定和支持，甚至遭到统治阶级的反对和镇压，佛教就容易凋零和萎缩。中国历史上佛教兴衰荣辱的经历，大都直接与当时的统治阶级特别是最高统治者对佛教的态度密切相关。东晋高僧道安曾感慨地说:“不依国主，则法难立”。

（三）社会需要与四大要素的关系

社会对佛教的需要与决定发展的佛教四大要素密切相关。一方面，社会对佛教的种种需要主要是通过佛法、僧尼、一般信众和国家佛教政策等四大要素或方面体现。正因为社会需要佛教来解决一些思想和心理问题，才出现了佛法的传播、发展和创新；正因为有人笃信佛教、在内心深处依赖佛教信仰，才有了出家为僧为尼的现象；正因为佛教能给许多民众带来希望和慰藉，才有了佛教的一般信众；也正因为统治阶级需要佛教来维护其统治，才有了有利于佛教发展的国家佛教政策。

另一方面，佛法、僧尼、一般信众和国家佛教政策这四大因素又都是社会对佛教各种需要的集中体现。佛法的传播、解释、发展和创新，体现的是社会对佛法的种种需要；一些人出家为僧为尼，体现的是他们对佛法信仰和信赖的心理需要；民众信佛、菩萨，体现的是他们需要佛、菩萨的保佑和庇佑等；国家推行有利于佛教发展的政策，体现的是统治阶级需要佛教力量来维护国家的稳定与和谐等。

所以，从社会需要来考量佛教发展状况时，不可离开四大要素，而必须以此四大要素为标尺；从四大要素来考量佛教发展状况时，不可离开社会需要，而必须以社会需要为内在动因。

二、佛教发展演变的内在逻辑——三阶段论

佛教是一种特别的宗教，有其发展的内在特殊逻辑。一方面，佛教肯定释迦牟尼是佛，具备了圆满的智慧和知识，其所说之法不可更改；另一方面，佛教又肯定人人都有佛性，都可以学佛、成佛，因此也可以解析和演义佛陀思想。因此，佛教教义就有了不可变但又难免、必定变的发展和演变过程，这就是佛教发展演变的内在矛盾和内在逻辑。佛陀对这一内在矛盾和内在逻辑是十分清楚的，所以当时就针对这一现象对弟子们作了预言和开示。这就有了佛教演变的三阶段论和末法说。

（一）佛教演变的三阶段论

佛教产生后，关于佛教在世间的发展演变问题，佛陀在世时早有预言。根据佛经所说，佛法在世间的演变有正法、像法、末法三个时期。所谓正法，指纯正的佛法。这时期，于佛法仪未改，有教有行，并有正得证果者。所谓像法，指相像或相似的佛法。这时期，佛陀的教义在演义、衍生和扩展过程中开始逐渐被讹替，以相像之佛法为佛法，虽然有教有行，但不是真正的佛教之教与行，所以没有证果者。据《杂阿含经》（刘宋 求那跋陀罗译）记载，佛陀曾对大弟子迦叶说“如来正法欲灭之时。有相似像法生。相似像法出世间已。正法则灭。譬如大海中。船载多珍宝。则顿沉没。”所谓

末法，指走向衰落的末流的或枝末的佛法。由于正法不存，无证果者，所以僧界就出现了只有教而无行的现象了。世间佛教由此转为衰落，进入末法期。

关于这三个时期的划分，有几种说法。一般的说法是：正法五百年，像法一千年，末法一万年。还有的说法是：正法一千年，像法一千年，末法一万年。还有的说末法有三万年之久。另外，南传佛教[①]认为自己仍处在正法时期，且此正法期有五千年之久。各种不同的时段划分都是针对不同地区的佛教而言。佛教发展演变的三阶段论是世界佛教界的共识，世界各地佛教发展演变的过程也大致如此，但在不同的佛教地区会有不同的具体时间分段和具体表现。就汉传佛教来说，隋唐时期就已经由像法转入到了末法时期，这是中国佛教界许多高僧们的共识。

（二）内在逻辑在佛教发展演变过程中的地位和作用

佛教发展演变的内在逻辑在佛教发展演变过程中的地位和作用集中表现在佛法演变的三阶段论中。

按照这一内在逻辑，释迦牟尼佛说法原旨是佛法的原点和准则，佛法后来的一切发展和变化都是对原点和准则的远离和偏离，所以都是走向衰落的表现。因为，真正的佛法必须是佛说之法，非佛说之法则非佛法。但出现在世间的真正佛陀只有释迦牟尼一人，只有释迦牟尼佛所说之法才是真正的或纯正的佛法。随着佛陀去世的渐远和后来佛学者们的渐增，特别是人类知识的发展及其对佛教的影响，佛法在后来的开讲、传播、翻译、演义、发掘、衍生、扩展和容纳新知识的过程中必然变得内容日益庞大和繁杂，同时佛法的纯正性也必然渐减。所以，从纯正佛法的立场来看，佛教发展和演变的总趋势注定了是一个佛法内在精髓变得日益衰落和消亡的过程。虽然在相当长或相当多的历史时段，佛教在其他方面——如佛法数量、佛教文化、僧尼数量、信众数量及国家佛教政策的积极因素等方面，

① 南传佛教又称小乘佛教，是早期部派佛教中的流传下来的一个派系，现今在盛行于斯里兰卡、缅甸、泰国、柬埔寨、老挝及我国云南省傣族等地区的。它与汉传佛教（又称北传佛教或大乘佛教）和藏传佛教（又称密乘佛教）共同组成当今世界佛教阵营。

都能够获得各种或大或小的发展。

佛法演变的这一内在逻辑过程具体展现为佛法演变的三阶段论，即正法、像法、末法。此三个阶段是佛法内在逻辑的自然演变过程。当然，各个阶段进程并不排除可以通过人为的干预和社会其他文化因素的影响或者得到延长或者得以加速。例如，在像法或末法时期如果遇到真正的高僧，佛法的衰落进程可能得到延缓和阻止，甚至能由衰落转为回升——在某种程度上重新回到佛陀的正见正解。所以，续佛慧命也不是句空话。但高僧出世毕竟不是佛陀再世，佛法衰落的这种延缓和阻止现象改变不了佛法三阶段论的命运，由衰转升现象也只能是暂时的和局部的。因此，三阶段论所指的基本趋势和时段是基本上确定的。上述能够决定佛教发展的社会需要和四大要素在这里则基本上起不了什么作用。

三、佛教发展演变的双向坐标参照图：基本因素与内在逻辑之历史的统一

三阶段论是以佛陀的纯正佛法为原点和准则，推断后来佛法演变的非纯正性所得出的结论。而社会需要都是从社会生活的现实中产生的，社会现实中的佛法、僧尼、普通信众和国家佛法政策等也都是从社会现实需要中产生的，这样就造成了佛教发展演变的三阶段论评价和佛教发展演变的历史自我评价不一致的情形。但两种评价必须兼顾，才能准确把握佛教发展的真实情况。

为此，我们可以将上述决定佛教发展演变的社会需要及四大基本因素和内在逻辑结合起来，以构建一个考量佛教历史发展演变真实状况的双向坐标参照图。具体做法是：以佛法内在逻辑演变过程为横坐标（X），以能够决定佛教历史发展具体状况的社会需要及四大要素为纵坐标（Y）。佛法内在逻辑演变过程的三阶段论是基本不变的，但社会需要和四大要素所决定的佛教发展状况则是变化多样的。两者在这个坐标体系中相互兼容，各自表现，从而共同勾画出佛教历史发展演变的真实面貌。

例如，以中国佛教历史发展演变的一些典型事例为例可以模拟出一个

双向坐标参照图。

中国佛教历史发展演变的双向坐标参照图例（模拟图）

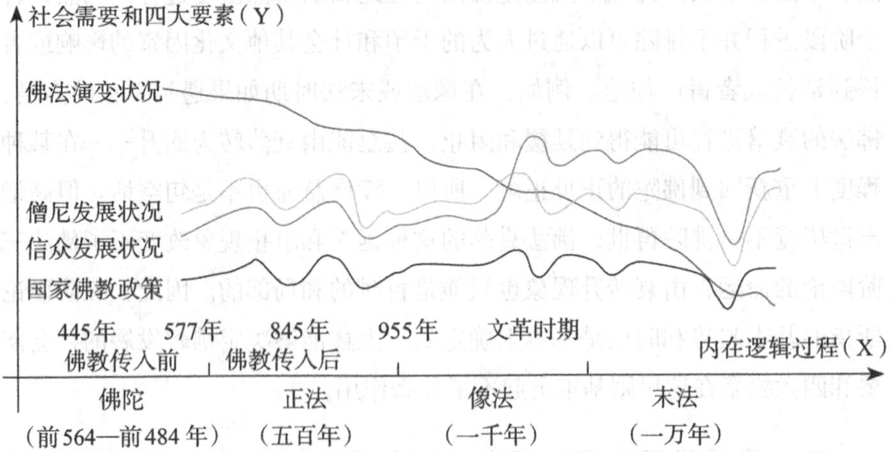

说明：此坐标参照图是对中国佛教历史的不完全模拟。在此图例，僧尼、信众和国家佛教政策这三条发展线都有五个明显的低谷期，各谷底点分别指445年、577年、845年、955年先后发生的“三武一宗灭佛运动”以及20世纪60年代发生的文革运动的破坏高潮时期。

上图所列出的各基本因素发展演变状况都是综合性的，包括质量和数量等方面。考量一个地方的佛教发展状况，应依据佛教发展演变的内在逻辑进程，并综合佛教四大基本因素的发展情况来进行。这样，就能做到既不违背佛陀经典，又能尊重历史事实。

从上面参照图例中容易看出，佛法演变状况与佛教内在逻辑演变过程密切相关，是严格按照佛法演变的三阶段论来进行的。它虽然与僧尼、信众和国家佛教政策等因素的发展变化情况也有种种联系，但其内在的纯正性和精髓主要是以佛陀说法原旨为原点和准则来衡量的。所以，某个时期僧尼、普通信众和国家佛教政策状况发展得再好、自我评价再高，也不能否定佛教演变的内在逻辑过程三阶段论：正法——像法——末法。

但同时，衡量一个地方的佛教发展状况也不能完全以正法、像法和末法这三阶段论为标准。事实上，佛教在正法时期也遇到过低谷甚至挫折的时候，在像法和末法时期也出现过顺利、高涨、繁荣的发展局面。例如，中国佛教在隋唐时期就已经由像法转入到了末法，但稍后由六祖惠能所锐意改造和大力提倡的禅宗却能在中国遍地开花，并走向鼎兴。

总之，考量佛教历史发展的真实情况，应该将决定佛教发展演变的社会需要及四大要素标准与佛法演变的内在逻辑及三阶段论标准结合起来，形成双向坐标考察体系，才能做到世俗和宗教两个方面都兼顾的效果。这是笔者之所以试图构建考量佛教发展演变双向坐标参照图的原因。

参考文献

[1]镰田茂雄，黄玉雄.末法到来[J].五台山研究，2001(01).
[2]陈星桥.末法不等于末日[J].中国宗教，1999(01).
[3]大正藏·阿含部[Z].
[4]楞严经[Z].

盛衰岂无凭：辽代“贤密融通”现象之宏观

上海社会科学院哲学所　李　元

摘　要：辽代是中国历史上的一个特殊朝代。华严宗（贤首宗）和密宗是辽代最昌盛的两个佛教宗派，它们在辽代互融互摄，形成了“贤密融通”现象。本文拟站在宏观视角，总结“贤密融通”现象的表现，并在此基础上，分析此种现象形成及衰灭的原因。本文认为，“贤密融通”主要有以下几种表现：辽代帝王常常二宗并弘；佛教学者在著述中援引二宗的理论相互阐释；在辽代佛教寺院中，贤密二宗之建筑、艺术特色被熔于一炉。“贤密融通”现象的盛衰有多方面原因。其兴盛主要是因为：辽代帝王推崇“圆融无碍”华严学，对燕云地区的占领使华严宗得以重兴；密宗与萨满教有类似之处，故为契丹人所喜；在此基础上，由于贤、密二宗具有天然的互补性，所以能“互融互摄”。“贤密融通”的衰败主要是因为：失去了统治者的支持；游牧民族的汉化阻碍了密宗发展；辽王朝的解体使贤、密二宗失去了发展的平台，这是最直接的原因。

关键字：辽代　华严宗（贤首宗）　贤密融通　密宗

一、前言

辽代是中国历史上的一个特殊王朝。它由契丹贵族耶律阿保机在916年创立，至1125年为金朝所灭，前后共历九帝，计210年。除了契丹族的原始信仰萨满教之外，佛教是辽代最主要的宗教，其中尤以贤首宗(华严宗)、密宗(真言宗)为最盛。并且，辽代的佛教有一个显著的特点：贤首宗(华严宗)与密宗日趋融合(以下将其简称作“贤密融通”)，呈现出一种独特的现象。就中国佛教史之整体而言，自唐之后，禅净合流成为大势，具体到华严宗而言，“禅化”也成为主要的发展趋势。相对而言，华严“密化”实在是辽代的一个特殊的文化现象。那么，这种现象具体有何种表现？这种现象又是如何产生的？如何终结的呢？

本文拟站在宏观的视角，简要绍述辽代“贤密融通”现象之表现，在此基础上，分析这种现象形成以及消失的原因。急就之章，错谬之处在所难免，恳请方家指正。

二、辽代佛教发展之盛况

辽代佛教之兴盛，绝不亚于与其同期的中原王朝唐、宋。具体说来，有如下表现：辽代帝王之崇佛；佛藏编修和石经凿刻事业的发展；佛教对辽代民众生活的影响……限于篇幅，本文仅对辽代帝王之崇佛作一简要介绍，从中我们不难窥见辽代佛教发展之盛况。

根据相关学者的研究，可能在916年辽朝建立之前，佛教就已经传入了契丹，具体时间可能是10世纪初，传入者可能是汉人俘虏。据《辽史》，唐天复元年(901年)，契丹痕德堇可汗以耶律阿保机为迭剌部夷离堇，专征讨。[①] 阿保机“乘机入塞，攻陷城邑，俘其人民，依唐州县置城以居之”。这些新建城邑中有不少的佛教徒。另据《旧五代史·契丹传》载：阿保机还曾经“别作一城，以实汉人，名曰汉城。城中有佛寺三，僧尼千人。”胡峤《陷北记》中也曾提及，在阿保机的管辖范围内，“绫、锦诸工作，宦者、翰林、伎术、教坊、角抵、秀才、僧尼、道士等，皆中国人，而并、汾、幽、蓟之人尤多”。其中的僧尼，可能大多是契丹贵族抓获的俘虏。

契丹开始建佛寺的时间也在辽朝建立之前。902年七月，阿保机“以兵四十万伐河东代北，攻下九郡，获生口九万五千，驼、马、牛、羊不可胜

① 《辽史》卷1《太祖纪上》。

纪”。[①] 为安置这些汉人俘虏，阿保机在龙化州“始建开教寺”，“开教”，可能含有纪念“创教”、“开导”、“教化”之义。太祖三年（909年）四月“诏左仆射韩知古建碑龙化州大广寺，以记功德。”912年，又建天雄寺于皇都。[②]

比之耶律阿保机，太宗耶律德光更加崇奉佛教，“饭僧”的记录屡屡见诸史书：如935年，“幸弘福寺为皇后饭僧”[③]；942年，“饭僧五万人”。除了饭僧之外，耶律德光还建立了“菩萨堂”：“太宗幸幽州大悲阁，迁白衣观音像，建庙木叶山，尊为家神。于拜山仪过树之后，增‘诣菩萨堂仪’一节，然后拜神，非胡喇可汗之故也。”[④] 耶律德光建立菩萨堂，改变了祖宗之法，开了后世辽帝崇佛之先声。公元903年到947年这一段时间，可谓辽代（契丹）佛教发展的第一个高峰期，这一阶段燕京地区被纳入版图（938年），极大促进了佛教的发展。

世宗、穆宗、景宗统治期间，崇佛之风不改。如史载：穆宗应历二年，“以生日，饭僧，释系囚。”[⑤] 景宗保宁八年，“汉遣使言天清节设无遮会，饭僧祝厘。”[⑥]另外，景宗还自行增设了宗教管理官员：“以沙门昭敏为三京诸道僧尼都总管，加兼侍中。”[⑦]

从辽圣宗耶律隆绪开始，佛教在辽国境内得到了更为广泛的传播。辽圣宗本人汉化程度很深，“至于释道二教，皆洞其旨。”[⑧] 圣宗统和九年（991年），诏许私度僧尼。其后势难控制，于是不得不又在统和十五年（997年）诏诸山寺，毋滥度僧尼；开泰四年（1015年）诏汰东京僧，开泰九年（1020年）又禁止燃身炼指之风。[⑨] 圣宗对佛教的过快过滥发展仍有控制，但他统治期间饭僧、佛事的规模仍相当可观：统和四年（986年），“诏上京开龙寺建佛事一月，饭僧万人。”[⑩] 统和七年（989年），“诏知易州赵质收战亡士卒

---

① 《辽史》卷1《太祖纪上》。
② 《辽史》卷1《太祖纪上》。
③ 《辽史》卷3《太宗纪上》。
④ 《辽史》卷49《礼志一》。
⑤ 《辽史》卷6《穆宗纪上》。
⑥ 《辽史》卷8《景宗纪上》。
⑦ 《辽史》卷8《景宗纪上》。
⑧ 《契丹国志》卷7《圣宗天辅皇帝》。
⑨ 《辽史》卷13《圣宗纪四》，卷15《圣宗纪六》，卷16《圣宗纪七》。
⑩ 《辽史》卷11《圣宗纪二》。

骸骨，筑京观”，同年，“幸延寿寺饭僧”。[1] 统和十年（992年）九月，“幸五台山金河寺饭僧。”统和十二年（994年），“以景宗石像成，幸延寿寺饭僧”。[2] 太平二年（1022年），“遣金吾耶律谐领、引进姚居信充宋主吊慰使副。”“为宋主饭三京僧。”[3] 从这些记载中，我们不难窥测圣宗朝佛教发展的态势。

辽兴宗耶律宗真不但更加沉溺于佛教，而且还受了戒（1038年）。并且进一步改变了契丹旧俗：“兴宗先有事于菩萨堂及木叶山辽河神，然后行拜山仪，冠服、节文多所变更，后因以为常。”[4] 另外，他还给予沙门极高的名位：“然兴宗好名，喜变更，又溺浮屠法。”[5]“宗真性佻侻，……数变服入酒肆、佛寺、道观……又重浮屠法，僧有正拜三公、三师兼政事令者，凡二十人。”[6]“燕京兰若相望，大者三十有六，然皆建院。自南僧至，始立四禅，曰太平、招提、竹林、瑞像。……延寿院主有质坊二十八所，僧职有正副判录，或呼司空。”[7] 兴宗不但大规模建寺，还常召僧讲法、幸寺饭僧：重熙八年（1039年），“朝皇太后，召僧论佛法。”[8] 重熙十一年（1042年），“以宣献皇后忌日，上与皇太后素服，饭僧于延寿、悯忠、三学三寺。”[9] 和他的父祖们一样，兴宗也设立了僧官，《非浊禅师实行幢记》载：“（重熙）八年（1039年）冬，有诏赴阙，兴宗皇帝赐以紫衣。十八年（1049年），敕授上京管内都僧录，秩满，授燕京管内左街僧录，属鼎驾上仙，驿征赴阙。今上以师受眷先朝，乃恩加崇禄大夫检校太保。次年，加检校太傅太尉。”[10] 辽兴宗的这些作为，给他的后继者道宗做了一个不好的示范。

辽道宗耶律洪基是辽代九帝中崇佛最甚者，恐怕也是佛学造诣最高的君王。他不仅潜心供佛，而且还到寺院“执经亲讲”。在他的统制期间内，

① 《辽史》卷12《圣宗纪三》。
② 《辽史》卷13《圣宗纪四》。
③ 《辽史》卷16《圣宗纪七》。
④ 《辽史》卷49《礼志一》。
⑤ 《辽史》卷62《刑法志下》。
⑥ 《续资治通鉴长编》卷180。
⑦ 《松漠纪闻》。
⑧ 《辽史》卷18《兴宗纪一》。
⑨ 《辽史》卷19《兴宗纪二》。
⑩ 《全辽文》卷8。

佛教得到了大规模发展。咸雍四年(1068年),“颁行《御制华严经赞》”[①];咸雍八年(1072年),“以御书《华严经五颂》出示群臣”[②];大康元年(1075年),“命皇太子写佛书”[③]。大康五年(1079年),“召沙门守道开坛于内殿”[④]。大康九年(1083年),“诏僧善知雠校高丽所进佛经,颁行之。”[⑤]寿隆六年(1100年),“召医巫闾山僧志达设坛于内殿。”[⑥]他不但个人迷恋佛教,而且不断给沙门加官进爵,并导致了大量民众遁入空门。帝王一次次的饭僧,也致使社会财富迅速消减。咸雍二年(1066年),“僧守志加守司徒。”咸雍五年(1069年),“僧志福加守司徒。”咸雍六年(1070年),“加园释、法钧二僧并守司空。”[⑦]咸雍八年(1072年),“有司奏春、泰、宁江三州三千余人愿为僧尼,受其足戒,许之。”同年,“乌古敌烈部详隐耶律巢等奏克北边捷。以战多杀人,饭僧南京、中京。”大康四年(1078年),“诸路奏饭僧尼三十六万”。大安九年,“兴中府甘露降,遣使祠佛饭僧。”[⑧]社会财富的浪费还可以从以下一条记载得以说明,晁说《嵩山集》:“契丹主洪基(道宗)以白金数百两铸两佛像,铭其背云:‘愿后世生中国’。”[⑨]

三、辽代“贤密融通”现象

辽境之内,唯识宗、净土宗、律宗、禅宗等宗派都有流行,但影响最大的,还是华严宗(贤首宗)和密宗。华严宗和密宗在辽代几乎同时勃兴,但又互不排挤,反而相互融合,这是辽代佛教的一个特殊现象。具体说来,有以下几种表现。

(一)辽代帝王常常贤、密二宗并弘

道宗朝是辽代佛教发展的最高峰,而道宗本人也是辽代九帝之中佛教信仰最虔、用功最深者,他崇佛的史料也相对丰富。辽道宗一方面非常

① 《辽史》卷22《道宗纪二》。
② 《辽史》卷23《道宗纪三》。
③ 《辽史》卷23《道宗纪三》。
④ 《辽史》卷24《道宗纪四》。
⑤ 《辽史》卷24《道宗纪四》。
⑥ 《辽史》卷26《道宗纪六》。
⑦ 《辽史》卷22《道宗纪二》。
⑧ 《辽史》卷25《道宗纪五》。
⑨ 《辽史拾遗》卷10。

热衷华严，著有《华严经随品赞》十卷,《发菩提心戒本》二卷。咸雍八年(1072年)七月曾“以御书《华严经五颂》出示群臣”。[①] 而另一方面，他又笃信密宗，对《释摩诃衍论》尤为看重。他自述:“听政之余，留心释典，故于兹论，尤切深赜。”[②]法悟也评价他“备究于群经，而尤精于此论”。[③] 从中不难看出，作为一个佛教徒，辽道宗将“贤密融通”作为自己的修佛法门，我们可将之视为辽代“贤密融通”兴盛的一个表现；而作为一个统治者，他的言行则反过来促进了“贤密融通”的兴盛，我们可将之解读为辽代“贤密融通”兴盛的一个原因。(下文再做细述。)

(二)佛教学者在其著作中援引贤、密二宗的理论互相阐释

辽代佛教学者众多，代表者有觉苑、道㲀。觉苑着有《大日经义释演密钞》(全称作《大毗卢遮那成佛神变加持经义释演密钞》)，该书是对《大日经义释》的注释，而《大日经义释》则是唐代一行法师对密宗经典《大日经》的注释。一行法师的《大日经义释》由于战乱等原因，不显于世，觉苑将之发掘，并作疏解流传。[④] 在这部著作中，觉苑引用了澄观《华严经疏》等著作来诠释《大日经义释》，表现出强烈的融通贤、密的倾向。[⑤]

道㲀和觉苑一样，也试图用华严宗的理论来阐释密宗思想。他著有《显密圆通成佛心要集》，在这部著作中，他指出了显宗、密宗的修行者互相攻击的不良倾向，表达了自己融通显(华严)、密的愿望:“法无是非之言，人析修证之路。暨经年远误见弥多。或习显教，轻诬密部之宗。或专密言，昧黩显教之趣。或攻名相，鲜知入道之门。或学字声，罕识持明之轨。遂使甚深观行变作名言，秘密神宗翻成音韵。今乃不揆琐才，双依显密二宗，略宗成佛心要，庶望将来悉得圆通。”[⑥]

(三)寺庙设计中表现出的“贤密融通”

辽代佛教兴盛，寺庙佛塔众多，在佛殿、佛塔的设计之中，我们也可

① 《辽史》卷23《道宗纪三》。

② 《全辽文》卷2《释摩诃衍论通玄钞引文》。

③ 《全辽文》卷8《释摩诃衍论赞玄疏序》。

④ 其事见《大日经义释演密钞》卷一,《续藏经》第23册，第527页。

⑤ 具体分析可参见《辽代华严思想研究》，西北大学硕士学位论文。第48～55页。

⑥ (辽)道㲀:《显密圆通成佛心要集》卷上,《大正藏》第46册，第989页下。具体分析可参见《辽代华严思想研究》，第55～60页。

以窥见辽代佛教“贤密融通”的特色。下面，我们选取现存的几个辽代佛教建筑为例，试说明这一特点。

1. 应县木塔

应县木塔位于山西省朔州市应县城内，建于辽道宗清宁二年（1056年），是我国现存的最古最大的木塔。塔高67.31米，实有九层，平面呈八角形，外型稳重庄严。塔内存有几十尊佛像，按照华严宗和密宗的教义布置。第一层为释迦坐像。第二层为“华严三圣”（卢舍那佛、普贤菩萨、文殊菩萨）。第三层是五方如来中的四尊：东方阿閦佛、南方宝生佛、西方阿弥陀佛、北方不空成就佛。第四层七尊塑像仍然表现了“华严三圣”，中央是释迦牟尼佛，两旁侍立阿难、迦叶，两边是文殊菩萨、普贤菩萨和牵狮侍者、牵象侍者。第五层为“八大菩萨曼陀罗”，中央为大日如来，四周环绕着八大菩萨。① 应县木塔内佛像的排列极为精致，巧妙体现了“贤密融通”：第二层和第四层的“华严三圣”明确彰显了华严特色，第三层和第五层则体现了密宗特点，这两层的佛像合在一起，正是“五方佛”与“八大菩萨曼陀罗”的组合，这一五佛八菩萨曼陀罗正与慈贤所译的《妙吉祥平等秘密最上观门大教王经》中的记载一致。② 另外，第二层的主尊卢舍那、第四层的主尊释迦牟尼、第五层的主尊毗卢遮那，正好构成了“三身佛”的组合。应县木塔的设计者正是“以佛的‘三身’为中心，将华严宗与密宗的崇拜对象统一起来，而且‘华严三圣’和密宗五方佛的主尊都以法身毗卢遮那佛为主尊。”③ 这种精巧的设置完美表现了辽代佛教的“贤密融合”特色。

2. 大同善化寺

根据寺内的碑文记载，大同善化寺始建于唐代，寺内现存建筑大都是金代天会六年到皇统三年间（1128—1143年）的重建，具体包括天王殿、三圣殿、大雄宝殿、普贤阁等。三圣殿内存有金代华严三圣像，大雄宝殿内有辽金时代的五方佛、金代二十四诸天塑像。虽然我们现在看到的建筑和佛像主要是金代的重建，但是由于时隔不远，且是在辽代基础上的重建，

① 参见《应县木塔》，文物出版社，1982年版。

② （辽）慈贤译：《妙吉祥平等秘密最上观门大教王经》，《大正藏》第20册，第910～920页。

③ 《辽代华严思想研究》，第67页。

所以这些建筑和造像基本反映了辽代的特色。大雄宝殿内现存辽金时代造像三十三尊，表现的是五方佛和护法诸天。大殿正中是金刚界五方佛及弟子、胁侍菩萨，二十四诸天位于五方佛两侧，沿大殿东西墙壁分两组排列，东西各十二尊。据研究者分析，这里的二十四诸天与众不同，在中国寺庙中独树一帜。[1]大雄宝殿内供奉的是密宗的崇拜对象，但是在寺中心的三圣殿内，供奉的则是“华严三圣”：中为毗卢遮那佛，两侧为文殊菩萨和普贤菩萨。另外，在大雄宝殿的东西两侧建有文殊阁和普贤阁，这也体现了华严特色。据此我们可以推断，大同善化寺的造像布置体现了辽代“贤密融合”的特色，而且这种现象有可能在金代初年还有一些影响。

3. 大同华严寺

大同华严寺现存有辽金时代的薄伽教藏殿和大雄宝殿两座殿堂，薄伽教藏殿是该寺留存至今的唯一辽代建筑，建于辽兴宗重熙七年（1038年）。殿内有辽代彩塑二十九尊，表现的是“三世诸佛，十方菩萨，声闻罗汉，一切圣贤”[2]，以过去、现在、未来佛为中心分三组排列，四周围绕着菩萨和护法天王。大雄宝殿重建于金天眷三年（1140年），殿内的塑像在明初被毁，现在我们所见的为明宣德、景泰年间重立。这些造像表现的也是五方佛和护法天神，和大同善化寺非常类似，不同的是，这里供奉的是二十诸天，而非二十四诸天。有意思的是，华严寺是华严宗的思想，但是内中的佛像却是密宗特色。一方面这是由于战乱和不断重修，导致佛像失去了一些华严特色；而另一方面，我们根据重修的记录和同时期的善化寺推断，华严寺在辽代时也极有可能是“贤密融合”的造像布置模式：大雄宝殿内供奉的是密宗五方佛，而其他殿堂（今不存）中供奉的是“华严三圣”等华严造像。[3]

从以上介绍的三个佛教建筑中，我们可以推见：华严造像与密宗造像错落有致的布局可能是当时寺庙的常见风格，这种寺庙设计也正是辽代“贤密融合”现象的一个重要表现。

---

① 具体排列图示见《辽代华严思想研究》，第68页。

② （金）段子卿撰：《大金国西京大华严寺重修薄伽藏教记》，引自张焯撰：《云冈石窟编年史》，第255页。

③ 具体细节参见《辽代华严思想研究》，第69～70页。

四、"贤密融通"现象形成之原因

(一)华严重兴

华严宗在唐代盛极一时，武宗灭佛之后趋于消沉，但华严学却并未衰落。随着华严思想传入契丹，华严宗在辽代重获生命力，得以持续发展。[①]华严宗的重兴，一方面有自身向外辐射传播的因素，另一方面也有接受者的需求因素。后者主要表现为辽代帝王对华严思想的向往与推崇，这一点在辽道宗身上表现得尤为明显。

辽代是契丹族建立的少数民族政权，境内民族众多，矛盾复杂。辽代统治者一方面要承续祖先留下的萨满教传统，另一方面又要积极接纳汉族文化，以利于汉地治理。这种复杂的心态就迫使他们努力寻求一种带有宗教性，又有包容性的哲学思想，既有利于驾驭汉族文化，又可以兼容原始信仰。带有"圆融"特色的华严宗正可以满足他们的这种需求。华严宗"圆融、无碍"的思想从哲学方面为消泯民族差别、胡汉矛盾提供了理论依据。

另一方面，契丹对燕云地区的占领使得"华严重兴"具备了现实的可能性。燕云地区文化发达，佛教寺院与佛教人才众多，而华严宗的中心——五台山也位于其中。如此一来，契丹占据燕云十六州后，华严宗发展之势犹如高山流水，畅通无阻。

(二)密宗之盛

密宗在契丹(辽)得以兴盛，最主要的是文化方面的原因。日本学者鸟居龙藏分析得相当透彻："密教与其他佛教各宗不同，乃行加持祈祷者，此点有易投一般人民信仰之性质。……凡求子、安产、求福、退魔、治疾等，皆用密教之法，此因与萨满教取一致行动也。萨满原为辽人固有之宗教，真言宗加持祈祷又类之，故密教为契丹人所喜。当时俗人对于密教与萨满，殆同一信仰之。辽之王公贵族亦然。"[②] 正是因为，"文化后进的民族，在接

---

① 魏道儒先生指出，晚唐之后的华严宗历史，"既不是有传承法系的严格意义的宗派延续历史，也不是华严教理依据内在逻辑有新发展的历史，而是华严教理的传播史，是它在整体佛学中的运行史和转型变态史"。(魏道儒:《中国华严宗通史》，南京：凤凰出版社，2008年，第9页)根据这个观点，我们不妨认为，华严教理传播到契丹地区，并得以发扬光大，可以被视为华严宗的重兴。

② 鸟居龙藏:《满蒙古迹考》。

受新的文化时，首先接受的是和自己本俗接近部分”[1]，所以密宗在辽代的兴盛顺理成章。

（三）贤、密二宗之互补互融

以上我们简要分析了，华严宗和密宗在辽代得以兴盛的原因。下面的问题是，为什么两宗能够互摄互融？其原因也很简单，就在于两宗具有强烈的互补性。因为两宗同时兴盛，不但根本理论没有冲突，而且能够互补，所以形成“互融互摄”的现象就不难理解了。具体说来：华严宗理论严密，但是作为一种宗教理论，缺乏可操作性，自法藏以来，存在着“理论思辨与现实修证之间的支离”[2]，以至于“理论层面的华严思想在辽代民间几乎没有影响力”[3]。而密宗恰恰与之相反，重视修证却缺少思辨。正是由于华严宗、密宗之间存在着这样的互补关系，所以它们得以在辽代交相辉映，“互融互摄”，形成了“贤密融通”的盛况。

五、“贤密融通”现象衰败之原因

如果我们洞悉了“贤密融通”出现的原因，那么它衰败的原因也就不难理解了。具体来说：

（一）华严宗的发展失去了统治者的强力支持

如前所述，华严宗在辽代的重兴很大程度上仰仗辽道宗的支持，但是随着辽帝国的解体，这一来自统治者高层的支持不复存在。继之而来的金朝统治者更加热衷于禅宗，如野上俊静所说：“金代的佛教继承了辽代和北宋两个系统并继续发展”，“作为金代佛教的经学研究，颇以华严学为重，但在实践方面却是以禅学为主”。[4] 虽然，华严学在金代仍有颇高的理论地位，但是其影响已不复当年之盛了。这种改变在很大程度上源自最高统治者的好恶，从深层次的原因看，也因为金代的女真贵族统治者汉化得更加彻底，民族矛盾相对缓和；同时金代统治者接触到了更多的汉族器物文献，眼界大开，在理论上也就不那么执着于华严学了。

---

① 冯继钦、孟古托力、黄凤岐著：《契丹族文化史》，黑龙江人民出版社，第345页。

② 《辽代华严思想研究》，第63页。

③ 《辽代华严思想研究》，第70页。

④ 野上俊静著，方红象译：《辽金的佛教》，《黑龙江文物丛刊》，1981年创刊号。

（二）进一步的汉化阻碍了密宗的发展

密宗是充满神秘主义的佛教教派，这和以儒家为主体的汉文化精神颇不合拍。所以一旦少数民族加快汉化进程，密宗的衰败就在所难免。密宗的这种文化不适应性在“唐密”身上表现得也尤为明显：汉文化朴实重效，忌言鬼神，所以“唐密”的兴起只可能是昙花一现。金兴辽亡，这不仅仅意味着两个王朝的更迭，同时也意味着游牧民族更彻底汉化进程的开始。作为比辽代更加汉化的王朝，密宗在这片文化土壤上已经很难找到植根之地了。

（三）辽政权的垮台是“贤密融通”衰败的最直接原因

“贤密融通”是中国佛教史上出现的一个特殊现象，我们基本可以认定，它是辽代佛教的一个个别现象。“贤密融通”的盛况犹如一场精彩的戏剧，除了演员（贤、密）和剧本（中国佛教发展大势）的因素之外，剧场（平台）也是决定其好坏成败的重要因素。曾经强大的辽政权为这出戏剧搭建了一个很好的平台，使演员得以大展其能，这是戏剧成功之保障。可是平台一旦坍塌，再好的演员都会手足无措，再好的剧本也无法精彩呈现。这就是辽代的“贤密融通”面对的景况。辽政权的垮台对“贤密融通”是一个致命的打击，文化平台的坍塌使“一切坚固的东西都烟消云散了”。

六祖佛学思想对禅宗组织的解构

中山大学南方学院 唐海生

流行于世界的三大教中，基督教、伊斯兰教都有着其庞大的组织系统。这个组织系统组织之严密甚至可以与国家行政系统相比，甚至有时候在国家内部与国家外部之间的号召力还会超过国家的官僚行政系统。也正是这种组织的严密性，使得基督教、伊斯兰教与国家政权的关系紧密，他们在很多国家不是以国教的形式，就是以政教合一的形式在这些国家系统当中占据着重要地位。

但作为三大教之一的佛教，除了藏传佛教这一派别之外，其他佛教宗派，特别是作为现在佛教流行最广、对中国影响最为深远的禅宗来说，佛教的组织系统建设就非常松散，甚至他们并没有严密的组织性。

这种现象可能与我国特殊的政治文化有关，中国已经存在的强大皇权官僚系统排斥了其他所有组织的生存空间，从而使得佛教没有了形成自己组织的空间。但本文并不想从这个角度去展开论述，虽然这个角度对于解答这个问题十分重要。本文只想从禅宗本身的义理角度去分析其本身所带有的强大解构性，使其本身就面临着碎片化的特征，从而使其根本无法组建一个强大的组织体系去宣传自己的思想。

禅宗，又称宗门，是汉传佛教宗派之一。其始于菩提达摩，盛于六祖惠能，中晚唐之后成为汉传佛教最主要的象征之一。

自始祖菩提达摩开始，禅宗经历二祖慧可、三祖僧璨、四祖道信、五祖弘忍、六祖惠能。在禅宗的传承史中，始终有一位大师主持着禅宗的衣钵，成为禅宗的代表人物。但这样的传承史到六祖惠能后就宣告终结了。禅宗作为一个整体开始走向了分化。这不仅仅是五祖“衣为争端、止汝勿传”的教导的结果，也是禅宗思想发展的必然结果。

六祖惠能是中国禅宗衣钵的最后传人。后人赞其为中国历史上有重大影响的佛教高僧之一。如我国著名国学大师陈寅恪称赞六祖道：“特提出直指人心、见性成佛之旨，一扫僧徒繁琐章句之学，摧陷廓清，发聋振聩，固中国佛教史上一大事也！”陈寅恪对于六祖的评论是中肯的。六祖的思想是禅宗思想的最高总结，也是禅宗宗师时代的终结。六祖的思想最终解构了禅宗的以“圣人”为中心的组织体系，从而使禅宗的发展走向了碎片化的时代。六祖也成为禅宗发展史上的最后一颗恒星。

禅宗与六祖的思想本身就带有着对宏大叙事的解构，使得禅宗不仅无法完成像基督教与伊基兰教一样的组织化，而且还使自己本来就微弱的组织体系进一步走向瓦解，最终完全碎片化。下面，笔者就从禅宗的思想内涵入手来分析哪些思想导致了禅宗组织的解构。

一、解脱论使组织丧失了组织的目标性

惠能禅宗的理论核心是解脱论，认为凡夫所以不能成佛，就是因为对于诸法心有贪染、执著，从而不能自见本性。个体要做到由凡转圣，首先就必须破除妄执，无心于万物，一切修行，任运自在，这样才能与真如、实相相应，也最终才能解脱生死烦恼。

“菩提本无树，明镜亦非台，本来无一物，何处惹尘埃。”这首广为人知的偈子也是惠能佛学思想的流行表达。在这首偈子中，六祖表达了一个完全的出世态度。六祖认为，世上本来就是空的，看世间万物无不是一个空字。这个空又表现为“无念”。《坛经》上说：“我此法门，从上已来，顿渐皆立无念为宗，无相为体，无住为本。”“念”，就是指人的意念，第六识的意识活动。但“无念”并不是要停止一切意识活动，而要人于念中祛除虚妄的分别、执著。《坛经》云：“何名无念？无念法者，见一切法，不著一切法；遍一切处，不著一切处，常净自性，使六贼从门门中走出，于六尘中不离不染，来云自由，即是般若三昧，自在解脱，名无念行。”

组织的存在是为了达成某一个现世的目标。比如说基督教的存在是为了使天下人按照上帝的意志而生活。但禅宗的解脱论无任何法可依可念，禅宗所追求的就是不执不妄。这种不执不妄的“无念”状态使得组织的存在本身就是与其相冲突的。因为组织的存在目的就是为了执著于某种追求。而“无念”的解脱论却使成佛者不执著于追求，也没有追求。从而使得组织丧失了使命，也就丧失了存在的可能性。

二、众生平等的思想，祛除了佛教俯视身上的“卡里斯玛”

当六祖去见五祖的时候，五祖为难他说：“你这个獦獠，又是岭南人，你怎么能够成佛呢?”六祖回答说：“人虽有南北之分，佛性却没有南北之别。我这个獦獠，形象上虽然与和尚不同，但佛性又有什么差别?”这个对答中，反映了禅宗众生在佛性上平等的观念。人有南北或者贵贱之分，但佛性是没有的。所有人都拥有佛性。

在佛教的发展过程中，佛祖释迦牟尼经历了由一个人升化为一个神的过程。但禅宗在强调佛祖的人性，而六祖惠能最终完成了把神拉回到人的现实的任务。六祖认为“人人有佛心，人人有佛性，人人都可以成佛”。并且“佛即是心，心即是佛”。因此，每个人都可以成佛，不管老人、小孩，甚至是十恶不赦的坏蛋都有佛性，都有成佛的可能性。

德国社会学家韦伯认为，组织的维持是需要“权威”的。在韦伯看来，权威是指让人们心甘情愿服从的一种能力。韦伯认为一共存在着三种权威——“法理性权威”、“传统型权威”、“卡里斯玛权威”。而对于宗教组织来说，“卡里斯玛权威”是维持其存在与发展的重要力量。

但由于禅宗强调人人都有佛性，人人都可以成佛。这种思想一方面肯定了普通人的地位，但与此同时又拉低了“圣人”的地位，从而使常人与“圣人”在本质上并没有差别。因为“圣人”身上有佛性，常人身上也有佛性。常人要成佛，并不需要圣人的“点石成金”。“圣人”也无法通过“点石成金”来显示自己的“神迹”从而使自己拥有“卡里斯玛”。于是，这种人人皆有佛性的思想使得佛教领袖身上的“卡理斯玛”丧失，也就使得维系禅宗组织的“权威力量”消失。这种权威力量的消失，不仅使禅宗分化为南宗与北宗，而且使南宗进一步分化为各个小派别，从而使禅宗最终完全碎片化。

三、佛性的自足性，丧失了组织的合作性

六祖惠能认为，“佛是自性作，莫向身外求”。所有的佛法，都在自己的心中，你不需要向他人求取。向他人求教，向世间寻取，都是本末倒置。因为“一切万法，尽在自心中”。要成佛，就要观照自己的内心，使自己的心开悟。这种“观身与佛不差别”的佛性自足性，使得个体可以自己开悟自身的佛性而不用求助于佛教“圣人”或者导师，从而使得每一个个体都专注于自己的内心修为，而不用寻找与其他人的联系。

组织存在的一个重要理由就是组织成员之间的分工合作的必要性。组织的目标对于每个人来说都是一个可能完成的任务。但组织目标的完成对于所有人来说都是有利的。因此，正是这种需要使得个体会采取集体行动，去寻求组织的建立，以最终共同完成组织的目标任务，从而使所有个体的目标都能够得到某种程度的满足。

但禅宗的自我修行思想使得个体是自足的，他们不需要向其他个体寻找任何帮助。因为他们自身就有成佛的充分原材料或能力——佛性。正是这种充分的自给自足性，使得他们不需要走向组织去寻求成佛真理，而仅仅寻求在自己的生活中清净修为，从而使得他们组建一个组织去共同修为的动力减少。因此，导致佛教组织建设的可能性进一步降低。

四、顿悟的直觉化，丧失了标准化

组织的合作，需要以标准化为基础。只有这样，才能使各个成员之间相互理解与沟通，从而完成组织的目标。

六祖强调成佛在于顿悟。所谓顿悟，即指突然理解、体认、领悟佛理，而无需长期的修习。这是六祖的南宗派与神秀的北宗派的本质区别。六祖所强调的顿悟是通过直觉的主观体验，产生内心的神秘启示，从而达到精神状态的突变。后世的禅师们常用“如桶底子脱”的比喻来形容顿悟。桶底一脱，桶中之物，则顿时一览无遗。同样，一个人顿悟了，就可当下直

了本性，这种境界，只可意会而不可言传。因此，一个个体是佛还是众生，只在一悟。这就是《坛经》所谓的“故知不悟，即佛是众生，一念若悟，即众生是佛。”如果直觉的主观体验来了，则即为佛；如果直觉的主观体验未来，则还是众生。无论你怎样刻苦修练，也无论你修练了多长时间，这种直觉的主观体验未来即是未来，你不知道它会不会来，也不知道它什么时候来，更不知道已经修练到了什么程度。这种修行的完全直觉化使得导师的指导完全没有意思了。就好像在六祖的传说中，只告诉了五祖知道六祖已经开悟，但没有告诉五祖如何使六祖开悟。六祖见五祖即知众生平等，当六祖还只是一位舂米僧时，六祖就已经领悟了“无念”。但作为五祖首席大弟子的神秀却没有做到这一点。这样的传说正好印证了六祖的顿悟思想。正如六祖惠能后来所说：“我于忍和尚处，一闻言下大悟，顿见真如本性。是故将此教法流行后代，令学道者顿悟菩提，各自观其心。令自性顿悟。”这种“自性自悟，顿悟顿修，亦无渐次”的修习思想，也最终使得对于修习“不立一切法”。实际上是在这种思想体系下，根本就无法立一切法。也正是无法立一切法，所以使得组织的存在无任何标准可依，从而使得组织的合作存在不可能。也就是使禅宗最终无法建立自己的组织以宣扬自己的思想。

五、结论

禅宗的佛学思想带有很强的碎片化特征，从而使得禅宗在中国的发展一直缺少组织性。并且随着自己的思想体系的不断发展出现分化。到五祖后，禅宗分为南宗与北宗。而六祖的思想更是把禅宗的这种碎片化发展到了极致，这种极度的碎片化特征使得禅宗最终也结束了自己“圣人”的时代，走向了更加碎片化的发展。六祖思想中的“无念”思想使得禅宗的共同目标不存在，而众生平等的思想使得禅宗的领袖不存在，佛性的自足使得禅宗信奉者之间的合作不存在，而顿悟的直觉化使得禅宗修习的标准不存在。当组织要素都不存在的时候，禅宗的组织也就无法在中国的大地上出现了。最终佛教的禅宗派也更多以碎片化的方式在中国发展，而无法形成像西方基督教那样强大的组织。

白沙心学与惠能禅宗

五邑大学　刘兴邦

在岭南文化发展的历史长河中，岭南地区产生了三位对中国文化发展最有影响的代表人物，一位是唐代的惠能，一位是明代的陈白沙，一位是近代的孙中山。惠能是开创新的宗派的宗教革命家，陈白沙是开创新的学术派别的学术思想家，孙中山是开创新的国家的政治革命家。然而，就三者的关系而言，白沙心学与惠能禅宗的关系最为密切，白沙心学深受惠能禅宗的影响。

一

惠能是岭南历史上开创新的宗派的宗教革命家。佛教传入中国后，经历了佛教中国化到中国化佛教的发展过程。惠能创立禅宗，实现了佛教中国化到中国化佛教的转变，完成了中国佛教史上的伟大革命，使岭南地区成了佛教文化的重镇。陈白沙是岭南历史上开创新的学术派别的学术思想家。儒学自秦始皇统一中国后逐渐传入岭南，儒学在岭南地区的发展也经历了儒学岭南化到岭南化儒学的发展过程。陈白沙创立白沙心学，实现了儒学岭南化到岭南化儒学的转变，完成了岭南儒学发展史上的根本变革，使白沙心学成了明代心学的源头。惠能禅宗与白沙心学具有相同的开放、创新文化精神，它们显示了岭南文化开放性、创新性的文化特征。在某种意义上说，惠能禅宗直接影响了白沙心学。

陈白沙在谈到白沙心学与禅宗文化的关系时说："白沙诗语如禅语，试著南安太守参。”（《次韵张东海》《陈献章集》，第499页）“白沙诗语如禅语”不仅仅是指白沙诗文中有很多类似禅宗的言语，而是指白沙心学与禅宗文化有十分相同之处，人们应该好好领悟、参证白沙心学与禅宗文化的相同之处。明末著名思想家刘宗周把白沙心学与禅宗文化的关系概括为“似禅非禅”的关系。“盖先生识趣近濂溪，而穷理不逮；学术类康节，而受用太早。质之圣门，难免欲速见小之病者也。似禅非禅，不必论矣。”（《明儒学案师说陈白沙案语》《陈献章集》，第865页）刘宗周认为白沙心学与禅宗文化的关系是一种“似禅非禅”的关系。这是说，白沙心学与禅宗文化既有相同之处，也有相异之处。可以说，刘宗周从根本上抓住了白沙心学与禅宗文化关系的本质特征。但是，白沙心学与禅宗文化的相同之处是什么，它们的相异之处又是什么，刘宗周并没有进行详细的分析和论证。我们认为，白沙心学与禅宗文化的相同之处在于二者都重视心的主体性、都注重心性之学的探讨。同时，二者还具有净化人的心灵，提升人的境界的作用和功能。至于白沙心学与禅宗文化相异之处，白沙心学与禅宗文化是两种不同性质的文化。白沙心学是以道德为本位的伦理型文化，禅宗文化是以否定道德为目的的宗教文化，二者具有完全不同的理论形态和价值取向。对于白沙心学与禅宗文化的相同、相异之处，陈白沙又用“有”与“空”来表示。陈白沙说：“佛者空诸有，吾儒亦有空。”（《得林子逢书，感平湖事，赋此次前韵》《陈献章集》，第361页）“佛者空诸有”包含了二个层面含义，从本体论的层面来看，禅宗认为天地万物是虚幻不实的，因而是空、是无；白沙心学认为天地万物是客观存在的，是实、是有。从这种意义上说，白沙心学与惠能禅宗是根本对立的。从修养论的层面来看，是指人们应该超越世俗社会各种欲望，包括名利、地位，乃至个人生死的束缚，提升人的境界。“吾儒亦有空”是指白沙心学也主张超越个人的名利、地位，乃至个人生死的境界。从这种意义上说，白沙心学与惠能禅宗又具有一致性。

二

惠能禅宗的核心价值是把心提升到宇宙本体的高度，突出人的主体性，实现心灵的独立和自由。惠能认为，人心是世界的本体，是宇宙万物的本源。“心量广大，犹有虚空……虚空能含日月星辰、大地山河，一切草木、恶人善人、恶法善法、天堂地狱，尽在空中。”(《坛经校释·二四》，第49页）惠能不仅认为心是宇宙万物的本源，而且认为人心和佛性是相通同一的，人心就是佛性，人心是个人成佛的根据。惠能说：“佛是自性作，莫向身外求。自性迷，佛即众生；自性悟，众生即是佛。”(《坛经校释·三五》，第67页）佛是人的本性的产物，佛不在人心之外求得，佛就在人的心中。人和佛是相通的，人的本性迷惑，佛就是凡人。人的本性觉悟，凡人就是佛。惠能禅宗把人心看作是每个人成佛的根据，这是对传统佛教的严重挑战，它打破了传统佛教等级森严的界限，使芸芸众生在佛的面前都是平等的，都可以成佛，从而使传统贵族化的佛教转向了平民化的佛教。同时，惠能禅宗也向人们打开了成佛的方便之门，为人们成佛提供了便捷的途径和方法。惠能禅宗不仅认为个人成佛的根据就在人心之中，而且认为佛教的典籍、佛教的修行方法都是人心中本来具有的。人不必念经，不必修行，就能成佛。“三世诸佛，十二部经，亦在人性中本自具有。”(《坛经校释·三五》，第60页）人们不必念经，也不必修行，就能成佛。这样，传统佛教所奉行的成佛的规范和戒律就成了多余的东西而没有存在的必要，人们只要觉悟到自己的本性就是佛性，就能成佛了，“得吾自性，亦不立戒定慧”。(《坛经校释·四一》，第79页）戒、定、慧是传统佛教提倡的人们必须遵行的成佛的必由之路。人们要遵守佛教制定的各种戒律，要经过佛教规定的修养途径和方法，要熟读各种佛教典籍才能获得般若智慧。可是，惠能禅宗认为个人心中就有佛教智慧，不用读经，不用念佛，甚至不用识字就能成佛。“故知本性自有般若之智，自用智慧观照，不假文字。”(《坛经校释·二八》，第54页）以此为基础，惠能禅宗把区分佛教生徒与世俗之人的标志，即出家修行的规定也给取消了。“若欲修行，在家亦得，不由在寺。”(《坛经校释·三六》，第54页）惠能禅宗通过人性就是佛性、见性就能成佛的论证，突出了心的主体性，实现了佛教中国化向中国化佛教转变，完成了中国佛教发展史上的伟大革命。

惠能禅宗的主体性思想深深地影响了白沙心学。陈白沙从小就受到佛教文化的影响，这种影响首先来自他的母亲。陈白沙的母亲因早年寡居而信奉佛教，凡遇到不顺心之事，她总是要求陈白沙以佛事活动替自己消灾祛病。她自己也常常向佛祈祷，以消除心中的烦恼。陈白沙是个有名的孝子，当然听从母命，因而在内心深处潜移默化地受到佛教思想的影响。“太夫人颇信浮屠法，及病命以佛事祷，先生从之。御史王某曰：‘此见先生变通处也。’”（《白沙先生行状》《陈献章集》，第873页）后来，陈白沙与当时的佛教学者有了交往，并结识了当时的著名佛教学者太虚和尚，彼此之间建立了深厚的友谊。陈白沙与太虚和尚共同进行学术交流和对话，探讨儒家文化与佛教文化的相同、相异之处，为陈白沙吸收、融合佛教文化提供了思想平台。“南几僧太虚，知名当世，亦以其学求正于先生。先生复书以‘逝者如斯夫，不舍昼夜’，告之曰：‘我以此证也’。先是，先生道南几，见太虚，告以念老母。太虚为朝夕圣前祝愿，至先生归，相见乃已。其笃信如此。”（《白沙先生行状》《陈献章集》，第881页）太虚和尚是著名的佛教学者，他向陈白沙请教，实际上是佛教文化与儒家文化的交流和对话。在这种交流和对话中，陈白沙以儒家文化创始人孔子的思想作为进行交流、对话的基础。《论语、子罕》记载：“子在川上，曰：‘逝者如斯夫，不舍昼夜’”。陈白沙引用孔子这段话，表明了儒家文化积极入世的主张。人们应该珍惜时光，珍惜现实人生，以显示儒家文化与佛教文化的不同。同时，陈白沙也不断地学习、吸收佛教文化知识，特别是学习和吸收禅宗文化知识。“道人本自畏炎炎，一榻清风卷画帘。无奈华胥留不得，起凭香几读楞严。”（《午睡起》《陈献章集》，第652页）“楞严”即“楞严经”，禅宗文化信奉的佛教经典之一。惠能禅宗深深地影响着白沙心学，它成了白沙心学的理论来源。

白沙心学首先吸取了惠能禅宗的主体性思想。陈白沙以“自得之学”为切入点，确立心的主体地位，强调主体的自主、自立。陈白沙在《书自题大圹书屋诗后》中，对主体的自主、自立意义有明确的论述。“为学当求诸心必得。所谓虚明静一者为之主，徐取古人紧要文字读之，庶能有所契合，不为影响依附，以陷于徇外自欺之弊，此心学法门也。”在这里，“所谓虚明静一者为之主”，既指出了心的主体性，突出主体的自我价值；也指出了心的本体性，突出心是天地万物的本体。陈白沙首先突出心是天地万物的本体。“圣贤当为天下极，何人不共此心灵。”（《偶成》《陈献章集》，第440页）圣贤是天下人们共同遵守的最高准则，人的心灵是天地万物的本体。心作为天地万物的本体，它具有至高无上的地位和作用。“会此则天地我立，万化我出，而宇宙在我矣。”（《与林郡博》《陈献章集》，第217页）白沙心学“自得”所指的主体的自主、自立思想，主要表现在心与身、心与物的关系上。在心与身的关系上，白沙心学强调心对身、心对人的形体的主导、调节作用。“心寓于形而为主，主失其主，反乱于气，亦疾病之所由起也。今人惟知形体之为害，而不知归罪其心，多矣。”（《与伍光宇》《陈献章集》，第237页）心寓于人的形体之中，对人的形体起主导、调节作用。心如果失去了对形体的主导、调节作用，被人的形体（气）所扰乱，就会引起思想上的混乱，从而产生各种疾病。一般人只知人的形体引起的危害，而不知心失去对形体的主导、调节作用引起的危害，这是错误的。心不仅主导人的形体，而且对人的各种行为也起着主导、调节作用。“顾兹一身小，所系乃纲常。枢纽在方寸，操舍决存亡。”（《和杨龟山〈此日不再得〉韵》《陈献章集》，第279页）人之一身的关键之处在于心，心对于人身的各种活动起着主导性的决定作用。在心与事、心与物的关系上，陈白沙首先承认天下万事万物存在的客观性。“天下事物，杂然前陈。事之非我所自出，物之非我所素有，卒然举而加诸我，不屑者视之，初若与我不相涉，则厌薄之心生矣。然事必有所不能已，物必有所不能无，来于吾前矣，得谓与我不相涉耶？”（《论前辈言铢视轩冕尘视金玉》《陈献章集》，第55页）天下万事万物虽然客观存在，但不是与心毫无关系，心与万事万物的关系是主导与被主导的关系。“君子一心，万理完具，事物虽多，莫非在我。此身一到，精神具随，得吾得而得之矣，失吾得而失之耳，厌薄之心，何自而生哉？”（《论前辈言铢视轩冕尘视金玉》《陈献章集》，第55页）“君子一心，万理完具，事物虽多，莫非在我”，这不是说，万事万物及其所具之理是由心产生。而是说，万事万物及其所具之理不离心而存在，心主导天地万物及天地万物之理。这样，陈白沙十分突出地强调了心对天地万物及其理的主导作用，心的主宰性即主导性含义十分鲜明地显示出来了。在陈白沙看来，只有突出心对天地万物及其理的主导作用，其自得之学的核心价值就自然包含其中了。“终日乾乾，只是收拾此（理）而已。此理干涉至大，无内外，无终始，无一处不到，无一息不运。会此则天地我立，万化我出，而宇宙在我矣。”（《与林郡博》《陈献章集》第217页）“天地我立，万化我出，宇宙在我”是白沙心学的核心价值，它不是说天地万物是由心创造的，而是说心对天地万物具有主导作用，天地万物之价值因心而显现，从而突出了主体的自主、自立，显示了心的自我价值。白沙心学的这一思想显然受到禅宗的影响。白沙心学的自主、自立思想，还包含批判、怀疑的思想。陈白沙主张对历史上的圣贤人物、对以往圣经贤传要敢于怀疑批判、敢于批判，提出了“学贵知疑”的思想。“前辈谓‘学贵知疑’，小疑则小进，大疑则大进。疑者，觉悟之机也。一番觉悟，一番长进。章初学时亦是如此，更无别法也。”（《与张廷实主事》《陈献章集》，第165页）怀疑是学习的方法，怀疑是进步的阶梯。陈白沙首先提出对自己的老师要敢于怀疑，不要以老师的是非为是非。“我否子亦否，我然子亦然。然否苟由我，于子何有焉？”（《赠陈秉常》《陈献章集》，第287页）其次，陈白沙强调不要迷信权威，要敢于向权威的挑战，陈白沙发出了向孟子挑战的口号。“往古来今几圣贤，都从心上契心传。孟子聪明还孟子，如今且莫信人言。”（《次韵张廷实读伊洛渊源录》《陈献章集》，第465页）“学贵知疑”不仅敢于向权威挑战，而且敢于向书本挑战，对以往圣经贤传也要敢于怀疑。陈白沙提出了“读书不为章句缚”的命题，向传统经典进行挑战。“读书不为章句缚，千卷万卷皆糟粕。”（《题梁先生芸阁》《陈献章集》，第323页）陈白沙认为，读书不要被书中的只言片语、个别结论所束缚。否则，读书再多也毫无用处。“读书不为章句缚”提倡独立思考、敢于创新，它从一个侧面体现了白沙心学自主、自立的思想。从某种意义上说，它与惠能禅宗的怀疑、批判思想是一脉相承的。

三

白沙心学不仅吸取了惠能禅宗的主体性思想，而且吸取了惠能禅宗的境界论思想。陈白沙用“吾儒亦有空”表示对惠能禅宗境界论思想的吸取。白沙心学所谓的“空”与惠能禅宗所说的“空”具有相同的含义，它是指空名利、空物欲，摆脱世俗社会的各种烦恼对人的干扰和束缚，实现人的自由境界。在陈白沙看来，世俗社会有各种物欲，如个人的名利、地位、毁誉得失，无时无刻不困扰着人们的心境，弄得人们的心情烦躁，思想混乱，使人不得自由。“人间乐事此宵同，高坐春风一苇中，无地张灯联对酒，是时闻雨不开蓬。推敲一字须公得，剪刻千门亦女工。厌见乾坤多事在，纷纷万有不如空。”(《和元夕客中韵》《陈献章集》，第451页)“厌见乾坤多事在，纷纷万有不如空。”是陈白沙摆脱束缚、追求自由的表述。陈白沙一生坎坷，受到各种干扰，甚至出现了在科举考试中试卷丢失的怪事。“成化己丑，礼闱复下第。有神见梦于人曰：‘陈先生卷为人投之水矣。’其后二十年，御史邝某闻之礼部尚书某从吏云：‘某所为也。’”(《白沙先生行状》《陈献章集》，第869页)面对诸多烦恼和奇怪的事件，陈白沙心情何以能平静？他实在无力回天，只得借助禅宗的空观净化自己的心灵，弥合心灵的创伤。这就是陈白沙心学所说的“纷纷万有不如空”的真实含义。在这里，白沙心学所说的空与惠能禅宗所说的空是相同的，是指“性空”，即心灵的清静，无烦恼。“众生尊我我须劳，公在吾儒公亦豪。数点晓星沧海远，一床秋月定山高。性空彼我无差别，力大乾坤可跌交。”(《寄太虚上人，用旧韵》《陈献章集》，第433页)白沙心学与惠能禅宗都主张“性空”，它们所说的“性空”就是“无累”。“太虚师真无累于外物，无累于形骸矣。儒与释不同，其无累同也。”(《与太虚》《陈献章集》，第225页)“无累”就是无约束、无牵挂，不受外物与形骸的束缚，不受外在各种烦恼的干扰，保持精神的独立与自由。“文定从西方之教，苟有得焉，则能以四大形骸为外物，荣之、辱之、生之、杀之，物固有之，安能使吾戚戚哉？”(《与僧文定》《陈献章集》，第246页)在这里，“四大形骸”指人的形体。人的形体都是身外之物，荣辱、生杀这些人生当中常有的事情，人们不必要去计较它。人们如果一意计较荣辱、生杀这些人生之中常有的事情，它就会成为束缚人的精神独立自由的桎梏。“五斗之粟可以生，折腰殆非贤所能。即生斯世须防俗，莫道前身不是僧。”(《怀古》《陈献章集》，第419页)五斗粮食可以使人活下来，为了五斗粮食而折腰，从而丧失人的精神独立和自由，这是儒佛的有识之士不能做的。不论是儒家还是佛家，它们具有相同的价值追求，都主张摆脱世俗各种各样的约束，这在儒家与佛家是相同的。今生的儒家就是前世的佛家，“莫道前身不是僧”体现了儒家与佛家的一致性。

如何提升人的境界、实现人的精神独立和自由呢？白沙心学与惠能禅宗都提倡“主静”的修养方法。在它们看来，“主静”是人们净化自已的心灵、摆脱世俗中各种烦恼的极好方法，是提升人的境界、实现人的精神独立和自由的极好途径。“佛氏教人曰静坐，吾亦曰静坐；曰惺惺，吾亦曰惺惺；调息近乎数息，定力有似禅定。”（《复赵提学佥宪》《陈献章集》，第147页）白沙心学的主静与禅宗的“静坐”有相同的作用，即通过静坐达到“无累”，求得人的精神独立和自由。当然，白沙心学的主静与禅宗的静坐，它们的目的不同。白沙心学的主静立足于宇宙万物客观真实性的基础之上，禅宗的静坐却建立在宇宙万物是虚幻的基础之上。从这种意义上说，白沙心学的主静是儒家的，禅宗的静坐是反儒家的。“伊川先生每见人静坐，便叹其善学。此一静字，自濂溪主静发源，后来程门诸公递相传授，至于豫章、延平二先生，尤专提此教人，学者亦以此得力。晦庵恐人差入禅去，故少说静，只说敬，如伊川晚年之训。此是防微虑远之道，然在学者须自量度何如，若不至为禅所诱，仍多静方有入处。若平生忙者，此尤为对症药也。”（《与罗一峰》《陈献章集》，第157页）虽然，白沙心学的主静与禅宗的静坐目的不同，但这并不防碍它们所具有净化人的心灵、提升人的境界的功能。总之，白沙心学与惠能禅宗作为岭南文化的重要组成部分，它们共同体现了岭南文化开放、创新的核心价值，并从不同的层面上实现了佛教中国化到中国化佛教、儒学岭南化到岭南化儒学的转变，使岭南成了中国佛教、明代心学的文化重镇，成了当代岭南文化建设的重要文化资源。我们应该十分珍惜和充分利用白沙心学与惠能禅宗这一重要文化资源，为当代岭南文化建设服务。

禅宗思想对唐诗的影响

百色学院思政部教师 苟利武

摘　要：禅宗思想广泛而深远地影响了唐代诗歌创作。禅思与诗情的相互融合、渗透，开拓了唐诗的新境界。禅宗的“无生”、“水月相忘”、“任运随缘”等思想丰富了唐诗的内涵，有力地推进了唐代诗歌的深层发展。

关键词：禅宗思想　唐诗　融合　意境

作为中国独立发展的三个本土佛教宗派之一的禅宗，是由初唐僧人六祖慧能结合印度禅学与中国文化而创立的。这是一种符合中国文人阶层口味的教派，不可避免地对唐代诗歌创作产生了极大的影响。唐朝是佛教鼎盛与成熟时期，诗歌在唐代发展到了顶峰，因此“每当宗教意识以及宗教上层建筑统治社会的时候，宗教也必然对文学产生强烈的渗透与促进”[①]。

禅宗思想与唐代文学形式的代表——诗歌相互渗透，相互补充，在唐代同流并趋。诗赋予禅以更为理想的思辨形式，禅则深化了诗的深层意境。诗与禅成功地实现有机结合，使传统的重修饰、雕琢与铺陈的诗学审美风尚，向着重自然天真、富于情趣的方向发展。

一、诗禅相融的基础

有唐一代是诗歌发展极致灿烂的时代，而禅宗思想亦在各个佛教宗派

① 马焯荣：《中西宗教文学漫议》，载长春：《文艺争鸣》，1991年第3期，第48页。

的发展衍化下至唐代兴盛。唐诗便在禅宗思想“随风潜入夜，润物细无声”的影响下，其成就达到了中国古典诗歌创作的顶峰。诗词的艺术魅力源于其“言有尽而意无穷”的韵味，而禅宗思想亦更是注重一个“悟”，“悟”则直指内心，无以言表。由此，诗与禅内在相通，诗之言辞可为禅理表达添文采，禅之奥义可为诗词添境界。孙昌武《诗与禅》认为：“禅宗的发展，正越来越剥落宗教观念而肯定个人的主观心性，越来越否定修持工夫而肯定现实生活。而心性的抒发、生活的表现正是诗的任务。这样诗与禅就相沟通了。”[①]

（一）本质相通

《毛诗序》云：“诗者，志之所之也。在心为志，发言为诗。”[②]从本质上来讲，诗歌的主体是精神，诗歌通过具有韵律的语言文字来表达情感与思想。黑格尔说“（诗）是精神的无限领域”，由此我们可以了解诗是注重心灵世界与精神主体的一种文学形式。同样的，禅在本质上也是属于内在精神领域的。禅宗的“禅”字是由梵文“禅那”音译而来的，意为“静虑”、“思维修”、“定慧均等”，指的是由精神集中而进入有层次冥想的过程。禅宗的核心思想便是：“不立文字，教外别传；直指人心，见性成佛。”作为中国佛教基本精神的禅宗思想，其寻求心灵主体超越以至物我合一之境的本质与诗歌的内在意蕴是可以共通的。

（二）特质相通

诗歌与禅思得以相互借鉴融通的重要因素还在于，禅具有不可言说之性与诗之含蓄象征性。禅乃心灵主体与精神世界的实修，其内在境界非言语足以企及，尤其是以“不立文字”著称的禅宗。“世尊于灵山会上，拈花示众。是时众皆默然，唯迦叶尊者破颜微笑。世尊曰：‘吾有正法眼藏，涅槃妙心，实相无相，微妙法门，不立文字，教外别传，付嘱摩诃迦叶[③]。’”由此可见，禅理佛思之不可言说性。

同样，诗歌的表达亦注重“含而不露”。杨仲弘《诗法家数》所谓“诗有

① 孙昌武：《略论禅与诗》，载长春：《社会科学战线》，1988年第4期，第236页。
② 曾运乾：《毛诗说》，长沙：岳麓出版社，1990年，第1页。
③ 普济：《五灯会元》，中华书局，1984年，第10页。

内外意，内意欲尽其理，外意欲尽其象，内外意含蓄方妙。”司空图《诗品》所谓“不著一字，尽得风流。”东坡云：“言有尽而意无穷者，天下之至言也。”由此可见，诗歌与语言文字之间若即若离的性质与禅思的不可言说性有相似之处。

这是禅悟与诗法起了汇通作用的基础。

二、以禅入诗——禅理开拓诗境

唐代是禅宗与诗歌发展的鼎盛时代，二者的交融是必然的。禅宗思想必定广泛而深远地影响着唐代诗歌，但是首先，是禅宗思想深深地渗透进诗人们的思想中并给了诗人精神的寄托和人生价值观念的支撑，从而反映到诗歌作品中，形成了空灵飘逸、洒脱超然的境界。同时唐代出现了大量的诗僧，他们自觉地以禅入诗，在诗与禅之间建立了亲密的联系，不仅使禅宗思想在一定程度上以诗歌的独特手法流传下来，而且以禅理入诗的手法，大大地开拓了诗境。

（一）一切皆空的无我之境

在佛家思想中，人们苦苦追寻的金钱，地位，美色皆是虚无空洞的，执迷于这些东西，只会给人生带来更多的痛苦。因而，人们只有看清这些东西“空”的本质，从执迷中醒悟，放弃各种贪嗔痴欲念，才能得到生的解脱。佛家修行，追求的是超脱，何谓超脱，无我无物，我即物，物即我，物我两忘，随缘自适。佛家认为，世间诸相，皆由心起，欲得解脱，须得“目空一切”，即“不以物喜，不以己悲”，看清世间一切悲喜哀愁皆是虚妄，寂灭一切俗世之念，由此达到超然物外之境。此种境界，乃是众多文人隐士所追求的。

“雁过长空，影沉寒水。雁无遗踪之意，水无留影之心。”[①]“宝月流辉，澄潭布影。水无蘸月之意，月无分照之心。水月两忘，方可称断。”[②]此即水月两忘之境，修禅者，保持内心的空明澄澈，了解诸相空相，任运随缘，不为境转。同时，禅宗亦讲究“无住生心”，也就是说，禅宗并不是让我

① 普济：《五灯会元》，北京：中华书局，1984年，第1389页。
② 普济：前揭书，第1223页。

们对外物无动于衷，毫无感知，而是在保持内心空明的同时心容万物，随缘自适。当悲喜哀愁之事发生了，我们便以最自然的状态去面对，因为我们知道这一切都是“空”却又不执迷于“空”；而当所有事情都过去的时候，我们也并不会有如释重负的解脱之感，有的亦只是清风明月般的清明之感。心如流水，方能不腐。在流动中保持它的空明澄澈，在无心中映照世间万物的本来面目，获得超越悲喜的安详与静谧。这才是真正的无我之境。

后秦法师鸠摩罗什所译的禅宗经典《维摩诘所说经》在唐朝极受推崇，其宣扬的就是大乘般若空观，表示真如佛性，其中有“无生无灭是寂灭义”之说，谓诸法之实体无有生灭之相。要达到此种境界，即要静坐澄心，也即所谓的坐禅，就是说要由内而外宁心静气，清空诸般欲念，让心灵处于最原始也就是空灵澄澈几近于虚空的状态，进而渐渐进入一种外于一切善恶境界，心念不动，内见自性不动，物我合一的无我之境。中国古代诗人在接触到禅宗思想后便生发了这种由禅定而明心见性的精神状态。当这些诗人们从静室中坐禅出来以后，很自然地把禅识慧思带入现实关照之中，从而使他们的诗歌创作也具有了佛理禅思。使诗歌由最初的壮景临物进而达到王昌龄在《诗格》中所说的“搜求于象，心入于境，神会于物，因心而得”这样的意境创造。由此，禅境入诗境，这便有了唐代诗歌中的清明空灵的无我之境。

这种空明无我的境界在诗佛王维的诗中可见一斑。他的《辛夷坞》、《鸟鸣涧》、《鹿柴》、《汉江临眺》、《竹里馆》、《终南山》、《过香积寺》等诗中那一个个澄澈空明的意象、意境向读者展示了诗人的内心世界和对生命的诠释。以《辛夷坞》为例：

木末芙蓉花，山中发红萼。
涧户寂无人，纷纷开且落。[1]

在幽静无人的山中，辛夷花热情而炫丽地在枝头盛开着，艳红如火，极致绚烂，然而展示了生命最美的时刻后又毫无留恋地纷纷飘零凋落，这一切都来得那么自然，没有人赞赏或是叹息她们的开落，而她们亦不需要

① 高铁民:《王维诗注》，西安：三秦出版社，2004年，第274页。

人们的欢喜或是爱怜。无有生之愉悦，亦不需死之哀叹，来即来，去即去，心灵无一丝颤动，似乎也没有了时间与空间的束缚。同时我们也可感受到芙蓉花那种不死不灭，亦生亦死的超然之态，此种空灵之境，此前怕是无出其右者。王维的宁静淡然无须东篱采菊的悠然来体现，如芙蓉花一般，不执著于生的灿烂和死的哀愁，刹那中便得永恒，不迷信“空”，也不执著“有”，仅仅只是任运随缘。小小一朵芙蓉花让王维悟得禅道，物与我皆如此，物我一体，两忘无差，诗人以“空寂”的禅心观照世界，用空寂之境的无情悬置了人的妄想。还有常建的《题破山寺后禅院》：

清晨入古寺，初日照高林。
曲径通幽处，禅房花木深。
山光悦鸟性，潭影空人心。
万籁此都寂，但余钟磬音。①

这首诗题咏的是佛寺禅院，古寺，高林，通幽曲径，花木禅房，这样清幽的环境，使诗人忘情地陶醉其中。湛然空明的水潭映照着自己与天地，心中的尘世杂念顿时被涤荡。此一瞬间，诗人似乎领略到了禅的奥义，摆脱了世间的纷乱，像鸟儿那样自由自在，无忧无虑。此刻，只有悠扬宏亮的钟磬之音引导着他进入空明的境界。显然，诗人欣赏这禅院幽美绝世的居处，领略这空门忘情尘俗的意境，寄托自己追求清净自性，超然物外的心境。唐朝皎然禅师的《溪上月》：

秋水月娟娟，初生色界天。
蟾光散浦溆，素影动沦连。
何事无心见，盈亏向夜禅。②

在皎然禅师的这首诗中，我们领会到的是“色即是空，空即是色”的思想。在皎然禅师看来，若要悟道，唯有“无心”，无心便是空，但空与色并不是对立的，诗中便描写了清幽美丽的月下山色，而正是大自然灵动的

① 刘炜评:《唐诗宝鉴——闲情逸致卷》，陕西：陕西人民出版社，2010年，第293页。
② 杨咏祁等:《悟与美禅诗新释》，成都：四川人民出版社，1998年，第197页。

生命才关照出心灵的纯粹本真。这也是空明无我的至境。

禅宗的“无生”说影响了有唐一代的诗人们，他们在参禅悟道中将这种禅悟寓于诗中，提高了唐诗的审美层次，同时也为唐诗增添了空明无我之境。

(二)任运随缘之境

修道之人，尽皆希望得道。而道却是不可修得的，大道无形，本如虚空，何所以修？

如果执意去修“道”，那么道也将不道了，不说难以习得，那习得的还是道吗？本净禅师在《无修无作》中有偈“见道方亲道，不见复何修。道性如虚空，虚空何所修。遍观修道者，拨火觅浮沤。”因此，禅宗为了扫除修道之人舍近求远的弊病，将修行纳入日常生活之中，主张内向型修道，反对外向修行，也就是所谓的人生即是修行。

慧海禅师认为“饥来吃饭，困来睡觉”便是禅宗任运随缘，恣意生活的修持方式。对这种随缘任运的生活境界禅宗是尤为看重的。如果离开平常生活中的饥吃困眠去追求虚无缥缈的道，无异于本末倒置。就如临济法师所说“佛法无用功处，只是平常无事，屙屎送尿着衣吃饭，困来即眠。”但是，我们需要重视的是，并不是只要过平常生活便是修道，任运随缘，饥吃困眠也不是把禅道庸俗化，而是着眼于平常而至于高情远韵，保持“土面灰头不染尘，华待柳巷乐天真。金鸡唱晓琼楼梦，一树华开浩劫春”[①]的超然的心境。马祖也提出“平常心是道”，要感受到日常生活的真实与平凡才是修行，体验禅道怎么能离开吃饭睡觉这种“大事”呢。《大慧宗采禅师语录》卷26谓：“佛法在日用处，行住坐卧处，吃茶吃饭处，语言相问处，所作所为处。”对于撇开日常生活而“另辟蹊径”的修道方式禅宗是不赞成并予以批评的，禅宗更倾向于“生活禅”，将禅道落实到亲切平易的日常生活。

禅宗思想认为在日常生活中皆可修法悟道，无门慧开禅师便称“平常心是道”，能在日常生活中悟得高远情韵的便是禅。描绘了任运随缘的禅

① 高文等:《禅诗鉴赏辞典》，郑州：河南人民出版社，1995年，第579页。

悟如无门慧开禅师的诗偈：

> 春有百花秋有月，夏有凉风冬有雪。
> 若无闲事挂心头，便是人间好时节。①

所谓“闲事”便是影响心境，祸乱心神的凡尘杂务。本来“空无一物”的心如果沾染太多世间尘垢，不仅会扭曲心灵关照的世间万物，更会阻碍心灵的禅修与悟道，为凡尘所累。要想随时随地地感受生活的本真之美，只有放下尘世的名利欲望，卸下心灵枷锁，才能感受到繁华落尽见真纯的意义。“了取平常心是道，饥来吃饭困来眠。”这便是禅宗平常而又独特的微妙法门。

禅宗这种任运随缘的思想内化于安于此道的唐代诗人们，融于唐诗中就酿就了唐诗随意自然、平淡天然的意境。在这方面王维依然是代表，许多诗都表现出这种任运自然的禅意。在王维看来，只有随缘自适，才能无往而不适。他的诗大多表现出了宁静、祥和、悠闲、自在逍遥的感觉。

《田园乐七首》充满了浓郁的生活气息，描述了宁静质朴的乡间生活。读者在诗里感受到的是纯朴、安宁、平淡、清新的气息。诗人便是想通过世间本来面目，寻求心灵的空灵，无挂无碍。还有《辋川闲居赠裴秀才迪》：

> 寒山转苍翠，秋水日潺爰。
> 倚仗柴门外，临风听暮蝉。
> 渡头余落日，墟里上孤烟。
> 复值接舆狂，听歌五柳前。②

柴门之外，诗人倚仗临风，听晚树之蝉鸣，看渡口之落日，赏墟里之孤烟，那安闲的神态，潇洒的意趣，都通过无拘无束、毫无雕琢的笔法自然而然地表现出来。尤其是《终南别业》里：“行到水穷处，坐看云起时”这句，无拘无束很自然地顺流而下，很自然地观云卷云舒，没有一丝刻意，行云流水的境界自然而然地生发出来，青山绿水中渗透着淡泊宁静任运随

① 杨咏祁等：《悟与美禅诗新释》，成都：四川人民出版社，1998年，第98页。
② 李永祥等：《王维诗集》，济南：济南出版社，2007年，第34页。

缘的禅意。而这不过只是诗人日常生活中微不足道的小片段，却体现出了高情远韵，深得禅宗随缘之境。

孟浩然在《过故人庄》中描述到诗人为村居朋友所邀，欣然而往，途中但见绿树青山，见面后亦把酒话农事，充满了浓厚的生活气息，此诗自然流畅，毫无渲染雕琢痕迹，感情真挚，也无刻意追求超然，一切都是随流任得性的自在之感。张若虚的《春江花月夜》里有赞叹大自然的奇丽美景，讴歌人间纯洁的爱情与对人生哲理的追求、对宇宙奥秘的探索，展现了一幅充满人生哲理与生活情趣的画卷，在诗人行云流水的表达中，透露出的是一种自然的、平和的，犹如脉搏跳动般的韵律，这种韵律犹如高山流水般恣意亲切，是一种'豪华落尽见真淳'的任运随缘之感。

三、结束语

禅宗思想到唐时始盛，诗歌至唐时极盛，非止于上述因由，此二者之交融必是不可避免的。诗与禅，虽各有缘由，却有共通之处。禅者，明心见性，不必诉诸文字；诗者，缘事而发，直指内心，然皆同取直觉顿悟，同现灵感的奥秘。诗禅互益，诗为禅添文采，禅为诗增意境。本文正是从禅宗最具代表性的思想对唐诗诗境的影响来描述的。

僧肇“求静于诸动”及其方法论意义

曲阜师范大学哲学系 张 森

摘 要：东晋佛玄合流，成就了僧肇庞大的思想体系。其中《物不迁论》关于动静问题的阐述是魏晋玄学动静之辩的进一步延伸，更是对它们的超越。这种超越主要表现在两方面：一是僧肇以中道空观的思维方法提出了“求静于诸动”的根本方法，并且在论述物不迁的整个过程中贯彻了这一方法；二是僧肇在评判前贤关于动静观的理论失误时，重新来解读时间和空间的关系，建构了符合中道空观的时空观。本文侧重于“求静于诸动”这一方法的讨论，通过《物不迁论》中的动静关系揭示他的思想对魏晋玄学动静之辩的超越。

关键词：僧肇 物不迁 动静关系 大乘空观

僧肇（384—414）是鸠摩罗什弟子中一位才华横溢的学者，年少时在长安一代便已崭露头角。据《高僧传》卷七《僧肇传》言，他幼时“家贫，以佣书为业，遂因缮写，乃历观经史，备尽坟籍，志好玄微，每以《老》、《庄》为心要。尝读老子《道德章》，乃叹曰：美则美矣，然期栖神冥累之方，犹未尽善。后见旧《维摩经》，欢喜顶爱，披寻玩味，乃言始知所归矣。因此出家”。僧肇一生短短的三十年，在准确揭示般若学派的学术思想方面做出了重要的贡献，大乘中观学派的思想也是直到僧肇才得以展示了它的本来面目。僧肇的主要著作是《肇论》，它由《物不迁论》、《不真空论》、《般若无知论》、《涅槃无名论》四篇论文组成。此“四论”最早见于南朝宋明帝时陆澄所选《法集》目录。但僧肇的思想主要集中在上述的前三论，其中《物不迁论》是对般若学动静观的总结；《不真空论》是对般若学有无观的总结，还对当时流行的心无、即色、本无三家学说进行了评判；《般若无知论》是对般若学知识智慧观的总结。

动静问题历来都是哲学探讨的基本问题之一，中国哲学也不例外。僧肇思想作为魏晋玄学思潮重要的一环，他关于动静问题的思想与本体论的逻辑进程和认识理路相一致。那么僧肇关于本体论的基本思想是“空”，《不真空论》阐述了他的“空”观，何谓“空”？基本涵义是“不真空”，即“不真即空”，就是说，一切事物和现象（法）是没有自性的，是因缘而生的。既然本体论上的“空”是指诸法无有本性，不是实体性的存在，那么表现在动静的认识上逻辑的要求诸法是趋静的而非趋动的。原因有二：一是由于诸法因缘而有，因缘而灭，使得诸法在存在的意义上仅仅是瞬时的存在，这样无限下去则是趋静。二是若诸法趋动，则与法无自性相冲突。《物不迁论》云：“百家异说，苟得其会，岂殊文之能惑哉？”僧肇立此论就是用他认为正确的观点来驳斥当时的“百家异说”。而贯穿《物不迁论》的核心的方法就是“求静于诸动”，即不离动探寻诸法的趋静的本性，僧肇的依据也就是物不迁。

一、“求静于诸动”思想的由来

僧肇在《物不迁论》中开宗明义地指出：“夫生死交谢，寒暑迭迁，有物流动，人之常情，余则谓之不然”，通常人们都看到花开花落，生死交替，寒暑更迭，因而认为事物是有真实的流动变化的，但僧肇却不认为是这样，他要破的正是常人被运动现象所迷惑的常情，而要揭示的正是诸法的真正存在的本质。《物不迁论》云：“寻夫不动之作，岂释动以求静，必求静于诸动；必求静于诸动故虽动而常静，不释动以求静故虽静而不离动。然则动静未始异，而惑者不同”，僧肇思想作为整个魏晋玄学发展的尾声，必然对前人的学术成果有所涉猎，有所吸收，正如《高僧传》中提到的“以《老》、《庄》为心要”，但是同时也对前贤思想作了评判，“寻夫不动之作，岂释动以求静，必求静于诸动”。僧肇认为前贤的动静观尤其是贵无派的动静观都是消解动之后求的静，而他坚持要在动中把握静，不是撇开动再去寻找另外一个静。僧肇面对丰富多彩的现象界时，不能无视变化的存在。故而依据大乘中观思想立“求静于诸动”。中观的思想，其立论的宗旨就是为了反对“边见所存”，求得“处中莫二”的中道：

“说法不有亦不无，以因缘故诸法生。”

“《中观》云：物从因缘故不有，缘起故不无。”

“故《摩诃衍论》云：一切诸法，一切因缘，故应有。一切诸法，一切因缘，故不应有。一切无法，一切因缘，故应有。一切有法，一切因缘，故不应有。”

从上面所引的资料中能够一窥“中观”之法，以“不……不……”或“一切……一切……”这种遮诠的语言来表述。那么“求静于诸动”的真正意图就是运动（迁）与静止（不迁）一俗一真，别无二致，所谓二言一会，即动静不离。

二、“求静于诸动”的方法

《中观》的方法原则把握物不迁，不是要在事物之外去寻找，而是要在事物自身去寻找，即从事物的运动现象入手去寻找。这一方法与《不真空论》的“即万物之自虚”是一致的，故僧肇说道：

> 夫人之所谓动者，以昔物不至今，故曰动而非静。我之所谓静者，亦以昔物不至今，故曰静而非动。动而非静，以其不来；静而非动，以其不去。然则所造未尝异，所见未尝同。

求向物于向，于向未尝无；责向物于今，于今未尝有。于今未尝有，以明物不来；于向未尝无，故知物不去。覆而求今，今亦不往。是谓昔物自在昔，不从今以至昔；今物自在今，不从昔以至今。故仲尼曰：回也见新，交臂非故。如此，则物不相往来，明矣。既无往返之微朕，有何物而可动乎？然则旋岚偃岳而常静，江河竞注而不流，野马飘鼓而不动，日月历天而不周，复何怪哉？

“昔物不至今”既是别人立“动”的依据，但也是僧肇立“静”的依据。依大乘空宗中观学说，诸法亦动亦静，动静不离。此处僧肇突出“我之所谓静者，亦以昔物不至今，故曰静而非动”，关键就是要破上述的“释动以求静”。在时间的维度中一个东西过去存在而现在不存在，如果这个东西没有动是静止的，那么依常理它现在依旧是存在的，但实际的情况并不是如此，故“动而非静”。在这看似没有什么不妥的认识中，僧肇依据同样的现象表达了相反的观点“静而非动”。“我之所谓静者，亦以昔物不至今”、“静而非动，以其不去”，僧肇回答的是为什么过去存在的物现在不存在，原因在于“以其不去”，即过去的事物始终存在于过去，与过去这个时间是无法分离的。那么这个事物就成为了一种特指，一旦说起这个事物就要附加上过去这个时间段，否则就不可以称之为昔物。所以过去的物存在于过去，根本没有变动即“静而非动”。

僧肇把时间作了过去、现在与未来的区分，这是从时间的三相分析。时间是一维的，但有过去、现在、未来三相。这里还要明确的是僧肇论证的是物不迁，反驳的是物迁，那么在《物不迁论》中出现的“动”、“静”也就有了特定的涵义。“迁”在现代汉语中的意思是“迁移；转变”，在古汉语中的意思是“迁移；变动、变更”，那么“迁”所指的就是事物在空间向度中位置的变更，转移。而在动静二元关系中“动”和“迁”显然是同一属类，所以僧肇认为的“动”就其狭义而言，指物体位置上的移动，即距离上的变动，而他所说的物不迁要否定的就是这种类型的动，即机械运动，而与其相反的就是静止或静，这样又引入了空间的概念。所谓的“昔物不至今”，在僧肇看来，过去存在着一物，现在存在着一物，将来还可以存在着一物，在外形上此三物就是一物，但毕竟不同，昔物是一物，今物又是另一物，“求向物于向，于向未尝无；责向物于今，于今未尝有。于今未尝有，以明物不来；于向未尝无，故知物不去。覆而求今，今亦不往。是谓昔物自在昔，不从今以至昔；今物自在今，不从昔以至今”。僧肇援用空间的概念也就是为了说明事物本性绝对不是“动”，因为昔物在过去存在，表明这一事物是存在于某一空间位置中，而绝对不会不在空间位置中存在着。常人认为的“动”就是“昔物不至今”，用现代的话说就是过去存在于某一点的物在现在不存在，不存在的原因很多，可能是此物已经在其他的点存在，也可能是此物自身发生了实质的变化，虽然还是在那一点上，但已经不是原先的那一物。再次引入时间和空间的概念，前一原因可以表述为事物没有时间上的变化，而纯然是空间上的运动，后者表述为事物可以有空间的变化也可以无空间的变化，但是绝对有时间的变化。僧肇的《物不迁论》立论的宗旨就是要破前者而立后者，这也是诸法本性上的“空”的逻辑要求。康中乾也讲到：“由于诸法在本性上的‘无’或‘空’，就必然决定了诸法的存在(有)不是也不能是永久不变的，它自身要时刻处在变化中。这个变化的过程实质上就是诸法自我打开、自我开显、自我敞露的过程。诸法要把自己并能把自己打开，这才有能力去接受外在的作用，才能表现出‘缘’的存在，也才能现实的存在。倘若诸法在自性没有‘无’或‘空’而根本打不开，它就根本无法现实的存在，就根本不是现实的存在。”(康中乾:《魏晋玄学》，第372～373页)

三、“求静于诸动”和物性的关系

诸法物性的论述集中于《不真空论》，基本观点就是：一切事物和现象(法)是没有自性的，是因缘而生的。“求静于诸动”披寻得就是事物的本性，而非其现象。故而还须从物性的视角把握事物的“静而非动”。《物不迁论》说：

> 近而不可知者其唯物性乎！
>
> 是以言往不必往，古今常存，以其不动；称去不必去，谓不从今至古，以其不来。不来，故不驰骋于古今；不动，故各性住于一世。
>
> 若古不至今，今亦不至古，事各性住于一世，有何物而可去来？

僧肇的“诸法性空，因缘而起”对应于魏晋玄学有无之辩的本体论范畴，物体的“不迁”之性对应于魏晋玄学有无之辩的动静论，二者是同一问题的两方面论述，进一步揭示物体的“不迁”之性就是物体自身变化之性。正是由于物体的“无”或“空”的本性，才决定了物体自身是自我打开，自我敞开，以之去与他物相联系，由此物自身必然发生变化，物自身的变化是在时间的范围中进行的，脱离时间的变化是不存在的。常人所能够看到的是“生死交谢，寒暑迭迁，有物流动”，模糊了事物自身于时间中的变化，而突出了事物于空间中的流转。此种常识的误区在于将物体自身在纵向时间中的变化阶段不自觉地置换为在横向空间位置上的系列存在，所以说“近而不可知者其唯物性”，故而“求静于诸动”就是要在常人认为“动”的现象界揭示事物自身变化的本性。僧肇既然在“动”的现象界试图揭示事物自身变化的本性，那“静”与动静观下的物自性是否是同一呢？前面分析“动”与“不迁”关系的时候提到与动相反的就是静或静止，这是僧肇的第一层意思，但是从上面的论述中得知僧肇并不是在否定了物迁之后求的一“静”，而是还有更深层的意思。首先是由于当时魏晋玄学思想的流行，动静关系论成为时贤谈“玄”的中心议题，僧肇若想在这样的学术环境下阐发他的般若“空”论就必须借用玄学的概念与用词，其次在《物不迁论》中不仅仅批驳了“释动以求静”，还提到“释人之所谓往耳，岂曰去而可遣、住而可留也”。这里僧肇是有感于小乘（释人）执着于“无常”（去而可遣、住而可留），不懂得真正的中道之理而发的。所以说“静而非动”确实是不得已而为之，“故经云：‘正言似反，谁当信者，斯言有由矣’”。实际上，僧肇并不是无视现象界的流变，甚至主张“虽静而不离动”，只是他反对偏执于动，认为这仅仅是人之常情，而不是中道。所以僧肇采用“求静于诸动”的方法为了凸显“静”，从而补救偏执后通过中观的视域寻得大乘“空”观，如此鸠摩罗什才称其为“秦人解空第一人”。

四、“求静于诸动”的方法论意义

有学者将僧肇《物不迁论》的主旨说成是主静，这是不确切的。因为，僧肇从“假有性空”的中观般若思想出发，对执著于动和静都是加以驳斥的。在他看来，非动非静，动静皆空。只是为了破除世人“有物流动”的常见，论文才标以“物不迁”。“求静于诸动”的方法在其中起了很大的作用。面对丰富多彩的现象界，人们看到的是一种自然而然的现象：昔物不至今。要破除这种常见，脱离了“动”现象界是没有理论的说服力的，也只有而且必须从“动”出发，求的“静”的物性。由于在僧肇之前，关于动静观的玄学思想已经取得了丰富的理论成果，王弼的“寂然至无论”、裴頠的“化感错综论”、郭象的“变化日新论”，僧肇一方面吸收这些理论上的营养，一方面从中观学的视角着手批判前贤的思想，建构自己的动静观。在僧肇的整个动静观的理论框架中，“求静于诸动”成为僧肇坚持的根本性原则，在赋予了“静”和“动”特定的涵义后，僧肇从大乘空观的理论维度来理解时间，他所采用的方法和所达到的境界都有别于“执有”与“体无”这两种时间观，其对时间的超越显得更为彻底。

但是一个毋庸讳言的事实是，僧肇著作中大量援用了中国传统思想，特别是老庄道家及魏晋玄学的术语和命题。但僧肇《物不迁论》是否就是玄学动静之辨的进一步延伸则引起了学术界的争论。许抗生认为：“僧肇处于王弼、郭象之后，企图调和这两种思想的对立，提出了‘动静未始异’，‘动即是静’的‘物不迁’说。这是魏晋时代思潮（玄学）演变趋势的产物，是僧肇深受魏晋玄学思想影响的结果，与佛教本身反而关系不大。”（许抗生：《僧肇评传》，第188～189页）依照许抗生的观点，“求静于诸动”的方法则不失为是对魏晋玄学动静之辩的高度概括和超越性总结，也预示着整个魏晋玄学动静论的转向。当然，僧肇自己并不会自觉地认识到这一点，但是他的“求静于诸动”的方法的确对后期学术的发展有启发。

五、结语

僧肇是中国佛教史上最重要的佛教哲学家之一，中国化佛教哲学体系的奠基人。其创造性的历史贡献不仅表现在他真正地理解了般若中观的“空”，并运用这一方法将魏晋玄学的有无之辩和动静之辩推向更高的阶段，而且更对中国的佛学甚至中国后期哲学的发展起到了作用。许抗生评价则更为中肯“在我国佛学史上第一次较全面、较系统、较深刻地弘扬了印度大乘中观空学。同时他又不是简单地重复印度佛学的思想，而是与中国的老庄思想和魏晋玄学所讨论的问题相结合了起来，用玄学的简明扼要的语言概括地总结了当时我国佛学乃至玄学所讨论的基本问题，从而把中国佛学乃至中国哲学的发展推进到了一个新时期、新高峰。”（许抗生：《僧肇评传》，第256～257页）“求静于诸动”的思想也仅仅是僧肇哲学体系的一面，通过对这种方法的解读，为更好地分析僧肇思想的架构提供一种思维的路向，使我们积极清楚地理解僧肇思想的整体面貌成为一种可能。

参考文献

[1]梁慧皎. 高僧传[M]. 汤用彤校注. 北京：中华书局，1992.
[2]康中乾. 魏晋玄学[M]，北京：人民出版社，2003.
[3]洪修平. 肇论[M]，台北：佛光出版社，1996.
[4]龙树. 中论[M]，大正藏(第30册).
[5]许抗生. 僧肇评传[M]，北京：南京大学出版社，1998.

宗教文化与中国民俗和社会

过客与涵化：移民在岭南区域文化形成中的作用[①]

广东技术师范学院民族学院 赵炳林

摘 要：岭南在历史上是一个相对封闭的文化地理单元，具有鲜明的地域特点。在岭南文化的形成过程中，移民起了重要作用。移民主要包括大量的自发移民、异地到岭南任职的官员以及谪官。他们把岭北中原地区的先进文明带进了岭南，对岭南地域文化的形成起到了一定的促进作用。

关键词：岭南 自发移民 异地任职 谪官

“南岭不仅是一条自然地带分界线，也是一条文化类型分界线。孕育、发生、成长于这条界线以南的自然和人文环境的广东文化或称岭南文化，具有许多异于岭北的文化特质。”[②]岭南文化的形成历时长。“秦代及其以前的岭南文化系指古代百越族中的南越、骆越、西瓯三大族群的文化。”[③]发展至今，最终发展成为广府、潮汕、客家、桂系和海南等五大文化区域。在这个过程中，汉文化对岭南文化的影响力渐趋增强。岭南文化也以海纳百川之胸怀吸纳和升华了自己的文化，使之更具有包容性和开放性。正如《岭南文库·前言》所说：“采中原之精粹，纳四海之新风，融汇升华，自称宗系，在中华大文化之林独树一帜。”在岭南文化的形成过程中，移民起了

① 基金来源：广东省普通高校人文社科重点研究基地项目：岭南少数民族历史、传统文化与科学发展研究——以广东少数民族为例，课题编号：11JDXM85001

② 司徒尚纪：《广东文化地理》，广州：广东人民出版社，1993年。

③ 李权时，李明华，韩强：《岭南文化》，广州：广东人民出版社，2010年，第72页。

重要作用。除了大量的自发移民之外，官员异地岭南任职和谪官也是岭南移民的重要组成部分。而学界对此关注不够。本文拟对其进行探讨，不当之处，敬请指正。

一

岭南在古代是躲避战乱和苛税之地，亦为北人南迁的重要迁入地。历史上北人南迁主要发生在秦汉、三国两晋南北朝、唐五代、宋元等几个时段。据广东省南雄市珠玑巷后裔联谊会统计，从北方迁移到珠玑巷的就有157姓之多，主要来源于晋、鲁、陕、甘、豫、鄂、湘、赣等省。其中有部分人在此地短暂驻留后，又前往了广东其他地区，有的还梯山航海到了海外。谢重光先生根据对78个客属家族156次迁徙所作的统计，认为，在唐宋时期，客家先民主要来自江淮地区，也有少数来自中原、关中和荆楚、吴越等地。其远源可追溯到古代广义的中原地区，近源却主要是唐宋时的江淮地区。[①]至今在岭南地区还有珠玑古巷、贺州黄姚古镇、开平赤坎古镇等北人南迁的遗存。从这个意义上来说，岭南是中国文化向岭南传播的重要桥头堡和向境外传播的中转站，兼具汇聚和辐射功能。

岭南土著居民中的百越民族，祖居于东南闽越江浙一带。后由于汉人侵逼和战乱，他们纷纷向远恶地区辗转流徙，其中一部分浪迹岭南，而成为当地的较早居民。南迁汉人与这些百越后裔们一起烧山开荒，捕鱼种稼，开发岭南。北人南迁的过程既是封建生产方式向南推演的过程，也是北方中原文化向南发展并逐渐占据主导地位的过程。不同民族在一起生活生产，必然导致文化的碰撞和融合，出现了十分复杂的文化濡染现象，如汉族的壮化、瑶化、黎化，壮人、瑶人、黎人的汉化，瑶人的壮化，壮人的瑶化，苗族的黎化等都是民族融合和文化交流的表现形式和结果。

二

科举选拔和孝廉征选，是古代选官的两种主要途径，故为任一方者多为品行卓异，知识渊博之人。他们任官一地，往往对当地的社会风气和文

① 谢重光:《畲族与客家福佬关系史略》，福州：福建人民出版社，2002年，第87页。

化教育起到巨大的提升作用。古代官员的异地交流范围广，跨州连郡，甚至跨省任职者也为数不少。这些官员到异地任职，带去了先进的文化理念和责任意识。他们入籍岭南后创办州学、县学和书院，培养了大批士人，使岭南文化教育空前繁荣。[①]在他们的影响和滋润下，岭南在宋元时代渐成为中国经济文化较为发达的一个区域。一批岭南文人应运而生，成为岭南文化的重要推手，为岭南文化的发展增光添彩。

汪森《粤西文载》载，历史上曾经有鄞县进士杨守随、绩溪举人汪溥、弋阳进士姜琯、鄱阳进士刘琏、内江举人余玉、衡阳举人刘琰、无锡人谈一凤、海阳人徐珙、吉水举人罗爵、新喻人罗环、闽县人潘常、邵阳举人李翰等明宦曾到广西南宁府、庆远府、沔阳州、柳州府、平阳府等地任职。[②]宋淳熙年间（1174—1189年），在广西梧州府藤县仁寿坊建“八贤祠”，以纪念唐李靖、李白、宋之问和宋苏轼、辙、秦观、黄庭坚、李光等八位贤人。[③]“八贤祠”的建立，足以说明这些人在岭南的贡献以及当地人对这些文化名人的追慕和缅怀。

《广东通志·明宦志省总》载，明朝盐城人王翱、沧州人马昂、长洲人韩雍、桂阳人朱英、单县人秦紘、华容人刘大夏、宁远人熊绣、余姚人王守仁、莆田人林富、会稽人陶谐、吉水人毛伯温、周延、新建人吴桂芳、莆田人郭应聘、龙溪人吴善、磁州人张镜心等名人大士曾任广东总督。繁昌人吴琛、武昌人熊桴、进贤人熊汝达曾任广东巡抚。当涂人盛敬、晋江人朱鉴、嘉定人徐瑄等曾任广东巡按。[④]以上这些人大多来自中国经济文化发达的地区，如鄞县，在今浙江宁波，是宋代苏轼曾经为官的地方，是浙江古代文化比较发达的地方。其他如安徽绩溪、四川内江、浙江余姚、河北沧州、磁州，福建晋江等都是古代人文蔚为大观之地。

《崖州志》记载，从汉至清，大量中原及两广官宦到海南崖州异地任职。先后有丹阳孝廉僮尹，唐京兆黄门侍郎同中书门下三品韩瑗、洛州明经进士宋庆礼，宋潞州李崇矩、朱初平、海陵周康、增城进士崔与之、昭州毛

① 罗志欢：《岭南历史文献》，广州：广东人民出版社，2006年，第8页。
② 汪森：《粤西文载》，四库本，卷65。
③ 《广西通志》，四库本，卷42。
④ 《广西通志》，四库本，卷40。

奎，元代齐孟坚，明代桐庐监生姚瑾、许端惠、广西永淳梁正、诸暨举人徐琦、桂林陈瑶、吴县举人陈尧恩、福清举人林资深、云南永昌郑邦直、东莞岁贡罗士俊、乌程进士沈应龙、休宁明经进士程默、海宁万历副榜吴若虚、广西临桂朱宏、黄梅廪生瞿罕等，清代河南祥符监生于有义、宣城拔贡梅钦、番禺举人王玉、常熟进士陶元淳、黟县许之昇、蓬莱贡生杨寅生、歙县监生程哲、顺德黄友瓒、浙江举人杨城、陕西榆林郭枝、福建同安高华嵩、山东举人王锡、山阴举人金绅、全州进士李白龄等先后到崖州任职为官，全部加起来大概有四十九人之多。这些官宦多出身于北方文化发达地区。他们在崖州为官，大多富有建树，为当地经济发展和人文建设贡献甚巨，如僮尹在永平十七年(74年)在做儋耳太守时，“戒敕官吏，毋贪珍赂。劝谕其民，毋镂面颊”，“自此蛮风日变”。崔与之巡视珠崖时，“奖廉劾贪，风采凛然”。姚瑾“出知丰城，有善政，宽厚爱民”。徐琦知崖州期间，“选民间子弟俊秀者，教之读书，俾知礼义”。郑邦直知崖州时，“加惠茕独，作养人才”。宋锦任崖州知州期间，“设书院，立义学会，以育多士”。[①]

另外，还有一些当地土著官宦也为岭南文化的发展做出了一定的贡献。如唐代曲江人张九龄、宋代余靖、崔与之、连州人陈用拙、黄损，封州人苏章、浔州桂平人梁嵩、平南人简文会、周邦、诚州人钟允章，东莞人植廷晓，始平人冯邴，韶州曲江人胡宾王、何泽，贺州富川人林楚材，正州河源人古成之等都是道性高岸，为福一方的文化代表。[②]

三

岭南在古代被视之为极境异域，而成为贬谪官员的重要目的地。贬谪最远者莫过于岭南，即“过岭(五岭)”、“过海(海南岛)”。官员则视之为畏途，如唐代宰相李德裕被贬官海南，写下了“崖州在何处？生度鬼门关”的词句。自秦开始，便有官员被贬到岭南了，“秦略定扬越，以谪徙民与

① 张嶲、邢定纶、赵以谦纂修，郭沫若点校：《崖州志》，广州：广东人民出版社，2011年，卷17，第352、354、358页。

② 梁廷枏著，林梓宗点校：《南汉书》；李默、林梓宗、杨伟群点校：《岭南史志三种》，广州：广东人民出版社，2011年，卷10～14。

越杂处。扬越盖自古迁谪之乡也。”[①]《史记》卷六载：“三十四年（前213年），谪治狱吏不直者筑长城，处及南越地。”[②]把那些审理刑狱不当者，发配到北方修筑长城，或发配到岭南以“覆狱故失”。[③]

汉代明宦丁密因惹怒朝廷，发配到苍梧之地，后客死梧州，至今在梧州岑溪有丁密的墓地。三国时的吴国奇才虞翻因在孙权面前“数犯颜谏争”[④]，被贬往交州（治今越南河内市东天德江北岸，辖今广西钦州、广东雷州半岛、越南北部及中部地区）。他在番禺（治今广州市）建立虞苑（今光孝寺），教授生徒数百人，讲授儒家学说，开岭南一代学风。虞翻是岭南开风气之先的重要人物。三国时的文人吴士燮也曾被贬苍梧，并死于该地，至今在苍梧县西北四里之地有其墓地。

隋朝文帝时的兵部尚书、当朝驸马柳述，因在隋文帝杨坚时与太子杨广、宠臣杨素结下怨隙。杨广矫诏杀杨勇，逮捕柳述，然后逼妹兰陵公主改嫁，先后放逐其于循州（治今广东惠阳东）和宁越郡（治今广西钦州）。柳述是惠州成郡建制以来第一个被贬的朝廷命官。先后居循州三年。往任钦州不久后染瘴毒而殁。

禅宗六祖慧能之父卢行瑫刚正不阿，不避权贵，于唐武德三年（620年）被贬往岭南新州索卢县（治今广东新兴县）。唐高宗时的刘纳言，精于《汉书》之学，为皇太子李贤的洗马兼侍读。因李贤被废而黜，发配振州（治今海南崖县崖城镇）。李昭德由明经擢升，累官至御史中丞，“永昌初（689年）坐事，贬振州陵水尉。[⑤]唐德宗建德二年（781年）十月乙未，主持唐中期税制改革的杨炎也被贬谪到崖州，做司马之官，后被杀。唐宋八大家之一的韩愈“欲为圣明除弊事，肯将衰朽惜残年”，因请求唐中央缓征京畿一带人民的赋税，而被权臣迫害，贬谪到阳山（治今广东阳山县）做官。他仁爱人民，当地人以其姓为姓。他为官三年，便使阳山由一个荒僻小县发展为文化名城。至今在广东阳山县有“韩公祠”，供人拜祭缅惦。之后，又被贬为

① 屈大均：《广东新语》，上海：广文书局，1978年，卷9，第575页。
② 王蘧常：《秦史》，上海：上海古籍出版社，2000年，卷5，第52页。
③ 司马迁：《史记》，台北：东华书局，1985年，卷6，第79页。
④ 陈寿：《三国志》，北京：中华书局，2011年，卷57，第575页。
⑤ 张嶲、邢定纶、赵以谦纂修，郭沫若点校：《崖州志》，广州：广东人民出版社，2011年，第361页。

潮州（治今广东潮州）刺史，使潮州文风蔚然。晚唐最著名诗人李商隐因卷入牛李党之争，受到牛党的排斥，于大中元年（847年）跟随贬官桂管观察使郑亚南下桂林，充作郑亚的幕僚。李德裕是唐朝中期著名宰相、政治家和诗人。唐宣宗即位后，深忌德裕之文华，斥之岭外，先贬为潮州司马，后又贬为崖州司户参军事，逾年死于贬所。李德裕在岭南“有声迹功效”。①受李德裕案牵连，中书舍人崔嘏也因“坐书制不深切，贬端州刺史”。②在唐末的“二王八司马”事件中，王叔文党羽都被贬谪远恶诸州，柳宗元被贬为柳州刺史。韦执宜“对策异等，临民惟谨”③，也坐王叔文党，贬崖州司户参军。

宋代，特别是宋初，严恪“祖宗旧法”，不杀大臣。处罚那些贪疲官员，往往是贬谪到边疆做官，以示惩戒。第一个被贬到岭南的宋代京官是太祖朝的宰相卢多逊，因秦王赵廷美之事，触犯太宗，但“尚念尝居重位，久事明廷，特宽尽室之诛，止用投荒之典”，“一家亲属，并配流崖州”。④真宗时，寇准被丁谓所谮，贬雷州司户。后来丁谓也被贬，安置于崖州。他在贬所“专事浮屠因果之说，其所著诗文亦数万言”。⑤咸平六年（1003年），“真宗诏命官迁谪岭南亡殁者，并许归，官给缗钱如亲属。”⑥真宗大中祥符年间（1008—1016年），屯田员外郎盛梁、晋州知府齐化基、内侍陈衍、太学生张伯麟等又先后被贬谪到崖州。仁宗时，宦官雷允恭因坐与巫师往来频繁，被贬为崖州司户参军，后徙雷州。唐宋八大家之一的文学巨擘苏轼曾被贬官岭南，“绍圣初（1094—1098年）贬惠州，再窜儋耳”⑦，先后任惠州团练副使和琼州别驾。他与小儿苏过，从藤县到儋州，一路走来，写下了一系列瑰丽词篇，留于后世。当地人为其建立桄榔庵委身蜗居。苏轼以此为基地，开设讲堂，培养出了儋州的黎子云、符确、王霄等才子。他的文学才华也吸引来了附近琼山、澄迈、海口，甚至潮州、福建等地的好

① 张嶲、邢定纶、赵以谦纂修，郭沫若点校：《崖州志》，广州：广东人民出版社，2011年，第362页。
② 欧阳修：《新唐书》，北京：中华书局，1975年，卷180，第5343页。
③ 张嶲、邢定纶、赵以谦纂修，郭沫若点校：《崖州志》，广州：广东人民出版社，2011年，第361页。
④ 张嶲、邢定纶、赵以谦纂修，郭沫若点校：《崖州志》，广州：广东人民出版社，2011年，第363页。
⑤ 同上。
⑥ 王梀：《燕翼诒谋录》，《四库本》卷5。
⑦ 王梀：《燕翼诒谋录》，《四库本》卷52，第118页。

学者登门拜师学文。后人为了纪念他，在儋州中和镇及海口五公祠之侧建立“东坡书院”，招徒讲学，大开琼崖设立学院之风气，为海南岛文化的发展有很大的贡献。南宋年间，海南书院多达十五家。明代，达二十二家之多。[①]两宋之际，和战一直是宋廷争论不休的议题，秦桧是和守的代表。一些与秦桧政见不一的朝中要员纷纷被贬谪到包括岭南的缘边地区。《宋史》三百七十卷《考证》载，“胡铨忤秦桧，谪岭”。《读易详说·易类·提要》记载，宋代徽宗崇宁年间（1102—1106年）的进士李光为刘安世的门人，“学有师法。庚申，以论和议，忤秦桧，谪岭南。”[②]绍兴年间（1131—1162年），名臣赵鼎遭到权臣秦桧和中丞王次翁陷害，先贬漳州，再贬潮州，“移漳州。次翁又弹击不已，责置潮州。”[③]苏文定公旦忤逆章惇，被安置在雷州。在今海南琼山市建有“五公祠”，专门供奉唐宋五位被贬到该地的京官，他们是李德裕、李光（南宋副宰相，被贬琼州）、李刚（海南万安军，今海南万宁、陵水一带）、赵鼎（海南吉阳军，在崖州；潮州）、胡诠（吉阳军）。“颜博文，字持约，建炎中谪官贺州”[④]，后居广州。唐宋时期，被贬谪到今广西北流的文人很多。在距北流四十里的地方有一鬼门关，“唐宋诗人谪此而死者踵相接也”。[⑤]黄鲁直、沈佺等都是贬谪客死此地的文人。

元代是蒙古族建立的政权，一些政见不一者及犯罪官员，也被贬往岭南。王仕熙为晋王燕帖木儿的参政，位高权重，因燕帖木儿谋逆下狱，流配吉阳军（治今海南三亚）。侍御史邱世杰也同船渡海到海南，被安置在万安军（治今海南万宁、陵水一带）。邱世杰“惟觞书酷咏为娱，恬然不见其去国之意。远近皆敬爱。得其文字，珍藏之。”[⑥]元顺帝时，因哈麻与当朝权臣脱脱有怨隙，谋害脱脱未遂，而被“出贬安南”。[⑦]后又“贬哈麻惠州安置，雪雪肇州安置”。[⑧]哈麻和雪雪是兄弟，因其母曾为宁宗的乳母之故，其父

① 关万维：《琼州文化》，沈阳：辽宁教育出版社，1998年，卷5，第222页。
② 熊克：《中兴小记》，《四库本》，卷31。
③ 李幼武：《宋名臣言行录别集》，《四库本》，卷4。
④ 汪森：《粤西文载》，《四库本》，卷11。
⑤ 汪森：《粤西诗载》，《四库本》，卷2。
⑥ 张嶲，邢定纶，赵以谦纂修，郭沫若点校：《崖州志》，广州：广东人民出版社，2011年，第366页。
⑦ 邝露：《赤雅》，《四库本》，卷205，第45825页。
⑧ 宋濂：《元史》，北京：中华书局，1976年，第71页。

被授冀国公，加太尉爵金紫光禄大夫。二人被顺帝所嬖幸，哈麻累官至殿中侍御史，雪雪累官至集贤殿学士。都是元朝权倾一朝之人。彻里帖木儿“为臣忠，为子孝，天下治，百姓安”，嫉恶如仇，因不满时任右丞相的帖木迭儿专权弄事，“抗言历诋其奸”，后又忤逆权臣左丞相伯颜。帖木迭儿是元代四朝元老，历官于世祖、成宗、武宗、文宗四朝，位极人臣，权倾朝野。帖木迭儿和伯颜他们睚眦必报，陷害彻里帖木儿，“诏贬彻里帖木儿于南安”。[①]至元末（1264—1294），国师胆巴因为不容于权相桑哥，力请西归。“既复召还，谪之潮州。”[②]亦怜真班为元世祖时的知枢密院事，“性刚正，动有礼法”[③]。元统至元之间（1264—1294年），伯颜为丞相时，专权擅政，嫉其论事不阿，出为江南行台御史大夫。寻杀其子答里麻，而谪置海南。”[④]成宗大德七年（1302年），“以脱欢诬告诸王脱脱，谪置湖广省军前自效”。[⑤]元成宗时，“谪月鲁帖木儿乾宁安抚司安置。至顺四年移置雷州。”[⑥]文宗天历初年（1328—1330年），同知宣政院事罗五十三“得罪，贬海南”[⑦]。

明代是官员被贬岭南人数比较多的一个朝代。诗人吕诚，昆山人，“工于吟咏，诗格清丽”，因故于洪武四年（1371年）被贬谪到广东，历时一年后返北，写有《重渡梅关》一诗，其中有句云：“去年窜逐下南溟，万里归来鬓已星”。[⑧]明太祖洪武六年（1373年），“谪汪广洋为广东参政”[⑨]，再贬海南。因陷胡惟庸案，被诛。史称其“剸繁治剧，屡献忠谋，比之子房、孔明。”[⑩]闵珪“以风力闻”，曾任广东按察使，后因不能“不能弥盗”[⑪]，左迁广西按察使。赵贞吉因弹劾严嵩擅权朝政，拉帮结派，迫害异己，被严嵩所忌恨，于二十九年（1396年）八月，被“廷杖，谪岭南”[⑫]。解缙被人诬“泄

① 邝露：《赤雅》，《四库本》，卷142，第3406页。
② 邝露：《赤雅》，《四库本》，卷202，第4517页。
③ 邝露：《赤雅》，《四库本》，卷145，第3445页。
④ 同上。
⑤ 邝露：《赤雅》，《四库本》，卷21，第450页。
⑥ 邝露：《赤雅》，《四库本》，卷144，第3435页。
⑦ 邝露：《赤雅》，《四库本》，卷200，第4496页。
⑧ 毕沅：《续资治通鉴》，北京：中华书局，2009年，卷24。
⑨ 王礼：《麟原文集》，《四库本》，卷2，第28页。
⑩ 王礼：《麟原文集》，《四库本》，卷127，第3774页。
⑪ 王礼：《麟原文集》，《四库本》，卷2，第28页。
⑫ 张廷玉：《明史》，北京：中华书局，1974年，卷54，第816页。

上易储语。缙坐贬交趾。又谮之，逮系死狱中。”[1]瞿宏于永乐九年（1411年），调发海南卫崖州千户所寓居。吴川人莫蓁“少通经传，工诗律。”[2]永乐初（1403—1424年），寓居崖州水南村。武宗正德年间（1506—1621）的谏官张文明刚正不阿，清正廉明，不避锋芒。“司礼太监张忠等谮于帝”[3]，张文明被打入监牢，后贬为电白典史。孙懋是世宗时的进士，“帝虽善之，不能用，出为广东参议，迁副使。”[4]后又先后被贬谪为藤县典史和广西布政使。

有关清代官员贬谪岭南的记载较少，搜检《清实录》，也没有发现，概因岭南地区经过明清的大力开发，社会经济文化取得了的长足的发展，不再成为官员的流放贬谪之地了。“到了晚明，大批还被中原知识分子目为‘蛮子’的粤人，已经自认为是汉文化的正宗代表了。”[5]这是千百年来岭南社会经济文化发展的结果和一个坚实有力的见证。故在有清一代几乎找不到京官被贬岭南的记载。

四

“唐嗟末造，宋恨偏安，天地几人才，置诸海外；道契前贤，教兴后学，乾坤有正气，在此楼中。”[6]这是清末学人潘存为海南五公祠所撰写的对联，比较概括地说明了南谪官宦对海南文化提升的作用。关万维先生把这种谪官现象称之为“过客文化”。海南由于自然和历史原因，成了过客文化的集中展现地。贬往琼崖的京官人数多，其中六部尚书以上的官员就达五十人，宰相和参知政事级别以上的重臣有二十一人，而被贬到南部崖州的宰相就达十四人，前后有隋代宗室杨纶，唐代王义方、敬晖、李邕、李德裕、韦执宜、李昭德、姚绍之、崔元藻、杨炎、薛元龟、杨知至、韦保衡、刘崇鲁、韩瑗等，宋代丁谓、苏轼、任伯雨、冯时行、何兴、李刚、折彦质、赵鼎、李光、胡铨等，明有李思迪、杜宥、孙岳为、赵谦、刘玉、薛显等。[7]据史

① 张廷玉:《明史》，北京：中华书局，1974年，卷27，第400页。
② 张巂、邢定纶、赵以谦纂修，郭沫若点校:《崖州志》，广州：广东人民出版社，2011年，第367页。
③ 王礼:《麟原文集》,《四库本》，卷188，第4994页。
④ 王礼:《麟原文集》,《四库本》，卷203，第5373页。
⑤ 谷应泰:《明史纪事本末》，北京：中华书局，1977年，第2页。
⑥ 颜广文:《古代广东史地考论》，广州：中山大学出版社，2007年，第1页。
⑦ 关万维:《琼州文化》，沈阳：辽宁教育出版社，1998年，第216页。

籍记载，自唐迄明，被封建王朝贬谪、流放到崖州的贤相名臣，以及各种原因留居水南村的社会名流就有10余人。最先来到水南村的汉族名宦是唐高宗朝宰相韩瑗，显庆二年(657年)被贬为振州(治今海南崖县崖城镇)刺史。显庆四年(659年)卒于贬所。这些被贬谪之人过梅关之后，抛却被贬谪的愤懑和愁思，怀抱士大夫的忧国忧民情怀，投身于贬谪地的社会文化建设，无怨无悔，正如陆游在《出关》一诗中写道："宦路崎岖阅岁华，更无佳思发诗葩。出关便有山林兴，续藁从今渐有涯。"[①]他们不但有"政声"，还在当地办理学堂，教授生徒，"兴文褒善，剔蠹整颓"[②]，作育人才，使当地民风淳朴，人文蔚起，"国家文德诞敷，声教暨讫海隅，苍生沐浴。"[③]李光在《迁建儋州学记》中载："今十余年，学者彬彬，不殊闽浙"。清初的江西著名学者魏礼在《为门人杨京游惠州至广州·序》中言："今之岭南，非昔之岭南矣。愈之贬潮州也，凛然有愁迫死亡之忧，而今之士大夫营为而乐得其地矣。轼之贬，犹在惠州，今惠州亦为善土矣。"可见，被贬岭南之官员尽管数量极少，但由于他们是先进文化的代表者和人文道德的标杆，是当时社会的最精英人士，对当地文化的发展和社会道德水平的提升起到了非常大的作用。

历史上，北人大量南迁，官员到岭南异地任职、贬谪流配或寓居，带来了高尚的道德文章，影响并提升了当地人的文化水平，促进了当地社会经济的发展。如粤北南雄珠玑巷即为北人南迁的一个重要中转站，大量北人越梅关古道，在此停歇，一部分留居下来，一部分流徙他处，甚至梯山航海到了海外。这些移民对于珠江三角洲的开发起到了拓荒者的作用，"入广珠玑巷迁民不少是上层人仕，即挟带有文化、技术、资金而来，并很快成为珠江三角洲平原的开发者。""珠玑巷迁民是一股中原文化的传播洪流，在有宋三百多年历史长河中，对岭南文化的开拓和提高也显出主要作用。"[④]唐宋之后，粤籍官吏入正史之传记者增多。特别是到了明代，《明史》对粤籍官员立传者达到了69人，其中官至内阁首辅者二人，内阁大学士五人，

① 周伟民，唐玲玲:《海南金石概说》，海口：海南出版社、南方出版社，2008年，卷2。
② 关万维:《琼州文化》，沈阳：辽宁教育出版社，1998年，第353页。
③ 陆游:《奉送出关二首》；姜特立:《梅山续藁》，《.四库本》，第5页。
④ 曾廷梅:《重造县厅序》，陈述芹:《琼东县志》，.台北：成文出版社，1974年，第240页。

中央六部、都察院、大理寺、通政司等“九卿衙门”正副职官员二十人（含南京），“三司”方面大吏五人；明朝科道监察官品位虽低，但职权甚重，升迁甚速，当为要职，官至科道官十一人。武官方面，官至左都督一人。可见，曾任高官要职者达44人，约占立传总数的百分之六十。而这些人主要集中在珠江三角洲地区。[①]在科考中，岭南文人进士迭出，卓异者不断涌现。史上曾有“五里四会元”之说，在广东南海县西三十里，“黎涌村则伦公文叙、子以训，石石肯村则梁公储，石头村则霍公韬，皆相去五里。而文叙状元，以训榜眼，以谅解元进士，以诜进士，复称‘父子四元双进士’，科名之盛，无出其右。[②]

岭南文化的发展经历了一个由低势能文化向高势能文化的发展转化，南越文化为主向汉文化为主的转变过程。而这个过程则以岭南社会经济的快速发展和对全国经济文化比较优势的逐渐形成为大背景。在以汉民族为主导的民族文化融合过程中，在南宋时期逐渐形成了具有一定地域特色的文化单元，在粤东地区有广府、潮汕、客家三个民系文化，在粤西为桂西文化（八桂文化），在海南为海南文化。他们既保留了汉人的传统文化，也吸收了包括瑶、畲、苗、黎、壮等土著民族的文化成分。在各系文化中，都有着深厚的北方文化的积极因子。

① 谷应泰：《明史纪事本末》，北京：中华书局，1977年，第110页。

② 曾昭璇，曾宪珊：《宋代珠玑巷迁民与珠江三角洲农业开发》，广州：暨南大学出版社，1995年，第269页。

宗教心理学在中国发展的困境与前景

首都师范大学博士研究生　叶磊蕾
中国人民大学博士研究生　李春尧

摘　要：在宗教学的诸分支中，宗教心理学是内涵最模糊，也是发展最薄弱的一个子学科。本文在简要介绍宗教心理学的起源之后，试图给“宗教心理学”提出广义、狭义两种定义，以此明确研究对象。在此基础之上，本文拟讨论宗教心理学在中国的发展过程中遭遇的困境：学科定位的问题、人才培养的问题、应用实践的问题、学科本土化的问题。针对这些问题，本文试图提出一些个人建议，希望能有助于此学科在中国的发展。最后，本文认为，中国宗教心理学的远景广阔。就当前现实而言，它还能在规范宗教市场、防治邪教泛滥方面起到积极作用。

关键词：宗教　宗教心理学　宗教管理　防治邪教

一、宗教学与宗教心理学

宗教，作为人类特有的社会现象，其历史已有十多万年。考古学家把人类的发展分为猿人、古人、新人、现代人四个阶段，在新人阶段就有了宗教萌芽。1856年，考古学家在德国杜塞尔多夫尼安德尔河附近的洞穴中发现了“尼人”遗骸，其殡葬方式使学者认定：“尼人”已经有了灵魂的观念。1939年，考古学家在我国发现了“山顶洞人”遗迹，还发现遗骸的周围有红色粉末和其他的随葬物。这证明“山顶洞人”和“尼人”一样，其社会生活中都有了宗教意识的萌芽。“尼人”的距今年代是四万到十几万年，

“山顶洞人”的距今年代是两万五千年到五万年。根据这些遗迹推断，宗教的历史已长达十多万年。

对比宗教悠久的历史，宗教学的历史则相当年轻。1870年，马克斯·缪勒在英国皇家学会作了“宗教学4讲”的演说，4篇讲稿后结集为《宗教学导论》(*Introduction to the Science of Religion*)，这标志着宗教学作为一门学科正式诞生，而马克斯·缪勒也被誉为“宗教学之父”。在缪勒的著述中，他第一次提出了“宗教学”(the Science of Religion)这个概念，使宗教研究有了相对独立的学术地位，并以“比较”的方法作为宗教学的基本研究方法 。宗教研究自古有之，但是使“宗教研究”发展为“宗教学”，这在很大程度上归功于缪勒的努力。缪勒把“宗教学”区别于传统的“宗教研究”，其理论态度可以归结为他的一句名言：“只知其一，一无所知。”(He who knows one，knows none.)意即，“宗教学”这门学科是立足于比较的基础之上的，它的研究对象不限于一种宗教，“只懂一种宗教的人，其实什么宗教也不懂”。这便是“宗教学”学科之肇始。

“宗教学”的创立时间和创始人举世公认，无可争议。与之相比，其子学科“宗教心理学”的生世则显得暧昧不明，颇多异议。一种观点认为：1879年科学心理学诞生时，宗教心理学就随之诞生，其创始人就是《民族心理学》的作者、“科学心理学之父”冯特；另一种观点则认为：宗教心理学诞生于1882年，其创始人是《对儿童的道德与宗教训练》的作者、美国心理学家霍尔。这两种观点各有其根据，使“宗教心理学”自诞生起就包孕着各色理论分歧。鉴于这个问题模糊不清，我们只能暂时接受一种不甚精确的说法：“宗教心理学”诞生于19世纪下半叶，德国的冯特、美国的霍尔等心理学家为其理论先驱。

让我们姑且抛开宗教心理学的诞生不谈，作为宗教学的一门独立的子学科，它的定义与学科内涵也难有定论。什么是宗教心理学？这决非一个可以顾名思义的问题。学科内涵的界定不清，很大程度上是研究者的理论背景和研究路径决定的：在此学科发展早期，大部分学者运用心理学的理论、观点和方法来研究宗教现象，这种心理学取向的研究被称为“宗教心理学”(psychology of religion)；而与之相对，还有一种宗教信仰取向的研究，它“按照各宗教自己的方式对人的心理行为进行考察、说明、解释和干预”，这被称作“宗教的心理学”(religious psychology)。单从名称上看，“宗教心理学”和“宗教的心理学”似乎差别不大，但是它们二者的研究方法、理论假设，以及对研究者的理论背景要求都完全不同。在下面的讨论中，我们会看到：这两者的分歧造成了中国宗教心理学发展的一个困境。

如果我们站在马克斯·缪勒当年创立宗教学的理论视角上，我们不难发现：其实严格地说，所谓“宗教的心理学”根本算不上“宗教学”的分支。因为它采取每个宗教自己的方式进行心理研究，并没有比较的视野，这是不符合马克斯·缪勒的理论设想的。不过如果将“宗教的心理学”排斥在“宗教学”的学科体系之外，客观上又不利于宗教研究的开展。于是我们很尴尬地发现：“宗教的心理学”这支力量的出现，似乎把本来就很混乱的“宗教学”理论体系搅得更加支离破碎了。

二、“宗教心理学”的广义与狭义

在“宗教心理学”学科内涵未明的情况下，想要妄论这个学科在中国的发展，是一件很棘手的事。为使讨论能够顺利展开，笔者拟采用这样的策略：把所谓的“宗教心理学”做广义、狭义两种理解，分别在两个理论层面确定其学科内涵，这样可以使下面的探讨思路更加清晰。先从狭义说起。

严格意义上的“宗教心理学”(即狭义的“宗教心理学”)要得以成立，至少要满足两个条件：第一，心理学成为一门独立的学科，意即心理学走上了“科学的”发展道路，有了自己的研究方法，从而从哲学的母体中脱离出来；第二，宗教学成为一门独立的学科，意即宗教研究开始有了“比较的”视角，研究者站在中立的立场上，平等地对各个宗教进行研究，“任何宗教都不应要求得到特殊待遇”，从而使“宗教学”区别于以前的“宗教研究”，真正成为“天下之公器”。在满足了这两个条件之后，严格意义上的“宗教心理学”才能得以成立：它以各个宗教作为研究对象，科学心理学作为研究方法。按照这种理解，“宗教心理学”是“科学心理学”诞生之后的产物，它在19世纪下半叶产生，以科学心理学的研究方法为其方法。其定义可确定如下：宗教心理学是“把心理学的理论和方法系统地运用到对宗教传统的内容，以及运用到对相关的个人的经验、态度和行为的研究中”的一门学科。这门学科“研究对象是宗教现象，研究方法是心理学的方法，研究工具是心理学的理论，研究的出发点和特点是信仰者个人”。总之，狭义的“宗教心理学”就时间而言，从19世纪下半叶诞生；就立场而言，是中立的和没有宗教倾向的；就方法而言，是“科学心理学”的而非“宗教”的。以此定义衡量，“宗教的心理学”(religious psychology)是被排除在这个学科之外的。

以上即“狭义的宗教心理学”。而“广义的宗教心理学”我们将如此定义：“有关宗教的行为、思想和感情的研究”。按照这个定义，“广义的宗教心理学”不仅包括了“宗教的心理学”(religious psychology)，更加包罗了人类有史以来，各个文化传统中对“有关宗教的”心理性的(非物质性的)研究。这种广义的理解，是要把宗教放在一个更为广大的文化和历史背景中去考察，其对“心理”的理解，也就不再局限在科学心理学的范畴，绕开了科学对宗教的“否定”，而更为朴素地落在了日常生活中，落在了人们普遍的心理需要。这个心理需要不仅在发生学上，对宗教的产生有着重要的意义，而且在探讨宗教心理学中，不再以科学心理学作为宗教心理学之可靠性的基础，不再以科学心理学的方法作为宗教心理学的旨归，而使得宗教心理学的视野更为广泛，甚至更为“自然”。就像休谟在《宗教的自然史》中所暗示的，人类生活在其中的这个生活以及我们对生活的种种应对，这主要表现在心理过程和行为过程之中，这些提供了信仰的“真实”起源，这种真实也许并非真实的历史，涉足真实的历史总是带来诸多困境和无奈，特别是对前历史的研究，但是却给了我们真实的说明。这种真实的说明正是一门学科要对社会现象进行研究的目的，这个说明必然是有效用的。在这个意义上，宗教心理学才有其成为一门独立学科的基础。

就中国而论，如某些学者所说，“中国的宗教心理学历史是源远流长的”，“应该追溯到中国古代的鬼魂观”。而中国道教的内丹学、佛教的心性论等思想中，凡心理性的内容也都可以归入“广义的宗教心理学”。如此看来，中国有丰富的宗教心理学的遗产，这些遗产值得我们认真整理和发掘，如果好好利用，可以成为学科发展的动力，否则的话，将成为学科发展的包袱。总之，“广义的宗教心理学”外延宽广，包罗万象，它不拘于方法、立场，除了“狭义的宗教心理学”的内容之外，还广纳古今中外所有的哲学、宗教探索人心奥秘所得的文明成果。

三、宗教心理学在中国的发展

在明确了“宗教心理学”的广义和狭义之后，在随后对探讨“宗教心理学”在中国之发展的探讨中，我将在广义上理解“宗教心理学”。也就是说，我们谈论中国的宗教心理学时，会涉及中国宗教心理学的“历史遗产”，也会涉及“宗教心理学”研究与发展的多种立场、多种方法、多种取向和多种方向。

虽然中国古代没有“宗教心理学”的提法，但是不可否认，中国的“宗教心理学”有悠久的历史。从先秦到清末，古圣先贤给我们留下的珍贵宝藏中，有大量的“宗教心理学”思想资源。不过很遗憾的是，这些遗产我们还没有能好好地继承。我国古代思想史以儒、释、道三教为支柱，在道教和佛教之中，宗教心理学的资源非常丰富，儒家思想中也不少。若论心理学思想之精深，尤以道教内丹学、佛教唯识学为最。不过我们目前对它们的研究仅限于“教理阐释”的层面，若能辅以现代心理学的方法加以研究，所得成果将更加丰硕。

我国古代的“宗教心理学”暂且不论。19世纪下半叶，“狭义的宗教心理学”诞生后，并未马上传播到中国。直到20世纪初，才开始有外国学者把这门学科介绍到中国，并且开始有中国学者撰写著作响应。总的来说，在相当长的一段时间内，“狭义的宗教心理学”在中国几乎没有影响，直到20世纪80年代，情况才开始有所改变。从80年代开始到现在，中国的宗教心理学研究取得了一定进展，主要表现为：(1)西方宗教心理学的若干经典被译介到国内；(2)中国学者在相关领域的期刊杂志上发表了一些宗教心理学的研究成果；(3)中国出现了一些对宗教心理学感兴趣的学者，他们积极与国际学术界展开对话，并且已经开始培养研究生。从上述发展态势来看，该学科在可预期的未来还将会有更大的发展。

四、宗教心理学的发展困境

成绩固然喜人，但是我们必须看到，该学科的发展面临着种种困境。

（一）学科定位的问题

“宗教心理学”学科定位的困难，在很大程度上是“宗教学”和“心理学”这两门学科定位的困难造成的。先说心理学。心理学自诞生的那一天起就标榜为“科学”，试图以物理学为发展的模板。但心理学的研究对象（人的心灵）决定了它不可能成为严格意义上的“科学”，它也不可能完全摒除内省的方法。在我国的学科分类中，心理学被划入“自然科学”一类。我国心理学研究的最高机构——心理学所，也被纳入了“中国科学院”而非“中国社会科学院”。如此的学科分类使心理学处于一个非常尴尬的境地，随着它实证研究的发展，其人文特色必然会逐渐削弱，这个趋势是很不利于“宗教心理学”学科的成长的。

再说宗教学。“宗教学”的历史传统——即“宗教学”诞生之前的神学、史学性的“宗教研究”——是隶属于人文学科的，但是随着“宗教学”研究方法的多样化，“宗教学”日益演变为一个社会科学和人文学科的“混血儿”——它的某些子学科隶属于人文学科，比如宗教史学、宗教哲学；有些子学科则倾向于社会科学，比如宗教社会学等。按照我国的学科分类，宗教学是哲学的二级学科，但从研究方法而论，它又是哲学的八个二级学科中的一个“另类”。与我国情况不同，有些国家把哲学和宗教学（或称“宗教研究”）并立，二者之间并无隶属关系，这样的学科设置客观上可能更有利于宗教学的发展。但是我国由于种种原因，长时间以来都不授予宗教学一级学科的地位，这种尴尬可能还要持续很长一段时间，长此以往，这是对宗教学发展很不利的。

“宗教学”和“心理学”——两个学科定位都很尴尬的学科结合而生出的“宗教心理学”，其学科定位的困难可想而知，这无疑会制约此学科的发展。自己立足未稳，要想完善自己的学科体系，那就更是难上加难了。

（二）人才培养的问题

学科难以定位，人才自然难以培养，这两者是存在因果关系的。正因为我国现在没有为“宗教心理学”设置一套人才培养体系，所以从事宗教心理学研究的人基本都是散兵游勇。大家“带着不同的兴趣爱好，从五湖四海走到一起来”，虽然研究对象是同一个，但是不同的学科背景造成了彼此之间对话、交流的困难，而交流的困难又会反过来加厚学科壁垒。人才培养的问题造成的后果非常严重，“人能弘道，非道弘人”，没有持续不断的人才培养，研究队伍固然无法壮大，无法形成团队研究的合力；学科的发展更是一句空话了。

(三)应用实践的问题

和西方国家相比，“大部分中国人没有宗教信仰”，这使得本学科没有太大的应用空间。在西方国家，宗教心理学的研究成果可以为宗教徒、宗教团体、宗教机构所应用，各种宗教机构也可以为宗教心理学专业人士提供工作岗位，这在中国显然是不现实的。西方国家有深厚的基督教传统，在此背景下，宗教心理学的研究成果可以应用于心理治疗领域、临终关怀实践，这在中国也难以实现。再加上由于特殊的历史原因，“宗教”尚且需要“脱敏”，想把宗教心理学运用于实践，就不可避免地会遇到太多的障碍。应用空间的狭小又反过来影响了学生、学者的学习、研究热情，谁愿意耗尽心力，去学一套“屠龙之术”呢?

(四)学科本土化的问题

虽然“广义的宗教心理学”在中国自古有之，但是宗教心理学的最新成果都是在现代，由西方学者研究得出的。不可否认的是，西方学者掌握着这个学科的“话语霸权”，我们一方面要学习他们新颖的方法和理论，另一方面则要寻求使之本土化的途径，否则的话，西方的研究成果就变成完全“与我无关”的赏玩品。具体说来，本土化将面临两个困难：一是东西方宗教传统的差异；二是心理学理论、方法的跨文化适用性。这两个困难都不是容易克服的，我们需要对西方的研究成果做不断地调适，才能使之为我所用。

五、宗教心理学发展的建议

针对上述的困境，笔者建议如下：

1. 尽早给予“宗教心理学”一个相对准确的学科定位，在此基础上，参照西方的研究进展，完善自己的学科体系。如前文所述，“宗教心理学”学科定位的困难，很大程度上是缘于“宗教学”和“心理学”两门学科的尴尬处境。我们暂时难以帮助这两门学科解除尴尬，但是，这并不影响我们以一种权宜的方式来给“宗教心理学”争取到一个相对准确的定位。其策略如笔者在上文所言：我们可以将“宗教心理学”理解为“狭义的宗教心理学”和“广义的宗教心理学”。前者可以在今天“心理学”的学科框架中争取发展，即以心理学的研究学者为主体，采取科学心理学的研究方式，偏重定量研究和外部研究（不深入教义的研究），这样可以发挥心理学研究者的特长（熟悉心理学研究方法），回避其弱点（不熟悉宗教教义）。后者可以在人文学科的学科框架中（文、史、哲）争取发展，即以文史哲领域的学者为研究主力军，广泛应用人文学科的各种研究方法，偏重定性研究和内部研究（深入教义的研究），同时广开门户，不设壁垒，欢迎不同学科背景、不同宗教信仰的研究者加入，这样可以发挥人文学者和信教学者的研究特长（教义阐释、文献梳理等等），回避其弱点（没有“科学”的方法）。如果“狭义的宗教心理学”和“广义的宗教心理学”都能获得良性的发展，并且两者之间可以经常交流，那么我们可以乐观预计，“宗教心理学”可以在一个比较稳定的学科框架内发展，且能得到相关学科的支持。

2. 在设定的学科框架内加强人才培养。如上一条建议所述，“狭义的宗教心理学”可以在今天“心理学”的学科框架中发展，按照心理学的学科培养模式来培养人才，同时注重加强心理学者的人文素质；另一方面，“广义的宗教心理学”可以调动文、史、哲各个学科的力量培养综合性的人才，同时注重加强人文学者的科学素养，让他们了解一些“科学的”基础理论和研究方法。若能双管齐下，或许可以解决人才匮乏的问题。若能在此基础上进一步解决人才梯队建设的问题，那么假以时日，必当有更多的学者涌现，呈现燎原之势。

3. 应用实践的问题本文拟放在下面讨论，我们先谈学科本土化的问题。这个问题同样有赖于两方面的努力。一方面，心理学界在“心理学本土化”的建设中已经取得了一些成就，这些成就可以有选择地应用于“狭义的宗教心理学”的发展，今后“狭义的宗教心理学”争取能赶上“心理学本土化”的脚步，实现齐头并进。另一方面，“本土化”的问题在“广义的宗教心理学”领域并不十分突出。因为中国宗教自有其特色，我们没必要邯郸学步，勉强自己向西方宗教靠拢，而舍弃了自己的优势。在“广义的宗教心理学”领域，更值得重视的是“遗产继承”问题。我们要认清自己在“宗教思想资源”方面的优势，不但数量多，而且有特色。中国宗教重视内省，有系统的修行理论，这是相比于西方宗教的优势，我们不能使之迷失在“学科本土化”的进程中，相反，我们要发扬这种优势，在实现“心理学本土化”的同时，做到“宗教心理研究特色化”。

六、宗教心理学的应用前景展望：规范宗教市场，预防邪教泛滥

本文拟讨论宗教心理学在应用实践方面的问题，及其发展前景。在上文中，我们已经讨论过：宗教心理学在中国应用范围有限，这有多方面的原因。一是因为，多数中国人缺少对宗教信仰的认同，所以宗教心理学的大众接受程度有限，这无疑影响了它的实践应用。二是因为，受极左思维的影响，“宗教”和“心理学”都曾经被视为洪水猛兽，“宗教”在今天仍被很多人视为“敏感问题”。这更加导致了宗教心理学的应用困难。这个困境的解决需要学界、教界、政界的共同努力。

首先，学术界需要做好自己的工作，完善学科体系，加强人才培养，用普及研究成果的方式来增加大众对此学科的了解。具体建议上文已有讨论，兹不赘述。其次，教界应敞开胸怀，和学术界加强对话的同时，积极支持学术研究，并可利用宗教心理学的研究成果来为宗教的宣传、管理服务。最后，政府尚需进一步为宗教“脱敏”，“就是说我们不要再用一种不正常的眼光来看待宗教”。如果有一天宗教不再被视为中国社会的“另类”，所有人都能用平常的眼光看待它，那么宗教心理学的发展也一定会少很多阻力，其应用范围也会相应扩大。

以上的建议是就其远景而言，因为宗教心理学的应用困境不是短时间内可以解决的。但是就当前现实而言，在我国的宗教管理事业中，宗教心

理学一样大有用武之地——在规范宗教市场、防治邪教泛滥的问题上，宗教心理学可以扮演一个“特殊重要的角色”。

宗教心理学有一个重要研究主题：宗教信仰者的心理活动和行为、思想、情感。也就是研究：人为什么信教？在什么情况下会改宗？为什么会执著种种神秘现象？为什么会有偶像崇拜？为什么会有过激行为？……这些问题都是和宗教管理工作息息相关的。按照宗教市场论的假设：宗教如同商品，民众如同消费者，而政府应该扮演好一个管理者的角色。一个优秀的宗教管理者必须学习宗教心理学，才能很好地把握宗教徒的心态；这正如一个优秀的经济管理者必须学习消费心理学，才能很好地把握消费者的心态。

当今中国的宗教市场，商品众多，且不断有新商品的进入，其中不乏以假乱真、以次充好者；而另一方面，宗教需求从未减少，另有一些潜在需求。对于管理者而言，怎样管理好这个市场？怎样识别良品和次品？怎样引导消费者选择合适自己的商品？这些问题都不简单。宗教心理学可以为宗教管理者提供一些新的管理思路，如果能进一步应用于实践的话，也能起到规范市场、防治邪教的作用。

总之，就其远景而言，宗教心理学将有更加广阔的应用空间；就当前现实而言，宗教心理学可以在宗教管理工作中闪耀其应用价值。虽然长期被忽视，但是这个特殊的学科是值得学界、教界、政界共同关注、共同建设的。

都市僧团服务社会新旧模式比较

华南农业大学人文学院哲学系　宋跃华

三十多年来，中国社会经济得以迅猛发展并伴随意识形态出现多元化，佛教界凭借宗教政策的逐渐落实及改革红利，寺庙、僧众、居士的数量呈几何数量增加。这是因为佛教抚慰了人们在转型时期种种心灵需求：通过听僧众的讲经说法，舒缓了生存过程中的烦恼；通过参加念佛团、助念团，消解了对死亡的恐惧；通过供养忏焰，实现追思超度先人的孝心；通过禅七，实现了尝试觉悟自我的心愿。改革带来的第二个变化是信众及潜在信众的社会阶层出现从普通百姓至商业精英、企业白领延伸。原因有二，首先，中国社会从传统的农业社会几乎以垂直方式转变为商业社会，于是社会成员的身份出现普遍性的变迁：城镇化导致农村人口急剧减少，城市居民大多从事商业、企业（制造业）、服务业、文化业。其次，高校大规模扩招，导致城市居民的学历有了质的提高，较之前，其人文涵养或多或少有所提高。然而，佛教组织，尤其是都市的佛教僧团，并没有开始适应甚至还没意识到信众阶层的质变，其服务社会大众（信众、潜在信众、非信众）的方式仍然沿袭农业社会中寺庙慈善的传统。其中的隐患，轻则阻碍僧团的发展，尤其是质的提升；重则影响佛教在大众中的声誉。这种现象，用市场营销学的语境来说就是：组织因没有发现、探究消费者（潜在消费者）的需求，在竞争中处于劣势，最终退出市场。

本文试图在佛教教义、社会需求的基础上，以光孝寺、大佛寺为例，比较都市寺庙服务社会的两种模式，前者因袭传统，后者求实创新。

一、服务社会的基石

任何社会中都存在这样一个法则：一个组织要得到生存与发展，关键在于发现并满足消费者的需求。寺庙，作为以佛法为理论指导、以寺庙为营运场所、以弘法利生为宗旨的一个社会组织，其生存与发展同样也吻合此法则。历史上，佛教即使有三武一宗的灭佛劫难，仍能生存乃至发展，其中的缘故，不外是佛教的教义教理、僧众的弘法利生等满足不同时期社会民众需求。教理教义自释迦牟尼已亘古不移，而弘法利生的行为则依民众需求的变化而变。

（一）教理教义与需求

释迦牟尼从凡夫俗子继而出家修道最终成佛的经历，用当代的语言大致可以描述如下：发现自己内在的根本需求并探求满足需求的途径（自觉），将自己的成功经验与心得与他人分享（觉他）并以之为终生的事业（觉行圆满）。佛教的教理教义、僧众的弘法利生均由此而成。由是观之，以教理教义为依据的弘法利生行为与自己及他人的需求存在“此有则彼有，此无则彼无；此生则彼生，此灭则彼灭”的缘起逻辑。其中的“此”为“自己及他人的需求”，“彼”为“以教理教义为依据的弘法利生行为”。

首先，就释迦牟尼自身而言，佛陀之所以出家求道，是为了满足“不能复以死受生，往来五道，劳我精神”的需求。这种需求的产生，源于他在为太子巡游时，在东、南、西门分别遇见“身瘦腹大，倚门壁而喘息”的病人、“年耆根熟，形变色衰，饮食不化，气力虚微，坐起苦极，馀命无几”的老人、“持幡随车，啼哭送之”的送殡队伍。面对自己迟早也要经历的上述苦难，释迦立志，积极寻求解脱的方法。直到在城北遇见一沙门，并由此得知沙门“舍家妻子，捐弃爱欲，断绝六情”的目的在于成为：

> “声色不能污、荣位不能屈，难动如地，已免忧苦，存亡自在”的罗汉。[①]

于是萌发了出家修道的念头。

---

① 《修行本起经》，《大正藏》册3，第467.2页。

其次，悟道之后他为什么要不辞劳苦弘法利生，将自己的心得、法门、智慧在种种场合与众生分享？据经典记载，他在悟道之处，并没有转法轮的念头：

> 一切众生，于五浊世，为贪欲嗔恚愚痴邪见憍慢谄曲之所覆障，薄福钝根，无有智慧，云何能解我所得法。今我若为转法轮者，彼必迷惑，不能信受，而生诽谤，当堕恶道，受诸苦痛，我宁默然。①

若果真如此，自觉、觉他、觉行圆满的成佛三条件，也就只是实现了第一条：自觉。幸好，经帝释等提醒、要求，唤醒他求道过程中所发的愿望。该愿望的内容，不同的经典有不同的描述，但核心内容是自利利他：

《佛本行集经》之《舍宫出家品》说：

> “我今为诸天人世间作利益故，发心出家……我今欲为一切世间求解脱故，出家修道。”

《过去现在因果经》说：

> “弃舍国土、辞别父母，为求无上正真之道，欲拔一切众生苦故。”

《佛说太子瑞应本起经》说：

> “欲除众苦，诸未度者吾欲度之；诸未解者吾欲解之；诸不安者吾欲安之；未见道者欲令得道。故欲入山求我所愿，得道当还，不忘此誓。”

从上文综述来说，佛教的教义、教理是为了满足不同根器、不同形态、不同时空的众生有关生死的需求。

（二）众生的需求及其演变

释迦牟尼初转法轮时把他的探索心得及所觉悟的内容概括为苦、集、

① 《过去现在因果经》·卷3，《大正藏》册3，第642页。

灭、道这四谛。后世僧众在荷担如来家业的过程中，尤其在“下化众生”此一环节，往往从众生“苦”之苦作为切入点。正因为如此，佛教才历经劫难而长盛不衰。

既然人生是苦，那么在六道中轮回的众生(人类)到底有哪些苦受呢？佛家把众生的“苦”做了种种划分，其中“八苦”说，自古以来尤其盛行。八苦分别是：生苦、老苦、病苦、死苦、爱别离苦、怨憎会苦、求不得苦、忧悲恼苦(五阴炽盛)。前四苦属于人的自然苦难，后四则属于人的社会苦难。略加思维，我们就会发现，无论历史发展、无论科技进步，这八苦的本质不变，变化的是在个体的感受。《佛说五王经》记录了释迦对人生八苦的直观解释，我们以之为线索，选择其中的病苦、求不得苦作为案例论述其在当代的演变。

1. 病苦

> 气力虚竭，坐起须人；口燥唇燋、筋断鼻坼、目不见色、耳不闻声、不净流出、身卧其上、心怀苦恼、言辄悲哀；六亲在侧、昼夜看视初不休息；甘膳美食，入口皆苦。①

当今的病人及家属所承受病苦的程度及种类远比佛陀时代所要承受的多。每一个人环顾自己周围的亲人，总会发现在有限的亲友中，就有许多现代医学无法治愈的疾病。例如失眠、痛风、坐骨神经痛、肌无力、关节炎、过敏性疾病、心脏病、高血压、骨刺(骨质增生)、肝炎带原、哮喘、硬皮症、尿毒症、糖尿病、各种癌症等，都是非常普遍的现代人疾病。原因有二，首先，现代医学在基本思考逻辑或在起步点的思考方向上出了问题，这一点我们可以从当代医学的三个现象获得证实：(1)自从1960年，沙宾疫苗克服了小儿麻痹症之后，近五十年来没有再听到哪个疾病又被克服的好消息；(2)除了外伤性疾病和传染病以外的各种慢性病，多数只能控制不能痊愈；(3)所有最新医学科技的进展，永远都预告在未来的某一天人类有机会解决某一个疾病，却从来没有今天已经解决了哪一个疾病的消息。其次，在当今高技术社会中，胎儿刚出母体便开始承受“病苦”：在传统的产房中，

① 《佛说五王经》《大正藏》册14，第796.2页。

首要条件是密不通风，当婴儿要诞生时，立刻烧热水，使产房中热气弥漫，产妇和助产士定是满头大汗。在这样的产房里，婴儿诞生时的环境与在母亲体内时的环境最为接近，受到寒气伤害的机会最小。现代在产房工作的医生和护士，为了舒适，把产房的温度设定为20～25℃，与母亲肚子里摄氏36～37℃的温度，差了近12～16℃。因此，当婴儿出生时不可避免地受寒，肺里的寒气将克制胆的功能，使婴儿的吸收能力大为降低。由于初期营养的不良，对婴儿的伤害很难估计。

2. 求不得苦

在《佛说五王经》中，四王曾分别叙说自己的所求：

> 欲得阳春三月树木荣华游戏原野……常作国王，鞍马服饰，楼阁殿堂，官属人民，围绕左右……愿得好妇好儿，端正无双，共相娱乐……愿我父母常在、多有兄弟妻子；罗列好衣美食，以恣其口；素琴清衣，共相娱乐。①

只有实现了这些所求他们才感觉到有幸福可言。可见，即使作为一国之主，也是有所求的，而所求的内容正是他们衡量自己是否快乐的指标，因为，这些内容是他们实际的或感知到的自我缺乏，是个体在物质、感情、成就等方面的赤字所引起的需要。

马斯洛的“需要层次理论”把人类的欲望依强度和先后的次序归纳为五个层次：生理需要、安全需要、爱和归属需要、尊重需要、自我实现需要。他说：

> 人是一种不断需求的动物，除短暂的时间外，极少达到完全满足的状况，一个欲望满足后，往往又会迅速地被另一个欲望所占领。人几乎整个一生都是在希望着什么，因而也引发了一切。②

三十多年的改革开放虽然取得了物质层面的巨大成就，基本上满足了国内民众在生理层面的需求。然而，由于改革之初过分强调经济发展的作

① 《佛说五王经》，《大正藏》册14，第796.2页。
② 马斯洛：《动机与人格》，华夏出版社，1987年，第29页。

用(以GDP为纲)，导致种种社会问题。反应在民众的需求上则表现为人们的安全需求无法得到被认同的满足：食品安全、职业稳定、财产贬值、养老保障……。至于更高层次的需求，则是那些诸如公务员、国企高管等有幸获得安全保障人士的追求。职场中的普罗大众乃至精英拼搏的动机仍是增加生活、职业中的安全系数。近年来职场精英纷纷移民，其目的也是如此。

总之，只要以客观冷静的态度反省人生，人们便不得不承认释迦牟尼所揭示的人生之苦并无扩大渲染：人一方面作为自然的一分子，现有的生命形态有着与生俱来的缺陷，除非人类科技，尤其是生物科技发展到可以控制人体的新陈代谢，否则永远无法避免生老病死之苦；另一方面，作为社会的基本组成部分，其言行举止形成的爱别离、怨憎会、求不得及忧悲恼等苦，虽可以在某种程度上随社会的进步而减少，却无法根除。非但无法根除，随着社会的发展，失业、失恋、酗酒、吸毒、投资失败、人情冷漠、无情竞争等等新的苦难不断出现。

二、因袭传统的社会服务模式

寺庙僧团服务社会的举止，因为是免费的，且在佛教慈心悲心的光环下举行，因此，又可以称之为慈善行为。

(一)光孝寺僧众社会服务的模式

光孝寺作为禅宗祖庭之一，自1987年初本焕大和尚进院，三十多年来历经新成法师、明生大师的发展，其僧众服务社会的模式，虽带有较为明显的时代气息，但其内容、主题乃至服务方式仍基本落在传统佛教慈善行为的范围之内。其中，法布施的范畴有佛事法会、讲经说法、植树造林；财布施的有恤孤助残、救灾济困、捐资助学、施医赠药等。下文法、财布施各引一例略加说明。

1. 佛事法会

作为瞻礼祈祷的投诚之地，光孝寺藉种种佛事、法会之因缘，以各种方式向信众传授佛教种种仪轨、教义与教理，引导人们“诸恶莫作众善奉行”。人们在拈香礼佛、观瞻礼拜、祈愿供养的过程中，为佛菩萨、高僧大德的形象、功德、开示所熏染，心灵得到净化，福智得到积累，心性得到安定净化。佛事法会大致可分为常规及专场两类：（1）常规法会：如每月初一、十五及佛菩萨诞期，法师带领信众普佛，消灾回向广大信众布施功德；每年春节、清明、七月、佛欢喜日，分别举行供天、拜忏、放焰口及七日夜的水路普渡法会。在冬季举办“念佛七”及“禅七”。初一、十五定期举办的放生获得，涵养信众的慈心悲心，提供忏悔的途径。（2）祈福、和平、度亡等专场法会：就世俗社会发生或即将发生的特殊事件，举办相应的法会以消灾祈福，如2009年中，社会接连出现影响恶劣的的暴力事件，扰乱社会秩序，危害百姓生命及财产安全。光孝寺于7月16日至7月20日，举行祈祷国泰民安恭诵《妙法莲华经》法会，以祈求风调雨顺、诸灾不生、国泰民安。2010年10月16日，广州亚运开幕在即，光孝寺举行为亚运祈福法会，祈愿诸位佛菩萨加持，广州亚运圆满举办。2008年5月，因四川汶川大地震，光孝寺举行一系列法会，如地藏法会、华严法会等。超度亡灵、安抚伤残。

2. 施医赠药

疾病是世人痛苦的根源之一。出家僧人怀有大慈恻隐之心，思求良方以防治之，并以此弘传佛法。于是历史上涌现出一大批具有真才实学甚至身怀绝技的医僧。从汉魏至明清，医僧作为一支特殊的医疗卫生力量，活跃在防病、治病第一线。当今，行医需资格证，医僧已经隐退。寺庙则以其他的方式舒缓、拔除众生病苦。光孝寺在这方面的善行可分为五类：（1）资助医务工作：2003年5月27日，光孝寺向广东省中医院捐款100万元，支持医疗部门进一步开展防治非典的科研攻关工作；（2）资助医疗费用：2007年7月，光孝寺明生方丈倡导举办“复明扶贫慈善行动”并为之捐款160万元。该行动旨在为省内的贫困农村地区的20多万白内障患者提供医疗资助；（3）提供医疗服务：2004年12月28日，广州佛教慈善诊所正式开诊。该诊所的启动及先期的运作资金源于光孝寺捐赠的500万元，后期资金主要源于光孝寺菩提甘露坊（素食馆）的营业收入；（4）提供防病知识：2007年元月后逢周六下午，光孝寺举行一系列的“健康人生”宣讲课。邀请国内外知名的健康专家前来讲课，着重围绕人们日常生活中普遍存在的常见疾病，介绍一些实际操作方法，务求达到“人人自我保健、强身健体”；(5)对医疗资源的资助：光孝寺戒成法师成为第一个获得广州市人民政府表彰的无偿献血者中的出家人：从1999年10月31日至2007年12月27日，已献血8次，累计1600毫升。

(二)因袭传统的原因

在《禅和之声——2008禅宗六祖文化节研讨会论文集》中，有两篇文章总结了广东佛教界近年来慈善行为的方式。一是中国人民大学温金玉教授的《慈风善雨起岭南——广东佛教界的慈善实践考察》，文中，将慈善行为归纳为八个方面：赈灾济困、一十百千万行动、新农村建设、施医送药、植树造林，放生环保、捐资助学，爱心行动、恤孤养老、光明行活动。另一是广东省民族宗教研究所宗教研究室陈延超的《略谈近年来广东佛教慈善公益活动的主要方式和特点》，文章认为进入21世纪后，广东佛教慈善公益活动有如下七种方式：救灾、扶贫、助学、养老和收养孤儿、医疗、放生、保护生态，绿化环境。将八个方面、七种方式与中古佛教寺院慈善行为相比较，可以发现，当今寺庙服务与社会的内容仍然属于传统的济贫赈灾、施医赠药、植树护生、恤孤养老四大范畴。其中的原因是教内人士及教外学者甚少有着眼于慈善行为需求者的需求研究。

教外，温金玉教授在谈到广东佛教界慈善公益事业的启示时，说了三点内容，但都缺乏对众生需求的研究。

第一，“寺庙的慈善之举是使更多人了解并理解佛教的慈悲济世、弘法利生本怀的最好渠道，因此，慈善就是佛教的弘法之路、宣教之道，慈善是佛教通向社会的一扇大门。”这是教内外的共识。问题是，教内人士如何走出大门被社会接纳？又以什么来吸引教外人士进入大门？被社会接纳，是因为在法律的框架下满足部分社会成员乃至全体的需求；吸引教外人士进入大门的原因，是因为门内存在满足需求的可能。那么社会公众、教外人士的需求具体是什么？文章没有细说。

第二，“经济是寺院发展的基础，但经济也同样是历史上构成法难的一个重要因素，所以如何使寺院经济得到平衡发展，则是随着国力强盛、信众布施增多所出现的又一个重要问题。因此，佛教界要建立常规的慈善制度。”首先，此一启示的前提“经济是寺院发展的基础”，既不符合管理学原理，也不吻合佛教教义。按管理学观点，一个营利或非营利的社会组织，经济得到发展的前提是其提供的服务、商品能够满足社会大众的需求。该组织在获得社会大众的回馈后，以更大的规模、更好的质量、更多的内容满足社会大众的需求，由此形成往复循环，组织得到发展。按教义，如前文引用的《六十华严》，释迦牟尼在说及佛宝、法宝、僧宝不断的原因时，无一字与“经济”或者与其相关的词汇。因此，随顺众生、饶益众生，即满足众生需求才是寺院发展的基础。其次，此一启示的结论“佛教界要建立常规的慈善制度”的目的在于避免法难，推演的结果，慈善行为的动机就不是为众生拔苦予乐了。退一步来说，即使慈善行为重迹不重心，此启示只涉及财施，忽略了法与无畏布施。

第三，“探索佛教慈善的新模式，不断拓展佛教服务社会的功能”。文中以组织全省佛教界开展“碧海蓝天保护生态万人行动”为创意之例，强调慈善行为的新模式。“碧海蓝天保护生态万人行动”的本质等同于传统的植树造林、生态保护，属于因袭传统的项目。为什么提不出真正创新的模式？不了解、不关注众生的需求而已。

教内人士对慈善行为的研究也具有缺乏对众生需求研究的特点，中国佛教协会副会长兼秘书长学诚法师在其文章《社会福祉与佛教慈善》中就是如此。

首先，文中直接说“慈善行为就是财施”。“就慈善行为本身来说，被救济者急需的是财物。”[①] 如此，将寺庙的慈善行为等同于金钱、财物的捐赠，将慈善行为接受者的需求简单归一为物质需求。

其次，“受施者所缺乏的不仅仅是物质上的需要，往往还需要心理上的安抚与精神上的振作。因此，布施者所布施的不仅仅是物质，更是一份爱心、一份感恩的心和一份尊重的心。”[②] 即慈善行为的实施者，以布施的财物为载体，向接受者输送了爱心、感恩的心和尊重的心；而慈善行为的接受者，以接受的财物为载体，获得心理与精神上的满足。若缺乏具体的财

① 学诚:《禅和之声——2009禅宗六祖文化节研讨会论文集》，第5页。
② 学诚:《禅和之声——2009禅宗六祖文化节研讨会论文集》，第18页。

物，接受者无法获得心理的安抚乃至精神的振奋，而布施者无法传达慈悲之心。

于是，人们以金钱、资金的量为衡具，衡量寺庙慈善行为的绩效。2008年6月24日，广东省民族宗教委员会发布了“关于对积极参与佛教界抗震救灾慈善募捐晚会活动予以表扬的通报”。通报的全文共745个字符，其中关于各寺庙、佛协的捐款额的描述为306个字符。至于捐赠的物品名目，全文无一处提及。[①]

三、创新社会服务模式的实践

有别于风景区的寺庙，都市寺庙的来访者基本是本市的居民。即使如光孝寺般有丰厚人文历史，本市的居民之所以前往，主要的动机还是烧香礼佛，而不是去感受风动、旗动还是心动的历史故事。烧香礼佛，必然有其所(需)求，如何如理如法地祈求从而获得需求的满足？在寺庙中，除了那些为先人购买牌位的收费项目，不见任何部门、堂口为这些信众提供指导。此一状况，自2011年5月10日(农历四月初八佛诞)广州大佛寺心灵与生活咨询中心对外免费服务以来，开始出现改善。

(一)心理还是心灵

这个咨询机构，最初起名为“大佛寺心理咨询室”，后改为“大佛寺心灵与生活咨询中心”。其中的差异在于对“心理”及“心灵”的取舍。表面上看是文字游戏，实际体现了咨询过程中的理论选择、规范了咨询师的条件。

1. 理论选择

寺庙之外的类似咨询机构，大多冠以“心理咨询室”的名称，咨询过程也以西方心理学为理论指导。但在寺庙之内运作的咨询机构，并不适合用西方心理学为理论基础来解决前往寺庙礼佛人群的“心”及其衍生的问题。

一方面，寺庙是个讲究信仰、灵性关怀及宗教体验的场所。自1879年，德国的威廉·冯特在莱比锡大学建立了世界上第一个心理学实验室，其实证的研究方法使心理学由哲学转变为自然科学。这一转变，如陈兵先生在其《佛教心理学》中所说：

---

① 全文见：http://www.fjdh.com/bnznews/HTML/bnznews_20080702101151.html.

> 将人的心灵还原为动物或机器的还原论、机械论，和将人的行为视为环境或遗传产物的决定论，并有将心理学的研究范围仅仅局限于狭义的心理（指基本的心理结构和功能），而将自由意志、存在意义、信仰、灵感、神秘经验等高级精神现象排除在外的倾向。①

另一方面，当代心理学的数据基础是以实验、观察、调查、测验、档案等方法对西方人的心理与对应的行为进行实证之后建立起来的。在此数据基础上形成的学科，总结、分析、实证的自然是西方人的心理。以基督教文化为背景的西方人与以儒、释、道为血脉因子的东方人，其心理的产生、发展与演变有本质的差异。

以佛教僧团为主的咨询机构，在咨询过程中采用的自然是佛学理论。佛学即心学。从古希腊至今的两千多年，西方心理学产生了根本的变化。在苏拉底格、柏拉图等先哲的研究中，心理学是以心灵为对象的哲学；1879年之后，心理学成为以思维、意识、人性等为对象，以实证为手段的自然、社会科学。同样在这两千多年，释迦牟尼探索心灵奥妙的理论与自证方法，改无可改、变无可变，一直是佛教的核心内容。

释迦牟尼证道是因自心正见缘起法则：从心上一环扣一环地推究出老病死忧悲苦恼根本源于自心的“无明”（十二因缘法），心因无明起贪嗔痴，引出老病死忧悲苦恼（四谛法）。因此，成凡成圣在于自心：“心清净故世界清净，心杂秽故世界杂秽”。在这五浊恶世中，消除烦恼苦受的不二法门是自净其心，《维摩经》说：“欲得净土当净其心，随其心净则佛土净。”其中的原理，正如在寺庙中广为结缘的《地藏菩萨本愿经》经文前附加的《觉林菩萨偈》所说：“心如工画师，能画诸世间，五蕴悉从生，无法而不造。”

可以推想，来寺庙咨询求解的大众，其烦恼苦受因心而起也将因心而灭。因此，以“心灵”取代“心理”成为咨询的名称，不仅契理，而且契机。这也暗示了在寺庙里开办的咨询机构，在咨询过程中涉及的理论、使用的方法，自然是佛理及其在现实生活中的演绎，而不是源于心理学的理论与

① 陈兵：《佛教心理学》，南方日报出版社，2007年，第4页。

方法。

2. 咨询师遴选

按佛教教义，人们在日常生活工作中产生的所有问题均源于心，依正不二、身心不二。调治心性，总要从具体的事项上入手。在咨询过程中就表现为咨询师能否定位问题产生的原因及提供可落到实处的解决方法。咨询的问题，大致可归纳为：信仰选择、鬼神附体、身心疾病、家庭情感、职业事业、学业教育等六类。这就决定了咨询师的组成需僧俗的搭配。在六类问题中的前三者，出家人比较容易解答；后三者，在家咨询师。至于身心疾病的问题，却不限定或僧或俗的角色，关键在于咨询师是否有相关的经验。来庙里询问疾病的，大多之前已去医院就诊，只是不满意其效果而已。2012年初，一对三十岁左右的夫妻，带着患严重自闭症的孩子来问，佛教内有没有方法可以改善孩子的状况。咨询室当值的法师告知了诸如供僧、念咒、放生等宗教法门之后，就转到笔者处。在详细了解孩子发病前后整个家庭的变故后，定位了产生自闭的原因，并提出了以改善夫妻情感为切入点的建议。九个月后，孩子不知饥饱、大小便无意识、自言自语且谈吐不清（父母也不知孩子说什么）的症状得到改善。

其次僧俗咨询师，尤其是在家身份的咨询师除了要有相当的佛学底蕴之外，还要有相当的社会阅历。没有职场竞争的经验，没有曾经的感情纠结……则对相应的咨询缺乏感同身受，也就无法与来访者建立沟通的平台，更谈不上排忧解困。

在大多的时候，人们所纠结的问题，并不需要上升到信仰层面，解决问题也不需要劳烦诸佛菩萨。仅仅是个观念问题。如何改善观念，取决于咨询师的阅历。某个星期天，一个年轻女性进入咨询室，坐下后说："我相貌、学历、工作、家庭都不差，为什么谈了几个男朋友都很快分开了？半年前来这里咨询过一位法师，他说是缘分没到，让我念大悲咒，慈悲地一字一字教我。可是念了这么久，还是没效。"详谈后认为结症在于她的要求：男方需具备积极阳刚、细心体贴的品性。表面上合情合理，现实中，这两个标准却往往不太可能长期存在于一个个体中。初始接触时，阳刚的男性，会时刻提醒自己，也就表现出细心体贴的一面；反之亦然。但人的本性非大机缘、大毅力无法更改。因此，时间稍长便原形毕露了。知道原委，开导起来就很简单了。给出的建议只有一句话：两种品性只能选一个。

（二）以佛法满足来访者的需求

咨询室开始正式对外服务的两年多时间，我们发现，来访者述说的需求所折射的苦受，在范围上超不出八苦的范畴，但其表现形式则具有时代烙印。大致分为五类，下文以案例的方式进行说明。

第一类，寻求合适自身的信仰。一职业经理人，某消费品公司人力资源部高级经理，34岁。不满意于赚钱、花钱的物理生活方式，于两年前开始接触基督教与佛教。其困惑表现在两个方面：其一，在和基督徒、佛教徒接触交往的过程中，觉得前者在不涉及宗教、政治、道德等意识层面时，单纯从同事、朋友的交往而言，比较融洽；而佛教徒，或者是说一套、做一套；或者是不太容易交往。但在阅读南怀瑾的书籍时又觉得很受用。其二，在进咨询室之前，参观地藏殿时，因影响信徒读经而被一老妇（义工）呵斥，觉得义工一点都不慈悲。基于以往及刚才的经历，他来询问该入哪一门？他的困惑实际上是一个比较选择题。总的来说哪一种选择都不会错，区别在于哪个更合适自己。给出的引导是：（1）任何宗教都是为了用，没用，信来作什么！学佛，是自己的事，是让自己的身心轻安，这你在看南怀瑾的书的时候已经有体验了；（2）佛教讲心，你的心清净了，身边的一切也就清净了。之所以和他人交往有烦恼，正是提醒你自己要清净自己的心。至于义工不慈悲的问题，在当时你心里有敬的成分吗？不到10平方米的地藏殿里，别人在菩萨面前跪着读《地藏经》，你在旁边参观行走，负责殿堂管理的义工能不管教你吗？佛教里面也有怒目金刚。案例中当事人对信仰的选择过程，实际是因六根，尤其是意根因相关的六境而产生种种意识。由此产生的烦恼，应归属于八苦的五盛阴苦。

第二类，寻求情感困境的解脱。一从事投融资的白领丽人，佛教徒，在潮州工作的4年里结交了恋人。后发现该男子同时拥有几位情人，其中有两位已经为他生了孩子。此后，她离开潮州，并断绝了与该男子的一切交往。几个月前，从朋友中得知，前恋人的企业因资金链断裂而濒于破产。思前想后，决定在不出面的情况下，提供资金扶持，帮其渡过难关。该男子得知是她的帮助使企业走出困境，便开车来广州约见。她的困惑是见还是不见？见，怕自己控制不住情感，重新和好；不见，于情于理好像说不过去，毕竟成不了恋人，还可以成为朋友。况且，也不知道如何推脱。她来庙里，是想请菩萨指点该不该见？能不能见？希望白天礼佛之后，晚上菩萨能在梦中给予指点。提供的建议是，可以通过电话、QQ之类的沟通，但不要见面。心理彷徨想见的时候，想想你离开潮州时的心情。八苦里的爱别离、怨憎会二苦，在此案例同时体现。

第三类，寻求精神层面的支持。一个上了年纪的老太太，哈尔滨人。进门坐下之后就说："老师，我想从你这里获得支持，我不知道撑不撑的下去了。"之后慢慢说出了原委：1997年，老人28岁的儿子在从没有接触佛教，生意还不错的前提下，突然提出要出家。家里不许，于是自杀。被救回又闹了几次之后，被送去精神病院。出院后，每隔一两天，就会对着空荡荡的空间，挥舞家里的菜刀、木棍等，大声呵斥："滚，谁让你们来我家的！""走开，以后不许烦我。"因为精神残疾（有残疾证），15年来，儿子没有工作，老人也身心疲倦。更大的担心是，离世之后儿子的生活怎么办？当时笔者心里有个想法，这是不是民间所说的阴阳眼：看到了普通人看不到的生命形态？此外，老人虽说多年来已经身心疲倦，但脸上几乎没有一条皱纹。于是和老太太有了这么一段对话：

问：您是什么时候接触佛教的？

答：儿子教的，他让我每天读大悲咒和楞严咒，咒也是他教的。很奇怪，假如哪一天我没念，他就算在外面，也会知道。

问：谁说您儿子疯了的。

答：邻居、亲戚朋友都这么说。

问：有没人说你信佛是迷信？

答：他们也这么说。

问：那您觉得佛教是迷信吗？

答：不是。

……

最终给了这么一段开导：我是您的话，我会为他骄傲。他不仅是我儿子，还是我的导师。现在的你，实际上是在供养菩萨。至于以后，放心好了，自然会有您的接班人。

老太太说，经你这么一说，我这心里啊舒服多了。

此案例内涵着老、病、死三苦。死苦：担心自己离世后孩子的生活；病苦：为儿子的“精神残疾”担忧；老苦：逐渐老去，在照顾儿子时心力不够。

第四类，寻求日常生活困境的解脱方法。一个在广州打工的妇女进来，满脸忧郁地说起儿子的事情：“儿子和丈夫一起在博罗县城生活，2011年9月考入重点中学读高一。在新环境里，同学给他起外号，欺负他，逐渐不说话了。上个月，丈夫打电话来说，儿子不想上学了。我前几天回家了一趟，但是怎么也没办法改变他的主意。你能帮帮他吗？他以前学习很好，也很孝顺，不是现在这个样子的。”这需要和孩子当面聊，在笔者的建议下，寒假期间，孩子在父亲的陪同下来到了咨询室。孩子说的情况与母亲陈述的基本一致，也有新的发现：把被欺负的事情和班主任说了之后，老师也批评了给他起外号的同学。情况却变得更糟了：之前还有几个同学可以偶尔说几句话，现在成了孤家寡人了。

在开导的过程中传输了两个观念：(1)高中生唯一的任务是考上大学，同学关系的好坏不重要，高中毕业去读大学，再之后参加工作，基本都在外地，三年后同学之间再见面的机会很少。所以，同学不理你，正好你可以用全部的时间学习。(2)儿子对父母的责任，不管现在还是将来，是让父母安心、放心。

男孩放下包袱之后，孩子的父亲问：“来咨询室之前我们去看了心理医生，医生说是忧郁症，开了些药，不过还没吃。我想问问这些药有效吗？”对答道：“你现在看看，你儿子有病吗？况且，是药三分毒，更不要说这些对脑子有影响的药了。”

在这个案例中，孩子的状况是成长过程中在一个集体中的“怨憎会”，而父亲的问题，则是“病苦”的新表征——对医生的技术、医德的怀疑。

第五类，寻求职业层面的解惑。某女生，23岁，2010年7月本科毕业，旅游经济专业。毕业一年半，换了六份工作。最近的一份工作，工作时间为4个月，职位是物流公司客户服务高级文员。离职的原因有三个：第一，主管把本应由他自己承担的一部分工作分配给了她，却没有给她增加工资，觉得受到了欺负；第二，作为新人被公司同事欺负，如中午外出吃饭没有叫上她等等。第三，公司运作不合《劳动法》，个人的权益没保障，比如加班没加班费等。她的困惑是，什么工作、什么公司适合自己？什么公司的员工比较容易相处？哪一类老板比较关心下属？

没有就她的困惑给答案，而是让她互换角色想一想：你是主管的话，会怎样培养下属？你是同事的话，你会怎么和新同事打交道？你是老板的话，你会怎么对待加班工资这个问题？

四、结语——不断创新

（一）创新的基础——悲智双运

服务社会，对佛教寺庙和住寺僧团而言，即是化导众生。大多数寺庙现有的服务公众的模式基本类似于光孝寺一般地因袭传统，对自行入庙的信众与非信众熟视无睹。对心怀烦恼入庙寻求开导指点的公众而言，由于缺乏相应的引导，个人烦恼难以得到缓解、消除；对常住僧众而言，说法、传教、利生的机缘悄然流失；对整个寺庙而言，流失的是经济与信仰的基础资源。咨询室作为寺庙服务众生的一种创新模式，使三方面的诉求同时得到改善。至于改善的绩效，则取决于咨询师能否悲智双运，为咨询者释疑解惑、指点迷津。以有智无悲为例，《大丈夫论》警告：

> 虽有智慧、多闻，若无悲心，亦为人之所讥呵。若见苦恼众生，难得悲心者，非功德器，犹如破器不任盛水。①

大佛寺成立咨询室，本身就是悲智双运的结果：悲心不显，觉察不到入庙公众的诉求；智慧不现，只能怜悯众生之苦，而缺乏拔除苦受的方法。双运的结果是，在连钟鼓二楼都只能以模型为表征放置在大雄宝殿内的小寺庙，却提供了达40平方米的咨询室，每周七天不间歇地以法师、居士共同轮值的方式为众人舒缓身心之苦。

---

① 《大丈夫论》，《大正藏》第30册，第265页。

（二）创新的方向——走出寺庙

咨询室只是为来庙里且主动询问的人提供服务，这毕竟是芸芸众生中的极少数。事实上，当咨询室发展到一定阶段，咨询师能够较为成熟之后，既可以以EAP（Employee Assistant Program 员工援助项目）的方式服务企业，为企业员工提供心性方面的帮助，也可以以社区服务中心的模式为社区居民排忧解难。而且，社会的发展，也为这两种模式提供了良好的外部基础。

就EAP而言，不少大公司由其人力资源部主导为员工提供"员工关怀"的项目，只不过大多人力资源部的管理者在实操的时候，落在就事论事的层面，无法达到预期效果。且市场上现有的提供EAP服务的机构，其咨询师大多是心理学背景，其理论与实操并不适合国内员工的需求。

就社区服务中心而言，自2009年9月广州市市委、市政府出台《关于学习借鉴香港先进经验推进社会管理改革先行先试的意见》提出"加快转变政府职能，推进政府购买服务"。从政府、居委到居民以来，社工服务，不再由政府全包。由此，整个社会对此方面的需求极度渴望。

浅析佛教对女性的影响

广东技术师范学院研究生 王 琪

摘　要：佛教成为世界三大宗教之一，在世界上有着举足轻重的地位，据不完全统计，当今世界佛教徒约有2.5亿人之多。本文以女性的角度描写佛教中女性的境遇问题，回顾了佛教在古印度时期的出现、发展及演变过程，尤其写出了女性在古印度所遭受到的不公待遇。此外介绍了我国不同的佛教部派中女性的身份地位，阐释佛教中“男尊女卑”或是“众生平等”的思想内涵，并将南传、汉传和藏传佛教对女性的不同态度进行对比分析，进而得出佛教内无所谓外貌上的“男、女”性别差异，而有更深层次的意义。

关键词：南传佛教　汉传佛教　藏传佛教　男尊女卑　众生平等

一

佛教产生于公元前6—前5世纪的古印度[①]，传说是古印度迦毗罗卫城（今印度、尼泊尔一侧）净饭国王子，乔达摩·悉达多所创立，“释迦摩尼”是后代佛教徒对他的尊称，大概是“释迦族的贤人”之意。佛教传说在印度发展中共经历了5个时期，即释迦时代（创立佛教之处至佛陀涅槃后一百年）、部派分裂时期（佛陀涅槃后一百年至涅槃后四百年）、大乘和小乘流行时期（公元1世纪至5、6世纪之交）、大乘鼎盛时期（5、6世纪之交至7、8世纪之交）和密教化时期（7世纪至10世纪末）。[②]后随着各国之间的沟通、交

① 任继愈：《佛教史》，南京：江苏人民出版社，2006年，第1页。

② 参见高振农：《佛教在印度》，上海社会科学出版社，2010年，第22、32、56、80、93、116、141页。

流增多而走出国门，传向世界各地。

众所周知，佛教发源于古印度，随后在世界各地普遍流传，流传过程中又主要分为北传佛教与南传佛教两支，北传佛教指自北印度经中央亚细亚传入中国、朝鲜、日本的佛教，及由尼泊尔、中国西藏传入蒙古一带的佛教之总称。而南传佛教主要指在南亚各国中盛行的佛教，在南传佛教中，由于各国历史、经济、文化传统的不同，在男女关系上也表现出不同的态度，但总体上讲女性的地位远低于男性。

在古代印度时期，由于社会姓氏制度观念等级意识森严，依据肤色、职业、身份、血统的不同，将人由高到低划分为五个不同的姓氏集团，分别是婆罗门、刹帝利、吠舍、首陀罗、贱民，这五种等级的人从出生一直到生命的终止都受到严格的限制，各种姓氏集团在社会上受到各方面的制约，也就是说上层姓氏的人不可能与贱民的姓氏有任何联系，而贱民层的人也世代不可能改变自己的身世命运。再次，古印度对于女性的歧视历来就比较严重，她们通常被视为繁育后代的工具，妇女们基本上无任何社会地位可谈，尤其是在婆罗门教中，对女性的歧视问题尤为严重，他们认为女性先天不足，有着种种缺陷，并且是一切罪孽的根源，甚至将其看成是污秽不洁的象征，而在此时，随着印度女性主义的初步建立，女性反抗男性专制意识出现萌芽，下层人民为了对抗上层不断增加的压力，反抗姓氏歧视，尤其是婆罗门阶层对神权的垄断，佛教便应运而生，佛教认为人无差别、无优劣、无高低，倡导“众生平等”。

即使这样，佛教僧团内部针对女性能否与男性一样，具有修道成佛的权利与可能性，却有两种截然不同的观点与看法。一派所讲的“众生平等”仅指各姓氏男性之间的平等，而反对男女平等，主要应为僧人们在其脑海中都或多或少的受到了些许婆罗门教的影响，毕竟婆罗门教曾经至高无上，垄断神权长达数千年之久，起初的佛教经典也通常认为女性污秽不净，不能成佛，甚至在印度女性心中，对于自己身为女身而感到低人一等，“常厌女身，求男子相[①]”。再者，在律部《大爱道比丘尼经》中，就明确记录了佛陀对女性入教的观点也持消极无奈的观点，认为女子出家有“五碍

① 丁莉霞：“藏传佛教中的女性主义文化内涵探析”，《西北民族大学学报》，2009年第6期。

说”，即不能作如来、转轮圣王、梵天王、飞行皇帝和魔天王等5种障碍，因此不能出家，即使出家也会阻碍男子成道，甚至对整个佛教都无益处。女性要想成佛必须抛弃女身，化为男子才能得道，即使慧根很高的女性在出家时也必须遵守“八敬法”（指比丘尼尊重比丘的8种法，一、百夏比丘尼，要礼初夏比丘足；二、不骂比丘；三、比丘尼不得举比丘过，比丘得举比丘尼过；四、比丘尼受具足，须在二部僧伽中受；五、比丘尼犯僧残罪，应在二部僧伽中忏除；六、每半月须求比丘教诫；七、不同比丘住一处安居，也不得远离比丘住处太远安居；八、安居圆满；应求比丘为比丘尼作“见、闻、疑”罪的3种自恣），基于上述种种原因，男尊女垢的观念根深蒂固，一时间很难转变。然而另一派则赞成众生平等，他们认为男女一样，都可以“声气大功德，修习大乘佛法”[①]。如在《胜鬘师子吼一乘大方便方广经》中就有：“有三种善男子、善女人，于甚深义离自毁伤，生大功德大乘道。何等为三？一者自成就甚深法智，二者成就随顺法智，三者于诸深法不自了知。”[②]从这部佛教经典中，我们就可以发现佛经中将“善男子”、“善女人”以及“比丘”、“比丘尼”、“优婆塞”、“优婆姨”这种男女两性相连并称的现象，也从某个侧面反映出男女平等的佛教观念，认为“三界一切，悉是我子，皆同一法，而无差别”，认为女性应同男性一样，具有听闻和修持佛法的权利，主张一切众生皆有佛性，一切众生也皆能成佛，强调“众生平等”是佛教的主要观点，甚至在这些人眼中，有些女性的佛性可能高于男性，在某些方面她们的慧根可能更高，如《佛说海龙王经》、《大方等大集经》、《大乘本生心地观经》等佛教经典中都直接或间接阐明了女身可以直接度化众生，修道成佛，这也一改部分反对以女身成佛的观点，再次提升了女性在佛教中的地位。

二

佛教是当今世界三大宗教之一，传入中国的具体年代，学界尚无明确

① 任继愈：《佛教史》，南京：江苏人民出版社，2006年，第1页。

② 丁莉霞：“藏传佛教中的女性主义文化内涵探析”，《西北民族大学学报》，2009年第6期，转引自河北省佛教协会编：《大正藏》第12卷。

定论，古文史籍中就有秦始皇时期，沙门室利防等18人来到中国的记载。据《善见律毗婆沙》记载，在阿育王时代，佛教第三次结集后，曾派大德摩诃勒弃多至臾那世界（原注：汉地）；派末世摩至雪山边国。西藏多罗那他《印度佛教史》称达摩阿育王时，高僧善见至大支那弘法。南璺佛教史书则称派末世摩至支那。以上这些布教活动因无译述遗迹传世，无法证实。但是我们从字里行间就可发现，其实佛教很早就已经来到中国，对当时的汉地也有过一些上层间的交流互动。佛教大面积的传入与发展约在两汉之际，而在新疆地区（古代称为西域），受佛教的影响可能还要更早一点。佛教传入中国后，按传播路线的不同，可以将其划分为南传、汉传和藏传三部分，而从对佛教教义的感悟上，我们又可以将佛教划分为大乘与小乘两种。在国内，佛教主要分为大乘佛教、小乘佛教和藏传佛教三种形式，彼此之间在基本教义和戒律上大体相同，但也各自有各自的发展模式，同中存异。

（一）南传佛教对女性的态度

1. 国外南传佛教中女性的境遇

南传佛教主要集中于东亚、东南亚各国，女性在这些国家的宗教问题上虽然情况各不相同，但都大同小异，即多处于弱势群体，主要呈现的普遍性问题是：缺乏良好的教育，对于宗教教理不能独立、深入的研究，在信仰上属于被动接受者；经济不能独立，或者生活艰辛，没有能力建设自己的教团或宗教互助组织；宗教上层多为男性，对女性存有偏见，排斥女性的组织化、理性化宗教活动；历史传统制约他们积极主动参与佛教活动，保守的宗教修行被自觉维护[①]。并且无论在经济还是宗教的领导权问题上，一直都有本地区的比丘们掌管，更让人吃惊的是，有资料显示在柬埔寨、日本、老挝、蒙古、泰国等地，从未有比丘尼团体的建立，这就从另一个方面说明了，当地对女性入教带有明显的歧视性，男尊女垢的思想在这些地方普遍存在。即使是在女性解放思潮高涨的现代社会，在南传国家缅甸、柬埔寨、老挝、斯里兰卡、泰国这些地区，虽然放宽了女性入教的要求与

① 白玉国："佛教妇女境遇和佛教妇女运动"，《中国民族报》，2006年第3期。

门槛，承认尼僧属于僧团的一员，但是女性在宗教界的地位，仍旧明显低下，微不足道，在整个佛教中基本没有发言的权利，无声、无权，常被忽略，受到排挤。

2. 中国南传佛教中女性的境遇

中国的南传佛教主要指小乘佛教，其传播范围也以云南境内傣族地区为重，族内信教人口所占比例较高。在中国，大、小乘佛教基本上是同时传入的。在中国汉传佛教的十三大宗派中，也有许多小乘宗派，但是，小乘佛教由于自身的劣势，没有像大乘佛教那样快速融入中国汉族当中去，很快就衰落了，现在也只有在云南等少数民族中看到小乘佛教的痕迹。小乘佛教与大乘佛教有相同也有差异，相同的是她们在对佛教的基本教义和苦律等方面有很多共同点，都将三宝、三藏、四谛、八苦、五蕴、八正道、五戒、八戒、十戒作为自己的基本理论。但也有不同的地方，如在对待佛祖释迦摩尼的态度上就大相径庭，大乘佛教认为释迦摩尼只是众佛中的一个，而小乘佛教则认为世界只有佛祖一个；在修行目标上也不尽相同，大乘以大慈大悲，普度众生，建立佛国净土为最高目标，但小乘则追求自我的解脱，把证得阿罗汉果作为目的，不求成佛。初次之外，在派别、佛教传统节日等方面也都存有区别，尤其是在对待女性的态度上有很大差异。

小乘佛教其内部又可分为二十部派，各部派不仅在教义和戒律阐释上有差别，对待女性的态度也各不相同。然而，无论小乘佛教哪一部派，共同的趋向都是贬抑女性，唯程度有别。[①]尤其是在小乘佛教中广为盛传的“五碍说”，成为人们抨击其“男尊女卑”、歧视女性的有力证据。在小乘佛教看来，女性本身就是多染、多欲、懦弱、善妒、烦恼的存在，《超日明三昧经》里甚至有“女子不得作佛”的句子。甚至小乘佛教认为女子不能成佛，如若成佛必须转女子之身为男子，即我们通常所说的“转身成佛”。正因如此，有些女性佛教徒为此而自甘卑贱、不思进取，常因自己为女身而感到羞愧，从自我心理上就觉得自己低于男子一等。其实女性的“五碍说”很大程度上都属于古印度父权社会男性中心论文化传统下男性心中意识的影射。

① 杨孝荣：“‘五碍说’与早期佛教女性观”，《西南民族大学学报》，2009年第8期。

早在古印度社会就有类似的以“五事”来否定女性的社会地位与价值，印度自古不允许女子参与政事，否定女子一切成绩。因此，当大、小乘佛教同时传入我国时，在女子独立意识渐渐苏醒之日，人们很容易就抛弃小乘佛教这种看似狭隘的思想观念，这从某个角度也能解释为何小乘佛教在中国快速衰落的原因。

（二）汉传佛教对女性的态度——大乘佛教为例

大乘佛教主要在中国、朝鲜半岛、日本、越南等国传播，传播范围较广，但信教比例占这些国家人口比例不大，没有准确的数字统计。大乘佛教又称大众派佛教，是早期佛教的异端被分化出来的分支，其后又经历了相当激烈的斗争。大乘主要盛传于我国中原一带，要求深入众生，普度众生，力图参与和干预社会的世俗生活，这又恰好与儒家“出世”思想吻合。两汉之时，正值汉代提倡“罢黜百家独尊儒术”时期，大乘佛教传入中国后，为了能在中原站稳脚跟，不断的将儒家的普世原则与本教教规相结合，适应能力强，包容范围广，传播渠道多，发展速度快，内容异常繁杂，成为大乘佛教此时的基本特征。

大乘佛教赋予女性与男性同样修道成佛的权利，解除了“三十隔”、“五碍说”对女性的束缚，平等自由，对待女性更为宽容，极力推崇终极层面上的男女同尊。大乘佛教强调修行的最终目的即是成佛，只有心里的悟性才是最为重要的，男女之间的体貌差异对于修行成佛并无大碍，《涅槃经》云：“若有不能知佛性者。我说是等名为女人。若能自知佛性者。我说是人为丈夫相。若有女人能知自身定有佛性。当知是等即为男子。”[1]如此看来，大乘佛教不仅提倡女子出家参禅修道，认为佛门女众的智慧、能力并不在男性之下，肯定女性成佛的权利。在这种女性成佛可行论的支持鼓舞下，大乘佛教中不断有才智超群、佛性卓越的比丘尼，如东晋道馨尼、隋唐年代的末山尼、明朝的水晶庵尼，除此之外，带发修行的优婆姨更是数不胜数，种种迹象不仅表明，佛教在中原的势力不断扩大，女性入教参禅、修行悟道成为可能，这也从另一个侧面冲击了中国封建传统对女性思想的束

① 《大正藏》12卷，第633页。

缚，破除了“女子无才便是德”的不平等待遇。

大乘佛教对女性入教的观点十分明确，肯定女性与男性在修道成佛面前有平等的机遇，肯定女性也可以做“转轮王”，甚至提倡女性积极参与社会政治事务。此时女性在佛教中的地位有了大幅度的提升，这也扩展了女性在佛教中的数量，充实了佛教在中原的势力，为以后佛教成为影响我国国人思想不可或缺的一部分，奠定了厚实的基础。

（三）藏传佛教中女性的境遇

藏传佛教也称为喇嘛教，是中国佛教内部三大派系之一，主要流传于中国的西南部，包括西藏以及四川西部，青海南部、甘肃南部、云南西北部和内蒙的部分地区[①]。西藏因其独特的地理位置，与印度、尼泊尔相邻，受印度佛教的影响比较明显，因此可以说，藏传佛教与生俱来就带有印度佛教的胎记，但是，藏传佛教传入西藏等地后，又与本地文化相结合，形成了一种独有的佛教体系，在对待女性的观念上也形成了一种独具特色的文化模式，他们既尊重女性佛徒，但在某些方面又对女性多加干涉。

在藏族文化的传统观念中，女性承担了相当大的家庭职责，被视为雪域高原的守护神，她们阔厚、善良、能干，是种族得以延续的关键，因此在藏传佛教教义中不乏对女性表达尊重与赞美之词，藏传佛教继承了《班若波罗蜜多经》中积极的女性观，认为女性是智慧的象征，一切诋毁污蔑女性的歧视行为在藏传佛教中是不能的，也是被禁止的。密宗戒律中规定：“不能诋毁和不敬女性，是一切誓言的根本。为实践佛陀思想，将尊重女性和肯定女性价值写入戒律，……藏传佛教实践着‘般若佛母’的佛理和众生平等的思想，女性成为智慧的象征，从教理和修行上肯定女性在智慧、慈悲和事业方面的功德。”藏传佛教肯定女性对佛教的悟性，提倡女性修行参禅，并且认为女子可以自身成佛，这也是为什么在藏传佛教中有许多以女子为造型的佛像的原因。但是藏族社会的禁忌中，妇女一般严禁进入密宗殿或护法神殿，尤其禁止看到护法神的秘密部位，据当地人说护法神最容易因受污而丧失神智，甚至在藏区流传着猕猴与罗刹女的传说，从这个角

① 姜芃：“藏传佛教与印度佛教”，《山东社会科学》，2013年第1期。

度来说，藏传佛教似乎也在某种程度上对女性带有些许歧视不公的态度。

三

综观上述种种现象，我们总是觉得女性似乎在整个佛教中大都处于劣势状态，众多的枷锁束缚着她们，“男尊女卑”、“男尊女垢”的思想观念似乎潜移默化地在她们心中留下了不可磨灭的印迹。但是，在我看来，所谓的种种歧视与不公正待遇，如“八敬法”、“五碍说”等看上去似乎是专门针对女性而提的教义规定，实则不然，佛教绝非具有性别歧视，佛教从诞生之初便体现着无性别差异的平等，不论是从佛陀因饥饿而接受牧羊女的救助，最终一改佛陀最初期望通过苦行获取真知的道路，在菩提树下悟道成佛；还是佛陀一改婆罗门严禁女性入教的不公待遇，同意女性入道修行，大大提升了女性在古印度的社会地位，他认为女子和男子一样，都可以通过自身的修行最终达到解脱。

在我看来，无论哪个部派的佛教，里面所提到的“男”“女”，绝非我们世人所理解的简单意义上的性别之分，而应该像中国《周易》中所提的“乾”与“坤”一样，在《周易》中，“乾卦”，是上上卦，“元亨利贞”，象征着“天行健，君子以自强不息”，是指一个事物从发生到繁荣的过程，即春生夏长，是刚健的代名词，因此常用来指代男性；而“坤卦”则代指地，如秋收冬藏一般，包含有静止、顺承、阴柔、妩媚的意味在其中，因此也常用来指代女性。一“乾”一“坤”、一阳一阴，彼此互根，双方共存，离开了任何一个，另一个也就无存在的可能。佛教中的男女众生也是同样的道理，男和女只是体貌特征的不同而已，在思想中无任何差异，佛教中的“男身”同“乾”一样，单单指佛教中的一个较高的思想境界，并无尊贵、高尚之说，而“女身”同“坤”一样，是在佛教修行过程中的一个修行起步阶段，但是如果没有这个阶段的韬光养晦，是无法达到“男身”这个较高境界的，无论小乘佛教中的“转身成佛”还是藏传佛教中的“即身成佛”，都是教导人要专心参禅，一心从善，早日悟道成佛而已。因此我认为，佛教中的“男”“女”带有更深含义在其中，绝非单纯的性别之差，只是后人在传播过程中的一种偏颇、误解罢了。

也论岭南文化的特质

广东外语外贸大学英语语言文化学院　张济民

摘　要：作为中华文化的有机组成部分，岭南文化在其形成和发展过程中深受本地固有文化，以及中原文化和外来文化的影响。因此，岭南文化具有浓郁的开放气息，积极的进取精神和鲜明的实利重商的显著特点。推进文化大发展和大繁荣，我们要以开放的心胸和积极的姿态，对岭南文化生态环境和发生与发展的过程进行历时和共时研究，对其给予正确的认识和评价。

关键词：岭南文化　特点　中华文化　影响

近年来，关于岭南文化的特点及其影响，也一直为人们津津乐道。但学者们对岭南文化的发祥、变迁以及影响等问题的看法见仁见智，莫衷一是。为此，笔者不揣浅陋，也想就岭南文化对中国文化的影响这一论题谈些个人的粗浅看法，以就教于方家。

一、岭南文化形成的历史与基本特点

我国历史悠久，幅员辽阔，区域文化多姿多彩。关东文化的粗犷豪迈，三秦文化的雄浑厚重，湖湘文化的霸蛮聪慧，巴蜀文化的激越深情，江浙文化的婉转细腻，都给人留下深刻印象。岭南文化是博大精深的中华文化的重要部分，植根于其独特的地理环境和历史条件，又在连绵不绝的发展中与中原文化以及海外文化相结合。在历史的长期演进中，形成了内涵丰富，个性鲜明的岭南文化。

正如谭运长先生所归纳的一样，岭南文化具有“不拘一格的务实，不定一尊的包容，不守一隅的进取”。[①]岭南文化的形成，首先与其地理位置有关，地理环境形成了岭南地区固有的本土文化。中国五岭（亦称南岭，指位于今广东省北部和湖南、江西两省之间以及广西东北部的山脉）以南的地区，在古代被称为领表、岭外，此即岭南的前身。岭南在今天被用来指涉包括广东省、广西省、海南省以及港澳台地区等在内的广泛区域。由于气候恶劣，山高林密加之极其不便的交通，岭南地区自古以来就被称做南蛮之地，是历史上朝廷官员遭受贬谪、驱逐流放之地。然而同黄河流域、长江流域一样，珠江流域也是中华民族文明的发祥地。生活在珠江流域的古百越族先民，因着其依山傍海、河汉纵横的地理环境，从早期的渔猎文明、稻作文明发展到后期的商贸文明，都离不开江海水运，务实开放便是区别于内陆文明或河谷文明的南越文化本色。在此居住的古代百越族先民在这块土地上渔猎、耕种，同中原地区的交通不便更促成了岭南文化的独自鲜明的特点。岭南地区具有得天独厚的自然条件，漫长的海岸线就是其中之一。因此海洋文化在岭南地区尤为盛行，这造就了岭南文化开放、敢闯、敢拼，海纳百川，兼容并包的特质。

其次，南迁的中原文化对于岭南文化的形成与发展意义也十分重大。在秦汉时期、魏晋南北朝时期、两宋时期以及明末时期的这四次大规模的人口南迁为岭南地区带来了中原文化影响与移植的浪潮，[②]中原文化与当地的岭南文化交互影响，在两种文化的对接与交流之中，岭南地区的文化被极大地丰富了。同样，历史上文化精英的贬谪和流放，也使得岭南地区拥有了诸如韩愈、苏轼等文化大家，他们带来的不仅是成熟的中原文化，更多的是由于他们在文化方面巨大的影响力从而使得中原地区开始关注这曾被久久遗忘的区域文化。这些文人墨客的到来，为岭南文化的发展注入了深厚的文化色彩和新鲜的活力。自秦汉以后，岭南统一于中华，修灵渠、开庾岭，岭南与中原的交流日益密切；强势而先进的中原华夏文明有如“韩

① 刘斯奋、谭运长：“岭南文化的独特价值在哪里”，《同舟共济》，2007年第6期。
② 梁凤莲：“岭南文化的历史与现实视界”，《暨南学报》，2003年第25卷第5期。

潮苏海”，席卷珠江，进而构成岭南文化的主体。南迁的中原文化使岭南文化在原有的本土文化的基础上不断壮大发展，使其更加融入以中原文化为代表的中华文明。

最后，域外文化对岭南文化的影响更是不能被忽视的一个重要方面。自秦汉以来，陆上丝绸之路与海上丝绸之路的相继开发，为中华民族与外界交流打开了一扇大门。由于历朝历代统治理念的差异，尤其是清朝采取闭关锁国的外交，中华民族对于海上外交的政策在不断发生着变化。但岭南地区始终作为中国对外交流的始发地之一，甚至长期以来作为唯一的通商口岸，一直都是中外文化交流的重要平台。东西方的商业文化、科技文化、宗教文化、政治文化都从这里登陆引进，近代以来其势更甚。外来文化给岭南文化注入了新活力。大量外商的到来，造就了岭南地区商品和资本的高度发达，同时也使岭南地区自古以来就形成了一种“重商”的文化。“七教并存”是岭南文化另一个引人注意的地方，由于较早地开始对外交流，岭南地区是我国最早接触外来宗教并保存较为完好的地区。总的说来，岭南地区存在的主要宗教有佛教、道教、伊斯兰教、基督教和天主教，如果算上儒教和禅宗，[①]一共是七种宗教并存。这一现象恰恰说明了岭南文化的包容性，域外文化在岭南地区生根发芽并与当地文化进行有机的结合。通过长期以来的对外交流，岭南地区形成了不同于主流文化的创新意识，尤其是在改革开放以来，依托港澳台地区以及海外各国的交往，更孕育了新时代的岭南文化。

各种文化的相互融合，也使得岭南文化呈现出五个发展时期，即独立发展期、百越文化圈期、汉越文化融合期、中西文化碰撞期、走向现代化时期，[②]由此也形成了岭南文化鲜明的特色。概而言之，其一是形成了浓郁的开放气息。从古老的民间传说开始，就具有一种与众不同的开放心胸。著名的岭南画派，就是在继承国画传统技法的基础上，借鉴了西洋画的技艺而形成；饮誉世界的粤菜风味，不但吸取了国内八大菜系（即鲁、川、闽、浙、苏、粤、徽、湘）的技艺，也吸取了西菜烹饪之精要。特别是改革开

① 钟晓毅、雷铎、韩强等著：《和谐广东的文化品牌建设》，广州：暨南大学出版社，2008年，第98页。
② 钟晓毅、雷铎、韩强等著：《和谐广东的文化品牌建设》，广州：暨南大学出版社，2008年，第213页。

放以来，广东人更是发挥了这方面的潜质，在全国率先敞开大门，在对外经济、文化的交往中扮演了举足轻重的角色，这并不是偶然的。其二是积极的进取精神。岭南地区远离中国传统文化内核，处处迸发出一种超越“传统导向”的进取精神。世称禅宗六祖的惠能，与先哲孔子及老子一道，被尊为代表东方思想的“东方三圣人”，他的思想包含着哲理和智慧，至今仍给人以有益的启迪，郑信是在泰国建立吞武里王朝的广东人，而在近代文化史上，涌现了一批努力超越传统价值理念的文化名人，如岭南画派祖师高剑父，我国民主革命的先行者孙中山，思想启蒙运动的先驱梁启超等。这些耀眼的群星，代表了岭南文化的思想，他们的言行与业绩，亦可见岭南文化的个性风格。其三是率性的实利重商。岭南得天独厚的地理环境，使它在唐宋时期已经成为我国重要的对外贸易区。商品经济的发展，铸造了岭南文化讲求实利实惠，偏重商业的倾向。就总体而言，岭南文化具有务实、开放、兼容和创新的鲜明特色。

二、岭南文化发展的现状

当代岭南文化中的器物文化、制度文化和观念文化对当代中国文化的发展所具有的意义，都是不可低估的。

在文化推进经济发展的意义上，我们可以说，当代岭南文化的发展代表着中国社会转型期文化发展的路向。

当今世界，经济与文化一体化的趋势日益加深。正如恩格斯在论述欧洲文艺复兴时所指出的：“没有十六世纪文艺复兴的闪电，就没有欧洲城市工业革命的火花，也就没有欧洲城市经济的复兴。”[1]因此，我们也可以这样说，文化是明天的经济，文化繁荣既是经济繁荣的表现，又对未来的经济发展起着推波助澜的作用。纵观世界发达国家一些先进城市，经济繁荣是文化繁荣的先决条件，而文化繁荣才是城市真正繁荣的重要标志，大都市终究要以文化来提升其核心竞争力。若是没有深厚的文化底蕴，缺乏先进文化的引领抑或是文化创新的匮乏，都将使一个国家、一个地区在当今

① 恩格斯：《自然辩证法》，北京：人民出版社，1972年。

的文化竞争中处于劣势。当代岭南文化的时代精神主要集中表现在开拓创新、开放包容、求真务实和灵活变通等诸多方面。

广东是我国改革开放的排头兵，是中国经济最发达地区之一。历史悠久、博大精深的岭南文化为广东经济发展插上了翅膀。改革开放以来，广东人在经济上创造出一系列奇迹。20世纪80年代初期，广货北上，引领消费时尚，令无数人艳羡。广汽集团生产的汽车，容声、万宝等电冰箱，格力、美的空调，华帝液化器灶具，三角牌电饭锅等家电，服装，中山灯具和顺德家具等众多产品，琳琅满目。1984年问世的健力宝饮料，创造了中国饮料品牌的神话，连续十几年在国内市场独占鳌头。曾几何时，国人多以能用上广货为荣。目前，广东的GDP总量一直在全国名列前茅。

随着广东经济的快速发展，在文化繁荣方面，广东的文化事业和文化产业的发展同样令人瞩目。广东省的影视作品《雅马哈鱼挡》、《打工妹》、《英雄无悔》、《和平年代》等在全国都有很高的收视率。许多理论文章和文艺作品屡获中央宣传部“五个一工程”奖，歌曲创作亦有可圈可点之佳绩。文化产业发展欣欣向荣，广东粤菜和广州每年的花市吸引了海内外的亿万游客，经常是万人空巷，盛况空前。

在社会管理创新方面，广东作为最早的对外开放省份，在社会管理的体制机制改革方面，创造了许多鲜活的经验，为我国逐步推进政治体制改革积累了经验。2012年年初，广受媒体关注的“乌坎模式”，表明广东在改革开放的新时期，已在用自己的实践，论证了在较为复杂和严峻的情况下，用民主的方式解决社会问题的可能性，这个事件具有促进中国社会走向民主化和社会长治久安的潜力。这就是乌坎事件的意义。乌坎问题实际上就是中国问题的缩影。这比改革开放之初，包产到户更难，因此也就更有意义。

岭南文化的近现代趋势无疑进一步彰显其中外文化交融的特质。它与西方文化形成了“相倚”和“相辅”的关系，开通了中西文化交流的风气，导致传统的文化架构蜕变为中西交汇的文化架构，近代岭南的社会政治、经济的演变，商品文化的表征，开放与变革的观念，传播媒介的发达……都显示了新的文化架构的内涵和风貌。从地域覆盖而言，这种转换目前已由城镇逐步伸展到广大农村地区。

正是那种海纳百川的文化品性，造就了岭南文化糅合中原文化、百越文化以及西方文化的独特形态。岭南文化具有丰富的内涵，获得了相应的缤纷表现。这里既有雅文化、精英文化——如江门学派、岭南画派，又有市井文化；同时，还有独具特色的民俗所体现出的文化。对于民俗文化不能轻视，它直接表现了特定群体的社会心态。岭南文化中的艺术部分，颇具特色，以粤剧、潮剧和汉剧为例，它们扎根于南疆，又吸收了中原和周边文化。

岭南文化地域性和民间性较强，因此，也造成岭南文化相对于北方和中原地区而言，其历史积淀不够深厚，底蕴不足。同样，很多是岭南地区率先发明的东西却由于保护不周而在其他地方放光发热，比如电影是泊来品，在我国是广州领风气之先，也出了名导演蔡楚生，但中国的第一家电影公司却是在上海成立的。在一定意义上，可以说在岭南地区精英文化不足。另外，由于岭南文化一贯善贾重商，通俗和市井文化较为发达，相应地其高雅文化和精英文化有所忽略。当然，由于我国还处于社会主义初级阶段，在发展进程中，也不可避免地在个别地方出现黄、赌、毒猖獗的现象，对于这些社会发展中的阴暗面，我们要采取综合治理的方式予以逐步消除。与此同时，对于岭南文化的文化品牌建设缺乏系统与科学性的规划和管理以及有关方面相关人才的匮乏，也是岭南文化发展亟待解决的重要环节。

三、岭南文化的传承与创新

岭南文化无论是古代、近代，还是现当代，都以其鲜明的地域色彩、浓郁的地方风情、物质文明与精神文明协调发展的特色、内陆性与海洋性相结合的个性，日益显示出蓬勃的生机和活力。

在岭南文化的演变发展过程中，我们当前仍然面临着如何正确处理好继承弘扬优秀传统文化，借鉴吸收有益外来文化的问题。只有处理好了这两个原则性的问题，才能使岭南文化可持续地发展。

应当指出，鄙视近现代文化传统的论调是不可取的。因为近代文化传统更为丰富和更为贴近当代的社会生活。鸦片战争以后，各种各样的社会思潮纷至沓来，社会主义则成为人们的最终历史抉择。文化领域的其他方面也是如此，拯救和发展中国成为时代的主旋律。独立、民主和富强则是革命先辈为之奋斗的光荣理想。这种优秀的、具有现实意义乃至普遍意义的文化传统，我们仍然应当珍视和弘扬。

岭南文化有其鲜明的区位特点，在认清岭南文化历史与现实的基础上，必须科学地对其进行把握，我们既要理直气壮地肯定它的优点，也要实事求是地指出它的不足。只有对岭南文化进行扬弃，才能促进它的健康发展。

在改革开放的新时期，广东承担着率先实现社会主义现代化的重大使命，岭南文化也同样面临着新的发展机遇，而且已经日益显示出开拓创新，与时俱进的强劲生命力。目前，广东省提出建设文化大省的目标，公布了新时期“厚于德、诚于信、敏于行”的广东精神，并明确提出要加强对广府文化、客家文化、潮汕文化、雷州文化和少数民族文化的研究与保护，对于提升岭南特色文化，增强岭南文化的凝聚力和辐射力，这是非常及时和必要的。

人们对进步文化的基本要求和期望，是继承传统文化中的精华，融合我国各民族、各地区文化的优长，吸收外来文化的积极部分，并使之适合时代的需要。在这个熔铸过程中，传统主义与反传统主义，固步自封与全盘西化，都是不足取的。因此，科学的扬弃和时代精神的焕发是建构进步文化不可或缺的理论和方法论的支点。

历史上，岭南地区被北方和中原地区的所谓正统文化视为蛮夷之地，岭南文化长期被视为非主流的边缘文化，一直受到主流的正统文化的轻视和排斥，甚至在近代岭南文化走向全国之时，它的主流地位也始终得不到确认。个别保守僵化的人士就指摘，当代岭南社会存在着“文化沙漠化”的倾向。实际上，这种论调通常是出于偏见或者无知。

从大文化的角度看，“精英文化”与“世俗文化”揭示了文化的层次性，但它们都是文化的有机组成部分，二者之间并无高下之分。而文化的不同层次的存在是一个不争的客观事实，我们不应该以“精英文化”去强行取代或抛弃“通俗文化”，不能认为“通俗文化”的流行就是“文化沙漠化”。

自“五四”新文化运动以来，以“精英文化”的代表自居的大批现代知识分子，对传统文化进行过猛烈的批判，但传统文化的解体并不是通过观念的批判就能达到的，文化观念的批判并未为中国文化的新生寻找到一条现实可行的道路。事实上，中国传统文化的危机就是“人”。也就是人在这样的文化环境中的生存危机，生命的萎缩以及创造力的衰退。正是在尊重个体、弘扬个性这一意义上，国外一些学者认为，所谓文化的启蒙运动，实质上是一场文化的“世俗化”运动。“世俗”的本义是“现世的、物质的、非宗教的、非精神的”，“世俗化”则是指从“隔绝的神圣社会”向“开放的世俗社会”的连续的发展过程。总之，文化的“世俗化”运动就是把“人”从神权至上的中世纪社会或君权至上的封建等级社会中解放出来，把“人”交还给“人”自身，“人”剥去了强加到“人”身上的一系列扭曲人性的文化观念，在显现人性自然的同时，也对神权文化和君权文化加以背叛。近日，莫言获得2012年诺贝尔文学奖，这就再次表明，文学就是人学。一个有思想和创造力的作家，要始终站在时代和人的立场来写人，充分体现在一定民族和区域文化背景观照下人的生存状态，这样才能真正感人和打动人。

因此，推而广之，文化的“世俗化”运动就是对传统文化中的价值观念的可靠性、合理性的否定。如果我们当下的确是在致力于扬弃压抑个性、无视个体存在的文化传统，那么，我们就不必以一种颐指气使的贵族式眼光来鄙视自由自在、无拘无束地表现自我情感、展示个性风采的岭南文化。

岭南文化创造了丰富多彩的文化形态和样式，充实和丰盈了珠江三角洲地区人们的精神生活和中国文化。《广东省国民经济和社会发展第十二个五年规划纲要》站在新的历史起点上明确提出：“发展特色鲜明的岭南文化，培育提高全社会文化素养，建设广东文明和谐家园。培育以社会主义核心价值体系为灵魂、以岭南优秀文化传统为底蕴、以现代文明素质为特征的新时期广东人文精神。”[①]这也为岭南文化的发展指明了方向。

我国正大力倡导构建社会主义和谐社会，而和谐社会中的重要支柱之一就是和谐的文化。和谐文化必然是对中华民族传统文化的继承和创新，

① 《广东省国民经济和社会发展第十二个五年规划纲要》，2011年3月16日。

是以中国文化为主体并积极融合西方先进文化的和谐文化，更是以科学发展观为导向，解放思想实事求是的和谐文化。从这层意义上讲，岭南文化无疑仍然能够对发展进步中的中国文化作出巨大的贡献。

参考文献

[1]中共中央关于制定国民经济和社会发展第十二个五年规划的建议[C]. 北京：人民出版社，2010.

[2]中共中央关于深化文化体制改革推动社会主义文化大发展大繁荣的若干重大问题的决定[C]. 北京：人民出版社，2011.

[3]广东省国民经济和社会发展第十二个五年规划纲要[C]. 2011-3-16.

[4]郭蕾. 文化因素对区域经济发展的影响——以岭南文化对广东省经济发展的影响为例[J]. 郑州航空工业管理学院学报，2007(5).

[5]李军林. 中国传统文化概论[M]. 合肥工业大学出版社，2009(11).

[6]刘斯奋，谭运长. 岭南文化的独特价值在哪里[J]. 同舟共进，2007(6).

[7]梁凤莲. 岭南文化的历史与现实视界[J]. 暨南学报，2003, 25(5).

[8]王宇. 略论岭南文化的传承与创新[J]. 文教资料，2011(32).

[9]钟晓毅，雷铎，韩强等. 和谐广东的文化品牌建设[M]. 广州：暨南大学出版社，2008.

[10]张磊，张苹. 岭南文化的特点：新、实、活、变[N]. 广州日报，2004-7-13.

苗瑶畲狗图腾崇拜与其姓氏

广东技术师范学院研究生　张　运

摘　要：苗瑶畲族有着共同的狗图腾信仰，狗图腾信仰不仅深深地影响着这些民族的生活习惯，而且也为其姓氏的来源变迁提供了源泉。本文认为苗瑶畲族的狗图腾崇拜为其提供了原始姓氏，而且有着丰富的石狗文化的雷州名称的由来也与其狗图腾崇拜密切相连。

关键字：狗图腾　姓氏　雷姓　盘瓠

苗瑶畲三族同为狗图腾信仰的民族，其姓氏也有相同之处，特别是雷、盘、龙这些姓氏非常普遍，三个民族虽有自己独特的地方，但本文旨在讨论其共有的图腾信仰和其姓氏之间的联系，所以对其差异不做分析，而主要从其相同或相似的图腾信仰和姓氏方面分析。氏族多以图腾命名，而姓氏则又由氏族发展而来，由此，苗瑶畲三族的姓氏与其图腾崇拜有着极大的联系。

一、狗图腾崇拜传说

有关狗图腾最早的传说来自于山海经，据山海经海内北经记载：大行伯一篇说：有人曰大行伯，把戈。其东有犬封国。贰负之尸在大行伯东。[①]其意是说，有个人名字叫大行伯，他手中总是握着一支长戈，他的东边就

① （西汉）刘向，刘歆编：《山海经》，沈阳：万卷出版公司，2008年，第276页。

是犬封国。天神贰负的尸体也在他东面。

犬封国一篇说：犬封国曰犬戎国，状如犬。有一女子，方跪进杯食。有文马，缟身朱鬣，目若黄金，名曰吉量，乘之者千岁。[①]其意是说：犬封国又叫做犬戎国。犬封国的人身体和形状都像狗。犬封国里有一个女子正在跪着向别人进献酒和食物。犬封国里还有一种马，全身都是白色的，而马鬃却是红色的，眼睛是金黄色的，灿灿发光，这种马就叫做吉量。如果谁能骑上这匹马，他就能长寿，活到一千岁。

这两篇文章都提到了"犬"，第一篇文章提到了犬封国，证明了犬封国的存在，也就是狗图腾崇拜的存在，第二篇文章中提到了"犬封国"即"犬戎国"，对"犬封国"的情况进行了描绘，说"犬封国"里的人身体和形状都像狗。这在一定程度反映出人们心目中有"狗"图腾崇拜的概念。

高辛氏，有老妇人，居于王宫，得耳疾，历时，医为挑治，出顶虫，大如茧。妇人去，后置以瓠篱，覆之以盘，俄尔顶虫化为犬。其文五色。因名盘瓠，遂畜之。

时戎吴强盛，数侵边境。遣将征讨，不能擒胜。乃募天下有能得戎吴将军首者，购金千斤，封邑万户，又赐以少女。后盘瓠衔得一头，将造王阙。王诊视之，即是戎吴。为之奈何？群臣皆曰："盘瓠是畜不可官秩，又不可妻。虽有功，无施也。"少女闻之，启王曰："大王既以我许天下矣。盘瓠衔首而来，为国除害，此天命使然，岂狗之智力哉！王者重言，伯者重信，不可以女子微躯，而负盟约于天下，国之祸也。"王惧而从之。令少女从盘瓠。

盘瓠将女上南山，草木茂盛，无人行迹。于是女解去衣裳，为仆竖之结，著独力之衣，随盘瓠升山入谷，止于石室之中。

王悲思之，遣往视觅，天辄风雨，岭震云晦，往者莫至。

盖经三年，产六男六女。盘瓠死后，自相配偶，因为夫妇。织绩木皮，染以草石，好五色衣服，裁制皆有尾形。后母归，以语王，王遣使迎诸男女，天不复雨。衣服褊裢，言语侏离，饮食蹲踞，好山恶都。王顺其意，赐以

① （西汉）刘向，刘歆编：《山海经》，沈阳：万卷出版公司，2008年，第276页。

名山广泽，号曰“蛮夷”。蛮夷者，外痴内黠，安土重旧，以其受异气于天命。故待以不常之律。田作贾贩，无关需符传租税之赋；有邑君长，皆赐印绶；冠用獭皮，取其游食于水。今即梁汉、巴蜀、武陵、长沙、庐江郡夷是也。用糁杂鱼肉，叩槽而号，以祭盘瓠，其俗至今。故世称“赤髀横群，盘瓠子孙”。①

以上文章详尽地记述了盘瓠崇拜的由来，高辛帝时，也就是“三皇五帝”时的帝喾时期，有位老妇人，耳朵不舒服，医生从其耳中取出虫，化成五色犬，又因为将其放入盘瓠中，所以给它起名为盘瓠。当时犬戎强盛，侵略边境，高辛帝派人多次征讨都没有成功，后来盘瓠成功擒获吴戎将军，高辛帝的女儿遵循王令，嫁给盘瓠。盘瓠背负高辛帝的女儿到山中居住，其后代喜欢穿五色衣服，带有尾巴形状。高辛帝顺应他们的需求，让其在山中居住，这就是“蛮夷”的由来，而祭祀盘瓠也成了他们的传统。

在这里，前面《山海经》中说到“犬封国”即“犬戎国”，而后面的《搜神记》中，却说“盘瓠”打败了犬戎国，而其后代为“蛮夷”。“其东有犬封国”证明犬封国在东面的，而我们通常讲到的犬戎却是在西面，而说犬封国和犬戎国二者相同，有的学者给出如下解释：北降的犬戎和东南蛮夷本为同族，盘瓠故事似指黎帮助喾诛重的故事“盘瓠似指此后留居于南方者，而犬戎则应属于黎一部而居于北方者”②。本文比较赞同此类说法，这样，居于东南方位的黎便崇拜盘瓠，而西北方位的黎则为犬戎，不再信仰盘瓠。

二、苗瑶畲姓氏来源

据丰顺县潭山镇凤坪村蓝氏《汝南堂长房族谱》以“盘瓠王开山公据图”开头，关于其姓氏由来做如下记载：“……高辛皇帝宫中，刘家老妇耳患一疾，医者取出一物。物中有蚕茧，以瓠取一载将盘复定，须臾化为一犬，狗头，身一百二十四斑点花色，因名盘瓠，号为雷宗子，作为盘犬。”③（P5）

其意是说，高辛帝时期，宫中有个老妇人耳朵不舒服，医生帮她看病

① （东晋）干宝：《搜神记》，何意华等译注，重庆出版社，2008年，第226～227页。

② 刘夫德：《盘古考（续）》，《文博》，2009年第3期，第35～40页。

③ 朱洪，李筱文：《广东畲族古籍资料汇编——图腾文化及其他》，广州：中山大学出版社，2001年3月第1期。

时，从她耳朵中取出一个东西。那个东西像蚕茧一样，先用葫芦装着，后来又放在盘子里，不久竟然变成了一只犬，头部和狗头一样，但身上有一百四十二个斑点，所以给他取名叫做盘瓠，号是雷宗子，从此，人们就知道了有一个神犬叫做盘犬。该族谱后面又提到“……圣旨出敕令，人收养及至长大，身长一丈六寸，铭似欲鱼鳞火珠，百般花色青黄，左右见是贤犬。奈因燕王作乱，得其功劳，便赐宫女为妻，共生三男一女。大齐王元年十二月十一日，户部侍郎张令崇，端殿学士彭光照。满朝部司御史范贺等文武百官奏，圣旨敕赐名姓：第一男，姓盘，名自能，封武骑侯。第二男，姓蓝，名光辉，封护国侯。第三男，姓雷，名巨佑，封立国侯。一女婿，姓钟，招赘，封三品。敕赐御书录券与子孙都记。三姓俱是盘、蓝、雷，宗祖瑶人，居会稽山七贤洞，免差役，不纳税粮，永乐人，兹将垂记，谨具于后。……”(P6～7)

由此可知，根据丰顺县谭山镇凤坪村蓝氏的族谱记载，其姓氏来源为：高辛帝时期，神犬盘瓠因平定燕王叛乱而获娶宫女，并与之生四人，分别为盘，蓝，雷，钟四姓。这些为苗瑶畲族群的姓氏来源提供了一种较为原始的关系谱。根据“因名盘瓠，号为雷宗子”，可知苗瑶畲族中盘姓和雷姓直接来源于狗图腾崇拜，由盘瓠的名和号直接传承下来。至于为什么第二男为什么赐予蓝姓，这里没有清晰的描述。《广州府志》卷十一上说：“瑶人多种蓝为业。”《开建县志》上说：“刀耕火种食尽一山则移一山。”《开建县瑶壮》条说：“不事田亩。”[1]这些都说明了瑶族种蓝的事实，或许这也是蓝姓由来的一方面。此外，盘瓠后代多居于山上，山中多兰花，兰者蓝也，蓝姓的源起与其居住环境或许也有一定的关系。姓为小女儿招赘的女婿，其姓氏与宗族的关系不是很大，所以这里对其不再讨论。

而江西省兴国县畲族《盘蓝雷姓氏出身源流传》上说，“当生形容端正，求圣岳安名赐姓，长男盘盛，帝赐盘字；次男篮提，帝赐蓝字；三男去时天上雷鸣，帝赐雷字。”(P118)这就给盘、蓝、雷三姓给出了较为合理的来源。因为大儿子用盘子盛着，所以高辛帝就赐予他盘姓，因为二儿子用篮

① 黄朝中主编：《广东瑶族历史资料》(下册)，广西：广西民族出版社。

子提着，所以高辛帝就赐他蓝姓，因为三儿子离开的时候，天上雷声滚滚，所以高辛帝就赐他雷姓。

除了人数较为众多的盘蓝雷之外，苗瑶畲族还有很多其他姓氏，民间珍藏的《评皇券碟》云：评王因盘瓠有功，赐宫女与盘瓠为婚后，生六男六女。评王封盘瓠为始祖盘王，敕赐六男六女为王瑶子孙……就安十二姓，"赐长男姓盘名启龙，封助国公，食邑五千户，补充藤州刺史；赐二男姓沈名贤成，封骑国公，食邑四千户，补充尧州司马大将军；赐三男姓郑名〔广通〕食邑三千户，刺史。赐四男姓黄名文敬，封光禄大夫，食邑三千户，补充尧州都尉；赐五男姓李名思安；封紫〔禄〕大夫，食邑三千户，补充本司侯(仆)财(射)郎官。赐六男姓邓名连安……[1]以上给出了瑶族姓氏的十二个姓氏来源，都与其图腾崇拜密不可分，也构成了瑶族姓氏的主体，在其后的姓氏变迁中，大部分与苗瑶畲的汉化等有着一定联系。

三、雷州与石狗

雷州半岛中部有一个城市叫雷州，南海在它的东面，北部湾在它的西面，徐闻在它的南面，再往南去就是海南岛。唐朝初年，雷州半岛的行政区划属南合州。贞观元年，南合州更名为东合州。627年，也就是贞观八年，将东合州改名为雷州，海康设为州治，上设有岭南道。742年，即玄宗时期，曾将雷州改为海康郡，但是很快就又改了回来，至此，雷州便为当地地名。雷州半岛的得名也源于雷州。关于雷州为什么叫做雷州，而没有使用别的名字。历史上的相关文献做出了不同的解释，主要有以下种，第一种说法是最早出现于当代高州刺史房千里，他认为雷州当地常常雷声不断，而且与其他的地方的雷声有所不同，所以命名；第二种是雷州当地有雷水，北宋沈括在《梦溪笔谈》中说："世人有得雷斧、雷楔者，云："雷神所坠，多于震雷之下得之。"而未尝亲见。元丰中，予居随州，夏月大雷，震一木折，其下乃得一楔，信如所传。凡雷斧多以铜铁为之，楔乃石耳，似斧而无孔。世传雷州多雷，有雷祠在焉，其间多雷斧，雷楔。按《图经》："雷州境内

① 黄钰，黄方平：《瑶族姓名研究》，载《广西民族研究》，1997年，第70～80页。

有雷、擎二水，雷水贯城下，遂以名州”。如此则“雷”自是水名，言“多雷”乃妄也。然高州有电白县，乃是邻境，又何谓也?”[①]他认为雷州名称的由来是来自于雷水这一水系，但是有一个疑问的地方是，那么雷水的名称又是从何而来的呢？第三种说法是，北宋吴千仞认为，雷州的地名来源于雷祖陈文玉手上的文字；明代的《雷州府志》认为，雷州的名称来源于山名。因为有一座擎雷山在附近。但是同样没有解释山名的由来。

本文认为雷水，擎雷山和雷州的名称与其图腾信仰有一定的关系。瑶族是聚居在雷州较早的先民之一，他们在雷州半岛恶劣蒙昧的环境下刀耕火种，为求生存与发展，需要依托某物作为图腾祈求庇护，而当时的瑶族信奉“狗”为始祖，“石狗”成为他们的图腾标志。[②]瑶族信仰的狗图腾形象为“龙犬”，将狗图腾与龙联系起来，不少地区的苗瑶畲族，为了表示对狗图腾信仰的尊重，还根据狗的颜色分为“白龙”、“黄龙”、“黑龙”等。而龙无疑是行于天空，可以呼风唤雨的形象，这样犬的意识就延伸为龙的意识。而“龙”与“雷”又密不可分，所以，当地的地方名与狗图腾信仰有着一定关系。此外，江西省兴国县畲族《盘蓝雷姓氏出身源流传》上还说：“待他出处，不觉三七寅夜，乌云黑暴，鱼龙变化一犬，名曰盘瓠……盘大郎往海外而去，蓝二、雷三迁转河南至商寰，迁进广潮州府海阳县凤凰山。山秀土腴，刀耕火种而食，周册复移闽地，或颍川、漳州、惠州……等处居焉。”(P118)可见，雷姓一支来到广东境内，有可能迁居雷州半岛，所以把见到的山水称为“雷”也在情理之中。

雷州市有着丰富的文物遗存，已经被政府颁布保护的文物单位就有一百多处。其中最丰富的莫过于雷州的石狗，雷州石狗文化已是一个不争的事实。踏入雷州境地的人无一不被处处可见的石狗所吸引。与此同时，雷州本地的狗肉文化也是十分著名的。二者明显存在着矛盾的地方。

有的学者认为禁食狗肉，是狗图腾崇拜中表达对狗崇拜的一种形式。如瑶族、苗族和黎族人民把龙犬形象的盘瓠作为祖先，因而为了表达自己对祖先的尊重，对盘瓠的尊重，便禁止打骂狗，也不能直接叫狗的名字，更不能

---

① (北宋)沈括：《梦溪笔谈》之雷斧雷楔，西安：三秦出版社，2007年，第260页。

② 罗朗：《雷州石狗》，载《人文风情》，2006年1月。

吃狗肉，以至于不能看到别人吃狗肉。在拉祜族传说中，他们的祖先是喝狗奶长大的，所以为了表示对狗的尊重，禁食狗肉。此外，禁食狗肉的民族还有东北的赫哲族、满族、锡伯族、鄂伦春族以及新疆的哈萨克族、乌孜别克族和柯尔克孜族等民族。这些民族大都保有祖先受恩于狗的传说，所以禁食狗肉，当然还有一些民族，特别是北方游牧民族，对狗还有一种特别的感情，因为游牧和狩猎的生活离不开狗的协助，无论是看家还是打猎，狗都是忠诚的好帮手。但是还有一些学者认为，吃狗肉，也是狗图腾崇拜的一种形式，因为有些民族的族人会认为狗是智慧的，是祖先的化身，而吃狗肉，正是一种想要通过这种形式将狗的智慧，祖先的智慧化为自己身体的一部分的愿望。所以，还有一些信仰狗图腾的民族，会在特定的节日里与整个族群的人相聚一堂，共食狗肉，希望得到祖先和图腾的一些智慧和保护。

雷州地处热带，常年气温偏高，近海，湿气重，因此人的体力易消耗，且易产生便秘等。据李时珍《本草纲目·兽部》，狗肉性温，加药材水煮，“可大补元气、治疗脾胃虚冷、治愈腹满刺痛、治疗浮肿尿涩等病症”。并且，汉族人民素有秋冬之季吃狗肉的习惯，他们普遍认为狗肉可防御寒冷，利于房事，而他们向来企盼多子多孙，因此，客观的需要与素来的生活习惯、文化观念等，使得他们迁入雷州之后仍然选择食狗肉进补身体。[①](P146)这是石狗文化的图腾崇拜信仰，守护神信仰变迁的过程，也是人们思想观念变迁的过程。

四、总结

根据以上分析，苗瑶畲的姓氏，以及雷州名称的来源都与其图腾姓氏有着必然的联系。研究苗瑶畲族的姓氏可以更好地理解狗图腾崇拜的传统意义，对于保护少数民族文化意义重大。首先，很多古籍资料中对苗瑶畲的狗图腾崇拜都有详尽的说明，苗瑶畲族根据盘瓠传说，都将盘瓠作为其始祖进行崇拜。其次，本文对畲族中盘雷蓝姓氏的来源做了详尽的分析，这些姓氏与其图腾崇拜的关系十分明显。此外，对瑶族中初始的十二姓氏也进行了简单的说明。无论畲族，瑶族还是苗族，他们的初始姓氏都与其

① 刘岚，李雄飞:《雷州石狗崇拜变迁与民族格局之关系》，载《广西社会科学》，2008年8月。

图腾崇拜不可分割，只是，在以后的发展中会出现姓氏的变迁，这与少数民族的汉化，以及姓氏的误写等有关。最后，有关雷州的名称来源，本文分析了前人的见解，也提出了自己的观点，认为雷州以及其界限内的山水名称都与狗图腾崇拜有一定的关系。

河源樟溪乡畲族的祖先崇拜

广东技术师范学院研究生 何小梅

摘 要：漳溪畲族乡成立于1999年7月7日，是广东省唯一的畲族乡，也是至目前为止我国批准设立的最后一个乡，有"广东畲族中心"之称。居住于此地的为蓝大将军蓝光辉后代，全为蓝姓畲族人。与众多畲族图腾崇拜（有的崇拜凤凰，有的崇拜盘瓠）不同的是，这里的畲族信奉的是蓝大将军，世代受之庇佑。本文讲述蓝大将军崇拜的缘由和发展以及后人对其继承与发展。

一、上下蓝村畲族概况

漳溪畲族乡位于河源市中部，地处东源县北部，东邻上莞镇、南连骆湖镇、西接黄沙镇、北靠船塘镇。总面积144平方千米，属半丘陵半山地石灰岩地带，一条小溪自南往北流经6个管理区。[①]全乡辖10个村委会和1个居委会，61个村民小组，有3814户，共17923人。10个村中有2个为畲族村（上蓝、下蓝），全乡畲族共989户，5650人，占全乡人口的31%。[②]该乡交通便利，基础设施和教育教学设施日趋完善。米骆线和顺船2条县级公路通过该乡。现有中小学12所，初级中学1所，全乡校舍面积1.1万平方米，其中1990年以来新建面积1万平方米；现有圩镇面积9300平方米，东

① 资料来源于《漳溪畲族乡乡志》。
② 资料来源于《河源市东源县县志》。

西南北走向街道各1条，合计750平方米。[①]畲族是居住在河源市的唯一少数民族，主要分布在上蓝、下蓝两个村，有畲族小学两所。[②]

漳溪畲族乡成立于1999年7月7日，地处东源县北部，距县城50多公里，是广东省唯一的畲族乡，也是至目前为止我国批准设立的最后一个乡，有“广东畲族中心”之称。

二、上下蓝村畲族源流

（一）上下蓝村畲族迁移路线

蓝姓鼻祖昌奇于神农初封居河南汝南郡，经历数千年。传到108世蓝明德而迁南京。127世大一郎，由福建长汀分居上杭。130世蓝庆寿，由福建张坑乡入粤潮州海阳城（潮安县）。133世蓝荆山，由大埔湖寮迁程乡金盘堡（梅县丙村大坑头）。[③]“自闽汀发脉，迁大埔、海阳、程乡”。本支系明洪武年间从平远县热拓乡迁来，距今有600余年历史。开基始祖为蓝氏江南二十八世（135世）宗德公，度名：千三郎。137世彦清，由漳溪迁河源新港镇双田村立业。蓝氏后裔分居本县叶潭、蓝口、康禾、仙塘等地的人口现有11000余人。此外还有的迁往紫金县古竹、广州市区、江西兴国县、安福县、吉安县和广西、四川等省。

（二）上下蓝村畲族的图腾文物

上蓝村和龙川、和平县蓝姓畲族，都保留有《蓝氏族谱》和《图腾画卷》。有的称《祖图》或称《太公像》，是民间珍藏的历史文物。画的内容按传说历史发展故事为序，从宇宙浑沌初开，至皇治天下，盘瓠龙犬化身的由来。平定叛乱有功于国，与高辛帝三公主成婚为驸马。而不住宫殿，迁居深山。婚后20年，生下3男1女，辛帝赐姓盘、蓝、雷、钟，并封官职，此乃畲族主要姓氏的裔孙之源。盘瓠外出狩猎，不料被山中精灵角触跌落深渊，丧命升天。其三子一婿遂散处广东、福建等地。

---

① 资料来源于《溪畲族乡乡志》。

② 资料来源于《河源市市志》。

③ 详见漳溪乡上蓝村《蓝氏族谱》。

三、蓝大将军崇拜

根据当地蓝姓后裔所述，蓝大将军名蓝光辉，是驸马王的二儿子，因护国有功，被高辛帝封为“护国将军”。他麾下有五名统领，分统“三秦兵”、“五狄兵”、“六戌兵”、“八蛮兵”和“九夷兵”五路兵马。有一年农历四月初九，蓝大将军和他的部下打胜仗归来，畲民和军队杀牛宰猪犒劳。当地畲族视其为宗族保护神，每年祭祀甚虔，由此相沿成俗。至今漳溪畲族乡的大帝岗山顶上建有“蓝大将军神位”。神庙用青石雕刻而成，初建于明朝弘治年间。神位石碑前有两只石狗守护，站在神位前可看到全乡大部分村寨。

蓝大将军出巡节也称“驱邪节”，主要流传在上蓝、下蓝村寨，是东源县漳溪畲族乡蓝姓畲族人的传统节日，在全国畲族中也是独有的传统节日。东源县新港镇双田村每年“蓝大将”诞日，全村张灯结彩，张贴对联。其中有：“苍龙化身征番国，蓝将显威护君王。”“将军出巡家家旺，引福归堂屋屋兴。”蓝大将军出巡全部仪式如下：请将。放有“蓝大将军神位”的轿子和“白马”停放在鼓楼上方正中央，摆上香炉，主事（长者）当众焚香祝祷，对天作将军揖，宣念祷文、跪拜，全村人紧跟着跪拜，跌神筊，如神筊一阴一阳，则表示蓝大将军已莅临人间，这时，全村欢呼，枪、炮、锣鼓又一次齐鸣，表示拜祖请将军。

在当地畲族人的观念中，蓝大将军是他们的保护神，世世代代都信仰蓝大将军并相信在他的庇佑下村民安居乐业，风调雨顺。与众多畲族和其他少数民族信仰不一样的地方是，很多少数民族信仰的是诸如风火雷电、树木、凤凰、盘瓠传说等，这里的村民却信仰蓝大将军，将之视为他们的保护神。在参与到这个节日的过程以及与村民的交谈中得知，蓝大将军是他们的祖先，定居于此，在此安家落户。每年农历四月初九（也就是蓝大将军胜仗归来的日子）作为他们的节日庆典，以此来纪念祖先的光辉和战功显赫。东源县所有村民和汉族都将农历四月初八作为他们的传统节日，并于当天杀鸡宰鸭庆祝，同时做一些很有特色的糯米糍粑，除此之外并无其他庆祝仪式。而上下蓝村的畲族却与他们不同，将节日设置在农历四月初九，当天是蓝大将军胜仗归来，子民们迎接将军凯旋而归并热闹地庆祝一番。世代则将这个时间点设为畲族传统节日，在前一天畲族的家家户户就为明天的节日做各种各样的准备。诸如祭奠的策划，仪仗队的道具，出巡的具体路线，村民们何时在祠堂集合。此外畲族的每家每户都要各自准备自家过节的物品，除了一些鸡鸭鱼肉酒用来拜祭，还要很多特色的糍粑，还要买很多的鞭炮待次日用。

每年农历四月初九纪念蓝大将军出巡的庆典上，巫师作法，带领整个仪仗队来到此地烧香祭拜，最后放彩炮。接下来仪仗队围着整个上下蓝村巡游一遍。出巡前要招兵作法，请各路“神将、神兵”来帮助蓝大将军扶正驱邪。先由主事者宣读祷文，随后便向东、南、西、北、中各方下跪。朝天跌掷神筊，躬请五路兵马及各路神灵。这时，村中几十名青壮年，头扎各色头巾，身着各色畲服，腰束红布巾，手持各式刀枪、长矛兵器，恭立两旁听候法师调遣。队伍中有红、蓝、白、黑、黄五色旗帜，代表东、南、西、北、中五路兵马。主事者站在高台，逐营点兵下令，按东、南、西、北、中五路兵马下令调遣，授旗列队，各路持旗配械壮士按口令到指定位置跪下，在锣鼓声的伴奏下，跟着旗手奔入场中央列队出巡。主事(长者)宣布蓝大将军巡游开始，由长者带领青壮年男人和小孩从烧红的炭火中跨过，引领“白马”，抬着“蓝大将军”神轿，四个持械的青壮年随后“护驾”。紧跟着的是举着“篮”字大旗的壮士、五路兵马的五营旗帜和壮士次序登场。锣鼓手、舞狮手、猎枪手、鞭炮手、各村房长老、知名人士、村民、来宾紧随其后。

巡游队伍走遍村中各屋各户，在参与整个巡游的过程中就能深深地感受到当地村民对祖先崇拜的凝聚力，整个出巡过程时间长达几小时，扮演各个角色的人物都有抬着或举着很多道具，加上天气炎热，一般情况下会很吃力、很疲劳，中间的路径还包括山间小路和田野洼地，他们的负担在这样的情况下相对来说算是艰苦，可村民们都激情四溢，热情昂扬地巡游着，鼓手不停地敲锣打鼓，一刻都不懈怠。时不时会点燃一些礼炮，一路上浩浩荡荡。

各户人家早早的就摆上三牲、水果和糯米糍粑等供品，一切准备妥当的就在门前、堂中迎候，燃放鞭炮，跪拜蓝大将军。一般各家各户的村民都会站到阳台等高处观看。看到巡游队伍距离自家庭院二十米远距离的时候就赶紧下来烧香准备好鞭炮，接着就点燃，同时巡游队伍也会燃放鞭炮相对应。村民早已经再次恭候跪拜蓝大将军的牌位。

游行队伍每到达一个祖屋祠堂、天井、村民的前后庭院，都会举起枪长鸣一声、放铳，这意味着为村民驱赶邪魔，将好运气送到每家每户。浩浩荡荡的队伍巡游结束之后，原班人马则将蓝大将军神位送回蓝氏的祠堂中。经过了这么一天的出巡，大家都累了就在祠堂休息，后勤组准备好各式菜样，集体在祠堂拜祭之后吃饭。

在这一天参加节日仪式的人员不仅是当地的蓝姓畲族村民，蓝大将军的雷姓、盘姓、钟姓的部分后代也会从外地赶来参加，同时在外地工作的人和这里外嫁出去的女子都会回来。同时也有小部分的游客和当地市县的记者，摄影爱好者来到此地感受畲族传统民俗文化。

当天晚饭后在鼓楼场地中举行武术、舞狮、歌舞表演。节目有畲族锣鼓、醒狮抢球等，姑娘表演竹竿舞、打柴舞、椿扁斋、簸箕舞等，男青年则表演拳术、刀棍等武术，活动至深夜结束。

蓝大将军的墓地在上蓝村的一个小山坡山，那里风景优美，墓前长了两颗大松树。据村民相传，松树为蓝大将军及其妻公主死后化身。关于这松树村民有很多神奇的经历和体验。这两棵松树长在小山坡的正中间，确实是比周边其他植物长的茂盛，有一次村里面要架高压线经过此地，觉得松树阻碍了高压线线路，就不顾村民的反对把松树砍伐了。松树和别的树木不同的是一般砍伐后不会再长出来了，而这两颗松树却奇迹般地再一次生长，更奇怪的是长出来的居然和之前的树木一模一样，村民们深信是蓝大将军的神灵所为。

另外这里的村民讲述了其中一届村委会老书记的一个故事。老书记的儿子在参与对越自卫反击战中奇迹般的幸存下来。在此次战役中参与的将领和士兵全部阵亡，而他的儿子却奇迹般幸存下来，历经千辛万苦回到家中。他儿子赶紧将自己的遭遇告诉其父。在战役过程中，自己被打到悬崖下本以为必死无疑，就在此时出现了一位白发苍苍的老人，及勃长须，用手托住他，带敌人全部撤退后将其救上来，这样他就活下来。当问及老人是何方神圣的时候，他回答说是其祖先蓝大将军化身。回家后他领着父亲到墓前祭拜感谢。

此类神奇的事迹还有不少，所以村民对蓝大将军这个祖先是无比的崇拜和信仰的。平时在蓝姓村民中，有重大喜事，诸如儿子结婚、孩子考大学或者考上大学都得去蓝大将军墓前祷告和报喜。这个习俗世代相传，蓝大将军在他们心中深深地扎根。

参考文献

[1](畲族)吴良生.文化与黄龙岩畲族风情旅游区的开发[M].中国旅游报，2004/08/30.
[2]李筱文.广东畲族与畲族研究[J].广东技术师范学院学报，2006(2).
[3]吴剑梅.畲族的女性崇拜与“凤凰装”[J].百科知识，2013(11).
[4]陈耿之.畲族的发源地与畲族的文化影响[J].学术研究，2004(10).

粤北连阳地区辟邪文化

广东技术师范学院研究生　邓秋红

摘　要：概略地说，辟邪文化是人们通过忌避、祭祀、祈祷、祝颂、特异的行为等方式达到消灾避祸、驱魔逐邪、求吉祈福的一种独特的生存智慧和生存模式。连阳(连州、连山、连南、阳山)山区的社会形态，解放前基本处于农村公社后期向阶级社会过渡的时期，其物质生活和文化生活中仍保留了不少原始社会的痕迹。特别是人们的精神信仰仍然保留着浓厚的辟邪意识。这种在长期的历史发展过程中形成和承传下来的辟邪意识，已经成为该地区共同民族心理的重要组成部分，在生产、生活和思想形态中，都有着深刻的影响。

关键词：辟邪文化　辟邪意识　精神信仰

《中庸》有云：“鬼神之为德，其盛矣乎。”早在春秋时，人们对于天地万物的那些有灵性的东西，已怀有一种虔敬心情。粤北山区有九成地方属于山地，海拔千米以上的高山超过两百座，崇山峻岭，是典型的山区地形。在古代社会，这里勤劳纯朴的山民一方面碍于生产力水平低下，人们无力抗拒而又渴望能够抗拒的自然灾害和祸患，很多自然现象无法找寻到合理的解释。另一方面心中充满对和平、美好生活的憧憬。因此，他们借助于不断发达的智力，自发地编织和颂传许多神话故事，并对应地创造出种种花样的辟邪方术。这些神话故事和传说，寄托了先民对自然万物的热爱，以及对善恶美丑世相的态度。这对于悲观的人，具有安抚宽慰的作用；对于为非作歹的人，具有吓阻劝退的效果；而对于纯洁善良的人，亦有褒勉的意思。它们渗透在普通的大众文化中间，其正面的、积极的、特殊作用是应当得到肯定的。

一、生养辟邪

对于南方民族的传统民间文化，有人曾调侃地说：中国文化有三多，即宗教多，神祇多，迷信方式多。从某种意义上说确是如此，南方民族的神祇及迷信方式多得让人目不暇接，眼花缭乱，有时候甚至就是深谙个中奥秘的行家也未必能完全弄清楚。无论南方还是北方，中国人的想象力在这方面表现得淋漓酣畅，往往一事一神，一物一神，甚至一事多神，一物多神，而且还会根据需要历时性地制造出新神，使得中国的神祇形成了一个世界其他民族无法望其项背的巨大网络。比如中国古代典籍《上清黄庭内景经》，就专门为人体确立了八大神宿王，二十四其人，并指出"泥丸百节皆有神，发神，脑神，鼻神，身神，肾神等等"。大概仿照这样子，民间也专门为胎儿孕育创造出了所谓的胎神。

连阳山区的孕期禁忌很明显，只要有孕妇的地方就会有胎神，因此百姓对这位无所不在的胎神可谓是肃然起敬，万万得罪不得。如果哪家有孕妇，而这家人在十月怀胎期间不得在家里任何一处地方随便动土动泥，敲打物体。据调查发现，在采访的老年人当中，他们都给出类似的说法：如果在家里任何一个角落打进钉子，将来孩子出生就会有问题。所谓"刀犯者形必伤，泥犯者窍必塞，打击者色青黯，系缚者相拘挛"。总之，不管以何种方式触犯了它，孕妇腹内的胎儿都会得到相应的损害。据我调查发现：连阳地区很多孕育辟邪禁忌其实就是专为胎神而设立的。比如：怀孕期间孕妇不得动用剪刀，针线等一应什物，不得切割鱼肉，最为禁忌的是，孕妇或者家里的其他人不得在屋子周围乱钉钉子，不得拆堵门窗。俗信以为屋室的门窗犹如胎儿的眼睛，任意拆堵门窗则会感应得胎儿将来生下来眼睛会有问题，或者胎儿的耳鼻口肚子孔窍发生堵塞，造成死胎或者流产。关于孕妇的饮食方面，有以下几点禁忌：第一，孕妇禁食狗肉。据说因为狗爱咬人，怕将来生下来的孩子也有这种毛病，吃奶时会咬母亲的乳头，还有一种说法是孕妇食狗肉及兔肉都会使将来生下来的孩子成为哑巴或者缺唇，总之是造成婴儿残疾的意思。第二，孕妇禁止吃异常的鸡蛋。人们认为鸡蛋异常就如同胎儿异常一样，孕妇吃了自然会有流产的危险。第三，孕妇禁止吃豆酱和茴香。这是一个没法解释的现象，只说吃了这两样东西孕妇就会流产。第四，孕妇禁吃生冷物，这个容易导致绝胎。第五，孕妇禁吃鲜姜。鲜姜外形像婴儿的手指，民间怕孕妇将来产下多指的婴儿，因此运用联想辟邪。这些食物禁忌有一些可以用现代医学加以解释，有一些则不然。再如孕妇不得参加丧葬活动，因为鬼魅容易附身，或者转世投胎等等说法，平心静气地说，这些避忌也不无道理。尽管死人鬼魅等与孕妇腹中的胎儿没有关联，但是丧葬等活动毕竟阴森凄惨，这些都不利于孕妇的身心发展，很容易直接作用于婴儿，对婴儿不利。从这样分析，这种趋利避害趋吉避凶是比较明智的选择。

二、自然现象和天象避忌

(一)对彩虹的避忌

“蝃蝀在东，莫之敢指。”此句语出《诗经·鄘风·蝃蝀》。蝃蝀，即彩虹，又称美人虹，其形如带，半圆，有七种颜色，是雨气被太阳返照而成。古人因缺乏自然知识，以为虹的产生是由于阴阳不和，婚姻错乱，因而将它视作淫邪之气，如刘熙云：“淫风流行，男美于女，女美于男，互相奔随之时，则此气盛。”彩虹在东边出现，自然是一件令人忌讳的事，所以大家都“莫之敢指”。说明当时民间就有以手指彩虹会烂掉手指，甚至祸及其家的信仰。这个禁忌在连阳地区也是很明显的，我从小就长在农村，奶奶在我们很小的时候每次见到彩虹都会跟我们说：那是天上的龙在喝水，不能用手指去指的，不然手会烂的。通过全诗来分析古人对虹的解析：“蝃蝀在东，莫之敢指。女子有行，远父母兄弟。朝隮于西，崇朝其雨。女子有行，远父母兄弟。乃如之人也，怀昏姻也。大无信也，不知命也！”意思为：一条彩虹出东方，没人胆敢将它指。一个女子出嫁了，远离父母和兄弟。朝虹出现在西方，整早都是蒙蒙雨。一个女子出嫁了，远离兄弟和父母。这样一个恶女子啊，破坏婚姻好礼仪啊！太没贞信太无理啊！父母之命不知依啊！

蝃蝀，即彩虹，又称美人虹，其形如带，半圆，有七种颜色，是雨气被太阳返照而成。而当地百姓因缺乏自然知识，以为虹的产生是由于阴阳不和，婚姻错乱，因而将它视作淫邪之气，彩虹在东边出现，自然是一件令人忌讳的事，所以大家都“莫之敢指”。据调查发现：当地百姓长久以来都有这样的观念：彩虹的两端到了哪里，哪里的农作物就会长得不好。从他们的描述中，这个现象貌似确凿无误的样子，目前无从实地实时考究其真实性。

（二）对日、月、星避忌

连阳地区广泛流行祭祀日头（即太阳），月光的活动，他们将太阳和月亮的变化都寄托于神灵，如果在农历七月初一那边没有太阳出现，在中秋节农历八月十五那晚没有月亮，他们就会在各自的村庙里举行打醮，也叫做朝。在我国，祭日是一种古老习俗。我国古代有迎送太阳的仪式，早在《卜辞》中就有记载，《尚书·尧典》有“宾日”于东、“饯日”于西的记录。据《中华全国风俗志》说：河北宁津一带也有接太阳的风俗。“每年六月十八日晚，各村寺庙中，锣鼓喧天，颇为热闹。村庄老年妇女，集成一会，于是晚住庙中，念经诵佛，直至天将明之时。排列供案，燃烛焚香，向东致祭，至太阳出来始止。若值天晴，清晨放出阳光，大家欢喜，倘是天阴，便云不吉，异常懊丧也。”此俗与远古的“宾日”仪式一脉相承。人们最初未知天体运动规律，恐太阳落山后不再出来，所以要祭祀，要“接太阳”，并且忌讳接时天阴。

同样地，祭月亦用此法。《周礼·鼓人》：“救日月则诏王鼓”；《大仆》：“凡军旅田役赞王鼓，救日月亦如之”；《庭氏》：“若不见其鸟兽，则以救日之弓与救月之矢夜射之；若神也，则以大阴之弓与枉矢射之。”这些古书的记载表明周代救月法与救日法基本相同。月的禁忌同日的禁忌一样古老，且因月的自然变化比日多得多，所以人类关于月的禁忌更为频繁。在粤北山区，皓月当空的夜晚，妇女们总要告诫小孩不要用手指月亮，这是因为月亮里有位月神，小孩如果用手指它，它便以为是一种侮辱，到夜深人静之时便悄悄地割去该小孩的耳朵。小孩犯忌后害怕被割掉耳朵，必得誓以至诚地唱道：“月亮爷爷，莫怪，你拿耳朵还给我，我拿刀子还给你。”这一不能用手指月亮的禁忌，表面上是因为月亮像一把弯刀，当月亮遭小孩侮辱时，就会割下小孩的耳朵，其实，我想这是远古月神崇拜的遗存，这样一代传一代，便流传下来了。

天象禁忌中，关于星的禁忌最多。许多星宿流传在连阳地区民间都有另外一个民俗化的名字，如摩羯又叫“克星”；彗星又叫“妖星”或“扫帚星”；流星又叫“亡星”等。伴随这些民俗化的名字产生了大量的星禁忌。许慎《说文解字》说：“万物之精，上为列星”，世界万物，或善或恶，都可以由天上的星宿来代表。民间以为天上的星星是和地上的人丁相对应的，所谓“天上一颗星，地上一口丁”。天上有一颗星星陨落，地上便有一人死亡，这是小时候我常常听到的说法。若陨落的是颗亮星，就以为将有大将、名人死亡，甚至兆示皇帝驾崩、国家有难等等。老人家告诉孩子们，如果看见天上的流星，忌用手指点，说这是“星宿逃难”，要朝天吐一口唾沫，再念声“阿弥陀佛”，才不会有祸。这跟《左传》记载有相似之处，人们见到纷纷坠落的流星，便判定鲁国将有死丧之祸，所以，“星陨如雨”在古人看来是极为可怕的。估计这和古代的“石崇拜”与陨星或曰陨石是有直接联系的，这从民间关于石头会飞、会变化等等传说中可以看出来。既然流星的陨落意味着有人死亡，那么，某些怪石的倒伏或折碎也同样预兆着有人将死去，这也是古人很忌讳的。星占的迷信形成后，人们的衣、食、住、行、婚丧、嫁娶等都与星相联系起来，吉星高照，自然万事可行，若凶星临头，则必须设法忌避祸害。《占经》多有云：“彗星东出，有寇兵、旱。”彗星又叫“拂星、扫星、扫帚星”，总之是妖星。《汉书·天文志》记载：“（秦）始皇之时，十五年间彗星四见。”结果是连年征战，“死人如乱麻”，不久“秦遂以亡”。彗星出现在不同的方位，还被认为预示着不同的灾异。《春秋运斗枢》引《古微书》说：彗星在东方出现，“将军谋王（指造反）”；在西方出现，“羌胡叛中国”；在南方出现，“天下兵起”；在北方出现，“夷狄内侵”。彗星扫过某些主要的星空或星球，也被认为是预示着灾异。当彗星出现时，人间应该赶紧停止宫殿房屋的建造，中止行军打仗的活动，取消歌舞娱乐的行为，甚至连赌博、裁衣、性交等都应暂停。若有冲撞，那么大至社会动乱，小至个人病亡，都会随即降临。这些忌讳又衍生出一些其他的禁忌，其中最明显的是“扫帚星”一词在长期的使用过程当中，衍为惹事招祸者的代名词。古代小说、戏剧里常见骂那些惹祸者为“扫帚星”的记载，而尤以骂妇女为扫帚星为多。古代女子若是生了一双形如扫帚的眉毛，会被人贬为“扫帚星”，成为被人讥笑的一条“罪状”。太岁是中国民间信仰中有名的凶神，俗话说得好：“谁敢在太岁头上动土?”民众对太岁最为害怕，视太岁若猛虎。人们对于难惹的人，称之为太岁；对于长相凶恶的人，亦说他像太岁一般。人们深信不能触犯太岁，否则就会遭到种种报应。为了不触犯太岁，人们时时刻刻提防着，并采取一定的禁忌方式避其所害。太岁的来源，众说纷纭，大多数人以为太岁即岁星，或与岁星关系很密切。太岁之名，最早见于《汉书》。《汉书·匈奴传》称：“(哀帝)元寿二年，单于来朝，上以太岁厌胜所在，舍之上林苑蒲陶宫。”太岁信仰即形成于汉代。人们认为动土兴造、迁徙、嫁娶等都应避开太岁每年所行经的方向，并采用一定的禁忌方式避邪。汉以后这一信仰影响很大，人们对太岁这一星宿神灵中的凶神更是加倍礼拜，这一带都有“犯太岁”的说法，犯了太岁就要去娘娘庙或者神婆等会护法的地方祈福，愿望实现之后必须记得去还愿等等，这些都屡见不鲜。

三、小结

除了以上略述的几点辟邪文化现象之外，还有其他很多种辟邪，如自然神中的山、江、河、湖、井、泉等，还有婚丧、节日忌讳等等。每逢红白喜事，都会到祠庙或者去他们信奉的各类神祇处做法。这里的各个乡村都有祠庙，民众信奉种种神明，观世音菩萨，太上老君，这些三教九流之间能相互融合下来。从这些辟邪现象中，我们可以说：它们既有根深蒂固的历史传统积淀，又有无孔不入的滋生蔓延的土壤，更有一种顽强的生命力。它们是复杂综合体，需要我们去整理它，分析它，理解它。

参考文献

[1](清)陆向荣.阳山县志.
[2]丁世良.中国地方志民俗资料汇编[M]，中南卷.书目文献出版社，1991.
[3]傅才武.中国人的信仰与崇拜[M].湖北教育出版社，1999.

浅谈宋代命理术中的大运

江西中医药大学基础医学院　程　佩

摘　要：宋人在命理术中对命与运的关系有着深刻的认识。今天我们对于大运的编排的很多标准都是在宋代形成和确定下来的。宋人判定大运吉凶的标准分为两条：一是大运的旺衰走势应与人生的生老病死步骤相一致。二是大运只喜旺地，不喜衰地。明清以来命理术对大运吉凶的判定标准基本上沿袭了第二条准则。宋人对转运的认识也影响到了后人，而换甲运的概念则逐渐消失在古代命理术史的长河中。

关键词：宋代　命理术　大运　转运　换甲运

一、命与运的关系

命理学家认为，运有别于命。命是先天禀受的，运是后天形成的。如果说命是我们截取一个人出生时间的横截面，以这个特定时空状态的干支组合来表示的话，那么这个特定时空状态所禀赋的天地五行之气是固定的，其所代表的一个人原始的生命信息也是与生俱定的。这就是人们常说的命。干支组合所主宰的人生基本状态，自一个人降生伊始，便已经注定不变了。而运，则属于命的外延部分。命一开始形成，就会按着大运、小运、流年的轨迹向前行走，这个轨迹，我们统称为运。命是静态的，运是动态的。人自降生之后，除受先天之命的影响，也受后天之运的影响。命运就是命与运的有机组合。用马克思的基本辩证法来讲，命是内因，运是外因。外因通过内因起作用。如果一个人命局较差，但是自起运以来七、八个大运走势都不错，那么此人的一生命运就不会很差了。如果一个人命局虽好，但是一生大运走势不佳，那么这样的人就是命好运不好，一生走的应该也很艰辛。命是事物变化发展的规律，运是事物变化发展的条件。二者对一个人的命运而言，是相辅相成，互为条件，缺一不可的。

宋人在命与运的关系上，有着深刻的认识，《烛神经》这样分析了命与运之间的制约关系：

> 凡推命之祸福，须先度量基地厚薄，然后定灾福。运气譬之船也，命譬之水，随其水之广狭深浅，发得船之力也。凡命有八分福神，行三四分恶运，都不觉其凶，福力厚故也。若五六分恶运，只浮灾细累而已。至七分恶运，方有重灾。凡五分福命，行三四分恶运，为凶甚切。若四五分恶运，则须死，盖基地不牢固也。凡命中五行衰者，运宜盛（《寸珠尺璧》云：凡衰处行运到旺处脱）。五行盛者，运宜衰。衰者复行衰运，是谓不及。五行不及，则遁塞沉滞。五行盛而复行盛运，是谓太过。过则击作成败也。[①]

宋人形象地将运譬之于船，命譬之于水。水若深，则船可大；水愈浅，则船宜小。随其命之水之广狭深浅，发得运之船之力也。命是一个人的基础，基础的厚薄，决定了一个人可以承担的厄运的等级。若福力深厚，有八分厚度，则行三四分厄运而不觉其凶，行五六分厄运方有不顺之感，行至七分厄运方有重灾；若人命福力一般，只有五分厚度，则行三四分厄运已为大凶，行至四五分厄运，须死。由此可见，一个人命运之吉凶不仅取决于运的好坏，更取决于此人命的厚薄。而且，宋人在看一个人命运时，要把此人的命局与大运、流年等作为一个整体系统结合起来看。单从命局来看，宋人分析命局之好坏的重要标准便是看命局中五行是否平衡，若出现五行太过、不及的情况，他们多半将此命作贱命来看。同样，宋人分析人命运的好坏也遵循着这样一种中和原则。若命局中五行衰，则运宜盛；命局中五行盛，则运宜衰。命局衰而复行衰运，是为五行不及；命局盛而复行盛

① （宋）廖中撰：《五行精纪》卷33《论大运》，北京：华龄出版社，2010年，第253、254页。

运，是为五行太过。五行太过不及，命运皆为蹇滞。很显然，宋人是把岁运放到命局之中，把命运作为一个整体而结合分析的。宋人分析命运时所运用的这种整体观念，对后人推算大运、流年的吉凶产生了直接的影响。

二、大运的编排

大运的编排，指如何起大运、排大运。这是我们判断一个人大运吉凶的前提，是推算一个人命运必须要完成的准备工作。有关大运编排的最早记载见于宋代《珞琭子》，其文曰："运行则一辰十岁，折除乃三日为年。"对于这样一个简短描述的起运方法，王廷光注云："论折除之法，必用生者，实历过日时，数其节气，以合岁月之数，乃若阳男阴女，大运以生日后，未来节气日时为数，顺而行之。阴男阳女，大运以生日前过去节气日时为数，逆而行之。"①

我们来仔细分析一下这段话。所谓的"运行则一辰十岁"，指的是人的每一个大运干支主宰人生十年。宋人为何判定一步大运管人生十年，王廷光是这样解释的："大运一辰十岁者，何也？盖一月之终，晦朔周而有三十日，一日之内，昼夜周而有十二时，总十年之运气，凡三日有三十六时，乃见三百六十日，为一岁之数，在一月之中，有三百六十时，折除节气算计，三千六百日为一辰之十岁也。人生以一百二十岁为周天。"②

第一个大运的干支是从月柱顺排或逆排而来，之后的大运干支再依次顺排和逆排。我们如何来确定第一个大运的干支呢？首先，我们要从命主的年干的阴阳来区分出命主是阳男阴女还是阴男阳女。若命主为男，生在年干为甲、丙、戊、庚、壬等年中，是为阳男；若命主为女，生在年干为乙、丁、己、辛、癸等年中，是为阴女。阳男阴女，按月柱干支顺排其大运。如下面这两个命造：

	年柱	月柱	日柱	时柱		年柱	月柱	日柱	时柱
乾造：	年柱	月柱	日柱	时柱	坤造：	年柱	月柱	日柱	时柱
	壬	丁	己	庚		丁	乙	甲	丁
	戌	未	酉	午		卯	巳	申	卯

① （宋）廖中撰：《五行精纪》卷33《论大运》，北京：华龄出版社，2010年，第252页。
② （宋）廖中撰：《五行精纪》卷33《论大运》，北京：华龄出版社，2010年，第252页。

左边的乾造（男命）年干为阳干壬，属于阳男。其大运按月柱干支顺排。月柱为丁未，则其大运依次为戊申、己酉、庚戌、辛亥……；右边的坤造（女命）年干为阴干丁，属于阴女。其大运亦按月柱顺排。月柱为乙巳，则大运分别为丙午、丁未、戊申、己酉……。反之，如果命主为男，生在年干为乙、丁、己、辛、癸等年中，是为阴男；若命主为女，生在年干为甲、丙、戊、庚、壬等年中，是为阳女。阴男阳女，按月柱干支逆排其大运。试以下面两个命造为例：

乾造：	年柱	月柱	日柱	时柱	坤造：	年柱	月柱	日柱	时柱
	丁	壬	辛	乙		戊	壬	丁	庚
	巳	子	丑	未		辰	戌	未	子

左边的乾造年干为阴干丁，属于阴男。其大运按月柱干支逆排。月柱为壬子，其大运依次为辛亥、庚戌、己酉、戊申……；右边的坤造年干为阳干戊，属于阳女。其大运亦按月柱干支逆排。月柱为壬戌，则大运依次为辛酉、庚申、己未、戊午……。从以上的列举可以得知，判定了阳男阴女及阴男阳女，我们才可以以月柱干支为依据，确定每一步大运的干支。

知道了大运推排的原则，我们还需知道人几岁入运，即何时起大运。古往今来，命理术士们一直采用宋代的折除法来起大运。“论折除之法，必用生者，实历过日时，数其节气，以合岁月之数，乃若阳男阴女，大运以生日后，未来节气日时为数，顺而行之。阴男阳女，大运以生日前过去节气日时为数，逆而行之。”[①]计算大运的起运岁数，阳男阴女，从本人生日那天起，顺数到下一个节令为止，看共有几日，然后将所数天数除以3，所得的商即为起运岁数。除不尽者，余数为1，则为几岁零四个月起运；余数为2，则为几岁零八个月起运。通常，以三天计一年，一天计四个月，一个时辰计十天。相反，阴男阳女起大运，从本人生日那天起，逆数到上一个节令为止，看共有几日，然后将所数天数除以3，所得商即为起运岁数。举例来说，一个甲子年出生的男性（阳男），十二月二十四日巳时出生。该月二十九日申时立春，那么就从其出生之日顺数至立春之日，得五天零三个时辰。以五除以三，商一余二，计一岁零八个月，再加上三个时辰共计

① （宋）廖中撰：《五行精纪》卷33《论大运》，北京：华龄出版社，2010年，第252页。

三十天，则此人实际是在一岁零九个月起的大运。又比如一个壬午年出生的女性(阳女)，三月八日未时出生。女性阳年生逆数至上一个节令，上一个节令为二月二十日酉时之清明。从三月八日未时逆数至二月二十日酉时，共计十六天零七个时辰。以十六除以三，商五余一，计五岁零四个月，再加上七个时辰共计七十天，则此人是在五岁零十一个月起的大运。

这里我们尤其要注意的是农历的24个节气。农历一年中有二十四个节气，其中十二个节气，十二个中气。正月立春，二月惊蛰，三月清明，四月立夏，五月芒种，六月小暑，七月立秋，八月白露，九月寒露，十月立冬，十一月大雪，十二月小寒，这些是一年中的十二个节气；正月雨水，二月春分，三月谷雨，四月小满，五月夏至，六月大暑，七月处暑，八月秋分，九月霜降，十月小雪，十一月冬至，十二月大寒，这些是一年中的十二个中气。其中每个月有一个节气一个中气，十二月合计二十四个节气。

二十四节气表

月份	正月	二月	三月	四月	五月	六月	七月	八月	九月	十月	十一月	十二月
节气	立春	惊蛰	清明	立夏	芒种	小暑	立秋	白露	寒露	立冬	大雪	小寒
中气	雨水	春分	谷雨	小满	夏至	大暑	处暑	秋分	霜降	小雪	冬至	大寒

我们推算一个人的起运时间，要以节气来推算，不能以中气来推算。无论是阳男阴女还是阴男阳女，都是从其出生日到下一个或上一个节气为止，而不是到下一个或上一个中气为止。也就是说，对于推算起运时间而言，宋人真正重视的是一年中的十二节气。

千百年来，宋人的起大运法辗转流传至今。至于宋人为何判阴男阳女以月柱逆排推起大运，我们已很难知道这其中确切的理由。不过，王廷光对《珞琭子》的一段注释谈到了这个问题，可以供后人参考：

> 王氏注云：男，阳也。或禀五行之阴而生，则谓之阴男。女，阴也。或禀五行之阳而生，则谓之阳女。阴男阳女禀气不顺，故大运历过去节，不顺者，时观出运入运之年而有吉凶之变。顺者虽不以出入之年为应，亦不可与元辰之厄会。[①]

① (宋)廖中撰:《五行精纪》卷33《论大运》，北京：华龄出版社，2010年，第253页。

王廷光认为，相对于阳男阴女禀气之顺，阴男阳女生来便禀气不顺，故而起大运时以出生日辰逆向前推，直至遇到上一个节气为止。禀气顺而顺推，禀气逆而逆推，如此，也算是顺天应人吧。

三、大运的吉凶判定

我们分析一个人一生运势的好坏，主要查的就是他的大运的吉凶。“小大灾福，皆以大运为之主。”[①]无论古今，人们皆是把岁运放到命局之中，把命运作为一个整体而结合分析的。今人在将大运与命局放在一起讨论大运吉凶时，往往认为若大运为命局喜用神，则该运走高；若大运为命局忌神，则该运走低；若大运既非喜神也非忌神，则此运为稀疏平常之运。当然，有关大运吉凶的断法远非如此单一，笔者只是述其基本推理原则。[②]那么，追溯到宋代，命理术士们又是以何标准判定大运的吉凶呢？综合起来看，笔者将宋人的判定标准分为两条：一是命主对大运的喜忌随其年龄阶段的不同而不同。大体说来，就是人在早年，喜逢生旺之运，晚年，喜遇衰绝之运。大运若能顺之人的生长规律，在成长发育、身强体壮时运势处身命得地之处，在年老体衰时运势处身命不得地之处，就是吉运。若逆之，即是衰运。释昙莹注解《珞琭子》时讲到身须逐运，势须及时的行运之道就是如此：

> 其为气也，将来者进，功成者退。
>
> 莹和尚注云：将来者进，迎之以临官、帝旺。功成者退，背之以休废、死囚。则福祸凶吉可见也。
>
> 或曰：生逢休败，早岁孤贫；老遇建旺之乡，临年偃蹇。
>
> 莹和尚注云：身须逐运，必假运而资身，势须及时，亦假时而成势。生逢旺岁，运须处于旺乡，晚遇衰年，运恰宜于困地。[③]

在该处，《珞琭子》提到大运应遵循“将来者进，功成者退”之原则。

① （宋）廖中撰：《五行精纪》卷34《论晦数》，北京：华龄出版社，2010年，第264页。
② 大运吉凶的判定方法多种多样，有关这方面的论述，可参照秦伦诗著《八字应用经验学》，内蒙古人民出版社，2009年，第146～150页；亦可参照凌志轩著《古代命理学研究：命理基础》，广州：中山大学出版社，2013年，第73、74页。
③ （宋）廖中撰：《五行精纪》卷33《论大运》，北京：华龄出版社，2010年，第252页。

另一部宋代命理文献《烛神经》曾有对此语的相关解释："功成者谓五行禀旺气者也，旺而能止息，是谓退藏。将来者五行在冠带胎养之地，其气亏而未盈，故欲子母相生，以益其气，则有荣进振发之道也。"[①]功成者贵于退藏，将来者贵于荣振。人之旺岁衰年与运之旺衰是要一一对应的。人之早年，大运应处身命之旺地。人到晚年，大运也要到身命之衰地。这也就是释昙莹所谓的"生逢旺岁，运须处于旺乡，晚遇衰年，运恰宜于困地"。如若大运的旺衰走势与人生的生老病死步骤不相一致，甚至前后颠倒，那么这就违背了违背了《珞琭子》所言的将来者进，功成者退的原则，而其后果也只能是人逢驱驰连蹇之运了。"凡人初中之限，合行生旺，而不生旺，晚老之年，合行衰绝，而不衰绝，乃为运背，此等人三限最为驱驰连蹇也。"[②]

细推起来，若将人生分为早、中、晚三限，则三个时期大运旺衰亦不同，其所临之五行十二宫之地宜分仔细。人生早年，大运喜逢胎、养、长生、沐浴、冠带之乡；人逢壮年，乃可行临官、帝旺处；人至晚年，行运不可复旺，宜行衰、病、死、墓、绝地。《壶中子》总结道："生旺虽吉，而未必吉，衰灭虽凶，而未必凶，达此者始可论运。盖人自生至老，必从微以至少壮，十岁、二十岁方当少年之时，惟可行胞胎、养、生、沐浴、冠带处。三十、四十岁当阳强齿壮之时，乃可行旺处。五十、六十岁当天癸枯竭，只可行衰限。反此者如老得少年脉，少年得老年脉，非所宜也。"[③]由此可见，生旺虽好，但不宜见于晚景；死衰虽恶，却合人生晚年之境况。所以，宋人在论及大运的吉凶时，并非一心只求旺运。

二是大运喜逢旺地及有吉星高照。我们上文提到，宋代命理文献记载大运的旺衰走势应与人生的生老病死步骤相一致。大运行至身命休败之地，虽然符合了人生晚年之衰朽境况，但是在不少宋人看来，人生不分早晚，运势还是愈旺愈好，毕竟，谁也不喜欢晚景的凄凉。王廷光曰："论行运至五行生旺之地，如木之得春，其敷荣华实可知矣。或行运至五行休败之地，如木之逢秋，衰朽枯藁亦可见矣。人之四柱五行休旺、生死之理，在乎悟

① （宋）廖中撰：《五行精纪》卷8《论五行二》，北京：华龄出版社，2010年，第63页。
② （宋）廖中撰：《五行精纪》卷33《论大运》，北京：华龄出版社，2010年，第253页。
③ （宋）廖中撰：《五行精纪》卷33《论大运》，北京：华龄出版社，2010年，第252、253页。

理穷幽，达微通变，以尽其妙。”[①]行运之五行得地处，春风得意，富贵荣华接踵而至；行运至五行失地处，秋风萧瑟，衰朽枯萎不可避免。好生恶死，乃人之常情。虽然王廷光这里并未指出何者为吉，何者为凶，但从王氏言谈中，人们不难做出对大运的喜好选择。于是，我们看到宋代命理文献中另一种对大运喜忌的评判标准：大运只喜旺地，不喜衰地。

> 凡大运到临官地旺之地，主人盛旺快乐，发权进财，生子骨肉之庆，一运中亨通也。凡大运到衰病之乡，一运中多退、破财、疾败事。凡大运到死绝乡，一运中，骨肉死丧，自身衰祸、钝闷、百事蹇塞也。凡大运到五行败乡，主人落魄懒惰，酒色荒迷。大运到胎库成形冠带之乡，一运中百事得中，安康平易也。(《烛神经》)[②]

上面这段话很明确地告诉我们，一个好的大运，与人的年龄无关，只与大运在五行十二宫中的位置有关。“夫五行之性，大概以胎、生、旺、库为四贵，死、绝、病、败为四忌，余为四平，……”[③]所以，《烛神经》的作者认为，大运到胎库成形冠带之乡，一运中百事得中，安康平易。大运到临官帝旺之地，该人发权进财，运势亨通。而大运一旦行至衰病死绝等败地，那么破财、疾病、死丧等厄运当然也就接踵而至。

大运的喜忌不仅与其得地不得地有关，更牵涉到吉神与凶杀。如果说大运已不考虑人生的旺衰规律，只喜欢一味高走的话，那么大运当然也只喜欢吉神而讨厌凶杀。《广信集》、《三命提要》简单列举了一些大运所喜好的吉神：

> 凡行运至夹贵、华盖、贵人、六合上，及乘生旺气者，皆主喜庆，仍须察当生根基，十分则应五分，生时五分则应十分，福与灾同。[④]

① (宋)廖中撰:《五行精纪》卷33《论大运》，北京：华龄出版社，2010年，第252页。
② (宋)廖中撰:《五行精纪》卷33《论大运》，北京：华龄出版社，2010年，第253页。
③ (宋)廖中撰:《五行精纪》卷8《论五行二》，北京：华龄出版社，2010年，第63页。
④ (宋)廖中撰:《五行精纪》卷33《论大运》，北京：华龄出版社，2010年，第254页。

凡大运到岁干禄马同位，生马同位，禄长生处，长生临官旺库，驿马贵神，贵寠，以上十位，皆为大亨之运。运上更带正官、正印，尤吉。……运行到禄合命、六合，更带六神干，亦为亨运。[①]

大运对于吉神的极度喜好也决定了其对凶杀的极度厌恶。宋代命理文献列举的一些凶神恶煞，若大运行至此处，往往意味着人生已步入“大凶之运”：

> 运到伏吟上，逢丧吊、白衣、飞廉、孤寡、岁刑克身者，定主灾厄。凡得此限，不利亲戚，主有丧服。(《鬼谷遗文》)[②]

凡大运行到禄干死绝病败上，为大凶之运。行到伏吟、反吟、空亡、三刑、六害、凶杀骤处，及禄逢鬼，皆为凶运(太岁行运，行到主一年凶)。(《三命提要》)[③]

以上我们讲到了宋人判定大运吉凶的两条标准。两条标准孰对孰错，我们难以做出评判。我们可以说二者都有一定道理，因为前者更符合人生老病死的成长规律，后者更符合人们好生恶死的心理需求。况且，很多命理法则是命理术士们在长期算命实践中积累起来的经验，其法则的修改演变也往往以命理术士们的实践检验为依据。如《三命提要》的作者就是以自己常年算命应验结果来“证明”自己理论的确切无误：“余历观贵人之运，死于死绝病败者，十有七八。死于伏吟、反吟、空亡、刑害之运者，十有五六。死于三凶杀或二凶杀聚处者，十有三四也。此谓禄在无气处者。如运到伏吟、反吟上，主有丧服、哭泣之灾。古人云：伏吟反吟，悲哭淋淋。若大运小运相冲，或太岁压运，或太岁小运亦到凶处，此为灾发之年也。灾大则父母亡，灾小则阴人小口之哭。若伏吟、反吟运到禄马建合，生库旺相位上，于禄则利，于家则有小灾。若晚年福衰禄谢，到此运，又是禄命凶位，必死也。”[④]该文作者如此信誓旦旦保证自己理论的应验，是因为他的理论都是建立在以往应验的数据上。依照上文的说法，贵人之运，亦

---

① (宋)廖中撰：《五行精纪》卷33《论大运》，北京：华龄出版社，2010年，第257页。
② (宋)廖中撰：《五行精纪》卷33《论大运》，北京：华龄出版社，2010年，第257页。
③ (宋)廖中撰：《五行精纪》卷33《论大运》，北京：华龄出版社，2010年，第258页。
④ (宋)廖中撰：《五行精纪》卷33《论大运》，北京：华龄出版社，2010年，第258页。

惧死绝病败之地，凶神恶煞之临。从后来的命理术演变情况来看，大运吉凶的第一条判定标准在明清乃至近代的命理文献中已经消失不见了。虽然由宋至今，命理术已经发生了翻天覆地的变化，但是大运吉凶的判定标准基本上沿袭了大运喜逢旺地及有吉星高照的准则。为什么后人承袭了宋人的第二条标准？这条理论的准确度是否高于前面所述的第一条判定标准的准确度？我们恐怕也难以靠着这位古人的亲身试验结果来证明什么。不过依笔者的分析来看，大运吉凶的第二条判定标准似乎更接近于明清以来子平术的命运判定标准。在子平术中，无论是命局还是大运流年，只要干支为喜用神，那么它便喜行十二长生运的长生、建禄、帝旺等旺地，忌行衰、病、墓、绝等衰地。这恐怕才是后人选择第二条标准的真正原因吧。

四、转运与换甲运

《五行精纪》在讲到大运的专题时，也谈到了大运的转换问题。从上一个大运到下一个大运的转换，我们通称为转运。宋人认为，人在转运之时，运势并不会随着新的大运的吉凶转变而迅速转换。转运期间，人的大运还会受到上一个大运的一段时间的影响：

> 年虽逢于冠带，尚有馀灾。初入衰年，尤披尠福。
>
> 王氏注云：年运或初离沐浴暴败之地，而顺行才至冠带之上，未可便以为福，盖尚有衰败之余灾也。或自旺之地而行，初至衰乡，亦不可便以为祸，盖尤披旺乡之尠福也。所以行运有前后五行之说，盖由此耶。(《珞琭子》)①

大运也好，还是小运、太岁也好，在运势交接之后的短暂时间里，还会受到上一个运势的影响。由败运初值好运，尚有衰败之余灾。由好运初值衰乡，福运尚存，不可立论灾至。更有甚者，认为大运在由灾转福之时更有重灾，由福转灾之时更有重福。《壶中子》就持此种观点，它认为在大运转换之时，前运之福祸尤应：

① (宋)廖中撰:《五行精纪》卷33《论大运》，北京：华龄出版社，2010年，第253页。

将彻不彻，宁有久否之殃；欲交不交，尚有几残之福。

运在衰绝处，将入吉庆之地者，必于临离之时，更有重挠。运在吉庆之地，将入衰绝之处，必于初入时，更有重福也。(《壶中子》)[①]

无论是《珞琭子》中王廷光的观点，还是《壶中子》中的观点，我们可以看出在宋人眼中，转运并不意味着命运的即刻转变，它还是需要一定时间的等待的。这种观点，也深刻影响到了后人。

宋代还有一种特别的转运概念，叫换甲运。"凡行运有逆行换甲入癸者，有顺行换癸入甲者，名曰换甲运。"换甲运，即大运由癸 × 运顺行转至甲 × 运，或大运由甲 × 运逆行转至癸 × 运。由于天干隔十遇甲，而一个大运又管人生十年，因此，人的一生中至多只能逢一次换甲运。在宋人看来，换甲运不同于其他的大运转换，它是一个独特的灾运。"古语云：伤寒换阳，行运换甲，换得过是人，换不过是鬼。"[②]此运老人尤忌，多恐夺命。幼年或少年经换甲者，可以度过难关，然亦多病多灾，或父母早亡。并不是每一个人的大运适逢换甲便可称作换甲运，须知，这也是需要一定的条件的。"凡换甲者，谓六甲旬中，至换甲处，被纳音所克，换甲无气也。"具体说来，人逢换甲运时，年柱纳音五行所代表之身命，须被换甲运纳音五行所克，且换甲运之纳音五行自坐地支为死、墓之位。若纳音五行金、木、水、火、土自坐死、坐墓，我们通常称其为死金、死木、死水、死火、死土。所以，"换甲所畏者，谓生金畏死火，生火畏死水，生水畏死土，生土畏死木，生木畏死金"。我们试看《三命钤》中所举换甲运之命例：

假令甲子金人，二月建丁卯，是金胎处生，男命顺行，大运经巳为金长生，此人大运到酉戌即死，缘甲子至癸酉，是十干气止处，换得甲戌纳音属火，到酉为死，到戌为墓，所谓生金畏死火，此为换甲无气也。[③]

---

① (宋)廖中撰：《五行精纪》卷33《论大运》，北京：华龄出版社，2010年，第253页。
② (宋)廖中撰：《五行精纪》卷33《论大运》，北京：华龄出版社，2010年，第255页。
③ (宋)廖中撰：《五行精纪》卷33《论大运》，北京：华龄出版社，2010年，第255页。

查六十甲子纳音表，甲子海中金，一个甲子金命人生于二月丁卯月。男命阳年生，其大运干支依月柱干支顺行，行至第七步大运至甲戌运，恰逢换甲。甲戌纳音属火，克甲子金人之身命，且火自坐墓，为死火。所以，这就恰恰符合了换甲运的生金畏死火的要求。这就是一个典型的换甲运的命例。而按照此处说法，此甲子金人，“大运到酉戌即死”，看来此换甲运是必死之运。再比如《三命提要》中所列举的这样一个命例：

> 如纳音是木，木为身，运过癸亥长生处，交到甲子金，是换甲逢死鬼也。谓金死在子，墓在丑，故一金皆为死鬼也，其人必死。余准此。①

一个身命为木的人，运交甲子金运，恰克其身。又甲子金自坐死，故谓之换甲逢死鬼也。这就是所谓的生木畏死金。这也是一个标准的换甲运，交上这样大运的人，命书判为“其人必死”。

另有一些大运虽逢换甲，但是可以与平常大运一般看待，无须将其视作换甲灾运。试看《三命钤》下面所举之命例：

> 凡纳音不经长生至换甲处，纳音不在死墓，即不为换甲也。假令丁卯人，正月中气日生，作五岁气运算，正月建壬寅，男命逆行即平生不换甲也。缘逆行过去之月，谓五岁以前在壬寅，七十五岁大运方到甲午，纳音已属金，故不为换甲也。②

查六十甲子纳音表，丁卯为炉中火。这是一个阴年生之男命，故其大运逆推。其月柱壬寅，行至第八步大运方至甲午沙中金运。论其纳音五行，身命反克大运，且大运纳音五行自坐沐浴。我们这里姑且不论此步大运之吉凶，但无疑其并非换甲运。

换甲运可以说是宋代命理术特有的产物，后世命理学者评判大运时，不再设此特殊之运，而将换甲之运与其他大运一视同仁。这，应该也是符合命理术发展趋势的。

① （宋）廖中撰：《五行精纪》卷33《论大运》，北京：华龄出版社，2010年，第255页。
② （宋）廖中撰：《五行精纪》卷33《论大运》，北京：华龄出版社，2010年，第255页。

确立宗教活动场所法人地位须审慎处理的几组关系

——以广东省为中心的调研考察

何方耀

宗教活动场所是否应该具有法律意义上的法人资格，近几年来一直是政、教两界都十分关注的热点问题，几经呼吁，这一问题终于由国务院宗教事务局摆上了工作日程。2012年以来开始了全国范围的宗教活动场所法人地位问题摸底调查和相关研究，并取得了一些相关的阶段性成果。《中国宗教》2013年第4期上刊载了国家宗教局研究中心《深入调研，推进宗教活动场所法人资格问题的解决》的调研文章，讨论了确立宗教活动场所地位的必要性和所面临的四个方面的问题和困难，其中包括：1. 宗教活动场所法人登记的法理依据不足；2. 宗教活动场所的法人类型不明晰；3. 宗教活动场所法定代表人难以确定；4. 一些基层宗教工作部门和宗教界人士不了解或不重视宗教活动场所法人资格问题。[①]这些论述和概括极具启发意义。我们受广东省民宗委的委托，也在全省范围内进行了法人问题的相关问卷调查和深度采访，发现法人问题的复杂程度远远超出我们的预期和想象，这一工程所面对的问题和所涉及的矛盾远远不止上述四个方面。下面将我

① 国家宗教局研究中心：《深入调研推进宗教活动场所法人资格问题的解决》，《中国宗教》，2013年第4期，第67～68页。

们调研的基本情况和初步思路简述如下，以求正于方家同仁。

一、广东宗教界人士对法人地位问题的基本态度

为了对广东宗教场所的情况有较为准确的了解，我们课题组一行对广东数十个宗教活动场所，[①]进行了实地调查采访，对各地市、县的宗教管理干部和宗教团体负责人进行了深度访谈，同时发放了数千份调查问卷，回收二千多份，还对具有代表性的宗教活动场所负责人进行了单独深入采访。应该说收集到了较为准确的一手资料，大致掌握了宗教界人士对法人地位问题较为真实的看法和意见。

（一）不同宗教人士对法人地位的不同看法

总体而言，无论是教界还是政府宗教管理部门，对宗教活动场所法人地位问题调研都表示了支持和理解，但对在现有法律、政策框架和现行管理体制下是否马上确立活动场所法人地位问题，不同的人士则根据各自的情况和角度表现出了不同的态度。

首先，佛、道教寺庙宫观的负责人大多对确立宗教活动场所法人地位表示支持和理解，并认为在当前情况下，寺庙宫观能赋予独立的法人地位，对保护寺庙宫观的切身利益，防止个人或社会组织对寺观财产的侵占和控制具有积极作用。只有各级佛教协会会长对各寺庙拥有法人地位后，如何维持寺庙与协会间本来不太密切的相互关系表示了担心，认为应处理好场所法人与协会正常运作间的平衡关系。

其次，大多数天主教、伊斯兰教教堂或组织的负责人则对确立教堂或清真寺法人地位持明确的否定态度。

天主教主教担忧的主要理由是教堂法人地位的确立，将对其传统的教区管理体制和主教负责制度带来强烈冲击和不利影响。我们在调研中出现过这样的对话：

① 课题调查组成员为：王丹（广东民宗教委三处处长）、贺璋瑢（华南师范大学宗教文化研究所副所长）、何方耀（华南农业大学宗教与文化交流研究中心主任）、代国庆（华南师范大学历史文化学院老师）、张全会（省民宗委三处干部），曾波和陈丽君（均为华南师范大学硕士研究生）。

主教：(对天主教来说)真正的法人、主人应该是主教。……所以独立的法人地位对天主教来说，我觉得是可有可无吧！

调查组：……如果我们要确立宗教场所的法人地位，那么从现实意义上来说可能会打破(教区)这个格局？

主教：那变成什么？打比方说我们这个场所的法人代表是神父，他全权去处理堂务，但是他要对我负责。他自己根本承担不了责任。

调查组：假如说政府一刀切，也赋予天主教场所的法人地位，那主教你就调动不了他了。……

主教：如果调不动他我就开除他，不要他了。

调查组：这样做是否违法？

主教：违谁的法？因为他要绝对服从我才可以做我的神父。他不是绝对服从我就不要他，很简单啊！……所以，如果每个宗教活动场所都有独立的法人地位的话就打乱了天主教内部的管理。[①]

可见，对天主教主教来说，只有教区才应该拥有法人地位，主教才有民事权利和民事能力，才是名正言顺的法定代表人。教堂根本就不应有独立的法人地位。

就中国伊斯兰教的传统而言，是以清真寺为单位进行独立的活动和管理的，确立清真寺的法人地位应该不会有太大阻力。但广东的特殊情况却使阿訇和伊协的负责人对寺庙独立法人地位采取基本的否定态度。历史上广东的穆斯林主要集中在广州、肇庆两地，改革开放以来深圳形成了另一个穆斯林人数较多的城市，但至今尚没有正式的清真寺，所以信众和清真寺最多的地方是广州，“广州的伊斯兰教物业毛算有180多处。”而广州的伊斯兰教负责人认为统管的模式远远好于清真寺各自为政的模式。用阿訇的话来说，“把人、财、物统管起来，由伊协说了算。但是不说是各寺有了问题我们不管，而是统一规划、统一管理、统一调配。”“北方的伊斯兰教是

① 调研采访录音整理，被采访人：某教区主教；采访人：调研组(王丹、贺璋瑢、代国庆、两位硕士研究生)，采访时间：2013年8月8日下午；采访地点：广州；采访记录整理：代国庆。

地域概念，广东不是啊，它是国际的概念（指广州流动性的外籍穆斯林特别多）。如果各寺为政，肯定乱了。……如果把每个场所都设立独立的法人，我认为不利于一个地方特别是南部地区伊斯兰教的团结稳定。要是都各立山头，那麻烦了。"①所以，伊斯兰教界的上层人士反对清真寺各自拥有自己的法人地位。

第三，基督教界认为确立活动场所的法人地位从长远来讲是有必要的，但要审慎对待，更不能一刀切。例如汕头市基督教上层人士就认为当地现在实行的"两会"作为法人管理市区所属堂点的方式就很好，一是可以集中力量办大事，特别是教堂建设和慈善事业；二是可以让那些小的或经济较差的堂点的教牧人员享受同样的经济待遇，安心于教会工作，因为统一管理可以让大小堂点教牧人员享受同样的待遇。所以不主张在现有体制下确立各堂点的独立法人地位。

而广州基督教人士则对教堂法人地位问题表现出谨慎的欢迎。一位牧师说道："对活动场所的法人地位我不是很排斥。我觉得如果对于宗教发展有好处的话也可以考虑。问题是考虑充分，照顾好各种因素，不要急于做事，要是做错了要修改就麻烦了。……我个人认为随着社会的发展，政府的管理思维在不断的改变当中，不应该是维持现状的……"②

广东基督教界基本上不反对各个教堂拥有独立的法人地位，认为这是法治社会发展的必然，但普遍觉得当前的体制和条件还不太成熟，担心在管理体制没有充分改进的情况下贸然赋予活动场所独立的法人地位会带来一系列管理上的问题。特别是对场所具有法人地位之后，法定代表人如何产生等问题非常关心，"你是选举出来的呢，还是任命下来的呢。必须把这个事情搞清楚才好，否则，这个法人不知道怎么就出来了。"认为如果在法定代表人问题上处理不当会导致严重后果，因为基督教的教堂和堂点"一般来说平信徒是场所的负责人，他们也没有读过神职，他们可以说是因为德高望重而当选为负责人的。由他们来当法人代表在我看来不是好事。到

① 调研采访录音整理，被采访人：伊斯兰协会 王阿訇；采访人：调研组（王丹、贺璋瑢、代国庆、两位硕士研究生），采访时间：2013年8月8日下午；采访地点：广州；采访记录整理：代国庆。

② 调研采访录音整理，被采访人：梁牧师；采访人：调研组（王丹、贺璋瑢、代国庆、两位硕士研究生），采访时间：2013年8月19日上午；采访地点：广州，广东省基督教两会；采访记录整理：代国庆。

时候有什么问题的话，怎么去更换？很麻烦。有些信徒很拥护他，很容易分裂。当然政府可以强行更换，但是这就很容易转移成地下教会。”①

这些担忧虽然主要从教会发展的角度出发，但应该说是具有相当前瞻性的，反映了基督教界对法人地位问题的审慎态度。

第四，民间信仰的宗教活动场所对法人地位表示欢迎，但又担心这是否是政府对他们进行整治的一个方式。民间信仰活动场所数量之多，分布之广，几乎无法准确统计，据广东省民宗委的初步统计，其数量远远超过五大宗教活动场所之和，全省达二万多所，但它们大多处于管理的灰色地带，许多根本从未登记，所以他们担心场所是否被政府认可，认为能够取得法人地位，实际是一个得到政府认可的机会。因为民间信仰活动场所的负责人文化水平普遍不高，对法人地位还没有清晰的概念，因此，他们又担心这个法人地位可能成为限制他们活动的一个紧箍咒。有许多民间信仰场所之所以不愿意登记，就是因为他们担心“登记开放的场所，政府部门管的多，没有登记的自由自在。”②连进行登记都心存疑虑，对这种全新的法人地位概念，既不甚了然，其态度自然也在模棱两可之间。

（二）同一宗教内部不同层次人士的不同意见

同一宗教内部对宗教活动场所确立法人地位问题产生不同看法的最大分界线就在于各级协会的会长和普通场所负责人之间。当然，任何协会或团体的负责人一般来说也是场所的负责人，但一旦他成为协会或团体负责人之后，他除了考虑场所权益之外，他还必须考虑团体或协会的利益和责任。所以用一位基督教牧师的话说，对于赋予活动场所法人地位，“凡是团体的负责人都是反对的，我觉得这个不能作为一个很充分的理由。因为他本身所处的位置决定了他不愿意放权。”③

不管宗教团体负责人出于何种考虑，一般来说他们都对宗教场所赋予

① 广东省民宗“宗教团体负责人委座谈会”录音整理，座谈会时间：2013年8月6日下午；会议地点：广州，广东省民宗委；采访记录整理：代国庆。

② 调研采访录音整理，被采访人：梅州赞化宫（吕帝庙）钟标发道长；采访人：调研组（何方耀、王丹、贺璋瑢、代国庆、两位硕士研究生），采访时间：2013年7月30日上午；采访地点：梅州市赞化宫；采访记录整理：代国庆。

③ 调研采访录音整理，被采访人：梁牧师；采访人：调研组（王丹、贺璋瑢、代国庆、两位硕士研究生），采访时间：2013年8月19日上午；采访地点：广州，广东省基督教两会；采访记录整理：代国庆。

独立的法人地位表示忧虑或警惕。以佛教和道教为例，作为普通寺庙宫观的负责人，即方丈或住持，他们对法人地位多是表示欢迎的。因为他们在管理过程中深深感受到一个寺庙宫观如果没有独立的法人地位，在维护自身权利方面所面临的尴尬局面。所以大多支持并希望赋予活动场所以独立的法人地位。然而到了佛教协会负责人这一个层面，态度就发生了明显变化。不同级别的会长大都认为场所有了法人地位，协会就无法指导这些寺观了。用一位省级佛协负责人的话说：

> 如果单一的把场所扔出去，那佛教协会的权利就越来越小了，这是个焦点。……我们的管理权限已经很空虚，经常出现佛教协会必须依赖于哪个庙才能运作的情况。如果把道场的法人主体地位单立出来了，佛教协会就不用设置了，就是搞了一个空架子。……宗教团体如果这样子的话，佛教协会肯定就变成了一个空壳，花架子，更空了。①

同样，对确立场所法人地位之后，担忧寺观与协会更加疏远的也来自道教协会的负责人：

> 作为场所来说，应不应该具有法人地位，我觉得这个真是要好好思考的事情。如果没有法人地位，很多事情不好办。如果有了法人地位，那么与协会的关系愈来愈远，老死不相往来。……如果说我们每一个宫观拥有法人地位，那么宫观和协会的距离会越拉越远，协会的作用就不大了。……如果不把庙和协会挂钩，那协会就是架空子。……我们道教协会在工作上必须跟庙挂钩。如果宫观成为独立法人，协会真的没事干了。②

这种担忧对各级协会负责人而言，的确是现实存在的困难，并非空穴来风。但对这些协会、团体的负责人而言，他们也面临两难选择，因为他

① 广东省民宗"宗教团体负责人委座谈会"录音整理，座谈会时间：2013年8月6日下午；采访地点：广州，广东省民宗委；采访记录整理：代国庆。

② 调研采访录音整理，被采访人：省道教协会赖保荣会长；采访人：调研组（何方耀、王丹、贺璋瑢、代国庆、两位硕士研究生），采访时间：2013年8月2日下午；采访地点：罗浮山冲虚观；采访记录整理：代国庆。

们除了是团体负责人之外同时还是各寺观的方丈或住持，场所没有法人地位所带来的问题他们也有切肤之痛。而且，在场所没有法人地位的情况下，每一个寺观出现了维权问题都得找协会或团体的负责人出面解决，因为协会是名义上的法人，这也让各级会长们不胜其烦。所以对是否应该赋予场所法人地位问题，对团体负责人而言的确是一把双刃剑，在现有管理体制下，让这些会长们处在一个赞成与反对各有利弊的两难境地。

二、确立宗教活动场所法人的地位要处理的几组关系

在我们的调研过程中，不少基层宗教管理干部和基层宗教活动场所的负责人表示，法人地位问题对他们来说是一个全新的问题，具有相当的超前性。正如国家宗教局研究中心的调研报告所说的那样，"一些基层宗教工作部门和宗教界人士不了解或不重视宗教活动场所法人资格问题。调研中感到，许多宗教界人士对宗教活动场所法人资格问题缺乏基本认识。"[①]广东的情况也大致如此，有的基督教负责人以为没有法人地位就是没有合法地位。在听调查组解释1995—2005年宗教部门颁发的宗教活动场所法人资格证没有民政部门的同意盖章并非法律意义上的法人后说道，"原来的教会在国家还没有正统的地位，我都不清楚，我以为是跟这个法人代表一样，你说了我现在才知道啊。应该给一个名正言顺的地位。"[②]

事实上法人概念是在改革开放的过程中重新回到中国社会生活中来的，时间并不长，1986年4月12日六届全国人大第四次会议通过的《民法通则》才正式确立了法人的概念并将法人划分为四种类型，这种划分带有明显的计划经济的痕迹，所以到2009年，第十一届全国人大常委会又对之进行了修订，删除了一些过时的条款。[③]而我们当下宗教团体和宗教协会的组织形式、当下政府对宗教的管理体制，其基本框架仍然是计划经济时

① 国家宗教局研究中心：《深入调研推进宗教活动场所法人资格问题的解决》，《中国宗教》，2013年第4期，第68页。

② 调研采访录音整理，被采访人：翁碧慈教友（棉城堂没有专职牧师）、汕头民宗局相关人员；采访人：调研组（王丹、贺璋瑢、代国庆、两位硕士研究生），采访时间：2013年7月31日下午；采访地点：汕头潮南区基督教峡山堂；采访记录整理：代国庆。

③ 参见《中华人民共和国民法通则》注释本，北京：法律出版社，2010年，第1～31页。

代的产物，在管理方法上仍然以行政手段为主，所以，在这种背景下，要确立宗教活动场所法人地位这种完全市场经济条件下的法治概念和法律地位，就必须审慎处理和协调几组因新旧体制问题而产生的矛盾关系。

（一）宗教协会、宗教团体与宗教活动场所的关系

我们在调研中发现如果赋予宗教活动场所法人地位，并使之促进宗教场所的规范管理和宗教与社会的和谐发展，其最直接最关键的问题在于如何处理宗教团体与场所之间的关系和张力。

正是由于在现有管理体制下，赋予宗教活动场所独立的法人地位会在宗教团体和场所之间带来潜在的紧张和冲突，所以许多宗教团体的的负责人对确场所独立法人地位表示了忧虑和担心。

我们现存的宗教团体是在计划经济体制下建立起来的，是政府主导的产物，其运作方式与法治化的市场经济体制有诸多不契合之处。在政教分离的法律框架和市场经济条件下，各级宗教团体，包括各种级别的佛教协会，就其性质而言是一种民间组织，其实际作用与行业协会相近似。而现在则完全是按照行政构架建立起来的，采取的是“归口登记，双重负责、分级管理”的做法，[①]按照行政区划、行政级别建立不同级别的协会或爱国组织，不同级别的协会由不同级别的行政（民政、宗教）部门管理，同时各级宗教协会还具有相当的行政垄断性，“同一行政区域内不得重复成立相同或相类似的宗教社会团体”。[②]这种打上深厚计划经济体制烙印的宗教协会即具有行政管理的部分职能，又不具备相应的行政授权和条件。如在团体的运作经费上它还需要场所的资助，它又没有取得这种资助的法律依据和行政权力。在场所没有法人地位的情况下，在申请新建场所、维护各种权益方面，团体还可以以法人身份为场所做一些工作，与场所分担团体经费还有一些关联，倘若场所拥有了独立的法人地位，原来需要团体出面解决的问题则完全可以独立解决，那资助团体经费势必更缺乏法理依据。

在谈到“两会”与堂点的关系并分析基层堂点要求赋予法人地位的原

① 详细解释参见刘培峰：《宗教组织的注册登记》，刘澎主编：《国家·宗教·法律》，北京：中国社会科学出版社，2006年，第236页。

② 国务院宗教事务局、民政部于1991年5月6日联合发布施行的《宗教社会团体登记管理实施办法》第七条。广东省民族宗教事务委员会《宗教法规规章制度汇编》，2010年6月编印，第17页。

因时，汕头的一位牧师的言论颇具典型性。

> 在许多地方，"两会"是没有场所、没有经济的，就一定把钱摊到各个堂点，有的负担较重的堂点就觉得这个负担全部摊到我这里不合理，就要求按照信徒人数平摊会费，于是有些堂点就出现少报信徒的情况。……堂点对"两会"的一帮负责人每个月的工资，包括一些活动的经费，感觉到不愿意，所以坚决要搞法人登记。①

基督教是如此，其他宗教包括佛道教更是如此，经费分摊问题往往成为团体负责人的一项头痛事情。如何处理场所与团体的这种矛盾关系，在现有体制下似乎没有一个两全其美的解决方法。综观这些矛盾，真正的解决之道就是对现有的宗教团体管理体制进行改革，在市场经济环境下，"宗教团体是民间性质的社团法人，因而，宗教法治的基础性法律应当是民法而不是行政法。"②而我们今天研究场所的法人地位也正是为这种法治化管理做基础工作，因此，要破解这种团体与场所之间的矛盾和张力只有进行管理体制改革，让宗教团体去行政化而彻底回归其民间身份，③成为宗教场所和信教群众的自愿联盟和社会诉求的代言人才有望最终化解这种紧张关系，使宗教场所独立法人地位和宗教团体的凝聚力相辅相成而非相互排斥。

(二)宗教行政部门与宗教协会、场所的关系

计划经济时代的政府是一个标准的全能政府，在全能主义政治理论架构下，社会的所有活动都必须在政府的管理和控制之下，当然宗教活动也是政府管理的对象。现在在宗教事务管理上仍然延续这种做法。不仅宗教行政部门是这样的理念，宗教界许多人士也是这样的观念。出现困难和问题首先想到的是找政府宗教部门用行政手段加以解决。正如湛江一位宗教局长所言，"我们现在很多宗教场所遇到一些矛盾纠纷的时候都是通过我们

---

① 调研采访录音整理，被采访人：黄牧师、潮南区古溪村天主堂张神父、汕头民宗局相关人员；采访人：调研组（王丹、贺璋瑢、代国庆、两位硕士研究生），采访时间：2013年7月31日下午；采访地点：汕头潮南区基督教峡山堂；采访记录整理：代国庆。

② 魏宏：《宗教法制建设初探》，载《中国民族报》，2007年8月4日。

③ 例如，以前的行业协会也是一行只能一会，而2011年11月广州市民政局发布的《关于进一步深化社会组织登记改革推动社会组织发展的通知》中就彻底突破了"一业一会"的传统限制，允许同一行业根据实际需要成立多个行业协会（见《南方都市报》2011年11月30日A3版《放宽社团登记才是维稳之道》）。

宗教部门协调其他部门来解决的，都不是依法来解决，都是通过人情关系，用行政手段加以解决。”[①]正因为政、教双方都习惯于这样的观念和做法，所以，使宗教行政部门与宗教团体和场所之间呈现一种不正常的关系。团体和寺院将自己视为宗教管理部门的下级单位，宗教行政部门也习惯于用行政手段直接介入宗教团体和场所的各种问题。

这种不正常关系首先扭曲了宗教团体自身的定位。它是民间团体，并没有行政职能和行政职权，政府却希望它肩负起一定的行政职能。政府管理宗教团体，团体管理宗教场所，成为一种不成文的共识。用一位道教协会会长的话说，“政府管协会、协会管理宫观。……宫观向协会负责，协会向政府负责、向宗教部门负责。”[②]而一位宗教局长则明确表示“宗教团体应该是具有一定行政管理职能的团体。”[③]在宗教行政部门与宗教团体或场所的关系上，就是两个字“管住”。“不管怎么改，就是要把人管住，我们宗教部门就是业务部门，没有什么制约的东西。”[④]这句话表达了许多基层宗教干部的心声。

在这种思想和习惯的推动下，政府往往直接介入宗教团体或场所的事务，而宗教界也习惯于依赖政府的介入，将矛盾和问题推给政府解决。结果宗教团体和场所的自治自理能力日益弱化，政府宗教部门则陷于具体事务不可自拔。而赋予宗教场所法人地位的初衷显然是要推动宗教团体和场所自治能力的提高，将宗教事务的管理由行政协调为主转变为法律调节为主。因此，要使宗教活动场所的法人地位问题得到圆满的解决，必须理顺政府、团体和场所三者的关系。正如一位省佛教协会负责人在座谈会上所说的那样，“这就涉及我们今天的权力下放和权力就位，我们

① 湛江雷州市基督教雷城福音堂座谈会记录，座谈会参会人员：湛江雷州市常委谢敏、雷州市政协符副主席、宗教部门干部、陈牧师等；采访人：调研组（王丹、贺璋瑢、代国庆、两位硕士研究生），会议时间：2013年8月21日下午；会议地点：湛江雷州市基督教雷城福音堂；会议记录整理：代国庆。

② 调研采访录音整理，被采访人：省道教协会赖保荣会长；采访人：调研组（何方耀、王丹、贺璋瑢、代国庆、两位硕士研究生），采访时间：2013年8月2日下午；采访地点：罗浮山冲虚观；采访记录整理：代国庆。

③ 广东省民宗“宗教团体负责人委座谈会”录音整理，座谈会时间：2013年8月6日下午；会议地点：广州，广东省民宗委；采访记录整理：代国庆。

④ 湛江海滨宾馆宗教基层干部座谈会记录，会议参加人员：湛江宗教部门基层干部、调研组成员（王丹、贺璋瑢、代国庆、两位硕士研究生）；会议地点：湛江海滨宾馆；会议时间：2013年8月20日下午，会议记录整理：代国庆。

必须讲清楚，宗教的事务由宗教去办，行政的事务由政府去办，必须有一个定位的问题。”①

在现代政治理论中政府的主要职责就是管理公共事务、提供公共服务，制定游戏规则、维护公平环境，进行公平仲裁。在宗教事务管理上也应跳出“全能政府”的思维框架，②只有政府行政部门、宗教团体和宗教活动场所各就各位，法人地位的确立才能建立在坚实的基础之上。

（三）法人与法定代表人的关系

依据《民法通则》，法人应具备四大要件，即依法成立；有必要的财产或经费；有自己的名称、组织机构和场所；能够独立承担民事责任。③正规的宗教活动场所一般都具备这四个条件。但其中的组织机构各宗教则不尽相同，佛、道教寺观都有寺管会之类的组织，而基督教和伊斯兰教的教堂则往往由平信徒组成的堂管会（组）负责管理，天主教的教堂常常是神父负责管理。将这些人员转化为组织机构当然不成问题，问题是当寺观教堂成为独立法人之后，谁将成为法定代表人。正如前文所引基督教牧师所说的，教堂确立法人地位之后，“法定代表人如何产生？”“你是选举出来的呢，还是任命下来呢？”这个问题对佛、道教来说可能问题不大，因为住持或方丈肯定是法定代表人，而那些由平信徒管理的基督教堂或清真寺，由谁来任法定代表人呢？

因为法人具有独立的“民事权利能力和民事行为能力”，这些能力包括“独立的财产，独立的责任能力”，④亦即完全的财产所有权。财产所有权则是指“所有人对自己的财产享有占有、使用、收益和处分的权利。”⑤法定代表人则实际行使这些权利。所以对场所来说，这个法定代表人就显得极为重要。过去佛门在推选住持时有“苟非其人，一寺荡废，又遗党于后，至数十年蔓不可图”⑥的古训，今天在确定法人地位，选择法定代表人时更是

① 广东省民宗“宗教团体负责人委座谈会”录音整理，座谈会时间：2013年8月6日下午；会议地点：广州，广东省民宗委；采访记录整理：代国庆。

② 参见燕继荣：《破解全能主义的政府改革》，载2013年9月23日《学习时报》，引自《南方都市报》，2013年9月27日A2版。

③ 参见《中华人民共和国民法通则》注释本，北京：法律出版社，2010年，第21页。

④ 参见《中华人民共和国民法通则》注释本，北京：法律出版社，2010年，第21页。

⑤ 参见《中华人民共和国民法通则》注释本，北京：法律出版社，2010年，第40页。

⑥ ［元］德辉编，李继武校点：《敕修百丈清规·住持章第五》，郑州：中州古籍出版社，2011年，第47页。

要慎之又慎。佛教寺庙由住持兼任法定代表人似乎顺理成章，但调查中我们也发现了一些僧人对此事的不同意见。如湛江有位住持就明确表示：“按照佛教的戒律，寺庙的一切财物不归个人（包括住持），这个法定代表人出家人是不能当的，你要叫我做我就不会做。因为寺庙是十方供养的，任何财物都不归个人。”①

佛教寺庙的法定代表人都存在问题的话，基督教教堂、天主教教堂、伊斯兰教清真寺的法定代表人的产生更是一项困难重重的任务，法人与法定代表人这一对关系处理得恰当与否，可以说关乎场所法人地位确立的成败。

（四）法人地位与各宗教传统管理体制的关系

五大宗教都有近二千年的历史，在漫长的历史进程中各自形成了自己独特的管理体制，如天主教的主教负责制和教区管理制；基督教教堂的平信徒管理制和财产教会所有制；佛、道教的民主推选住持、住持礼聘两序大从和寺观产财公有制；中国伊斯兰教教平信徒管理清真寺聘任阿訇的传统制度。

这些传统制度与当下讨论的场所法人地位有相通之点也有矛盾之处。如法定代表人代表法人行使全部民事权利并承担全部义务就与天主教的主教负责制相矛盾；佛教出家僧众一切财产归寺庙，不能由亲属继承其个人私人财产（钵金）就与民法的财产继承权相有分歧。再比如，法人管理组织的人员组成要求相对的稳定性就与佛教僧人频繁的流动性不协调。就如前文所引，如果天主教神父成为堂点法人，而教区主教又随时可以解雇甚至开除他，如果真发生了这样的事该如何处理。这些各教的传统管理制度与法人地位之间的矛盾和冲突该如何协调，必须未雨绸缪，早寻应对之策。

（五）场所法人分类与现存民法规定的关系

许多教内外大德和学者都指出了宗教活动场所与当下民法法人分类的不协调之处，即宗教场所在现存四大法人类别中都不能找到合适的位置。②

---

① 调研采访录音整理，被采访人：湛江市佛教寺庙负责人；采访人：调研组（王丹、贺璋瑢、代国庆、两位硕士研究生），采访时间：2013年8月21日下午；采访地点：湛江雷州市天宁寺；采访记录整理：代国庆。

② 《民法通则》将我国法人分为企业法人、机关法人、事业单位法人和社会团体法人。参见《中华人民共和国民法通则》注释本，法律出版社，2010年版，第21页。

唯一相近的社团法人，也与宗教场所所具有的特性有较大距离。这应该说不是宗教场所自身的问题，而是法律本身不完备的问题。正如前文所述这部《民法通则》问世至今已近30年，只有2009年对其进行了较小规模的修订，其中对法人的分类显然已难以反映和概括今天飞速发展的社会现实。

如何解决这一问题，不应是削现实之足适法律条文之履，而应修订过时的条文以适应今天的现实。为此，早有学者提出“我国应当调整现行的企业法人、机关法人、事业法人、社团法人的法人分类，引入大陆法系传统的财团法人制度。”将宗教场所和社会公益组织归入财团法人。财团法人的一个“主要特点是其资金来自捐助”，[①]这也是宗教场所的一个共同特点。无论这种观点是否具有可行性，至少具有相当的借鉴意义。至少说明，只有对上位法进行适当的修订，宗教活动场所法人地位确立工程才具有较大的可操作性，否则，按现行分类强行归入某一类，将带来众多的隐患。

三、关于确立宗教活动场所法人地位步骤的建议

在调查过程中，政教两界的有识之士对如何确立宗教场所的法人地位提出了许多有益的建议，其中最具有共性的一条就是希望不要搞传统的一刀切，而应充分调研，广泛听取意见，根据不同宗教、不同场所的情况，先易后难、分步推广。综合起来主要包括以下几方面的建议。

1. 针对不同宗教管理特点，区别对待，分步实施。每一个宗教都有自己的管理传统以及根据其自身教法和戒律制定的管理制度，因此，应针对不同的宗教采取不同的方式，而不能企图建立一个标准模式管理所有宗教活动场所。正如一位基督教牧师所说的那样，“五大宗教情况很复杂，你想用一个规定来规范所有宗教是不可能的。对基督教好的对佛教来说可能是种伤害，反之亦然。既然如此，制定政策的时候要根据各宗教的实际情况区别对待。”[②]

在确立宗教活动场所法人地位的问题上，各宗教的代表人士虽然有不

① 张国平:《论我国公益组织与财团法人制度的契合》，载《江苏社会科学》，2012年第1期。

② 调研采访录音整理，被采访人：梁牧师；采访人：调研组（王丹、贺璋瑢、代国庆、两位硕士研究生），采访时间：2013年8月19日上午；采访地点：广州，广东省基督教两会；采访记录整理：代国庆。

同的观点和意见，但在置疑以一个标准、一个模式对所有宗教活动场所进行统一管理方面却是异口同声的，希望在确立宗教活动场所法人地位的问题上，也能体现政策的灵活性，针对不同宗教场所的不同特点，区别对待，分步实施，使各宗教有充分调整和适应空间。

2. 确立宗教活动场所法人地位时要设立一定的准入条件，不能不分规模大小、场所特点、传统管理体制，就进行统一登记、赋予其法人地位。即使是对赋予宗教活动场所法人地位大多表示赞同的佛教界人士也并不主张不分大小、给所有的寺庙观堂以法人地位，而是主张设立一定的条件和门槛，视其条件之完备与否决定其是否具有独立法人地位。用一位方丈的话说，“那些有实力、有规模、有一定影响和地位的就给他法人地位。那些很小的，比如说只有两、三个人的就不给。”湛江的一位佛协的会长也指出，整个湛江市佛教寺庙134间，规模较大的只有四间，其他130间绝大多数只有三、四个出家人，有的甚至只有一、二个人，“你现在把法人代表给它了，那就是很麻烦的一个事情。”[①]

所以，如果真要在全国范围内进行宗教活动场所法人地位的确认工作的话，事先必须深入研究，拟出一个具有独立法人地位的宗教活动场所所应具备的基本条件，对诸如场所面积、教职人员、建筑物容积、管理组织、宗教财产等要素设立基本的准入门槛，然后以这一准入条件为基准，让各宗教场所进行申请登记。

3. 按照准入条件，采取自愿原则，由宗教场所根据其意愿自愿申请，政府管理部门依据相关准入门槛进行审核，对合乎条件者才赋予其法人地位。这次调研，对宗教活动场所法人地位问题，不同宗教代表人士根据各教的实际情况表现出了不同的态度，但在要求对不同宗教、不同活动场所区别对待这一点上观点却出奇地一致，绝大多数宗教代表人士对一刀切式的管理模式都不太接受，在法人地位问题上也希望有更多的自由选择余地，希望政府制定出基本的准入条件，由各宗教活动场所自由决定、自愿申请。这也反映了宗教界希望政府部门加大改革力度，由管理、控制型向服务、

① 调研采访录音整理，被采访人：湛江市佛教寺庙负责人；采访人：调研组（王丹、贺璋瑢、代国庆、两位硕士研究生），采访时间：2013年8月21日下午；采访地点：湛江雷州市天宁寺；采访记录整理：代国庆。

引导型转变的强烈愿望。

四、结语

在宗教管理上我们基本延续了计划经济时代的管理体制和做法：统一标准、统一管理，全国一盘棋、上下一个口径，重行政手段轻法律调节、重管理轻服务，习惯直接介入不善于间接调控。这种管理思路和管理模式在社会构架较为单一的计划经济时代可能行之有效，令行禁止，但在社会结构和社会诉求日益多元、社会生活瞬息万变的当下，这种整齐划一的管理模式正日显呆板失灵，现在研究宗教活动场所的独立法人地位问题就是为法治化的社会管理做基础的铺垫工作，在宗教管理上由行政调节为主逐渐过渡到法律调节为主，培养社会组织的自主管理能力，为服务型政府的建立打下坚实的社会基础。对中国社会来说这是一项全新的系统工程，也就要求我们以全新视角和全新的思路来推动这一项全新事业。

2013年10月16日修订于五山翠华苑

文化与全球化

英文全球普通话的趋势与中国高等教育的选择

广东金融学院外语系　唐　姗
暨南大学中印比较研究所　贾海涛

摘　要：英语正在成为全球“普通话”，英文教育已经成为全球的大趋势。中国当然应该继续重视英语教育，这是一个教育战略的导向问题，也是21世纪中国人才战略的一个重要步骤，而实行双语教学或将英语定为第二教育语言将是一个较好的选择。中国教育和英语教育将借此实现质的飞跃，同时中文和中国文化也将因此受益，而非遭到破坏。

关键词：英语教育　教育语言　双语教学　高等教育

通讯、媒体、交通的发达使地球正在被压缩为一个村庄：原先发生在一个村子里的事情——深度的相互了解、随时的相互沟通、固定而有信的相互协作在全球范围内有了实现的可能。地球村的概念能够比较准确地反映出国际社会实质性的变化。地球村作为一个概念，其形成、出现与全球化大约同时。从某种程度上，它与全球化几乎是同义语。这个概念与全球化一道，能够比较准确地解释全球语言的兼并与文化的趋同。在一个“村庄”里，语言的统一和教育的一体化连同其他方面的一体化一样，很难避免。总总迹象表明，“地球村”的“官方语言”或“共同语言”可能会是英语，而教育语言似乎也将确定为英语。这种趋势能否扭转？中国及中国的高等教育应该采取何种应对策略？这些是本文探讨的主要内容。

一、“英语帝国”与英语全球化

全球化是这个时代的大趋势和重要特征。全球化即全球一体化，它不仅包括经济的一体化，还包括政治、文化等的一体化。因此，全球化是全方位的，几乎涉及人类社会的所有领域和个人生活的所有方面。从某种程度上来说，全球化是一种经济、政治、文化的兼并、吞并或合并。在全球化的背景下，文化的融合或兼并正在加速。文化的兼并首先表现为文化的形式或载体被兼并——即语言的消亡。优势文化的语言，其地位会越来越强，劣势文化的语言会越来越萎缩，逐渐沦为强势语言的附庸，最后可能会彻底消亡。早在互联网出现以前，英语已经确定了其世界语言霸主的地位，其他任何语言都一直面临着英语的“侵略”和“吞并”的危险。伴随着网络的出现和全球化的推进，英语也正在实现全球化。

统计数据表明：目前全球60亿人口中，3.8亿人的母语是英语，这些国家主要包括英国、美国、澳大利亚、新西兰，以及大部分的南非和加拿大（这两个国家有相当一部分人并不以英语为母语）；另外，世界上还有2.5亿人的第二语言是英语，10亿人在学英语，20亿人在接触英语。据预测，到2050年，世界上将有一半人的英语达到熟练程度。有人将英语的这种全球优势称作“英语帝国”。①

另有资料显示：世界上十大语言依次是汉语，有9.07亿人使用；英语，4.56亿人；印地语，3.83亿人；西班牙语，3.62亿人；俄语，2.93亿人；阿拉伯语，2.8亿人；孟加拉语，1.89亿人；葡萄牙语，1.77亿人；马来及印尼语，1.48亿人；日语1.26亿人。其中，英语是当今世界最强势的语言。全球共有15亿人说英语，将英语列为官方语言的国家有75个，目前正在学习英语的人口约有10亿。②这些数据尽管与罗列的数据略有出入（两种统计可能都不准确），但有一点是共同的，同时也是最准确的：英语是目前全球最强势的语言，使用人口最多，而且越来越多。

---

① 姜磊：“英语是个‘帝国’”，载《环球时报》，2002年1月13日。

② ［中国香港］高鲁冀：“英语，最强势的语言”，载《信报》，2000年1月6日。

英语的影响力几乎无孔不入。目前，外交语言英语第一的位置难以动摇；由于英语国家科技、教育及经济的优势，在学术、教育和商业交往等几乎所有国际领域，英语都居于第一的位置，学术著作大都以英语面世，国际学术会议和国际商务谈判大都使用英语，而英文媒体和文化产品也在全球居于主导地位。据《作为全球语言的英语》一书的作者戴维·克丽丝特尔所做的研究：在人类历史上，没有任何一种语言的传播能与英语的传播相提并论，今天全球四分之一的人熟悉并使用英语；在常规书信往来中，英语的传播水平也达到75%，而在电子邮件中则在80%左右。[①]

据经合组织统计，英语在国际互联网所占的份额为78.3%，德语为1.8%，西班牙语1.7%，法语只有1.2%。有法国学者指出，"在当今的国际交流中，英语显然是"最小公约数"。[②]可以讲，互联网使英语身价百倍。这就使得英语的普及得到了非英语国家真正的主动配合。英国人布莱恩·阿普尔亚德不无得意地宣称："网络对英语普及的推动力超过了大英帝国的任何行动，每个新的上网者都必须学习某种版本的英语，如果他不想困在语言的'网络隔离区'内。"他还断言，"英语是网络世界的母语"，而《牛津英语词典》"可能成为网络世界的虚拟《圣经》"。[③]在这种情况下，汉语、法语、德语、西班牙语、俄语和日语要达到英语的地位和影响力是相当困难的，对于那些比较弱小的语言来说，则存在着生存的危机。有些语言学专家曾断言，90%的语言在本世纪将消失，而英语将扮演头号杀手的角色。[④]

语言的地位和作用不可小瞧，它可能决定了某种文化的前途和命运。国家和民族的发展与语言的影响力也是联系在一起的。语言优势带来的政治、文化、经济利益是难以估量的。毫不夸张地说，谁是未来的主人首先取决于语言的较量。美国在各个方面，尤其是文化方面的优势地位，对英语优势地位的保持和壮大起到了至关重要的作用；同时，英语的优势地位也助长了美国文化优势地位的加强。尤其是在网络时代和知识经济到来之际，语言的优势对文化地位和经济利益的影响将更大，所起的作用至关重

① "五花八门的英语"，载《民族报》(阿根廷)，2000年1月5日。
② 马为民："英语闯进法国机场"，载《环球时报》，2000年4月7日。
③ 阿普尔亚德，布莱恩："网上英语统治潮流"，载《星期日泰晤士报》，2000年3月12日。
④ 雨枫："90%语言将消亡"，载《环球时报》，2003年8月29日。

要。英语与美国文化堪称相得益彰，优势互补，使双方获得了得天独厚的发展条件和无与伦比的优势。现在，英语的优势更使美国文化和经济的发展、扩张如虎添翼。正如法新社记者奥利维尔·诺克斯所预测的："英语作为占主导地位的国际语言的传播保证广义上的美国文化在今后几十年占据上风。"①

借助于美国的政治和军事霸权，以及经济、文化优势，还有其他英语国家的帮衬，英语大有一统天下之势。英语正在成为地球村的"普通话"或"通用语"。而且，在全球教育体系中它的地位和作用也是独一无二的。从某种程度上，它已经成了全球通用教育语言的第一候选者。

二、"英文教育"将成为全球大趋势

对于英语在全球的垄断地位和难以遏制的上升势头，大部分国家是忧虑的。但是，也有专家认为英语的优势并没有那么大，而且，它眼下建立的优势也正在受到挑战。有人甚至认为英语现在并没有取得霸权，因为英语的人口数量在全球实际上只排第三，甚至是第四位，而汉语的人口绝对领先，西班牙语的人口还略微比英语人口高，排在全球第二位。他们主张不能将以英语为第二语言的人口列入英语的名下，因为在他们的英语水平和使用率是不能得到保证的。例如在拥有近10亿人口的印度，虽然在行政管理和学校中英语被确定为官方语言和教育语言，但是能讲流利英语的人在总人口中的比例远远低于5%。②有人认为，由于全球以英语为母语的人口在下降，这将导致英语地位的下降，因此目前一语独尊的时代结束了。

有语言学专家预计，到2050年时，以汉语为母语的人口将达到14亿，其次是讲印地语和乌尔都语的人口，有5.56亿；英语在世界语言中将退居到阿拉伯语之后，占第四位，几乎与西班牙语处于同一水平。即使在互联网上，发展趋势也和人们想象的相反：不是向单语发展，而是向语义的变异发展，概念英语只是一种语言大纲的基础。他们的结论是：将来英语更

① [法]奥利维尔·诺克斯："美国在'美国世纪'结束时处于至高无上的地位"，载《法新社华盛顿电》，1999年12月22日。

② "如果你说英语，你就无师自通了很多种语言"，《基督教科学箴言报》，2001年1月2日。

不能一统天下，而是要与汉语、西班牙语等平分天下。英语将越来越多地被用作第二语言，那种认为英语将成为世界语的观点过时了。（阿根廷《民族报》，2000-1-5.）当然，这并不意味着全球以其他语种为母语的人降低了对英语的热情。有些英语专家认为，事实上，未来世界将是双语时代，这就造成了英语独尊时代的结束。①

这种观点也不无道理。英语的霸主地位归根到底还要取决于以英语为母语的人口的基数。但是，只要有美国作为一个政治、军事、经济、科技和教育的超级大国存在，英语的地位就不会下降。更何况，以英语为第二语言的人口数量的提高本身也意味着英语地位的提高。事实上，与英语作为世界语言地位的提高相比，其他语言，比如汉语、印地语、西班牙语和乌尔都语等，尽管人口可能在增加，但国际影响力并无实质提高。而有些传统的强势语言，包括曾试图与英语一争天下的法语在内，不仅人口在减少，国际影响力更是一落千丈。德语、俄语、日语等的命运比法语还糟。

面临英语的"扩张"或"侵略"，国际社会将作出何种选择？很多国家差不多已经放弃了抵抗，包括一贯对英语最不买账的法国。日本更是计划向英语俯首称臣。针对日本英语水平不高、难以跟上互联网时代步伐的的危机感，2000年日本政府在关于日本21世纪目标的报告中，曾建议将英语作为日本的第二官方语言（马为民：2000-4-7），这将导致日本的一场教育革命。而德国已经开始了双语教育的试验。（阿普尔亚德：2000-3-12）看来，双语教育已经成为全球的大趋势，或者说国际社会正逐渐将英语列为通用的教育语言。

实际上，双语教育或双语教学在许多国家早已开始，尤其是那些以英语为官方语言的第三世界国家，如印度、巴基斯坦、孟加拉国、菲律宾、新加坡、巴布亚新几内亚、肯尼亚、尼日利亚②等国家和地区。在全球70多个将英语定为官方语言或第二语言的国家和地区中，多数是英联邦国家。它们的教育语言也主要是英语。它们在独立之初制定这样的政策其实是出于无奈。这主要是因为作为新独立的前殖民地国家或新创建的国家，它们

① 美联社消息，2004年2月26日。

② 尼日利亚英语人口全球第三，仅次于美国和英国。

没有一统天下的母语，比如印度。然而，英语的普及也使这些国家尝到了甜头。英语给英联邦国家带来了很多好处和经济优势，有人认为它给英联邦成员“平添了20%的成本优势”[①]，正是这个原因使得它们一直保留英语作为官方语言和教育语言。

本来，使用英语作为官方语言和教育语言不利于国家荣誉感和爱国主义的培养。但是，英语在教育、经济和科学技术等领域对这些国家的贡献也足以弥补这种政治的损失。应该说，教育的全球化也助长了这一趋势。因为教育的全球化也需要一个共同的教育语言。英语的全球化与教育的全球化十分巧合地走到了一起，相互呼应，这迫使越来越多的国家在教育领域全方位向英语开放。

三、中国高等教育如何迎接挑战

英语教育会否造成英文完全排斥母语、而以英语为载体的外来文化最后消灭本土文化呢？中国应否实行英语教育？中国应该实行怎样的英文教育：双语教育还是其他？英语与母语并重能不能成功呢？

中国是否应该顺应英语教育或双语教育的世界潮流，首先要看中文能否独立承担中国教育的所有重担。中国教育的目标是如何使中国教育再上一个新台阶，怎样培养更多的具有国际竞争力的合格人才，以及如何使中国的科学技术水平有一个较大的飞跃。这一目标的实现与教育模式的改革有着密切的联系。在全球化的时代，教育语言的选择与分配是教育改革中相当重要的一环。如果英语教育在中国能够发挥积极作用，而我们又能将其消极作用降低到可以容忍或控制的范围之内，那么将英语列为第二教育语言也未尝不可。否则，它的效果可能是消极面大于积极面。

坦率地讲，单一的教育语言在大多数国家已不能适应目前全球化形势的需要。这也是世界上大多数国家引入英语作为教育语言的根本原因。仅仅将英语作为第一外语与作为第二教育语言是两个截然不同的概念，其学习的效果和在一个国家教育体系中所起的作用是有着实质性区别的。把英

① ［马来西亚］尤努斯·雷斯：“英语——难以忽视的全球工具”，载《新海峡时报》，2003年11月17日。

语当作为一门外语进行教学不仅不能充分保障全民英语水平的实质性提高，而且不能发挥英语及英语资源的全部功能，因而英语作为第二教育语言的引入就成了顺理成章的事情。这也应该是中国教育的必然选择。因为，中文作为单一的教育语言不能完成中国现代教育所肩负的使命（中国教育和全民上下对外语的重视就是明证），而中国的外语教学的所达到的效果也不能令人感到满意。英文作为第二教育语言的引入将对中国人英语水平的提高起到实质性的提升作用，同时也会对中国的教育水平和人才质量的提高起到相同的作用。

事实上，在中国，英语最近几年已经成为第二教育语言。只不过，我们在通行的做法上称其为"双语教学"。这种"双语教学"从幼儿园到大学都在实行。不过，教育部鼓励高等教育尽可能多地采用"双语教学"①，而对高中以下的"双语教学"则不予鼓励（但也没有明文禁止）。

在中小学乃至幼儿园采用双语教学的做法受到了广泛的质疑，很多人认为过早实行英语教育不利于母语的学习，这种做法不可取。②但人们对高等教育一定程度的"双语教学"基本上持容忍态度，公开的和明显的否定还不多。有些省份，比如吉林，落实教育部2001年4号文精神的力度很大，在全省高校积极推广双语教学。③可以说，几乎全国所有的高校都在推行"双语教学"，所遇到的阻力不大，听到的批评很少。不过，这并不意味着中国人对英语进一步占领我们的课堂感到高兴。事实上，一股抵制英语、抵制英语教学的情绪正在酝酿，并且不断爆发。这种抵制行为在否定英语的教育效果的同时也否定英语实际作用，但其代表人物却以中文地位和中国文化的捍卫者、英语教育和英语形式主义的考试制度的批判者的面目出现。《中华读书报》记者张振胜的一篇具有明显倾向性的文章《英语教育制度遭质疑》对这种态度有一个比较详细地总结。该文历数了英语教育的副作用和中国英语教育和英语考试的形式主义，然后对英语的重要性和中国教育对英语的重视提出了质疑和批评。文章显示：中国人学英语大多是为

① 教育部文件，教高（2001）4号。

② 周润建："专家认为：双语教育有误区 重洋轻中要不得"，摘自新华社消息，2003年9月20日。

③ 马扬："'双语教学'将在吉林省本科高校使用"，摘自新华网，2002年4月19日。

了各类形式主义的考试，效果很差，因而大多数人认为学英语是浪费时间，中国人没有必要重视英语。文章表示，这种英语教育制度（方式）既不利于教育的发展和中文学习，又不利于公平竞争和正确的人才观念的树立。总之，中国的英文教育陷入误区，而且正将中国教育引入一个更大的误区。文章在结尾还对山西省取消职称外语考试的消息感到欣慰。[①]

这其实还不是对“双语教学”的声讨，因为文章所抨击的“英语教育制度”是英语作为外语的一种教育方式。但是，对英语持这种态度的人当然也不会支持更进一步提高英语地位的举动——双语教学或全英文教育了。这种有相当影响力的观点是决不能被忽视。然而，他们的观点有说服力吗？理由充分吗？

我们的教育当然还肩负着传承和振兴中华文化的重任。从某种程度上，这首先意味着保卫和发展中文。那么，中华文化的继承与复兴与教育的国际化和双语教学是矛盾的吗？英语与相关的英语考试在中国真的没用吗？“英语无用论”实际上是经不起推敲的。在科研与学术界，在教育界，在商业界，英文的交流和对英文资料的利用已经成为一个人业务能力或学术水平最具决定性的因素。即便在中国语言文学或其他所谓“国学”领域，英语资料的借鉴和英文的交流也已成成为一个学者的基本技能，难道说英语对他们无用？行政官员和企业管理者或许不一定需要外语，但教授、研究员怎能不需要外语呢？取消外语职称考试只会降低中国的学术水平，这样对汉语地位的提高并无裨益。

重视英语教育会冲击中文教育的说法也站不住脚。如果说英文已经冲击了中文的教育也不怪中国的英文教育，而是有别的更重要同时也更复杂的原因。由于篇幅有限，这里就不再论及。不过，张振胜也引用了两会期间北京大学国际关系学院副院长贾庆国的观点：国家重视英语教育的政策不能变，英语要好好学，职称外语考试有必要。贾庆国还认为，学习英语不仅不会干扰中文的学习，反而对中文的学习有促进作用。我们不能将一些反常的英语教育现象视为英语教育的本质和主流，也不能据此抵制英语

① 张振胜：“英语教育制度遭质疑”，载《中华读书报》，2004年6月16日。

教育。基础教育以英语取代中文的做法是不可取的，但将英语列为高等教育的语言应该说利大于弊。

其实，中国固有的英语教育失败之处恰恰在于没有将英语列为第二教育语言，也就是说，对英语还重视不够，而不是重视得过头了。我们将英语仅仅当做外语来教育和学习，时间花得也够多，但是由于缺乏实践或运用，学习的效果并不好。而如果将英语列为第二教育语言，则意味着一场教育的革命和英语学习的革命。以中国人对英语的学习热情，英语很快就会成为大学以上学历的中国人手中的熟练工具。我们需要制定出一个系统、科学的语言政策，以结束目前这种较为混乱的局面。

四、结语

时代的需要和我们教育的现状要求我们不得不实行教育的国际接轨，提高英语在我们教育中的地位，让它与中文共同承担我们教育的任务。不过，从幼儿园到高中全面推行双语教学是一种走火入魔的行为。为了确保中文教育不被忽视，中国只应在大学本科以上阶段实行双语教学，而基础教育的双语教学应该采取措施加以限制。如果我们制定出一个详细可行的语言政策，那么英语对中文教育的不良冲击就会被控制，而我们的教育体制也会显得更健康、完善。在这种体制内，中英文将优势互补，互相促进，共同推动中国教育的发展。

重塑全球化时代的民族认同

中共广东省委党校哲学部　周　峰

摘　要: 全球化改变了民族国家的结构与文化，使民族与国家的分野既在分化中走向同一，也在同一中不断变得分化。那种认为全球化带来普世主义的文化共同体的奢望注定是一种奢求，作为拥有多民族的中国，必须进一步强化基于“中华民族”的民族认同和国家认同。

关键词: 全球化　民族认同　文化认同

一、再看全球化

自马克思在《共产党宣言》中提出世界市场和世界历史的理论以来，全球化的浪潮就从来没有停止过。时至今日，不论阶级性与意识形态色彩，全球化正表现为人口的快速增长、交通和通讯技术的高速发展、各种国际组织的广泛出现，人们之间的交流互动从威斯特伐利亚时代的主权时空愈来愈变为超越一切主权地域的世界时空。在这其中，个人、集体、组织、民族、阶级、政府、国家等传统用于描述国家与民族认同的范畴，都发生了普遍主义与特殊主义的双向变化。普遍主义表现为，大国政治往往将其独有东西推演为具有普遍主义的特点，或者叫做普世主义，这充分地表现为政治民主自由、人权平等、科学理性等观念；特殊主义则与之相反，它更多地是发展中国家和落后地区的对应结果，它力图在接纳普世主义的最大化的同时，保留自身所具有的民族和国家特质，这包括一系列政治、经济、文化、社会等传统。于是，全球化所带来的既是融合又是冲突。亨廷顿虽然强烈支持民主化的世界性浪潮，但由于在20世纪末突然爆发的恐怖主义，使得全球化的基调从经济、政治的一体化不断走向文化与意识形态的反全球化。那种设想世界社会、地球村、全球共同体的普世主义策略，终究被现实的特殊主义所代替，于是亨廷顿又很快抛出他的文明冲突论。这显然反映出，大国政治的普世主义战略的阶段性意图。

全球化以经济为第一要素，使世界空间与时间都变得可以计算与讨价还价，使人类理性与情感都变得成为利益的博弈品，使民族心理与民族文化都变得在国家心理与国家文化之间不断徘徊。但恰恰是后者，全球化丧失了它强大的经济力量，民族心理与民族文化总是表现出反全球化的面目，它不接受同质化的全球化，它也拒绝与普世主义的妥协，它总是使自己区别出来，显现出自己的特殊性。于是，在这个时代，我们看到了多面的全球化，也看到了更加多样化的文化斗争，而一切文化斗争归根结底不过是民族的斗争。

所以，全球化时代并不完全是一个整体主义的时代，也是一个更具碎片化的时代。如果殖民主义与帝国主义普世化了它曾殖民的地域文化与民族，而全球化却在后殖民时代释放了地域文化与民族被埋没的特殊之物。虽然，不同的后现代主义者在纷纷叙说主权国家的沦落，一切都变得世界化、组织化和去政府化，但这些只不过是表象，并未有任何实质性的影响力。所具有的最大影响力不过是大国政治在其经济危机治理失败之后，向他国和地区转嫁的危机政治处理模式。

在这样的全球化时代，必须重新认知基于民族文化之基础的民族认同，认知由民族认同建构而来的文化认同与国家认同。这不是反全球化，这恰恰是拯救全球化，全球化不是平面化，但必须是在新的民族认同与国家认同之上的全球化，这样的全球化才是丰富、可接受的全球化。

二、全球化下民族认同的复杂性

文化认同的基础在于民族认同，而民族认同完全可以被视为这个时代“他者”与承认哲学的另一延伸。

所谓民族认同，无非说的是社会成员对自己民族归属的自觉认知。这种自觉认知基于两个基础:文化与血缘。实际上,就是文化认同与血缘认同。

若说文化认同，就是基于社会成员在实践活动过程中的共同创造，它是器物文化、制度文化、精神文化的统一体。当然，最根本的就是精神文化。这种精神文化相当于一种共享的意识形式，它连接起不同社会成员对于本民族的向心力与归属感，它表达了本民族群体独有的群体意识与价值观念。在今天，这种基于文化认同的民族认同，完全可以用费孝通先生的文化自觉来表达。文化自觉即是知其文化之来源和去向，知其文化之优劣，从而产生强烈的认知。任一民族都是在这样的文化自觉中获得文化认同，从而结成强大的民族共同体。

血缘认同，似乎并不构成民族认同中的重要内容。因为，民族之间不一定存在血缘关系，但为何我们经常说血浓于水、中华民族有着强大的血缘关联、这种血缘联结起世界的华人呢？这种血缘认同其实是将基于家庭血缘关系的伦理情感放大为不同民族之间的血缘联系。也许，我们可以说古代民族有着强大的血缘关系，但自从民族国家建立以来，这种原始意义上的血缘关系就已经很少存在。我们将血缘认同与民族认同相联，并在大量的民族教育中强化这种联系，这是家庭血缘放大之后的政治认同需要。

从哲学角度来分析，这样的民族认同是他者哲学与承认哲学的延伸。“他者”相对于“我”而出现，它首先要表述的是“非同一性”的原则立场。“非同一性”是“他者”思想的一个基本出发点，用非同一性取代同一性，最终说明他者是在我之外的另一个，是不能被同一的。这种他者哲学是对主体性哲学的否定，它扬弃了主客二分的模式，建构起一种交互主体性的格局。马丁·布伯则更进一步将他者哲学描述为“我与你”的关系，事实上取消了任何先在主体、客体的可能，甚至身份的唯一化，一切关系都是“我”与“你”的关系。我与你，表达的是互为认同。但是，在国际政治学中，认同的争论已经形成一种：“自我”身份只能在与“他者”的关系中得以定义。亨廷顿对此命题有过经典的表述：“只有当我们知道自己不是谁并且知道自己反对的是谁时，我们才知道自己是谁”。这种关于“反对”(“敌人”)的思路是一种典型的现实主义思维。长期以来，很多政治哲学家都怀疑世界共同体（即普世认同）的概念是否是一个合理的概念，认为这种观点存在问题，甚至是一个自相矛盾、不可成立的概念，因为“我们”之为“我们”的认知要求一个赖以定义自身的“他者”。

民族认同还需要另外一种哲学理论的介入，那就是承认理论。霍耐特作为法兰克福学派第四代掌门人，发展了社会批判理论，他将黑格尔的“主奴辩证法”发展为“为承认而斗争”的主体哲学。承认，也就是要求一种认同，但这种承认有个前提，那就是避免错误承认、避免侮辱与伤害，比如，对少数民族、有色人种，对于他们的文化和权利的承认与认同，并不是古以有之的，而是他们不断斗争的结果。事实上，进入20世纪末叶以来，一切有关社会问题的争论都可以在承认理论中找到其话语解释。没有承认，就没有所谓的认同。

但在今天，一般意义上的社会认同并没有因为他者哲学和承认理论而获得多少的进步，少数民族、有色人种、同性恋、弱势群体、艾滋病患者等仍在不断为自己的承认权利而斗争，新自由主义、伊斯兰主义、恐怖主义、东方主义等多种意识形式互相撞击，构成了全球化时代的多元主义面貌。那种追求普世主义的民族认同范式，注定变得更加复杂和不可期望。

即使在一个主权国家内部，民族认同也都伴随着国家认同和公民认同而不断遇到种种的问题。基于文化认同与血缘认同之上的民族认同，在单一的国家内部需要重新建构。

三、全球化时代民族认同的可能

在现代多民族国家，伴随着当代公民权的出现，出现了两种认同方式：民族认同与国家认同。民族认同更多地是文化的，国家认同则更多地是政治的。我们通常认为这两种认同是同一的，因为国家认同的最初效力来源于民族认同。民族认同的进一步发展就是国家认同，二者是并行不悖，可以共存并续的。但另外，二者也许会出现对立。民族一般具有共同的文化和传统，在大多数情况下还有共同的语言。而国家以公民资格作为对共同体成员资格角色定位的依据，通过对其范畴内的多元民族认同进行公民个人权利和自由的赋予，营造公民对国家共同体的认可，进而构建国家认同。

在这一过程中，民族认同势必会对这一重构过程产生抗拒反应。因此，民族认同与国家认同之间的矛盾是多民族国家维护社会稳定与统一需要解决的一个长期课题。

吉登斯在《全球时代的民族国家》(《中山大学学报(社会科学版)》2008年第1期)中说到，全球化重构了民族，带来了民族分化。今天的民族分化比过去任何一个时代都要严重，全球化并非如你所想像那样带来的是民族的统一。全球时代是不同民族、不同文化共同体的新的艰难时代。民族分化意味着比以往任何时候都要付出更多，意味着在解决问题的同时也制造着问题。这的确是一种现实。

中国是一个多民族国家，如果在全球化时代塑造强大的民族认同？如果说，殖民主义与民族独立战争已经使得中华民族有了强烈的认同感与归属感，那么在进入到和平时代之后，如何继续和坚持？多民族国家往往有着更多的民族问题去解决，民族身份的确认、权利的维护与保障等，在全球化时代比以往都更为复杂。民族本身的形成与传承都在这样的时代不断转型，但是无论如何转型，离开了国家认同的民族认同也将无法存在。换句话说，在全球化时代，我们必须大力打造民族认同的新基础。

其一，强化中华民族的文化认同。“中华民族”是一个现代性概念，是一个文化范畴，我们有必要去探讨这个概念形成的中国现代性背景，和它的文化内含，而不只是一种历史的叙说。这实际上就是要积极构建文化上的同质内核，在坚持民族多元的基础上，构建国民文化与民族文化的和谐共生。国民文化的同质性是增强凝聚力、保持稳定的重要因素。但这并不排斥民族文化的多元性。这对矛盾并不互相排斥，而是对立统一的。国民文化如果从多元民族文化继承而来，并随时保持发展更新，就会得到民族的认同，并被各民族自觉遵守。民族文化只要与国民文化的发展保持同向性，就不会对稳定构成威胁。同理，国民文化的发展必须以民族文化为支撑，否则，失去民族文化基础的国民文化就无力支撑稳定的发展。

其二，民族主义与爱国主义的意识形态教育。没有民族主义的民族认同是不可能的，没有爱国主义的国家认同是无法想像的。对于中国而言，民族主义似乎很被人理解为一种民粹主义，甚至是大汉族主义，更有人以普世主义来打压民族主义。但是，拥有56个民族的中国并不是单一的民族文化传统，我们需要打造的是以“中华民族”为整体的民族主义意识，而非某个大民族或者少数民族的民族主义。爱国主义是必须去不断宣传教育的，但在新时代背景下，这种教育与宣传不再是唯一灌输式的，而是情感培养的。这就需要强化国家政治的正义、公平、民主与科学的制度建构。没有这些制度保障，爱国主义绝对是一句空话。国家认同也不会出现。

其三，强化公民身份认同。公民身份意味着一个民族国家中单个成员的资格，意味着对特定国家的忠诚、期望与归属感。主观上，国家可以通过制作使用民族语言的大众传播作品在潜移默化中熏陶非主体民族的国家认同意识，培养国家认同感，以便能够使用公民意识代替族际意识，代替民族的分野。客观上，国家制度必须能够向人民提供各种形式的公共福利，使得人民在感受到国家权力存在的同时，获取国家政权所带来的利益。在主观和客观的综合作用下，国家认同意识可以被潜移默化地养成。

其四，强大的物质基础支持之上民族共享、共有。民族认同以文化认同为内核，并不是可以离开物质基础而独自发展的。新中国60多年来的发展，已经积累了庞大的物质财富，但也形成了不同民族之间的分化，有的民族发展很好，有的民族仍然发展缓慢。这就需要国家以强大的政策支撑来改善不同民族对于财富的共同享有。

综合国力与文化软实力研究的现状与面临的挑战

暨南大学中印比较研究所 贾海涛 朱鸿飞

摘 要：学术界目前关于文化力、文化软实力和综合国力的研究仍有许多理论盲点，各基本概念之间的逻辑关系不是太清晰，学术的基本框架仍有待于发展或完善。其中，关于文化力、文化软实力和综合国力的关系更是缺乏论证。本文主张理顺文化力、文化软实力与综合国力之间的关系并将文化视为综合国力的源泉是该领域学术研究取得突破的关键。

综合国力和文化力（包括现在新流行的文化软实力）[①]问题的研究具有较大的社会意义和理论价值。该理论与国家发展联系在一起，对国家战略的制定具有重要的理论指导意义。同时，这方面的研究对马克思主义哲学、科学社会主义理论、历史学、政治学、管理科学、国际关系理论、经济学、战略学、未来学等领域都有重大的理论价值，对社会实践各方面的具体影响也是全方位的。不过，目前围绕着文化力（包括文化软实力）与综合国力这两个概念建立起来的相关理论尚显稚嫩，而普通大众对它们的理解也停留在最表层，甚至有望文生义的畸解。这导致了这两个概念在使用和或运用方面的一定程度的混乱。到目前为止，学术界关于文化力（包括文化软

① 本人认为文化力与文化软实力属于同一理论体系，而且后者是在前者基础之上发展起来的；而文化力是理解文化软实力概念的基础。关于二者之间的关系，本人曾发表国几篇文章论及。这里不再讨论。这里主要以讨论文化力为主。

实力）和综合国力的理论研究仍远远不够，勉强形成的理论体系还尚欠发达，而对于文化力（包括文化软实力）和综合国力的关系更是缺乏论证或缺乏足够的认识。本文首先对相关理论的学术发展过程进行历史的回顾，分析国内学术界与国际学术界在该领域研究方面的渊源和差异，对现有的学术成果进行总结，指出存在的问题和不足，然后再探讨理论突破的可能性及方法的选择。当然，限于篇幅和题目，诸多方面也只能点到为止，深入、系统的研究只能留待以后。

文化软实力概念是在文化力概念之后出现的新概念。二者之间还是有着一定的差异的。文化力与文化软实力之间的关系，包括二者之间的异同，另有专文论述，这里暂不涉及。不过，这里姑且将文化力与文化软实力视为相近或相似的概念，笼统地归为一类。本文主要提及文化力而不以文化软实力概念为主。

一

从词源或学术发展线索的角度来看，综合国力基本上可以被认为是中国学术界自创的概念，与国际学术界流行的相关概念是有所不同的。国际学术界目前仍沿用power（权力）一词表达“国力”或“实力”，并无“综合”的限定（不使用“综合”作为限定词）。但国际学术界所使用的power一词在很多情况下指的是一个系统，而非单一因素，因而大致相当于我们所说的综合国力。文化力概念更是中国学术界独创的术语，国际学术界尚未形成这一概念或对应的名词，比较接近中国学术界所说的文化力概念的是约瑟夫·奈（Joseph Nye）的“软权力”或“软实力”（soft power）概念。不过，不论中国学界所谓的文化力，还是国外学者所谓的“软权力”，都是国力（综合国力或国力系统）的重要组成部分，对它们的研究都是同一个话题。关于文化力和综合国力问题的研究，中国学术界尽管在概念表达上与国际学术界略有不同，但受国际学术界的影响是非常明显的。新近出现并流行开来的“文化软实力”概念和理论更是如此。可以认为，综合国力和文化力与文化软实力概念的形成或提出正是这一影响的结果。这三个基本概念的形成虽然不是直接的翻译，但也是受西方学术界的启发的结果，基本的理论框架也是如此。所以，从另一个角度来看，关于综合国力和文化力及文化软实力问题的研究，理论的源头在国外，在西方学术界。

在国际学术界，对权力系统或"综合国力"问题的研究起步较晚，直到现在该领域尚未形成比较固定的理论体系，专门从事这一问题纯理论研究的学者几乎没有。事实上，在国际学术界没有明确的"综合国力"的概念或观念，更无"综合国力"的提法。这里所谓国外对"综合国力"或"国力系统"的研究指的只是对power（权力或实力）的研究或相关理论。事实上，在国际学术界，单纯对power（权力或实力）的研究并不是太热门，也并不是一个独立的研究领域或话题。该领域的权威（主要是美国学者），如汉斯·摩根索（Hans J. Morgenthau）、亨利·基辛格（Henry Kissinger）、塞缪尔·亨廷顿（Samuel Huntington）、保罗·肯尼迪（Paul Kennedy）、雷·克莱因（Ray S. Cline）与约瑟夫·奈（Joseph Nye）等，大都是从事国际问题（国际关系）、政治学、历史学研究的大家。他们在探讨国家兴衰、国际体系演变、世界霸权与国际秩序等问题时，涉及到了国力或权力问题。也就是说，国力（权力）只是他们学术兴趣的一部分。不过，这些学者的相关研究在开始阶段都是独立进行的，就这个话题相互之间缺乏积极的互动和相互的认可。实际上，在国际关系理论界，自20世纪30—40年代"现实主义"（Realism）理论流派产生以来，"权力"（power）就成了国际关系理论或国际政治理论的最核心的概念之一，任何涉足该领域的学者都绕不开这个概念。但是，在国际关系学领域，就什么是权力，历来争论很大，从来没有过定论。[①]目前最流行的定义也只是一种假定。汉斯·摩根索属于较早的探讨权力问题的大家，但他也并不是专门围绕着权力概念构建自己的理论体系，也不注重对权力概念的严格界定。[②]只是到了20世纪60-70年代，学术界才开始关注这一概念的界定及规范问题。然而，分歧始终是巨大的。

"权力"尽管是整个社会科学领域的一个基本的学术概念（尤其是在政治学领域），同时也是国际关系理论中的核心概念，但大多数学者都将它看

① Jr. Charles W. Kegley and Eugene R. *Wittkopf*, *World Politics*: *Trend and Transformation*. New York: St. Martin' s Press, 1997, pp24-25.

② 参见［美］汉斯·摩根索：《国家间的政治》，北京：中国人民公安大学出版社，1990年。

作一种不证自明的东西、一种现成的答案拿来运用，并不注重对该概念进行考证、辨析。在国际关系学领域，权力(power)与在政治学等领域的内涵相比又发生了很大的变化。对它没有重新的认识或界定是不行的。在国际关系学的“现实主义”流派将“权力”定义为这门新兴的理论体系的基石之日起，它就成了一个似是而非、充满疑问、让人误解的概念。实际上，在前面提到的几位对“权力”或“国力”概念或理论有着重大建树或影响的美国学者中间，关于“国力”或“权力”的理论不但没有形成定论，他们之间也缺乏共识。甚至，在他们中间，各自的观点可能是对立的。尤其是那些当今仍然活跃在学术前沿的学者之间更是如此。比如，约瑟夫·奈与保罗·肯尼迪不但对美国的所谓“权力”或“实力”在看法上针锋相对，而且对“权力”的界定或理解也有着明显的分歧。后者认为在国际社会中任何霸权的衰落都难以避免、有其规律，美国权力(power)正在递减，难以主宰世界[①]。而前者认为美国的实力(主要是软实力)仍在上升，因而笃定领导世界(维持霸权)[②]。反过来，保罗·肯尼迪对约瑟夫·奈的“软权力”说不以为然，不屑一顾。二人针锋相对的观点近十几年来在国际学术界影响很大。而塞缪尔·亨廷顿(Samuel Huntington)等在这一问题上又显现出另外的风格。比如，亨廷顿的“文明的冲突”(the Clash of Civilizations)理论不将国家看作权力(国力)的集合体，也不从权力的角度分析国际社会或国际体系的发展演变[③]。至于汉斯·摩根索和亨利·基辛格，他们关于“权力”(或“实力”)的界定和理论则是传统的“现实主义”流派的观点，相对于约瑟夫·奈等人的观点，不但显得落伍，而且内容也略显单薄。目前，无论对“软权力”的研究还是对权力系统(综合国力)的研究，约瑟夫·奈在国际学术界都是有较大影响的。他似乎成了研究“权力”(国力或实力)的代表或专门以“权力”为研究对象的权威，其理论体系也明显地围绕着“权力”(软权力)而建立。这在其他国际知名学者中间并不多见。

通过比较我们可以很容易发现，国际学术界所讲的power是一个政治

① [美]保罗·肯尼迪:《大国的兴衰》，北京：国际文化出版公司，2006年。

② 约瑟夫·奈:《美国定能领导世界吗》，北京：军事译文出版社，1992年。

③ Samuel Huntington: “The Clash of Civilizations”, in *Foreign Affairs*, November/December, 1993.

学概念，然后被引申或转借到国际关系学领域，现在它仍是国际关系学领域的一个核心概念或术语。所谓“软权力”与“权力”(power)之间的不可割舍的血缘关系是不言自明的。而中国人所讲的综合国力和文化力如今无论其内含还是外延与国际学术界所讲的power相比都有了较大的发展或变化。这是我们不得不正视的，也是不得不承认的现实。当然，这种变化或发展完全意味着进步和提高，具有积极的意义，而不是相反。

毫无疑问，综合国力与文化力的理论以及随后形成的文化软实力理论是中国学术界对国际学术界相关理论改造并发展的结果。围绕着它们，中国学术界已经形成了属于自己的理论体系。因此，我们在研究综合国力和文化力(包括文化软实力)的问题时，一方面要与国际学术界进行理论接轨，注重学术的互动，但另一方面也应该注意到该理论体系的中国特色或与国际学术界的理论差异。这种差异首先表现在最基本概念的表达或使用上，其次表现在理论体系和研究方法上。当然，基本内容的差异也很大。

应该承认，无论是综合国力概念还是文化力与文化软实力概念，与国际学术界流行的概念(主要是“权力”和“软权力”概念)还是有着明显的差别的。综合国力、文化力及文化软实力概念不是对国际学术界的相应概念的直接翻译，而是在国外相关概念或相关理论的基础上创立的新概念。当然，这三个新概念的国际学术背景或线索是非常清晰或明确的，也是不容否认的。一方面，它们是中国化的国际学术概念或中国人自己的概念，但另一方面，却也体现了对国外前沿理论的借鉴和引进。由于在最基本的概念的使用上国内学术界与国际学术界已经出现了较大的差异，所以，在理论体系和基本理论要点方面继续产生新的更大的差异也就不足为奇了。而且这种差别正在越拉越大。

二

在中国学术界，较早研究综合国力问题的是中国人民解放军军事科学院的黄硕风研究员，较早提出文化力概念的是当时在复旦大学任教的王沪宁教授和中共中央宣传部的理论工作者贾春峰研究员。通过他们的推介，这两个概念和围绕着它们形成的理论体系受到了国家决策部门的重视。学术界的研究成果与执政党关于这些问题或现象的认识的结合使得相关理论的发展如虎添翼，使之上升到了一个新的理论高度并成为新时期马克主义理论和科学社会主义理论的重要组成部分（主要体现在邓小平同志的“社会主义初级阶段理论”与社会发展理论、“三个代表理论”、“科学发展观理论”和传统的马克思主义生产力理论等方面）。因此，最近几年，综合国力和文化力成了非常流行的概念，中国学术界对综合国力和文化力的研究也逐渐自成体系。文化软实力概念和理论则是在文化力理论研究的基础上形成的。

事实上，自邓小平同志大力提倡提升中国的综合国力和注重中国的综合国力的发展以来，综合国力已经成了我国意识形态的一个非常重要的核心概念和发展中的马克思主义理论的一个飞快发展的新的理论核心之一，而文化力概念也逐渐成为这一核心概念和理论核心中的核心或重中之重；文化力概念也从邓小平同志的“科学技术是第一生产力”的提法，逐渐丰富、发展为系统的文化力理论。最近，这一理论体系更是完成了由“文化力”概念和理论到“文化生产力”、“文化软实力”概念和理论的嬗变或升华。可以说，从马克思主义和科学社会主义理论不断发展的角度来说，从邓小平同志、江泽民同志，到胡锦涛同志，对综合国力和文化力的重视和提倡是一以贯之、持之以恒的，而相关理论也在不断地发展、完善。如今，这一理论体系已经成了党和政府执政方针和改革开放政策的重要组成部分，而且已经成为新时期马克思主义理论和科学社会主义理论的一部分。这一理论是我党对马克思主义理论和科学社会主义理论的重要贡献。它一方面是集体智慧的结晶，有学者的学术贡献，同时也体现了党和国家领导人的独特的聪明智慧和卓越理论贡献。目前，这一理论与中国的改革开放、社会发展以及国家发展战略的联系是全方位的，而介入这一学术领域的学科和研究人员也越来越多。这方面，西方学者或国际学者是无法与中国学术界相比的。

在中国学术界，研究综合国力问题的学者开始主要集中在军事理论（主要是战略学）和国际问题研究领域。一些学者，如黄硕风研究员，主要从战略学（包括国家战略或国家发展战略）和国际竞争的角度研究这一问题[①]。

① 参见黄硕风：《国家盛衰论》，长沙：湖南人民出版社，1996年。

事实上，在最初的研究阶段，有相当一批学者关注的是所谓的国际竞争力而不是综合国力问题。后来，随着党和政府对综合国力概念重视程度的提高，国际竞争力的概念和理论影响越来越弱，有逐渐淡出人们视野的趋势。也由于综合国力理论已经与马克思主义基本理论和中国的国家发展战略结合在了一起，成为科学社会主义理论的一个重要组成部分，目前从事这一问题研究的学者也越来越多。毫无疑问，综合国力研究从一开始就是一个跨学科的交叉话题，而如今，它涉及的理论和学科更是非常庞大。在当今中国学术界，在这些新加入的学者中，从事哲学研究、经济学研究、政治学研究的学者组成了研究这一问题的最为庞大的研究队伍或集群。其中，从事马克思主义哲学、科学社会主义理论、毛泽东思想、邓小平理论、“三个代表思想”研究的学者已经成为这一研究队伍的主力。当然，相对而言，从事马克思主义哲学、科学社会主义理论、毛泽东思想、邓小平理论、“三个代表思想”研究的学者目前更关注的是文化力（尤其是文化生产力）问题，对综合国力问题只是一般的涉及，而且并没有明确涉及到综合国力与文化力的关系问题。他们对综合国力问题的研究只是着重于邓小平等党和国家领导人对这一问题的看法和提法的考证和分析，原创性的研究不多，更没有注重以某一基本学科为学术依托。在国际关系和军事理论等研究领域，那些较早涉足这一领域的学者们对综合国力的关注是比较连贯且持久的，研究的水平相对较高。相反，他们对文化力的关注不够，甚至对文化力与综合国力的关系缺乏足够的认识。这一点，他们与其他领域的学者是一致的。毫无疑问，在中国学术界，综合国力和文化力的研究基本上是分开进行的，而且是渐行渐远。这是一个让人感到遗憾的不足。实际上，二者是互为关联、难以分开的，是可以互相解释的。对任何一方的忽视或缺乏认识，必将导致对立一方的认识的不足或局限。

前面说过，中国学术界的综合国力概念与国际学术界的“权力”（power）概念关系比较密切、直接，或者说综合国力的概念干脆就是对“权力”概念的借用加改造。但是，中国学术界的文化力概念则与国际学术界的“软权力”概念差别较大，几乎可以看作是中国学者独创的。当然，文化力概念的提出本身首先也是受“软权力”概念启发的结果。王沪宁首次明确指出：文化是国家实力的重要组成部分，相当于软权力。[①]如此，“软权力”就与文化（文化力）划了等号或挂上了钩。被誉为“中国文化力研究第一人”的贾春峰似乎对“软权力”概念不大留意，但他也明确表示其“文化力”概念是对国外“文化力”概念的直接借用，不是自己的独创或首创[②]。只是我们不知道他借用的“文化力”所对应的外文（英文）表达是哪一个。令人遗憾地是，他也从来没有提及过他是怎样借用西方的这一概念的。不过，从贾春峰的思路来看，他的文化力概念与其说与国际学术界的国力或“权力”理论（包括中国学术界的综合国力理论）有着直接的关系，不如说与马克思主义理论的生产力概念有着更为密切的关系。他显然是以生产力概念为出发点而展开他的研究并提出“文化力”这一概念的。目前，中国理论界所讨论的文化力问题更是主要围绕着生产力概念进行的，而不是以综合国力为出发点。文化力的理论基本上是对传统的生产力概念的丰富与发展。最近理论界热烈讨论的“文化生产力”概念更是这一理论或这一概念（文化力）的进一步发展，同时也证明了文化力及文化生产力与生产力理论的关系。令人感到遗憾的是，一直以来，关于文化力与综合国力的关系并没有得到重视和合理的论证。目前，它们之间的关系甚至被忽视或忽略了。

文化或文化力与综合国力的关系是非常明显的，也是非常直接的，完全可以被看作综合国力的一部分。这种关系的明确提出，始于王沪宁，后来强调二者之间这种必然关系的学者几乎没有。一些专门致力于综合国力研究的专家，比如黄硕风等，并没有指出文化在综合国力中居于何种地位[③]。他们甚至并没有形成文化力的概念，文化基本不被他们视为综合国力的要素或独立要素（独立组成部分）。不过，即便在强调文化力为综合国力的重要组成部分的理论中，关于文化力在综合国力诸要素中的位置及与其他要素的关系，也没有系统的论证和明确的说法。而目前，关于文化力的理论大有脱离综合国力理论并与之分庭抗礼之势。事实上，可以认为文化力理论是在综合国力理论的基础上发展起来的，文化力概念与综合国力概

① 王沪宁：“作为国家实力的文化：软权力”，《复旦学报》（社会科学版），1993年第3期。
② 沈健、吴绍斌：“贾春峰：‘文化力’研究第一人”，《文化交流》，2004年第5期。
③ 黄硕风：《综合国力论》，北京：中国社会科学出版社，1992年。

念在中国学术界往往是联袂登场的。如果将它们分开讨论或视为互不相干的独立概念并不合适。而且，如果二者互相脱离，将不利于对它们各自独立研究的展开，不利于对两个概念的准确把握和系统研究。二者有着密不可分的学术上的血缘关系。而这种血缘关系是没法斩断的，也是不应斩断的。也就是说，它们在这里属于一个共同的大话题，讨论或分析其中一个概念，离不开对另一个概念的分析或研究。而事实上，论证二者之间的关系及相互影响是文化力和综合国力理论的关键。

三

总的说来，对文化力（包括文化软实力）和综合国力问题的研究在中国学术界可以大致分为两个集群：一是从事马克思主义哲学、科学社会主义理论、毛泽东思想、邓小平理论、“三个代表思想”研究的学者群体；二是从事战略学（主要是国家战略或国家发展战略）和国际问题研究的学者群体；另有一批学者处在两个群体之间，在学术方法和学术观点上或多或少兼有两派的特点。这两个全体或派别中间，并没有所谓的第三派或第三个群体的存在，因为不存在折中派或中间派。处于两派或两大群体之间的学者人数很少，而且往往以某一派的学术主张或学术特点为主。他们只是涉及了两派都涉及的基本问题，但在主观上并无促成两派交流或沟通之意。事实上，所谓的两个集群或学术派别是在不自觉间形成的，而且在研究兴趣方面也不自觉地做了分工：一方注重文化力的研究；另一方只关注综合国力。这是两派的学术局限造成的，而不是一种自觉或自主的选择。不可否认，这两个群体或学术派别的学术对话或学术互动不够，学术成果的相互借鉴和相互吸纳也是个问题。这似乎也使综合国力研究和文化力问题愈来愈显得成为互不相关的话题。由于两大派别的学者缺乏沟通和对话，在理论上出现了体系的明显差异。不仅如此，从某种程度上来说，介入文化力（包括文化软实力）与综合国力研究的各学科的不同的研究者们在展开研究时有闭门单干、自说自话的特点。

关于文化力与文化软实力的研究，目前已经非常热门，越来越多的学者正不断地参加进来。不过，人多并不一定意味着研究水平的提高。关于综合国力概念或理论的研究，与国际学术界的研究现状相似，目前国内该领域的理论研究尚欠发达。实际上，即便是关于文化力（包括文化生产力与文化软实力）概念或理论，也还有许多问题需要深入研究，而大量的新的研究成果也有待于完善和进一步的系统化。不难发现，在现有的研究成果中，基本概念缺乏较为严格的界定，对国外相应学术概念的译介也不统一，更不规范（有些所谓的译介压根不提及外语原文是什么）。更严重的是，综合国力和文化力（包括文化软实力）没有被当作系统研究，研究方法上存在着一定的缺陷；综合国力的源泉及文化力在综合国力体系中的地位等核心理论无人问津。某种不规范、非专业或非学术的习惯严重影响了中国学术界与国际学术界的互动，同时也阻碍了该领域中国学术水平的提高。可以说，在综合国力和文化力（包括文化软实力）研究的领域，从基本理论体系到方法论都有一定的欠缺，或存在着一定程度的混乱状态。甚至，关于什么是综合国力、什么是文化力、什么文化生产力和文化软实力，不仅没有比较统一的认识，很多学者并没有给出规范而合理的解释或定义。一些定义或解释是五花八门的，也是难以让人信服的。综合国力既然被认为是由各种较为复杂的因素或要素构成的，那么都有哪些要素构成，诸要素之间的关系如何，有什么要的逻辑秩序，相互之间怎样互动或相互影响？这些问题并没有得到回答。因而某种“定量分析”或“量化”考察实际上并没有多大的理论突破或价值。对于文化力和文化软实力的定义和研究也存在着相似的情况。文化力与文化软实力问题的研究越来越泛化、脱离了与综合国力研究的关系，也脱离了国际问题或国际关系领域。国力或综合国力研究本身与生产力研究、文化力研究或文化软实力本身都是多学科的交叉性理论领域，因而需要多学科的真正的交叉，研究成果本身应涉及到诸多领域或诸多学科的问题，应该多视角地考察和提问，而不是各个学科各搞各的，研究方法也需要借鉴诸多学科。否则，不但研究或理论体系没法发展和提高，而且容易出现理论和认识的混乱，使问题越来越糊涂，而不是越来越清晰。

对综合国力的考察，“综合”是国内学界的基本方法，而“定量分析”或“量化”考察已经成为一种主要手段或研究目标。但这种“综合”实际上是对一些基本要素杂乱无章的堆砌或罗列，综合国力也没法被看作一个有机的系统；至于“定量分析”或“量化”，也因大的理论框架不明及各自选定的“量化”目标主观差异较大而失去了客观性及准确性。一反过去简单的罗列与相加的“综合”方法，本人主张采用新的研究方法和视角，将文化力作为综合国力系统的核心，建立起综合国力系统论。目前文化力的概念已经发展到文化生产力与文化软实力概念，因而，也可以从生产力的概念引出文化力或文化生产力的概念，也可以从软实力概念引申出文化力与文化软实力概念。这也是目前从事文化研究的大多数学者的思路。不过，本人倾向于三种思路或三种方法的结合。系统论证文化力与综合国力的关系及文化力在综合国力诸要素中居于决定性的地位始于本人提出的综合国力系统论①。另外，本人还主张，文化或文化力也是一个系统，不是由某个孤立或单一的成分构成。

本人认为，考察综合国力，不仅要考察人力、物力和财富等物质力量，还要从力量源的角度去考察。国力的核心或力量源是最重要的因素，一旦这些被揭示出来，就等于把握住了综合国力的实质，综合国力系统论的建立也就水到渠成。作为一个系统，综合国力由四个基本层次或四种范畴构成：基本资源、军事力量，经济力量和文化力量。构成综合国力的几乎所有因素都可归为这四种基本范畴，它们四者之间是互为关联的。基本资源指自然资源和人力资源，它和军事力量似乎一直是国力最直观或最直接的体现；其次是经济力量，也是相当直观的物质力；最后是文化力，是不太直观的力量，往往被认为属于“软权力”或精神范畴的力量。其实，文化力才是国力中最关键的力量，也是惟一能渗透到其他因素中的无所不在的力量。本课题主张，综合国力的核心、源泉以及连接其他要素的主线就是文化力，综合国力系统论的建立也应该以文化力为核心。这里所说的文化力产生于一种“大文化”，而非某种精神资源或意识形态。所谓“大文化”概念就是将社会制度、科技力量、教育和人才资源、知识产业等因素视为一个系统——大文化系统。文化力是国家强盛或崛起的根本保证，中国应将提升文化力作为发展综合国力的根本。

① 贾海涛：“综合国力系统论刍议”，《暨南学报》，2002年第4期。